Suraiya Faroqhi · Herrscher über Mekka

Suraiya Faroqhi

Herrscher über Mekka

Die Geschichte der Pilgerfahrt

★

Artemis & Winkler Verlag

Die Deutsche Bibliothek – CIP-Einheitsaufnahme

Faroqhi, Suraiya: Herrscher über Mekka:
die Geschichte der Pilgerfahrt / Suraiya Faroqhi. –
Düsseldorf; Zürich: Artemis und Winkler, 2000
ISBN 3-7608-1227-9

Umschlagmotiv: unter Verwendung einer Miniatur
des 16. Jh., Istanbul, Topkapi Museum
Druck und Bindung: Lengericher Handelsdruckerei, Lengerich
ISBN 3-7608-1227-9

Für Andreas Tietze zum 75. Geburtstag

VORWORT

Ein jedes Buch ist eine kollektive Arbeit, und zwar von dem Zeitpunkt an, da sich im Kopf des Verfassers oder der Verfasserin das Thema herauszuschälen beginnt. Sicherlich werden nicht alle, die *nolens volens* an der Entstehung dieses Buches beteiligt waren, auch mit dem Ergebnis einverstanden sein. Trotzdem ist es mir wichtig, meine intellektuellen Verbindlichkeiten anzuerkennen und meinen Freunden und Kollegen für ihre Hilfe recht herzlich zu danken.

Allen voran Doris Behrens-Abouseif, durch deren Hilfe ich einige wichtige arabische Quellen im Original kennenlernen konnte. Von den reichen Erfahrungen Andreas Tietzes habe ich in allen erdenklichen Zusammenhängen immer wieder ausgiebig profitiert. Mehmet Genç hat mich auf manche osmanische Quellen hingewiesen, während Engin Akarlı, Halis Akder, Isen Arıcanlı, Cornell Fleischer und Christoph Neumann sich die Mühe gemacht haben, einzelne Kapitel sehr gründlich durchzulesen. Rifaʿat Abou-El-Haj hat mich dazu angeregt, bei aller Aufmerksamkeit auf Einzelprobleme immer wieder zu versuchen, die größeren Zusammenhänge mit einzubeziehen; von seiner Fähigkeit, Texte »gegen den Strich« zu lesen, habe ich sehr viel gelernt. Alle diese Kollegen haben mich durch ihre Ratschläge vor mancher Ungereimtheit bewahrt; für noch bestehende Fehler und Unzulänglichkeiten sind sie natürlich in keiner Weise verantwortlich.

Auch bei der Quellenbeschaffung habe ich von vielen Seiten Hilfe erhalten. Die osmanischen Archivdokumente, auf denen dieses Buch beruht, befinden sich im Başbakanlık Arşivi (Osmanlı Arşivi – Istanbul). Die Mitarbeiter des Archivs sind mir stets in freundlichster Weise behilflich gewesen. Besonders danke ich meinem alten Lehrer Midhat Sertoğlu, der mir seinerzeit die Wege ins Archiv geebnet hat; ohne seine tatkräftige Hilfe wäre dieses Buch niemals zustandegekommen. Auch Veli Tola und Mesude Çorbacıoğlu haben mir mancherlei Freundlichkeiten erwiesen. Das Entgegenkommen von Hafez K. Chehab (Princeton) hat mir das Auffinden mehrerer wichtiger

Quellen erleichtert. Tosun Arıcanlı (Harvard) und Winfried Riesterer (München) haben bei der Beschaffung von Statistiken tatkräftige Hilfe geleistet. Bei der Besorgung von Mikrofilmen aus der Wiener Nationalbibliothek half Andreas Tietze, wofür ihm hier von Herzen gedankt sei.

EINLEITUNG

Die Pilgerfahrt im Islam

Wenn das Wort »Pilgerfahrt« oder »Wallfahrt« fällt, so denkt man als europäischer Leser an die nach Rom, Jerusalem oder Santiago de Compostela ziehenden Pilger des Mittelalters, vielleicht auch an Lourdes, Fatima oder Altötting. Aber Pilgerfahrten existieren auch in vielen nichtchristlichen Religionen, und im Islam spielt die Pilgerfahrt nach Mekka eine weitaus zentralere Rolle als etwa für einen Christen die Reise nach Jerusalem. Denn die Pilgerfahrt nach Jerusalem war niemals eine Verpflichtung, wenn man von dem begrenzten Ausnahmefall einer als Kirchenbuße verordneten Wallfahrt einmal absieht. Andererseits gehört die Pilgerfahrt nach Mekka für alle Muslime zu den fünf Grundpflichten der Religion, soweit man nur im Besitz der notwendigen Mittel ist. Sicherlich haben Kosten und andere Hinderungsgründe die Mehrzahl der Muslime daran gehindert, dieser Pflicht auch praktisch nachzukommen. Die religiöse Bedeutung der Pilgerfahrt wird davon jedoch nicht berührt.

Allerdings ist das Ziel der muslimischen Wallfahrt von dem der christlichen grundverschieden. Die Kaaba mit ihrem Schwarzen Stein, den die Pilger bei ihren rituellen Umkreisungen küssen, ist keine Reliquie, obwohl der Besuch mit dem frommen Gedenken an Abraham als dem Erbauer des »Alten Hauses«, wie die Kaaba auch genannt wird, verbunden ist. Überdies gehört das Betreten des Heiligtums der Kaaba, obwohl an bestimmten Tagen des Jahres möglich, nicht zu den eigentlichen Riten der Pilgerfahrt. Diese Pilgerfahrt behält auch ohne ein solches Betreten ihre volle Gültigkeit, während wir von christlichen Pilgerfahrten an das genaue Gegenteil gewöhnt sind. Der Sinn der muslimischen Pilgerschaftsriten ist das Gedenken an die Allmacht und Barmherzigkeit Gottes, dem sich der Gläubige ganz und gar zur Verfügung stellt, und daneben auch die Absage an den Teufel. Besuche beim Grab des Propheten in Medina und bei den Gräbern bedeutender Personen der frühen islamischen Geschichte waren im Mittelalter und in der frühen Neuzeit durchaus üblich, und in begrenzterem Maße sind sie es heute noch. Aber gewisse Theologen mißbilligen selbst solche Besuche, und mit der eigentlichen Wallfahrt haben sie nichts zu tun. So gibt es keinen Reliquienkult, obwohl es üblich ist, von dem Wasser des nahe der Kaaba befindlichen Brunnens Zamzam segensreiche Wirkungen zu erwarten. Viele Theologen wenden sich sogar dagegen, daß die Pilger ein wenig Mekkaner Erde als Andenken mit sich nehmen.

Die Pilgerfahrt nach Mekka hat eine lange Geschichte. Ihr Anfang läßt sich nicht auf Jahr und Tag festlegen, er reicht jedoch weit in die vorislamische Zeit zurück. Als in der ersten Hälfte des 7. Jahrhunderts unserer Zeitrechnung der Islam begründet wurde, besaß die mekkanische Wallfahrt bereits ein fest ausgeformtes Zeremoniell. Der Anfang der muslimischen Pilgerfahrt selbst ist eindeutig datierbar, nämlich auf die Jahre 628–632 unserer Zeitrechnung. Damals hatte die noch sehr junge muslimische Gemeinde in der Stadt Medina im heutigen Saudiarabien unter der Führung des Propheten Muhammad (570–632) die politische Vorherrschaft an sich gebracht. Die Mekkaner waren zwar noch nicht alle zum Islam übergetreten, aber in einigen Schlachten waren sie von den Armeen Muhammads geschlagen worden und mußten deshalb eine Teilnahme der Muslime an der Wallfahrt dulden, obwohl diese das überkommene Pilgerritual im streng monotheistischen Sinne umdeuteten und damit abwandelten. Nach weiteren Kämpfen zog Muhammad selbst im Jahre 630 als Sieger in Mekka ein. Von diesem Zeitpunkt an war Nichtmuslimen die Teilnahme an der Wallfahrt verwehrt. Zu dieser Zeit wurde auch das Ritual entwickelt, das die Mekkapilger bis auf den heutigen Tag befolgen: das Anlegen einer besonderen Pilgergewandung, die ausdrückliche Bekundung der Wallfahrtsabsicht, das Umkreisen der Kaaba, des zentralen Heiligtums in der Mitte der Großen Moschee von Mekka, gefolgt von dem eiligen Lauf zwischen Ṣafā und Marwa. Das siebenfache Hin- und Herlaufen zwischen diesen beiden Örtlichkeiten, zwei Hügeln im Stadtgebiet von Mekka, gemahnt an die Verzweiflung der ausgestoßenen Hagar, der Nebenfrau Abrahams, als sie und ihr Sohn Ismael in der Wüste beinahe verschmachtet wären. Es folgt der fromme Aufenthalt auf dem ʿArafāt etwas außerhalb von Mekka, anschließend das Opfer zum Gedenken an

Abraham und seinen Sohn; nach muslimischer Überlieferung ist dieser Sohn, den Abraham sich zu opfern anschickte, Ismael gewesen. Als nächstes wirft man Steine gegen einen Fels, eine symbolische Steinigung des Teufels. Über die Jahrhunderte hinweg haben viele Pilger dieses Ritual beschrieben und auch die Gedanken und Gefühle, zu denen sie die Wallfahrt inspirierte. Aufgrund dieser Texte läßt sich eine Geschichte der Pilgerschaft nach Mekka rekonstruieren.

Allerdings befaßt sich die vorliegende Studie weniger mit den religiösen Fragen, sondern mit den konkreten organisatorischen und politischen Problemen, die sich aufgrund der Pilgerfahrt durch die Jahrhunderte ergeben haben. Diese Probleme sind sich in mancher Hinsicht über lange Zeiträume gleichgeblieben: Eine große Zahl von Menschen, viele von ihnen bereits in vorgerückten Jahren, mußte auf der Reise verpflegt und, einmal in Mekka angelangt, mit Wasser und Lebensmitteln versorgt werden. Auch galt es, für die Pilger Unterkünfte bereitzustellen und die Kranken notdürftig zu versorgen. Die Sicherheit der Straßen und Seewege mußte durch politisches und militärisches Eingreifen gesichert sein. Jede Zeit hat eigene Lösungen für die Probleme gefunden, die das kurzfristige Zusammentreffen einer großen Zahl von Menschen aus vielen sehr unterschiedlichen Ländern und Kulturen zwangsläufig ergab.

Im ersten Kapitel werden wir anhand einiger ausgewählter Beispiele die Pilger des Mittelalters begleiten und dabei unter anderem die Pilgerstätten selbst, das religiöse Ritual und die damit verbundenen Bedeutungsinhalte in großen Zügen kennenlernen. Im Zentrum der Untersuchung stehen sodann die Pilger einer Zeit, über die wir glücklicherweise sehr viel besser informiert sind, nämlich das 16. und 17. Jahrhundert. Zu dieser Zeit übten die osmanischen Sultane die Oberherrschaft über den Landstrich aus, in dem sowohl Mekka als auch Medina, letzter Wohnsitz und Grabstätte des Propheten, gelegen sind.

Nun besaß das Osmanische Reich von der zweiten Hälfte des 16. Jahrhunderts an eine ausgebildete Bürokratie und als Begleiterscheinung ein gutgeordnetes Archivwesen. Deshalb sind besonders aus dieser Zeitspanne Materialien über Vorgänge erhalten, die in älterer Zeit nicht schriftlich niedergelegt oder zumindest nicht archiviert worden waren. So finden sich in den Archiven in Istanbul

Hunderte von Befehlsschreiben, die sich in der einen oder anderen Weise mit der Pilgerfahrt befassen. Außerdem enthalten die Provinzialabrechnungen Syriens und Ägyptens reichhaltiges Material zu diesem Thema. Es ist ein Glücksfall für die historische Forschung, daß man anhand dieses bisher kaum ausgewerteten Quellenmaterials die Auseinandersetzung eines zudem glänzend organisierten Weltreichs mit den Problemen und Fragestellungen der Pilgerfahrt nach Mekka verfolgen kann.

Pilger und Herrscher

Im Prinzip war jeder Pilger und auch jede Pilgerin für seinen bzw. ihren Unterhalt allein verantwortlich. Das galt sogar zwischen Mann und Frau. Im Alltagsleben mußte der muslimische Ehemann für den Unterhalt seiner Frau aufkommen, auch wenn diese eigenes Vermögen besaß. Aber sie auf die Pilgerfahrt mitzunehmen, gehörte nicht zu seinen Verpflichtungen, und in den Kadiamtsregistern mancher osmanischer Städte finden sich Eintragungen, in denen eine Frau ihrem Ehemann einen Besitz überschrieb, wogegen er sich verpflichtete, sie auf die Pilgerfahrt mitzunehmen. Auch Klagen von Ehefrauen, die trotz einer solchen Leistung einfach sitzengelassen worden waren, kamen gelegentlich vor. Eine Pilgerreise zu planen und zu finanzieren war also für den nicht allzu wohlhabenden Bewohner Anatoliens, Indiens oder des Irak ein Unternehmen, das seine Kräfte voll in Anspruch nahm. Wenn Wassermangel, hohe Lebensmittelpreise oder Beraubung durch Beduinen hinzukamen, war es auch nicht selten, daß Pilger auf der Reise an Hunger, Krankheit und Überanstrengung zugrundegingen.

Andererseits gehörte die Regelung der Pilgerfahrt zu den Obliegenheiten des Herrschers, der ein gewisses Maß von Kontrolle über die Wüsten Syriens, Ägyptens und Arabiens beanspruchte. Solange Omaijaden- und später Abbasidenkalifen politische Macht innehatten (661–750 bzw. 750–1258), übten diese eine Schirmherrschaft über die Pilger aus. Im Falle von Epidemien und Hungersnöten konnte der Kalif erklären, daß in diesem oder jenem Jahr keine Pilgerkarawane ausziehen würde, und die Gläubigen auf eine Zeit von der Verpflichtung zur Pilgerfahrt entbinden. Wir wissen, daß etwa in den Jahren 1047 und 1048 die Pilgerkarawane auf Grund von Hungersnöten abgesagt werden mußte. Wie sich allerdings ein solches Eingeständnis des Mißerfolges auf die politische Reputation des betreffenden Herrschers auswirkte, läßt sich wegen der nur sehr knappen Quellenangaben heute nicht mehr bestimmen.

Zumindest vom 16. Jahrhundert an galt es jedoch für den osmanischen Sultan, der in dieser Zeit und bis 1918 die Schirmherrschaft über die Pilger und den Hidschas ausübte, als eine schwerwiegende Niederlage, wenn die Karawane ihr Ziel nicht erreichte. Auch größere Verluste der Karawane durch Beduinenangriffe oder politische Probleme in den heiligen Städten selbst tangierten das Prestige des Herrschers.

Außerdem haben viele Herrscher ihre Fürsorge für die heiligen Städte durch ihre Bautätigkeit zu beweisen gesucht. Überhaupt an diesen Orten bauen zu dürfen, galt als Privileg: Die Lokalfürsten von Mekka, die wegen ihrer Abstammung vom Propheten Muhammad als Scherifen (»Edle«) bezeichnet wurden und die Stadt vom 10. bis ins 20. Jahrhundert beherrschten, beanspruchten die Kontrolle über die Bautätigkeit in den heiligen Städten und verlangten von jedem potentiellen Stifter eine Summe, die dem für die Bauten auszugebenden Betrag gleichkam.

Daraus ergab sich eine gewisse Konkurrenz zwischen den Scherifen und ihren jeweiligen Oberherrn in Kairo oder Istanbul. Die prachtvollen Bauten von Mamluken- und Osmanenherrschern bedeuteten immer auch, daß der Stifter seine Herrschaftsansprüche in den heiligen Städten geltend machte. Wir werden deshalb die Bauten in ihrer Bedeutung als Herrschaftszeichen etwas näher betrachten.

Die Organisation der alljährlichen Pilgerfahrt sowie das Bauen in den heiligen Städten kosteten viel Geld und beanspruchten die Energie zahlreicher Funktionsträger. Man könnte sich deshalb das Pilgerwesen als einen komplizierten Mechanismus vorstellen, mit vielen sich ausbalancierenden Teilen.

Durch ein komplexes Bündel von Maßnahmen – wie Steuervergünstigungen, Geschenke an die Beduinen, Stiftungen zugunsten der heiligen Städte und Ämterverleihungen an lokal einflußreiche Persönlichkeiten – versuchte die osmanische Regierung, den reibungslosen Ablauf der Pilgerfahrt zu sichern. Störungen an einer einzigen Stelle konnten den ganzen Mechanismus am Funktionieren hindern. Um nur ein Beispiel zu nennen: Fielen in einem Jahr die offiziellen Geschenke an die Beduinen der syrischen und arabischen Wüste aus oder erreichten nicht die gewohnte Höhe, so war der Schutz der Pilger vor Überfällen nicht mehr gewährleistet. Außerdem konnte es bei der Versorgung der Pilger bzw. der Dauerbevölkerung Mekkas und Medinas zu Schwierigkeiten kommen, falls unzufriedene Beduinen Proviantkarawanen überfielen. Ähnliche Folgen traten ein, wenn Dürren oder Epidemien die Beduinen und ihre Kamele dezimierten; entweder standen sie eben für Transportdienste nicht zur Verfügung, oder aber es kam zu Überfällen, bei denen die Not der Räuber jedes Gebot gegenstandslos werden ließ. So kann man sich die osmanische Zentralverwaltung als den Motor vorstellen, der immer neue Ressourcen in das System hineinpumpte und dadurch sein Funktionieren ermöglichte.

Andererseits kann man dieses Geflecht von Leistungen und Gegenleistungen, das Istanbul mit dem Tausende von Kilometern entfernten Mekka verband, auch als einen Integrationsfaktor betrachten, der das Osmanische Reich zusammenhielt. In vorindustriellen Gesellschaften war es immer sehr schwierig, einen Herrschaftsapparat aufzubauen, der die durchweg nur schwach entwickelte Produktivität der Gesamtgesellschaft nicht überlastete und trotzdem stark genug war, ein größeres Territorium zusammenzuhalten. Von Istanbul aus gesehen, besaß die staatliche Organisation zur Förderung des Pilgerwesens den großen Vorteil der Flexibilität. Einmal erfüllte sie einen Zweck, der ohnehin von der Religion vorgeschrieben war und dessen Erfüllung den Sultan als Herrscher legitimierte. Andererseits erlaubte diese Organisation es der Zentralverwaltung, an den äußersten Grenzen ihres Einflußgebietes in einer Weise aktiv zu werden, die die Kontrolle über die heiligen Städte sicherte. Wie wir noch sehen werden, war diese Kontrolle oftmals locker und manchmal geradezu symbolisch. Aber es ist doch bemerkenswert, daß sich der osmanische Staat vier Jahrhunderte hindurch mit nur einer kurzen Unterbrechung im Hidschas behauptete, und hierbei hat die Förderung und Organisation der Pilgerfahrt sicherlich eine wesentliche Rolle gespielt.

1. KAPITEL

Die Pilgerfahrt im Mittelalter

Mit der Ausdehnung des islamischen Weltreiches unter den vier ersten Kalifen (632–61) und dann unter den Herrschern des Omaijadenhauses (661–750) war ein Gebiet, das von Spanien bis zum Iran reichte, unter eine in Medina und später in Damaskus zentrierte, einheitliche muslimische Herrschaft gekommen. Die Eroberer selbst waren durchweg Muslime; und wenn auch die Islamisierung etwa der iranischen Oberschicht sich bis ins 8. Jahrhundert unserer Zeitrechnung hinzog, so hatte doch das Einzugsgebiet, aus dem Pilger nach Mekka reisten, bereits gegen Ende des 7. Jahrhunderts weltweite Dimensionen erreicht. Diese Dimensionen steigerten sich überdies in der Folgezeit noch weiter: Im 10. Jahrhundert eroberte Maḥmūd von Ghazni, in der Kulturgeschichte bekannt als Förderer des Dichters Ferdosi, Teile von Nordindien; der Überlieferung nach begann die Bekehrung der zentralasiatischen Türken ebenfalls etwa in dieser Epoche. Die Eroberungen der Mongolen im 13. Jahrhundert, deren Herrscher in der Nachfolge von Dschinggis Khan sich lange Zeit auf keine der in ihren Reichen vorhandenen religiösen Traditionen festlegten, bedeuteten zunächst einen Rückschlag. Aber auf lange Sicht hin führten auch die mongolischen Eroberungen zur Ausdehnung der islamischen Welt, da die Tataren, die das gesamte südliche Rußland kontrollierten, ebenfalls zum Islam übertraten. So hätte man im 15. Jahrhundert unter den Pilgern, die nach Mekka zogen, neben Arabern, Persern und Türken aus Anatolien oder dem Balkan zentralasiatische Tataren, Inder, und gelegentlich auch afrikanische Könige vorfinden können.

Das Pilgerhandbuch eines Poeten

Für die Geschichte der Pilgerfahrt im Mittelalter, das heißt in diesem Zusammenhang der Epoche, die der Angliederung Mekkas und Medinas an das Osmanenreich im Jahre 1517 vorausgeht, bilden die

Reisebeschreibungen von Pilgern eine Hauptquelle. Diese Texte verfolgen einen praktischen Zweck, nämlich dem Pilger die Orientierung in Mekka und Medina zu erleichtern. Viele dieser Texte enthalten eine Fülle von historischen und manchmal auch baugeschichtlichen Informationen; spielt doch im Islam die Hinwendung zur Geschichte eine wichtige religiöse Rolle, so daß diese Nachrichten keineswegs als profanes Beiwerk betrachtet wurden. Man hat diese Beschreibungen der Pilgerfahrt deshalb zugleich als fromme Werke und als mit großer Akribie unternommene Beschreibungen von in der Welt existierenden Tatbeständen zu verstehen. Leider enthalten diese Schriften kaum jemals Angaben zur zahlenmäßigen Dimension der Pilgerschaft.

Aus dem 11. Jahrhundert unserer Zeitrechnung hat einer der bedeutendsten Dichter jener Epoche, Nāṣir-i Khusraw aus der Stadt Balkh im heutigen Afghanistan, einen Bericht über seine Pilgerfahrt hinterlassen. Nāṣir-i Khusraw unternahm die Pilgerreise, nachdem er im Anschluß an eine religiöse Bekehrung sich entschlossen hatte, seinen früheren sehr weltlichen Lebensstil grundlegend zu ändern. In Ägypten, das er auf der Reise nach Mekka ebenfalls besuchte, war der Schriftsteller von der unter den Fatimidenkalifen herrschenden kulturellen und auch wirtschaftlichen Blüte so sehr beeindruckt, daß er sich zur ismailitischen Form der Schia (der sogenannten Fünferschia) bekehrte und in der geistlichen Hierarchie dieser Religionsgemeinschaft schließlich einen bedeutenden Rang einnahm. Nāṣir-i Khusraw besuchte Mekka das erste Mal im Jahre 1047, als in der heiligen Stadt eine so heftige Dürre und Hungersnot ausgebrochen war, daß die alljährliche Pilgerkarawane abgesagt werden mußte. Da gleichzeitig auch im Irak Hungersnöte und Epidemien herrschten, konnte der Not nicht abgeholfen werden. Der Fatimidenherrscher Kairos begnügte sich also damit, eine Gesandtschaft zu schicken, die die schon damals stets in Ägypten gefertigte Hülle für die Kaaba nach Mekka zu bringen hatte. Zu dieser Gesandtschaft gehörte auch Nāṣir-i Khusraw. Zunächst überquerten die Reisenden das Rote Meer und besuchten Medina mit seiner Prophetenmoschee. Dann zog man acht Tage lang auf der gewöhnlichen Pilgerroute durch die Wüste und betrat die fast menschenleere heilige Stadt. Trotz der widrigen Umstände konnte Nāṣir, da die Zeit für die Riten der Großen Wallfahrt (*ḥadjdj* bzw.

Hadsch) gerade gekommen war, seine Pilgerfahrt vollziehen. Aber er scheint sich im Hidschas nur kurze Zeit aufgehalten zu haben; wie er selbst erzählt, verbrachte er nur zwei Tage in Medina, und auch Mekka wird er wohl nach kurzer Zeit wieder verlassen haben. Jedenfalls berichtet er über seine Pilgerschaft nicht im Zusammenhang mit dieser ersten Wallfahrt, sondern in Verbindung mit einem späteren, länger dauernden Besuch.

Nāṣir-i Khusraws Bericht ist offenbar in der Absicht verfaßt worden, dem Pilger die Orientierung in der heiligen Stadt zu erleichtern; so beginnt der Verfasser ganz systematisch mit der geographischen Lage der Stadt und beschreibt als nächstes die Art und Weise, in der sie sich in die Landschaft einpaßte: die Mauern, die zum Schutz der Mekkaner die Wadis absperren, die wenigen Stellen in der Stadt, an denen Bäume wachsen, die Hügel Ṣafā und Marwa, zwischen denen die Wallfahrer hin und her eilen. Sein Bericht über die Wallfahrt selbst ist eine Art Gebrauchsanweisung für den Pilger, die ihm genau erklärt, in welcher Reihenfolge die Zeremonien der Wallfahrt zu vollziehen sind und was dabei im einzelnen zu beachten ist. Auch die Beschreibung der mekkanischen Hospize und der städtischen Wasserversorgung ist wohl als praktische Information für den Besucher zu verstehen. Von persönlichen Erlebnissen ist in diesem Bericht kaum jemals die Rede.

Nāṣir-i Khusraws Engagement für die Fatimidenkalifen und die Fünferschia führte ihn nach seiner Rückkehr von der Wallfahrt in abenteuerliche Verwicklungen, an deren Ende sein Tod in den Bergen Badakhshāns stand. Aber für viele andere Gelehrte und Literaten war die Pilgerfahrt der Beginn einer erfolgreichen Karriere in ihren jeweiligen Heimatstädten. So unternahmen etwa im Neyshābūr des 11. und 12. Jahrhunderts angehende Gelehrte ihre Pilgerfahrt oftmals ziemlich zu Beginn ihrer Laufbahn als Richter und Lehrer: Sie benutzten die Gelegenheit, bei angesehenen Meistern im islamischen Recht und den Prophetentraditionen ihre Kenntnisse zu vervollständigen. Manche lehrten auch eine Zeitlang an den Moscheen und theologischen Hochschulen (*madrasa*), die sich in den Städten befanden, in denen sie gerade Station machten. Bagdad, damals noch die Hauptstadt der abbasidischen Kalifen, war in dieser Hinsicht besonders beliebt. Nach Neyshābūr zurückgekehrt, nahmen diese Pilger

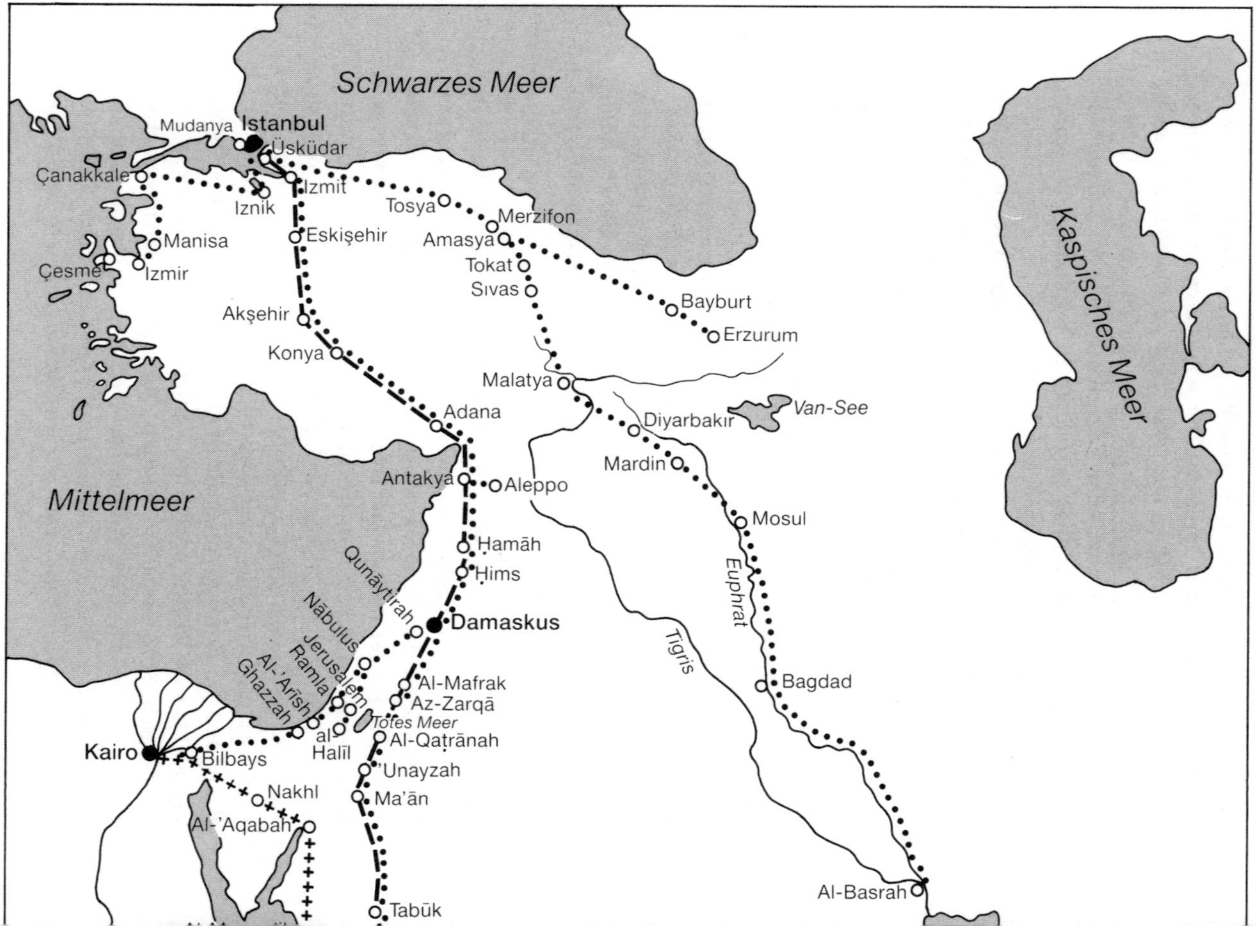
Schwarzes Meer
Kaspisches Meer
Mittelmeer
Istanbul
Mudanya
Üsküdar
Çanakkale
Izmit
Iznik
Tosya
Merzifon
Amasya
Eskişehir
Manisa
Çesme
Izmir
Tokat
Sıvas
Bayburt
Erzurum
Akşehir
Konya
Malatya
Van-See
Adana
Diyarbakır
Mardin
Antakya
Aleppo
Mosul
Ḥamāh
Ḥims
Euphrat
Tigris
Qunāytirah
Damaskus
Nābulus
Jerusalem
Ramla
Al-'Arīsh
Ghazzah
Al-Mafrak
Az-Zarqā
Totes Meer
Bagdad
al-
Halīl
Al-Qaṭrānah
Kairo
Bilbays
'Unayzah
Nakhl
Ma'ān
Al-'Aqabah
Tabūk
Al-Basrah

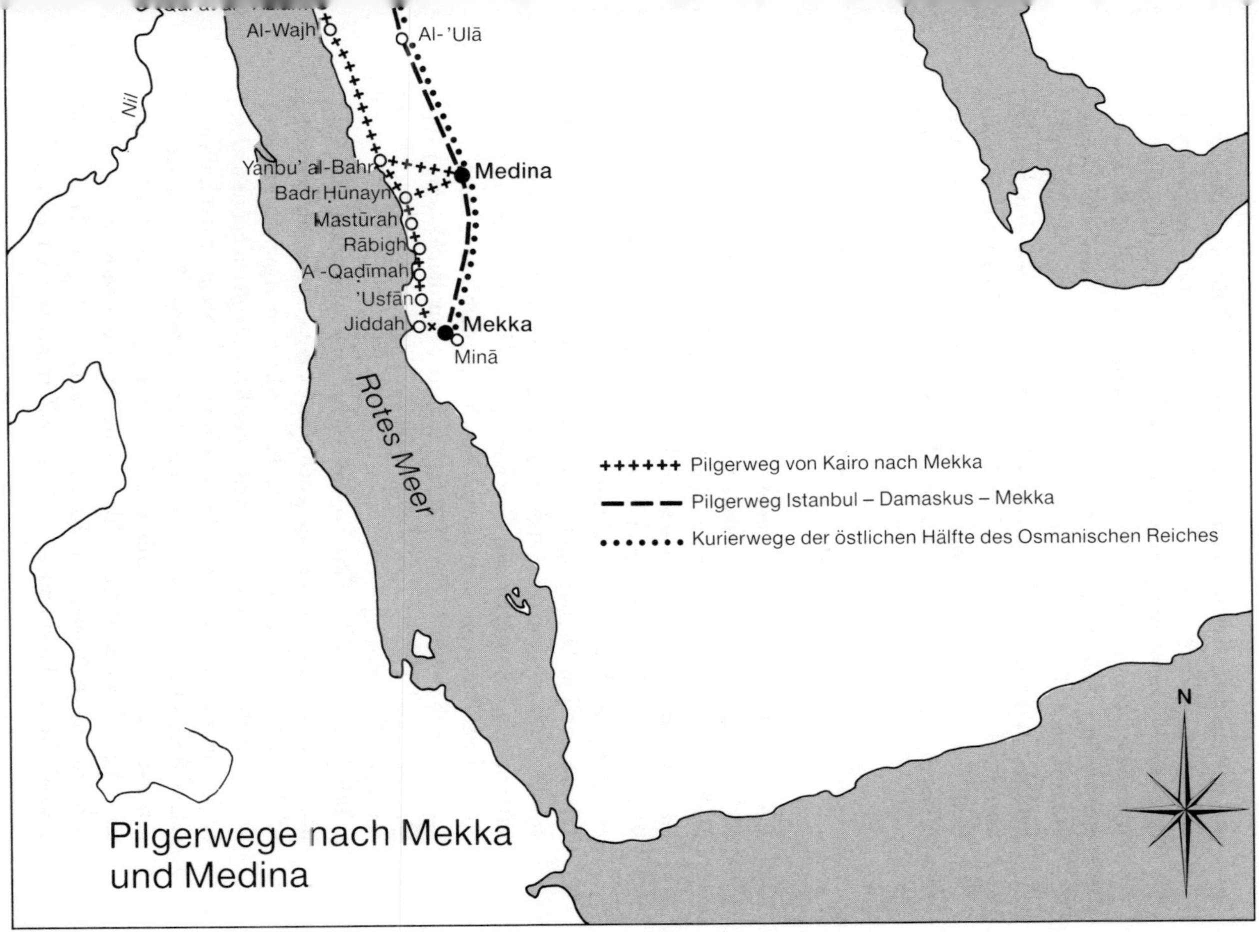
Al-Wajh
Al-'Ulā
Nil
Yanbu' al-Bahr
Medina
Badr Ḥūnayn
Mastūrah
Rābigh
A -Qadīmah
'Usfān
Jiddah
Mekka
Minā
Rotes Meer
++++++ Pilgerweg von Kairo nach Mekka
— — — Pilgerweg Istanbul – Damaskus – Mekka
•••••• Kurierwege der östlichen Hälfte des Osmanischen Reiches
N
Pilgerwege nach Mekka
und Medina

aus patrizischen Gelehrtenfamilien dann ihren Platz als prominente Lehrer und Richter ein; und wenn auch die Pilgerfahrt keine unabdingbare Voraussetzung für eine Tätigkeit als Gelehrter darstellte, so war diese Version der »Lehr- und Wanderjahre« doch recht häufig anzutreffen. Allerdings wissen wir über diese Reisen nur wenige kurze Daten. Diese stammen aus biographischen Nachschlagewerken, die in der ganzen islamischen Welt angefertigt wurden, um die korrekte Überlieferung religiösen Wissens zu gewährleisten. Persönliche Berichte über ihre Reisen haben die frommen Patrizier von Neyshābūr anscheinend nicht hinterlassen.

Der Weg nach Mekka

Der ausführlichste Bericht einer mittelalterlichen Pilgerfahrt nach Mekka, der uns erhaltengeblieben ist, stammt von Abū'l-Ḥusayn Muḥammad b. D̲jubayr, meist Ibn D̲jubayr genannt. Dieser Zeitgenosse Walthers von der Vogelweide begab sich im Jahre 1183 auf den Weg nach Mekka, nachdem er in seiner Heimatstadt Granada bereits zu Amt und Würden gekommen war. Durch seine literarischen Talente war Ibn D̲jubayr zum Sekretär des damaligen Gouverneurs von Granada aufgestiegen; aber im Verlauf seiner höfischen Tätigkeit hatte er sich, sehr gegen sein Gewissen, dazu überreden lassen, Wein zu trinken. Die Reue über diesen Bruch der islamischen Moralvorschriften ließ ihn nicht los; und sein Gönner, von den Skrupeln Ibn D̲jubayrs stark berührt, gab ihm Urlaub zur Pilgerfahrt und auch eine stattliche Wegzehrung.

Ibn D̲jubayrs Pilgerfahrt verlief nicht ganz undramatisch: Zunächst reiste er zur marokkanischen Stadt Ceuta, wo er ein genuesisches Schiff bestieg, das ihn nach Alexandrien in Ägypten brachte. Daß Ibn D̲jubayr mitten im Zeitalter der Kreuzzüge ein genuesisches Schiff bevorzugte, hängt mit der dominierenden Stellung der italienischen Seestädte im Mittelmeerhandel zusammen. Wer auf einem genuesischen oder venezianischen Schiff reiste, konnte sich vor Piraten vergleichsweise sicher fühlen. (Aus ähnlichen Motiven begaben sich die Angehörigen der Barbareskenstaaten Algier, Tunis und Tripolis im 17. Jahrhundert auch oft auf französischen oder englischen Schiffen nach Alexandrien, wenn sie als Pilger unterwegs waren.) In Ägypten herrschte damals Sultan Saladin (Ṣalāḥ al-Dīn Ayyūbī), von dessen energischer Herrschaft und großzügiger Bautätigkeit Ibn Djubayr sich sehr beeindruckt zeigte. Dann durchquerte der andalusische Pilger Ägypten und suchte den Hafen ʿAydhāb auf, damals noch ein wichtiges oberägyptisches Handelszentrum, das aber im 15. Jahrhundert seine kommerzielle Bedeutung zum größten Teil verlieren sollte. Allerdings bekam Ibn Djubayr einen denkbar ungünstigen Eindruck von den Bewohnern dieser Gegend; eine Beschreibung der Perlenfischereien unweit ʿAydhābs beendet er mit den Worten: »Wirklich, diese Leute gleichen eher Tieren als Menschen.« Ebenso drastisch ist seine Beschreibung der schlechten Behandlung, die die Pilger von den Bewohnern ʿAydhābs erleiden mußten. Die Boote wurden so stark überlastet, daß die Passagiere wie Hühner in einem Korb zusammengepfercht sitzen mußten, denn die Besitzer der Schiffe waren offenbar äußerst habgierig und wollten möglichst viel Fahrgeld kassieren. Man ging nach dem Prinzip vor, daß der Schiffseigentümer nur das Schiff zur Verfügung stellte; es war Sache des Pilgers, dafür zu sorgen, daß er lebendig das andere Ufer erreichte. Ibn Djubayr rät allen künftigen Pilgern, diese Route möglichst zu meiden. Als Alternative schlägt er einen langen Umweg vor: Ein Pilger, der wie er selber aus dem westlichen Mittelmeergebiet anreiste, sollte sich über Syrien nach Bagdad begeben, um von dort mit der Karawane der Pilger aus dem Irak nach der arabischen Halbinsel zu gelangen. »Man mag diesen Umweg als zu lang betrachten; aber im Vergleich mit dem, was einem in ʿAydhāb und ähnlichen Orten widerfahren kann, ist es eine Kleinigkeit.« Ibn Djubayr spricht auch von einer Pilgerstraße in Küstennähe, die von Ägypten über den Sinai und von dort nach Al-ʿAqabah und weiter südwärts bis nach Medina führte. Diese Route dürfte in etwa der Pilgerstraße entsprochen haben, die im 16. und 17. Jahrhundert die ägyptischen Pilger bereisten. Allerdings war zur Zeit Ibn Djubayrs diese Route nicht benutzbar, weil eine fränkische Kreuzfahrerburg den Weg versperrte.

Ibn Djubayrs Überquerung des Roten Meeres war tatsächlich so beschwerlich, daß man begreifen kann, warum er den Umweg über Bagdad empfahl, den er übrigens selbst bei der Rückreise benutzt hat.

Kurz vor der Landung in Jiddah erhob sich ein schweres Unwetter, das das Schiff erheblich von seinem Kurs abbrachte, so daß für die kurze Strecke von ʿAydhāb nach Jiddah acht Tage benötigt wurden. Auch in Jiddah, das zu Ibn Djubayrs Zeiten nur ein großes Dorf war, dessen Behausungen zumeist aus Schilfhütten bestanden, waren die Leiden der Pilgergesellschaft noch nicht vorüber. Ibn Djubayr beklagt sich lebhaft darüber, daß die meisten Einwohner des Hidschas die Pilger rücksichtslos ausbeuteten und ihnen das Geld und die Vorräte, die sie mitgebracht hatten, unter den verschiedensten Vorwänden abspenstig machten. Am schlimmsten benahm sich der damalige Emir von Mekka. Sultan Saladin hatte gerade versucht, den Pilgern die Reise zu erleichtern, indem er dem Emir eine feste Zuwendung an Geld und Lebensmitteln zusagte. Als Gegenleistung sollte der Emir auf die Zölle verzichten, die er bis dahin den Pilgern abverlangt hatte. Dieser sah jedoch nach wie vor in den Pilgern nichts weiter als eine ihm rechtmäßig zustehende Einkommensquelle, und da sich die von Sultan Saladin in Aussicht gestellten Zuwendungen verzögert hatten, hielt sich der Emir kurzerhand an dem wohlhabenden andalusischen Reisenden schadlos. Ibn Djubayr wurde gefangengesetzt, und seine Reisegesellschaft sollte mit ihrem Besitz für das Eintreffen der ägyptischen Gelder und Weizenlieferungen haften. Diesen Umstand nahm der Autor zum Anlaß, über die schiitischen – und damit in seinen Augen häretischen – Bewohner des Hidschas einige harte Worte fallen zu lassen. Wünschte er ihnen doch, daß sie von der damals in Spanien herrschenden Dynastie der Muwaḥḥidun/Almohaden mit Feuer und Schwert erobert und für ihre mannigfachen Sünden und Ketzereien bestraft würden. Allerdings ist Ibn Djubayr auch bei der Formulierung seiner schärfsten Vorwürfe vorsichtig zu Werke gegangen; war doch der Emir von Mekka, als Nachkomme des Propheten Muhammad, in den Augen des frommen Andalusiers eine Person, der man um ihres Ahnherrn willen mit Respekt zu begegnen hatte. Daß er, als Individuum gesehen, ungerecht handelte und als Herrscher weit hinter Sultan Saladin und den Almohaden zurückblieb, stand auf einem anderen Blatt.

Auf dem kurzen Weg von Jiddah nach Mekka machte Ibn Djubayrs Reisegesellschaft einmal Station, um die Pilgergewandung anzulegen. Diese Kleidung (*iḥrām*) ist sich von den Zeiten des Propheten Muhammad bis auf den heutigen Tag ziemlich gleich geblieben. Für Männer gibt es ein ungenähtes Gewand aus zwei weißen Tüchern; das untere wird um die Hüften geschlungen und bedeckt die Knie, das obere dient als Schultertuch. An den Füßen trägt der Pilger Sandalen oder im Notfall Halbschuhe. Für Frauen ist keine besondere Kleidung vorgesehen; allerdings erklärt der englische Reisende Richard Burton, der im Jahre 1853 Pilgerinnen in ihrer Tracht gesehen hat, daß der Gesichtsschleier das Gesicht nicht berühren dürfe und die Pilgerinnen deshalb eine Maske aus geflochtenen Palmblättern trügen. Moderne Photographien zeigen die Pilgerinnen fast immer mit unverhülltem Gesicht. Nach Ansicht vieler Theologen soll diese gleichförmige Gewandung die Gleichheit der Gläubigen im Angesicht Gottes symbolisieren.

Neben der Kleidung gelten auch andere Verhaltensregeln, die den Sonderstatus des Mekkapilgers hervorheben und nach Ansicht der Theologen die Absonderung von der Welt und die alleinige Hingabe an Gott auch äußerlich sichtbar machen. Am wichtigsten ist das Verbot der Tötung von Lebewesen aller Art, das auch die Jagd mit einschließt. Bewaffnete Männer haben deshalb durch die Jahrhunderte hindurch ihre friedlichen Absichten dadurch kundgetan, daß sie die heilige Stadt im *iḥrām* betraten. Aber auch die Beziehungen zwischen Eheleuten und selbst der Abschluß von Heiratskontrakten sind dem Pilger verboten, desgleichen Diskussionen und Streitigkeiten. Die Benutzung von Parfüms ist untersagt, desgleichen das Schneiden von Haaren, Bart und Nägeln. Baden ist erlaubt, auch geht dem Anlegen des Pilgergewandes ein Bad voraus. Nach dem Ende der Pilgerreise, wenn der Pilger sein normales Leben in der Welt wieder aufnimmt, werden Haare, Bart und Nägel geschnitten.

Die Riten der Pilgerfahrt sind nur gültig, wenn ihnen eine entsprechende Willenserklärung vorausgeht, in der der Pilger bekunden muß, ob er die Große (*ḥadjdj*) oder die Kleine Wallfahrt (*ʿumra*) zu vollbringen gedenkt. Die Große Wallfahrt, das eigentliche Ziel der von weither angereisten Pilger, schließt den oben beschriebenen Aufenthalt am ʿArafāt ein und kann nur einmal in jedem Mondjahr stattfinden, nämlich im zwölften Monat Dhū al-ḥidjdja. Die Kleine Wallfahrt umfaßt dagegen nur die in Mekka selbst zu vollziehenden Riten und kann zu jedem beliebigen Zeitpunkt unternommen werden.

Für Ibn Djubayr und seine Reisegesellschaft begann die eigentliche Pilgerschaft, als sie an einem festgelegten Ort auf dem Wege zwischen Jiddah und Mekka den *iḥrām* angelegt hatten. Für Reisende aus anderen Himmelsrichtungen gab es ebenfalls solche seit langem feststehenden Punkte. So berichtet der osmanische Reisende Ewliyā Čelebi, der sich der heiligen Stadt Mekka von Medina aus näherte, daß die Pilger seiner Zeit an einem Ort namens Biʾrʿ Alī unweit von Medina den *iḥrām* anlegten. Heute geschieht dies an einem Dhū al-Ḥulayfa, manchmal auch Ābār ʿAlī genannten Ort, der wahrscheinlich mit der von Ewliyā erwähnten Stätte identisch ist. Allerdings konnten diejenigen Pilger, die bei der Reise durch die Wüste die unbequeme Pilgerkleidung vermeiden wollten, auch bis zu dem Maḳām al-ʿUmra genannten Ort in ihrer gewöhnlichen Kleidung verbleiben, unter der Bedingung, daß sie ihr Versäumnis durch ein Opfer wettmachten. Bis zu dem letzteren Ort kamen die mekkanischen Pilgerführer, die den Pilgern die Riten der Wallfahrt zeigten (und noch heute zeigen), ihren Auftraggebern entgegen. Zu Ewliyās Zeiten gab es bei Maḳām al-ʿUmra einen Teich, der durch ein Wasserrad gespeist wurde und von Waschräumen umstanden war, auch stand hier ein Gebäude, in dem sich die Pilger ausruhen konnten. Der ganze Komplex war damals noch recht neu, war er doch erst in den Jahren 1662–63, also weniger als ein Jahrzehnt vor Ewliyās Pilgerfahrt, von einem in Ägypten amtierenden osmanischen Gouverneur gestiftet worden. Pilger, die sich der heiligen Stadt zur See näherten, legten damals und legen noch heute den *iḥrām* an einer Stelle an, die in etwa so weit von Mekka entfernt ist wie die von Ewliyā Čelebi und Ibn Djubayr erwähnten Orte. Von Süden anreisende Schiffspassagiere bekleiden sich mit dem *iḥrām*, wenn sie den Berg Yalamlam, etwa 54 km südlich von Mekka gelegen, zu Gesicht bekommen.

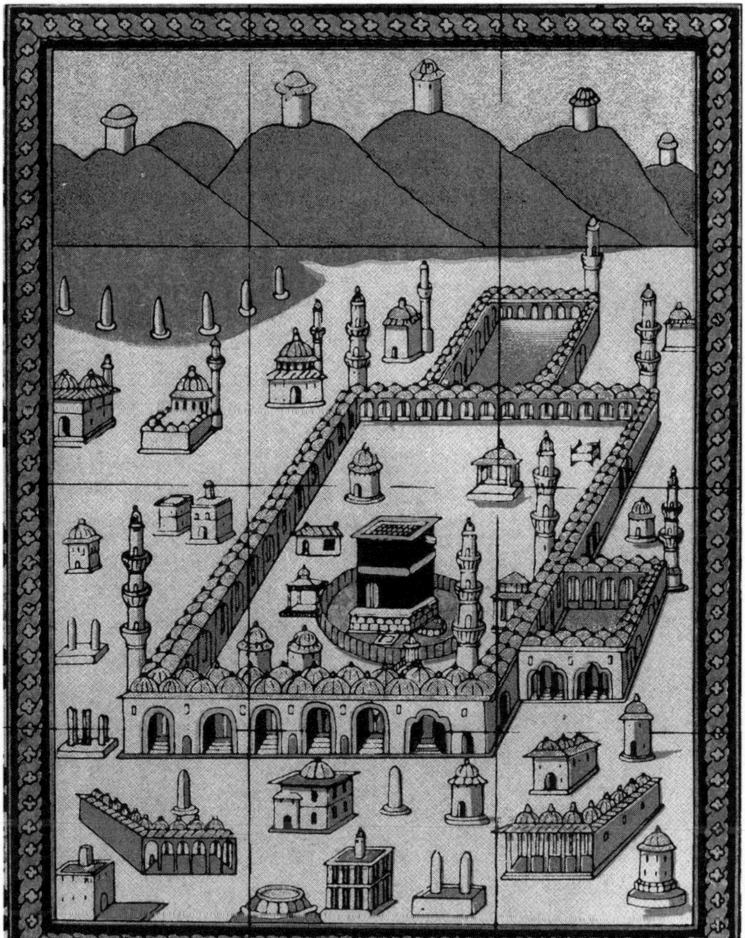

Fayence-Darstellung der Kaaba im K̲hurs̲hīd Pascha-Palast in Kairo. Darstellungen dieser Art waren auch im Istanbul des 16.–18. Jahrhunderts überaus beliebt.

Ibn Djubayr beschreibt sehr anschaulich die fromme Rührung, die die Pilger erfaßte, als sie in Mekka eingezogen und zum erstenmal die Kaaba zu Gesicht bekamen. Beim nächtlichen Einzug in die heilige Stadt hörte man von allen Seiten Gebete und Anrufungen Gottes, vor allem das zu diesem Anlaß übliche »Hier, mein Gott, hier bin ich«. Beim ersten Besuch in der Großen Moschee wurde die Kaaba in feierlicher Form siebenmal umkreist, und man berührte ihre Bedekkung an einer bestimmten Stelle, in der Hoffnung, die Erhörung seiner Gebete zu finden. Wenn es bei dem Andrang der Frommen möglich war, küßten die Pilger den Schwarzen Stein. ʿAlī b. Abī Bakr al-Ḥarawī, ein Zeitgenosse Ibn Djubayrs, der das Heiligtum im Rahmen eines nüchternen »Inventars der Wallfahrtsstätten« ebenfalls beschrieben hat, gibt Auskunft über die Geschichte des Baues, wie sie in den Kreisen der Frommen und Gelehrten tradiert wurde. Danach sei die Kaaba von dem Propheten Abraham erbaut worden. Man habe sie im wesentlichen in ihrem ursprünglichen Zustand belassen, bis einer der wichtigsten Stämme Mekkas, nämlich die Ḳuraysh, im 7. Jahrhundert unserer Zeitrechnung einen weitgehenden Neubau unternommen habe. Dieser Neubau habe zur Zeit des Propheten Muhammad stattgefunden. Da dieser selbst ein Mitglied der Ḳuraysh war, schrieb ihm die Tradition zu, er habe einen Streit um den Ehrenvorrang bei der Wiedereinsetzung des Schwarzen Steines, der ein wichtiges Element des Gebäudes bildete, durch sein persönliches Eingreifen geschlichtet.

In den Kämpfen der frühen Omaijadenzeit brannte die Kaaba nieder, und Ibn Zubayr, der zeitweilig sich in Mekka als Kalif hatte ausrufen lassen, ließ sie in vergrößerter Form und mit zwei Türen wiederaufbauen. Als jedoch Ibn Zubayr dem omaijadischen Statthalter al-Ḥadjdjādj erlegen war, ließ letzterer das von dem besiegten Kalifen Errichtete niederreißen und orientierte sich bei dem Neubau an dem, was man noch von dem Heiligtum wußte, das zur Zeit des Propheten bestanden hatte. Die Kaaba wurde also wieder verkleinert, eine Tür schloß man zu, und der Fußboden wurde mit den Spolien des vorherigen Baues gepflastert, so daß das Heiligtum jetzt vier Ellen höher lag als der umgebende Platz. Dies war also der Bau, den Ibn

Djubayr und al-Ḥarawī zu Gesicht bekamen. Allerdings mußte die Kaaba auch in späteren Jahrhunderten erneuert werden. Von einer gründlichen Renovierung im 17. Jahrhundert durch die osmanischen Sultane Aḥmed I. und Murad IV. soll später noch die Rede sein (Kap. 5).

Als Ibn Djubayr die Kaaba besuchte, war das Gebäude mit frommen Weihegeschenken, die sich im Laufe der Jahrhunderte angesammelt hatten, reich geschmückt. Die Tür und die Türpfosten bestanden aus vergoldetem Silber, während der Türbalken aus purem Gold gefertigt war. Innen war der Raum mit farbigem Marmor ausgekleidet, während die drei Säulen, die das Dach abstützten, aus Teakholz gefertigt waren. Außen um das Gebäude herum lief ein Band aus vergoldetem Silber; das flache, leicht geneigte Dach und die Wände der Kaaba waren mit seidenen Tüchern behängt. Die Behänge, die Ibn Djubayr beschreibt, waren aus grüner Seide mit Kettfäden aus Baumwolle und mit roten Bändern abgesetzt, die in deutlichen Buchstaben den Namen des regierenden Abbasidenkalifen al-Nāṣir li Dīn Illāh (1180–1225) weithin sichtbar zur Schau stellten. Dieser Kalif war einer der letzten Vertreter seiner Dynastie, dem es gelang, eine aktive politische Rolle zu spielen. Er ist noch heute bekannt für seine Bemühungen, die zu seiner Zeit im ganzen Vorderen Orient weit verbreiteten Bünde von streitbaren jungen Männern aus den ärmeren Schichten der Städte zu einem Instrument seiner Politik umzuformen. Die augenfällige Nennung des Kalifen als Wohltäter der beiden Heiligtümer (*khādim al-ḥaramayn*) trug in den Augen frommer Besucher wie etwa Ibn Djubayrs zur Stärkung von al-Nāṣirs moralischem und politischem Ansehen bei. Seinen Versuchen, auch im konkreten, machtpolitischen Sinn als Herrscher von Mekka und Medina anerkannt zu werden, war allerdings kein Erfolg beschieden.

Ibn Djubayr besuchte auch den Stein, auf dem der Überlieferung nach Abraham gestanden haben soll, als er die Kaaba erbaute. Dieser Stein war durch einen kurzen Anbau in den Bereich der Kaaba einbezogen. Aber der andalusische Pilger präzisiert, daß ursprünglich der Stein an einer anderen Stelle und unter einem eigens errichteten Holzbau gelegen habe, daß man ihn aber in einen Anbau der Kaaba gesetzt habe, um ihn besser zu schützen. Auch die anderen Gebäude im Hof der Großen Moschee hat Ibn Djubayr bis ins Detail beschrieben, darunter auch den Brunnen Zamzam, dessen Wasser in hohen Ehren gehalten und als heilkräftig angesehen wird, auch wenn der Besuch nicht zu dem vorgeschriebenen Ritual der Pilgerschaft gehört. Nachdem man sich am Brunnen erfrischt hatte, vollzogen die Pilger den siebenmaligen rituellen Lauf zwischen Ṣafā und Marwa, zwei Hügeln innerhalb Mekkas. Mit diesem Lauf, durch den an das verzweifelte Suchen Hagars gemahnt werden sollte, als sie in der Wüste nach Wasser für ihr Kind suchte, war die *ʿumra* oder Kleine Pilgerschaft abgeschlossen.

Da die Zeit der Großen Pilgerfahrt noch mehrere Monate entfernt war, wurde die Pilgerkleidung zunächst einmal abgelegt, und Ibn Dj̲ubayr und seine Reisegefährten richteten sich als zeitweilige Bewohner Mekkas häuslich ein. Die *ʿumra* konnte zur gegebenen Zeit wiederholt werden; bei diesem Anlaß zog man zunächst aus der Stadt und legte die Pilgerkleidung an demselben Ort an wie die ständigen Bewohner Mekkas. Da Ibn Dj̲ubayr ein wohlhabender Mann war, konnte er sich während dieser Monate des Wartens einen gewissen Komfort gestatten. Die Feste der Mekkaner hat er mitgefeiert und für die aus diesem Anlaß verkauften Süßigkeiten nach eigenem Eingeständnis viel Geld ausgegeben. Auch die Räume, die er mietete, waren nicht nur bequem, sondern boten auch einen guten Ausblick auf die Kaaba und den Hof der Großen Moschee. In den nächsten Monaten sammelte Ibn Dj̲ubayr dort die Nachrichten und Beobachtungen über die wichtigsten Gebäude Mekkas, die die Grundlage für seine Beschreibung bildeten.

Die Zeremonien des Hadsch

Die islamischen Feste werden nach dem Mondkalender berechnet; Grundlage für die Bestimmung der Daten, an denen religiöse Feste zu feiern sind, ist die Beobachtung des Neumonds durch glaubwürdige Zeugen. Im Jahre 1184, als Ibn Dj̲ubayr seine Pilgerfahrt ausführte, war die Bestimmung komplizierter als gewöhnlich in den regenarmen Breiten Mekkas, denn zur Zeit, als man den Neumond erwartete, war der Himmel dunstig und der Mond nicht zu erkennen. Andererseits lag den Pilgern viel daran, daß der rituell vorgeschriebene Aufenthalt auf der Hochebene von ʿArafāt östlich von Mekka, der am 9. Dhū al-ḥidjdja stattfindet, auf einen Freitag falle. Denn ein vom Propheten Muhammad überliefertes Wort erklärte, daß in einem solchen Fall das religiöse Verdienst, das sich der Pilger erwirbt, viel größer ist als in einem gewöhnlichen Jahr. Unter diesen Umständen fanden sich nicht wenige Leute, die behaupteten, den Neumond gesehen zu haben, obgleich das, physisch gesehen, unmöglich war. Dagegen bestand der Kadi von Mekka darauf, diese Zeugnisse zurückzuweisen. Dem ondit nach ging er mit den übereifrigen Zeugen nicht gerade sanft ins Gericht: »Diese Maghrebinier [unter den Zeugen hatte sich eine Gruppe von Maghrebiniern hervorgetan] sind verrückt. Ein Haar ihrer Wimpern rutscht herunter, sie sehen irgend etwas, und schon glauben sie, das sei der Neumond!« Ibn Djubayr begrüßte die nüchterne Haltung des Kadis im Interesse des religiösen Ernstes, der die Pilgerschaft umgeben soll. »Wenn man da zu manipulieren beginnt, verschwindet der fromme Eifer, und das religiöse Bewußtsein wird geschwächt. Möge Gott in seiner großmütigen Gnade die Konfusion und das Übel verhindern!« Schließlich fand der Kadi aber doch eine Lösung, die sein eigenes Realitätsbewußtsein und zugleich die Wünsche der Gläubigen zufriedenstellte. Er ordnete an, daß der rituelle Aufenthalt (*waḳfa*) auf dem ʿArafāt am Freitagnachmittag beginnen und bis in den Sonnabendmorgen andauern sollte.

In den Tagen, die dem Aufbruch vorangingen, trafen immer neue Pilgergruppen in der heiligen Stadt ein. Ibn Djubayr erwähnt die Jemeniten und auch einen Fürsten von Aden, der gerade seinen Thron verloren hatte. Am 7. Dhū al-ḥidjdja erschien auch ein Bote des Kommandanten der irakischen Pilgerkarawane, die noch im Anmarsch begriffen war. Der Kadi von Mekka predigte daraufhin in feierlicher Form vor den versammelten Pilgern und erklärte ihnen das Ritual des Hadsch; außerdem kündigte er an, daß am nächsten Tag der Zug nach Minā stattfinden sollte, der das erste Stadium des Aufstiegs zum ʿArafāt bildet. Am Donnerstag begab sich also die Menge auf den Weg; allerdings beeilte man sich mehr, als eigentlich wünschenswert gewesen wäre, weil von räuberischen Beduinen ständig Gefahr drohte. Ähnlich wie man sich im Italien des 14. Jahrhunderts keine Skrupel daraus machte, griechische Christen als Sklaven zu erwerben, fühlten sich viele Beduinenstämme, obwohl sie selber

Das Zeltlager der Pilger auf der ʿArafāt-Hochebene. Die männlichen Pilger sind, den Bekleidungsvorschriften entsprechend, barhäuptig. Photographie von C. Snouck Hurgronje, Leiden 1889.

Muslime waren, durchaus im Recht, wenn sie die Pilger ausplünderten und diejenigen, die Widerstand zu leisten versuchten, einfach umbrachten. Deshalb gehörte es zu den wichtigsten Aufgaben der Fürsten, die im Hidschas die politische Autorität beanspruchten, die Pilger vor solchen Beduinenangriffen zu schützen. Nach dem Zeugnis Ibn Djubayrs hatte der damalige Emir von Mekka in diesem Bemühen durchaus Erfolg, und dieser Erfolg trug nicht wenig dazu bei, ihn trotz aller politischen Unzulänglichkeiten in den Augen des andalusischen Reisenden (und sicherlich vieler anderer Pilger) zu legitimieren.

Die erste Nacht nach ihrem Auszug aus Mekka verbrachten die Pilger an einem Ort namens Muzdalifa. Hier handelte es sich nicht um eine menschliche Siedlung, sondern um einen bloßen Rastplatz, der allerdings reichlich mit Wasser versehen war, nachdem Hārūn al-Rāshids Gemahlin Zubayda während des 9. Jahrhunderts dort eine Reihe von Reservoiren hatte anlegen lassen. Am nächsten Tag erreichte man den ʿArafāt, der überragt wird von dem »Berg des Mitleids«. Der Aufenthalt an dieser Stelle bildet eines der Kernstücke des Pilgerrituals. Einige Moscheen und Gebetsnischen unter freiem Himmel boten Möglichkeiten zum Gebet. Allerdings hat Ibn Djubayr über diesen Aufenthalt nur wenig erzählt, so daß wir auf spätere Reisebeschreiber zurückgreifen müssen, etwa auf den osmanischen Reisenden Ewliyā Čelebi, der sich im Jahre 1672 am ʿArafāt aufhielt. Nach Ewliyās Angaben verrichteten die Pilger ihre Gebete in und um die am ʿArafāt gelegene Abrahamsmoschee, anschließend wartete man auf der Hochebene, bis der Kadi von Mekka seine feierliche Predigt begann. Zu Ewliyās Zeiten versammelten sich die Pilger nach ihrer landsmannschaftlichen Zugehörigkeit: die Anatolier im Westen, die Abessinier, Jemeniten, Iraker und Bewohner des Hidschas an anderen fest bestimmten Orten. Dieser Brauch scheint sich über die Jahrhunderte hinweg gehalten zu haben, denn Ibn Djubayr berichtet, daß sich die Jemeniten nach Stämmen getrennt aufstellten, ohne daß jemals ein Stamm auf das Gelände des anderen übergegriffen hätte. Sowohl Ewliyā Čelebi als auch Ibn Djubayr verbreiten sich voll Bewunderung über die große Menschenmenge, die sich zum Anhören der Festpredigt auf dem ʿArafāt versammelt hatte. Auch erwähnt Ibn Djubayr die vielen vornehmen Nichtaraber, Herren wie Damen, die zu dem Treffen der Pilger erschienen waren. Aber leider haben weder diese beiden Reisenden noch andere Zeugen aus der Zeit vor dem 19. Jahrhundert versucht, die Zahl der am ʿArafāt anwesenden Pilger zu schätzen.

Es gab eine Reihe von Regeln, die eingehalten werden mußten, sollte der Aufenthalt auf dem ʿArafāt im rituellen Sinne gültig sein. Ibn Djubayr berichtet von den Grenzsteinen, die das für die Pilger vorgesehene Gebiet von der profanen Außenwelt absonderten. Auch der Zeitfaktor spielte eine Rolle, wie schon aus dem von Ibn Djubayr berichteten Disput zwischen dem Kadi von Mekka und den übereifrigen Maghrebiniern offenkundig wird. Ewliyās Bericht betont außerdem, wie wichtig es war, daß die Pilger sich während der für die *waḳfa* vorgesehenen Zeiten am ʿArafāt einfanden. Nicht nur seine eigene Karawane mußte in Gewaltmärschen vorpreschen, um zu den Pilgerzeremonien nicht zu spät zu kommen. In den unruhigen Jahren 1671–72 war die von Basra anreisende Karawane von Beduinen überfallen worden; aber von Mekka ausgesandte Verstärkungen erlaubten es, die Angreifer zurückzuschlagen. Nur hätten beinahe die Pilger die vorgeschriebene Zeit versäumt. »Sie [die Pilger von Basra] betraten [das durch die Grenzsteine abgesonderte Gebiet] bei den irakischen Grenzsteinen und brachten auch ihre Toten zum rituellen Aufenthalt mit. Gottlob, sie konnten ihre Pilgerschaft verwirklichen. Wenn sie nur ein wenig später gekommen wären, wäre ihre Pilgerschaft ungültig gewesen.«

Die feierliche Predigt am ʿArafāt wurde durch die Rufe der Menschen eingeleitet, die wieder »Hier, mein Gott, hier bin ich!« lauteten und nach Ewliyās Beschreibung eine volle Stunde andauerten. Die Predigt selbst ist nur von Ewliyā, nicht aber von Ibn Djubayr beschrieben worden; sie befaßte sich mit den noch ausstehenden Verpflichtungen, besonders den Opfern und den Steinwürfen, mit denen die Pilger symbolisch dem Teufel zu Leibe rücken sollten. Als die Predigt beendet war, beeilten die Pilger sich, den Platz der Versammlung zu verlassen. Da es bereits dunkelte, war der Abzug vom ʿArafāt, der in schnellem Tempo vor sich gehen sollte, mit einer gewissen Verwirrung verbunden. Noch zum Abendgebet erreichte man Muzdalifa, wo die Moschee von vielen Wachskerzen hell erleuchtet war; Ibn Djubayr führt diese Dekoration zurück auf den Geschmack, den die Nichtaraber, besonders die Pilger aus dem persischen Khorāsān, an dieser Form der religiösen Verehrung fanden. Während Pilger aus Khorāsān in größerer Zahl anwesend waren, war auch die Große Moschee in Mekka mit unzähligen Kerzen geschmückt. In Muzdalifa versammelte man sich zu einem rituellen »Aufenthalt«, der diesmal in der Nacht stattfand und durch die strahlende Kerzenbeleuchtung noch eindrucksvoller gestaltet wurde. In Muzdalifa sammelten die Pilger auch kleine Steine, mit denen man bei der nächsten Station, nämlich in Minā, symbolisch den Teufel steinigte. Die meisten Pilger scheinen noch in der Nacht von Muzdalifa aufgebrochen zu sein, um das Morgengebet schon in Minā zu sprechen und anschließend sieben Steine gegen einen Felsen zu werfen. Anschließlich opferten die Pilger je ein Tier und hatten damit ihre religiösen Verpflichtungen für diesen Tag erfüllt.

Ibn Djubayr sagt nicht, was die Pilger in ihrer freien Zeit in Minā unternahmen. Heute ist es üblich, daß die Pilger nach dem nahegelegenen Mekka zurückkehren, die Kaaba wiederum siebenmal umkreisen (*ṭawāf al-ifāda*) und anschließend das Pilgergewand ablegen. Die Männer lassen sich rasieren, und alle Pilger kehren in festlicher Kleidung nach Minā zurück. In unsicheren Zeiten, wie sie Ibn Djubayr beschreibt, hätte diese erneute Umkreisung der Kaaba jedoch auch nach der endgültigen Rückkehr in die heilige Stadt unternommen werden können.

Inzwischen herrschte in Minā ein lebhaftes Treiben. Ibn Djubayr berichtet von den vielen Waren, die zu dieser Zeit dort feilgeboten wurden, »von kostbaren Perlen bis zu dem gröbsten Glas«. Auch ein anonymer Gewährsmann aus dem 16. Jahrhundert, und Ewliyā Čelebi in viel größerer Ausführlichkeit, beschreiben die vielen Gelegenheiten zum Kaufen und Verkaufen, die sich in Minā zu diesem Zeitpunkt ergaben. Ewliyā nennt den Ort Minā gleich »Mine pāzāri«, also den Markt oder vielleicht besser die Messe von Minā; wie Ibn Djubayr spricht er von den dort angebotenen Perlen, die meist aus Bahrain stammten. Auch besuchten sich die Pilger untereinander und erfreuten sich an Essen und Trinken, zumal während des Aufenthaltes in Minā die meisten Einschränkungen, denen sich der Pilger unterworfen hatte, zeitweilig außer Kraft gesetzt waren. Die Lapidationen wurden am folgenden Tage und auch am dritten wiederholt, so daß der gewöhnliche Pilger insgesamt neunundvierzig Steine warf. Ibn Djubayr erklärt, daß ursprünglich die Pilger drei Tage in Minā geblieben seien und auch noch am dritten Tag den Ritus des Steinewerfens wiederholt hätten; aber zu seiner Zeit hatte man wegen der Unsicherheit, die im Umlande Mekkas herrschte, das Ritual ein wenig abgekürzt.

Als die Pilger nach mehrtägiger Abwesenheit wieder in Mekka angelangt waren, hatten sie das letzte Stadium des Hadsch-Zeremoniells erreicht, nämlich die abermalige Umkreisung der Kaaba. Ibn Djubayr hat seine Erzählung dadurch lebendiger gestaltet, daß er hier die Perspektive wechselt: Während bis zu diesem Zeitpunkt seine eigenen Erlebnisse im Vordergrund stehen, berichtet er in diesem neuen Abschnitt vor allem, wie sich andere Pilger verhielten. Besonders konzentriert er sich auf diejenigen, die ihm selbst und wahrscheinlich auch seinem Publikum, also gebildeten Andalusiern und Nordafrikanern, einigermaßen exotisch vorkamen, nämlich die Khorāsāner. Auf die Beschreibung der Zeremonie selbst, wie sie sich im Raum der Großen Moschee entfaltete, hat er dagegen ganz verzichtet, wahrscheinlich um Wiederholungen zu vermeiden. Wir erfahren also, wie die Hülle der Kaaba, die jedes Jahr um diese Zeit erneuert wurde, hochgeschürzt werden mußte, weil sie sonst in dem Gedränge der Khorāsāner, die sich auf die Kaaba stürzten und sich an der Hülle festklammerten, gewiß zu Schaden gekommen wäre. Bemerkenswert ist die versöhnliche Haltung, mit der der Verfasser diese Manifestationen einer ihm doch wohl recht fremden Religiosität betrachtet. Das Befremden wird besonders sichtbar, wenn er Pilgerinnen beschreibt, die sich in die Menge stürzten, um das Innere der Kaaba zu besuchen, »und wenn sie wieder herauskamen, war ihre Haut wie gebacken in einem abgeschlossenen feurigen Ofen, beheizt von der Kraft des religiösen Eifers. Gott in seiner Allmacht wird sie für ihren Glauben und ihre guten Absichten belohnen.« Auch berichtet Ibn Djubayr anerkennend über die khorāsānischen Prediger, die in der Lage waren, wortgewaltig sowohl auf Arabisch wie auf Persisch zu predigen, und lobt besonders das gute Arabisch, durch das sich einer dieser Prediger auszeichnete. Die Gewohnheit der Khorāsāner, nach der Predigt Fragen aus dem Publikum zu beantworten und sich damit einer regelrechten Prüfung zu unterziehen, fand ebenfalls die volle Anerkennung des andalusischen Berichterstatters.

Ibn Djubayrs Gedanken zur Pilgerfahrt

Im Laufe seines Pilgerschaftsberichts hat Ibn Djubayr sich auch sonst mit bemerkenswerter Offenheit über seine Reaktionen auf bestimmte Aspekte des Pilgerrituals geäußert. Von seinem Sinn für Realitäten, die man auch im Interesse des frommen Eifers nicht verzerren dürfe, ist schon in seiner Behandlung der Diskussion über den Neumond die Rede gewesen. Obwohl Ibn Djubayr wahrscheinlich sehr wohl gewußt hat, daß viele religiöse Gelehrte den Aufenthalt auf dem ʿArafāt für viel segensreicher hielten, wenn dieser auf einen Freitag fiel, insistiert er doch darauf, daß Gottes Barmherzigkeit in jedem Jahr erwartet werden könne. Anders gesehen, empfiehlt Ibn Djubayr seinen Lesern, die Pilgerschaft als einen Anlaß zu nehmen, die Gnade Gottes zu überdenken und sich nicht in übermäßiger Sorge um Einzelheiten des Rituals zu verzetteln. Wenn er betont, daß den Beduinen aus dem Jemen von der Religion alles fehlt außer den guten Absichten und dann eine lange Liste ihrer Formfehler im Ritual folgen läßt, so ist das sicherlich im gleichen Sinne zu verstehen. Schließt Ibn Djubayr doch seine Schilderung der Beduinenreligiosität mit einem überlieferten Wort des Propheten Muhammad: »Lehrt sie das rituelle Gebet, und sie werden euch das Gebet des Herzens beibringen.«

An verschiedenen wichtigen Stadien des Hadschrituals äußert sich Ibn Djubayr auch über die religiösen Reflexionen, die dieses Ereignis in ihm erweckte. So rühmt er die Nacht, in der seine Karawane die Stadt Mekka zum erstenmal betrat, und desgleichen den erhebenden Charakter der nächtlichen Gebete während des Fastenmonats Ramaḍān. Die demütigen Anrufungen Gottes, die von allen Seiten erschallten, machten auf Ibn Djubayr einen tiefen Eindruck. Nach dem ersten Besuch bei der Kaaba dankt er Gott dafür, daß er der Gnade der Pilgerschaft teilhaftig geworden und in den Kreis derjenigen eingeschlossen sei, die auf die Fürbitte Abrahams hoffen dürften.

Was die Wunder des Propheten anbelangt, so berichtet Ibn Djubayr davon und zweifelt sie nicht an. Aber wie sein Bericht über die heiligen Gedenkstätten Mekkas außerhalb der Großen Moschee zeigt, spielt für ihn selbst dieser Wunderglaube nur eine untergeordnete Rolle. Eher ist er geneigt, außergewöhnliche Praktiken, die Pilger zwecks Erhaltung des Segens (*baraka*) unternehmen, zu kritisieren und abzuwerten. So berichtet er von Pilgern, die sich durch einen Spalt in einer Grotte zwängten, um es dem Propheten nachzutun, und sich dabei in eine recht unangenehme Lage brachten: »Derjenige, der steckenbleibt, ohne durchzukommen, erleidet dabei Schimpf und Lächerlichkeit, ganz abgesehen von den körperlichen Schmerzen, die er in diesem engen Gange empfindet.«

Die Rituale der mekkanischen Wallfahrt enthalten einen vorislamischen Kern, der sowohl die Rechtsgelehrten der frühen islamischen

Periode als auch europäische Islamwissenschaftler stark beschäftigt hat. Andererseits sind diese Rituale vom Propheten Muhammad und seinen unmittelbaren Nachfolgern umgestaltet worden, indem man die alten Rituale im streng monotheistischen Sinne umdeutete und wo nötig abwandelte. Ibn Djubayrs Bericht bietet nun ein lebendiges Zeugnis dafür, wie im 6. Jahrhundert der muslimischen Zeitrechnung diese Rituale von einem frommen und gelehrten Beobachter mit kritischem Bewußtsein betrachtet wurden. Es ist offenkundig, daß für einen Pilger wie Ibn Djubayr der Vollzug der Pilgerschaft einen Anlaß zur Vertiefung seiner monotheistischen Religion bot. Ebenfalls ist ersichtlich, daß die Religiösität Ibn Djubayrs stark auf dem Innenleben der Gläubigen insistierte und er einer Überbetonung des Rituellen ablehnend gegenüberstand. Sicherlich kam Ibn Djubayr als Hofmann in einem Almohadenpalast aus einem spezifischen Milieu, und es wäre ein Fehler, sein Verständnis der Pilgerschaft für das zu seiner Zeit alleingültige zu halten. Aber wir können von Glück sagen, daß, wenigstens in einem Falle, ein Autor des 12. Jahrhunderts sich zu diesem Themenkreis so ausführlich geäußert hat.

Die Prophetenmoschee in Medina

Der Prophet Muhammad starb in Medina im Jahre 632, zehn Jahre nach Beginn der muslimischen Zeitrechnung. Man begrub ihn in seinem Wohnhaus, das alsbald zur Moschee umgestaltet wurde. Später wurden auch andere wichtige Personen der frühen islamischen Geschichte an diesem Ort begraben, besonders die beiden ersten Nachfolger des Propheten Abū Bakr (reg. 632–34) und ʿUmar (reg. 634–44). Medina war in den ersten Jahren nach dem Tode Muhammads die politische Hauptstadt des im Entstehen begriffenen islamischen Weltreiches. Aber mit Muʿāwiya (reg. 661–80) verschob sich der politische Mittelpunkt nach Syrien und dem Irak, und Medina wurde zum Zentrum des sich entwickelnden religiösen Rechtes und der frommen Gelehrten, die mit seiner Ausarbeitung beschäftigt waren. Medina übte also von der frühen Periode des Islams an eine besondere Anziehungskraft auf religiös gestimmte Besucher aus. Obwohl ein Besuch in Medina keineswegs zum obligatorischen

Die Moscheen von Medina und Mekka. Kupferstich zu Johann Adam Bergk, ›Arabien und Syrien . . .‹, Berlin und Leipzig 1799.

Wallfahrtsritual gehörte, benutzten viele Pilger auf der Reise nach Mekka oder bei der Heimkehr die Gelegenheit, am Grabe des Propheten zu beten.

Nāṣir-i Khusraw hat anläßlich seines Hidschas-Besuches vom Jahre 1048 die Prophetenmoschee in Medina besucht und eine kurze Beschreibung des Gebäudes unternommen. Als wesentliche Elemente des Komplexes zählt er folgende Baulichkeiten auf: einen von Wänden umschlossenen Raum mit vorgelegenem Hof, eine Umfriedung, in der sich das Grab des Propheten befindet und die nur zum Teil überdacht ist, den Predigtstuhl Muhammads und die »Garten« (*rawḍa*) genannte Halle, die den Predigtstuhl von der Grabstätte trennt. Auch das Netz, das man über die Öffnung im Dach der Prophetenmoschee spannte, um den Vögeln das Eindringen zu verwehren, ist in Nāṣir-i Khusraws Schilderung nicht vergessen. Aber wir besitzen auch noch ältere Beschreibungen der Prophetenmoschee. Unter diesen ist die des Ibn ʿAbd Rabbihi, zu Anfang des 10. Jahrhunderts unserer Zeitrechnung verfaßt, besonders bemerkenswert, weil der Autor sich anscheinend fast ganz auf seine eigenen Beobachtungen verlassen und den Werken seiner Vorgänger nur wenig Aufmerksamkeit gewidmet hat. Ibn ʿAbd Rabbihi kam wie Ibn Djubayr aus Andalusien; sein Wirkungskreis lag am Hofe des spanischen Omaijadenkalifen ʿAbd al-Raḥmān III.; seinen Zeitgenossen war er vor allem als Dichter und Literat bekannt.

Ibn ʿAbd Rabbihis Beschreibung ist mit wissenschaftlicher Akribie verfaßt, so daß dieser Text sich bei Gelehrten, die die Rekonstruktion der mittelalterlichen Moschee versuchen, besonderer Beliebtheit erfreut. Der Autor hat die Säulen, die das Dach der den Hof umschließenden Galerie tragen, in Material und Dekoration bis ins einzelne beschrieben. Die Fenster vergleicht er mit denen, die er in der Moschee zu Cordoba gesehen hat, und gibt auch den Text der Koraninschrift an, die eine der Wände zierte. Zur Zeit des Ibn ʿAbd Rabbihi war in diese Wand ein Spiegel eingelassen, von dem der Autor überliefert, er sei »angeblich« das Eigentum der ʿAysha gewesen, jener bevorzugten Frau des Propheten, die nach seinem Tode eine einflußreiche politische Rolle gespielt hatte. Der Predigtstuhl Muhammads fiel dem Betrachter auf durch seine einfache Gestaltung, »ohne Ornament oder elegante Verarbeitung, wie sie an den Predigtstühlen unserer Zeit üblich sind«. Man hatte die Plattform, die für den Prediger bestimmt war, durch ein Brett abgeteilt, so daß der Sitz des Propheten nicht zugänglich war. Die Authentizität dieses Predigtstuhls wurde von Ibn ʿAbd Rabbihi nicht in Zweifel gezogen. Was aber andere Erinnerungsstücke anging, so kommentierte sie der Autor mit einem vorsichtig-skeptischen »und Gott weiß [dies] am besten«.

Die ausführlichste Beschreibung der Prophetenmoschee stammt jedoch aus den letzten Jahrzehnten des 15. Jahrhunderts und ist von dem ägyptischen Gelehrten al-Samhūdī verfaßt worden. Seine Arbeit zeichnet sich aus durch Gelehrsamkeit und kritischen Sinn; so führt er eine große Anzahl von Textstellen an, die sich auf die früheren Zustände der Moschee beziehen und vergleicht sie miteinander, um zu einer möglichst wahrheitsgetreuen Rekonstruktion zu kommen. Im Zuge dieser historischen Darstellung spricht al-Samhūdī auch über die Gebäude, die in der Nähe des Gotteshauses gelegen waren und durch sukzessive Erweiterungen in die Moschee einbezogen wurden. Anschaulich schildert er das Weinen und Wehklagen, mit denen die Frommen Medinas den Befehl des Omaijadenkalifen Walīd b ʿAbd al-Mālik (reg. 705–15) aufnahmen, der die bescheidenen Wohnungen der Frauen des Propheten niederreißen ließ, um Platz für den Moscheebau zu schaffen: »Damals sagte [der Zeitgenosse] Abu Omâma: ›O wären sie doch davon geblieben! dann wäre der Neubau wohl etwas kleiner, aber die Leute könnten auch noch sehen, was Gott für seinen Propheten für genügend hielt, während er die Schlüssel zu den Schätzen der Erde in seiner Hand hatte.‹«

Aus al-Samhūdīs Beschreibung ergibt sich, daß die Prophetenmoschee der Omaijadenzeit ein Hausteinbau war. Die Säulen und das übrige Mauerwerk wurden mit Gips zusammengehalten, außerdem waren mehrere Lasten Muscheln als architektonischer Zierat verwendet worden. Nur das Dach war aus Palmenholz, das mit Goldfarbe angestrichen war. Der Bau aus dem 8. Jahrhundert unserer Zeitrechnung besaß noch keine Minarette, diese wurden erst später hinzugesetzt und mußten wegen Blitzschlages mehrmals erneuert werden. Von dem Bau der Omaijadenzeit war allerdings in den Jahren, in denen al-Samhūdī sein Werk zu Ende führte, nicht mehr viel übriggeblieben, da die Moschee im Jahre 1256 und wiederum im Jahre 1481 durch Feuer schwer beschädigt worden war. Nach dem ersten Brand konnte die Moschee nur notdürftig wiederhergerichtet werden, weil dazu die Mittel fehlten. Knapp zwei Jahre später eroberten nämlich die Mongolen Bagdad, töteten den Kalifen und zerstörten die Stadt, so daß mit Zuschüssen von dieser Seite nicht mehr zu rechnen war. Es dauerte eine Weile, bis die Mamlukensultane Ägyptens ihre Position so gefestigt hatten, daß sie bereit und in der Lage waren, im Hidschas größere Geldsummen auszugeben. Dies tat aber dann Sultan Ḳāʾit Bāy (reg. 1468–96), der uns auch in Mekka als großer Bauherr begegnet; er hatte die Prophetenmoschee bereits einmal renovieren lassen, als der Brand von 1481 weitere aufwendige Reparaturen nötig machte. Zu dieser Zeit wurde auch die Holzkuppel über dem Grabe des Propheten durch eine Steinkuppel ersetzt. Allerdings ist auch von den Wiederherstellungsarbeiten der Mamlukenperiode so gut wie gar nichts erhalten, weil eine weitere Rekonstruktion, die fast einem Neubau gleichkommt, im 19. Jahrhundert unternommen wurde. Die Moschee des Mittelalters kann also nur aus Schriftquellen rekonstruiert werden.

Nach der ausführlichen Beschreibung der Moschee geht Ibn ʿAbd Rabbihi auf das Prophetengrab selbst nur sehr kurz ein. Anscheinend legte man bei der Dekoration des Grabes auf größte Einfachheit wert, eine Tradition, die sich in bezug auf Gräber im allgemeinen in gewissen islamischen Rechtsschulen bis auf den heutigen Tag gehalten hat. Bei der Beschreibung der Gebete, die der Besucher zu verrichten hat, betont der Cordobaner Autor den Wert der frommen Zurückhaltung. Besonders sollte der Pilger sich nicht an das Grab anklammern, »denn das tun die Unwissenden«. Auch bei dem Besuch des Prophetengrabes ging es vornehmlich um das Gebet zu Gott, obwohl es dem Gläubigen unbenommen blieb, die Fürbitte des Propheten anzurufen.

Die heiligen Städte im späten Mittelalter

Für das späte Mittelalter, das heißt für den Zeitraum, da Ägypten und Syrien von den Mamlukensultanen beherrscht wurden, besitzen wir eine ausführliche Geschichte der Stadt Medina sowie eine Reihe von mekkanischen Chroniken. Diese Werke zeigen die heiligen Städte im Spannungsfeld zwischen den Mamlukensultanen in Ägypten, die eine Oberherrschaft über die Scherifen von Mekka ausübten, und den übrigen Herrschern, die in der islamischen Welt eine Rolle spielten. Diese Rivalitäten kleideten sich zuweilen in religiös-zeremonielle Formen. So verweigerte in den Jahren 1424–34 der ägyptische Sultan Barsbāy dem Sohn und Nachfolger Timur Lenks, S͟hāhruk͟h (1377–1447), das mehrmals erbetene Privileg, eine Hülle für die Kaaba zu stiften, und vergleichbare Absagen erhielt einige Jahrzehnte später der osmanische Eroberersultan Meḥmed II. (reg. 1451–81). Ähnliche Probleme hatten sich aber schon ein Jahrhundert früher aus dem Bau einer Wasserleitung ergeben, die dem in Mekka immer spürbareren Mangel an Wasser abhelfen sollte. Die Initiative kam von Emir Čoban (gest. 1327), einem der wichtigsten Machthaber am Hofe des Ilkhāns Abū Saʿīd, der als Nachfahre von Dschinggis Khan den Iran regierte. Emir Čoban stiftete 50000 Goldmünzen für den Bau dieser Leitung, die von Ḥunayn über den ʿArafāt nach der heiligen Stadt führen sollte. Man lobte die Arbeitsbedingungen, die auf dieser Baustelle geherrscht haben sollen, so daß viele Beduinen samt ihren Frauen sich dazu bereitfanden, an diesem Projekt zu arbeiten. In vier Monaten war die Wasserleitung, die uns auch in späteren Zeiten noch öfter begegnen wird, abgeschlossen; aber die Reaktion des ägyptischen Sultans auf dieses Unternehmen eines rivalisierenden Hofes war sehr negativ. Allerdings wußte die Person, die den Bericht überbrachte und einige Monate vorher die Baustelle selbst geleitet hatte, dem Sultan die Angelegenheit mit guten Worten schmackhaft zu machen. So begnügte sich dieser damit, eine weniger aufwendige zweite Wasserleitung an die des Emir Čoban anzuschließen, ohne sich für die Nichtbeachtung seines Hoheitsanspruches zu rächen.

Außer den Herrschern von Ägypten und Iran machte aber auch der Sultan von Jemen Ansprüche in Mekka geltend. Der Sultan al-Mudjāhid hat mehrmals die Wallfahrt unternommen und durch einen großen Stiftungskomplex seinen Namen in der heiligen Stadt verewigt. Aber bei seiner zweiten Wallfahrt im Jahre 1351 wurde er kurzerhand verhaftet, weil er sowohl dem Beauftragten des ägyptischen Sultans als auch den Scherifen von Mekka gegenüber auf seinen Rechten als unabhängiger Fürst beharrte. Die Wallfahrt wuchs sich zum regelrechten Abenteuer aus: Zwar konnte der jemenitische Sultan diesmal wegen seiner Gefangenschaft die religiösen Zeremonien nicht zu Ende führen, aber er wurde nach Ägypten verbracht, wo ihn der regierende Sultan ehrenvoll behandelte und alsbald freiließ. Er war bereits auf dem Heimweg nach dem Jemen, als man am Hofe in Kairo wiederum die Meinung änderte und beschloß, den jemenitischen Herrscher als einen potentiellen Gegenspieler weiterhin gefangenzuhalten. Diesmal wurde er in ein Schloß in der Nähe des Toten Meeres verbracht; aber auch von hier kam er bald wieder frei, da sich ein ehemaliger Mitgefangener, der inzwischen wieder am Kairoer Hof zu Ansehen gekommen war, für ihn verwendete. Al-Mudjāhid benutzte die Gelegenheit, seine Frömmigkeit durch Besuche in den muslimischen Heiligtümern von Jerusalem und Hebron unter Beweis zu stellen, bevor er, diesmal auf dem Seeweg über das

Rote Meer, in den Jemen zurückkehrte (1352). Der Chronist, der dem Sultan von Jemen offenbar einige Sympathie entgegenbrachte, berichtet noch, daß al-Mudjāhid im Gegenzug seinen Untertanen jeden Handel mit Mekka verbot, was die immer prekäre Versorgungslage der Stadt sicherlich nicht verbessert hat. Leider hören wir nicht, ob al-Mudjāhid wirklich die Absicht gehabt hat, in Mekka ein jemenitisches Regime zu errichten, oder ob es sich dabei nur um vage Vermutungen seiner Gegner handelte. Aber daß die jemenitischen Sultane eine Präsenz in Mekka etablieren wollten, steht außer Frage; denn dreißig Jahre nach diesem Ereignis kam es wieder zu politischen Konflikten, als ein Umhang für die Kaaba aus dem Jemen geschickt wurde.

Im 15. Jahrhundert unserer Zeitrechnung, den letzten hundert Jahren der mamlukischen Herrschaft in Mekka und Medina, wurden größere Bauprojekte unternommen. Ein Feuer, das in einem Hospiz nahe der Großen Moschee ausgebrochen war, hatte auf die nördlichen und westlichen Galerien des Heiligtums übergegriffen, und 130 Säulen waren zusammengestürzt. Im Auftrag des ägyptischen Sultans schritt man zu einem völligen Neubau dieses Teils der Galerie; selbst die Fundamente wurden ausgegraben und in Form eines Schachbrettes verstärkt. Die neuen Säulen waren aus mehreren Stücken zusammengesetzt, die mit eisernen Bolzen zusammengehalten und mit Kapitellen aus Marmor bekrönt wurden. Darauf setzte man ein hölzernes Dach, das bunt bemalt und vergoldet wurde; allerdings führte der Mangel an Bauholz in der Gegend von Mekka zu Verzögerungen, da man bereits in dieser Zeit Hölzer vielfach aus Indien und Kleinasien herbeischaffte.

Im dritten Viertel des 15. Jahrhunderts ließen der ägyptische Sultan Ḳāit Bāy sowie seine Emire weitere große Bauten in Mekka errichten. Diese Bauten waren nicht immer politisch unumstritten. So hatte Ibn al-Zamin, ein Vertrauter des ägyptischen Sultans, ein Hospiz bauen lassen, das den Weg zwischen Ṣafā und Marwa, den jeder Pilger mehrmals benutzen muß, erheblich einengte. Die mekkanischen Kadis und die übrigen Gelehrten protestierten in Kairo gegen diese Behinderung der Pilger, aber der Sultan stand auf der Seite Ibn al-Zamins, und das Hospiz wurde gebaut. Allerdings arbeitete man aus Furcht vor Unruhen nur nachts an den Fundamenten.

Auch Sultan Ḳāit Bāy baute eine theologische Hochschule und ein Hospiz in unmittelbarer Nähe der Großen Moschee. Mehrere bereits bestehende Hospize und Privathäuser wurden zu diesem Zweck abgebrochen. Der As͟hrafiya genannte Komplex war aus mehrfarbigem Marmor errichtet und enthielt auch eine Bibliothek, die allerdings ein Jahrhundert später durch die Nachlässigkeit mancher Entleiher bereits arg zusammengeschrumpft war. Ein indischer Gelehrter namens Ḳuṭb al-Dīn, der während des 16. Jahrhunderts in Mekka residierte, war mit der Verwaltung dieser Stiftung beauftragt. Er hat uns in seiner Stadtchronik eine Beschreibung des traurigen Zustandes hinterlassen, in dem sich Ḳāit Bāys Stiftung siebzig Jahre nach ihrer Errichtung befand. Zwar hat Ḳuṭb al-Dīn einiges dazu getan, den weiteren Verfall aufzuhalten: Er beschreibt, wie er den ausgeliehenen Büchern nachgespürt und sich für ihre Rückgabe eingesetzt hat. Auch viele der beschädigten Bücher und Bucheinbände ließ er wieder herstellen; aber die Schäden am Baukörper selbst zu beseitigen lag wohl nicht im Bereich seiner Möglichkeiten. Wie wir noch sehen werden, konzentrierten sich die osmanischen Sultane des 16. Jahrhunderts auf ihre eigenen Bauvorhaben. Von dem Sonderfall der Großen Moschee einmal abgesehen, scheint die Erhaltung des Bestehenden nur eine zweitrangige Rolle gespielt zu haben.

Die osmanische Machtübernahme im Jahre 1517, die der Chronist Ḳuṭb al-Dīn ausführlich geschildert hat, war im Hidschas selbst mit nur geringen Veränderungen verbunden. Zu dieser Zeit war diese Gegend von ägyptischen Lebensmittelzufuhren derart abhängig geworden, daß auch eine kurze Unterbrechung der Verbindung, wie sie in den ersten Jahren des 16. Jahrhunderts wegen der portugiesischen Einfälle ins Rote Meer gelegentlich vorkam, in Mekka zu Panik und Preissteigerungen führte. Unter diesen Umständen sandte der Scherif von Mekka seinen Sohn nach Kairo, um dem osmanischen Sultan Selīm I., der gerade Ägypten und Syrien erobert hatte, die Oberhoheit über den Hidschas anzubieten. Selīm I. akzeptierte dieses Angebot, und Mekka und Medina wurden damit auf vier Jahrhunderte zu einem Teil des Osmanischen Reiches. Die folgenden Kapitel werden sich mit den Strukturen und Beziehungsgeflechten befassen, die in diesen Jahren in den heiligen Städten geschaffen bzw. wiederhergestellt wurden.

2. KAPITEL

Karawanenreisen

Mit der osmanischen Übernahme von Mekka und Medina waren diese beiden Städte an eine Schutzmacht gebunden, deren politisches Zentrum Istanbul in weiter Entfernung lag. Zwar blieb die frühere Bindung an Damaskus und Kairo bestehen, aber diese beiden Städte waren jetzt nur noch Verwaltungszentren zweiten Ranges. Die wirklich schwerwiegenden Entscheidungen fielen von nun an in Istanbul. Dort wurde beispielsweise über die Einsetzung und gelegentlich auch über die Absetzung des Scherifen von Mekka befunden. Aber in Istanbul entschied sich auch, ob in Mekka und Medina neue Bauten errichtet oder ob die Getreideversorgung der heiligen Städte durch neue Schenkungen ägyptischen Steuergetreides aufgebessert werden sollte. Die alten Karawanenwege, die Mekka und Medina mit Kairo bzw. Damaskus verbanden, verloren jedoch nichts von ihrer früheren Bedeutung. Denn von Kairos Hafen Alexandrien war Istanbul in einer vergleichsweise kurzen und bequemen Seefahrt zu erreichen, vor allem nachdem Süleymān der Prächtige im Jahre 1522 Rhodos von den Johannitern erobert hatte; seit dieser Zeit machten nämlich Schiffe auf der Route von Istanbul nach Alexandrien gewöhnlich im Hafen von Rhodos Station. Von Damaskus führte andererseits eine lange Karawanenstraße nach Nordsyrien; dann ging es weiter zwischen Bergen und Meer in nordwestlicher Richtung, bis man die Tiefebene von Adana erreichte, damals wie heute bekannt für ihre Baumwollkulturen. Von dort zog man weiter nach Konya und bis zum Golf von Izmit, immer in derselben nordwestlichen Richtung, wobei die Trockensteppen im Herzen Zentralanatoliens möglichst umgangen wurden. Wenn die überlieferten Pilgerberichte die Wirklichkeit einigermaßen getreu widerspiegeln, müßten die meisten Pilger aus den Kernprovinzen des Osmanischen Reiches den Weg über Damaskus bevorzugt haben.

In diesem Kapitel werden wir uns hauptsächlich mit den beiden offiziellen Pilgerkarawanen befassen, die von Kairo bzw. Damaskus aus die heiligen Städte erreichten. Darüber hinaus muß auch eine jemenitische Pilgerkarawane existiert haben, über die aber so gut wie nichts bekannt ist. Zu gewissen Zeiten gab es auch eine Pilgerkarawane von Basra am Persischen Golf, die die arabische Halbinsel in westöstlicher Richtung durchquerte; aber diese Route war wegen politischer Verwicklungen recht häufig gesperrt. Des weiteren erreichten manche Pilger Mekka, nachdem sie in größeren oder kleineren Gruppen durch die Wüste gezogen waren, ohne einer offiziellen Pilgerkarawane anzugehören. Besonders die Maghrebinier reisten gern in dieser Weise und desgleichen sicherlich manche Pilger, die auf der arabischen Halbinsel zu Hause waren. Aber auch über diese Karawanen ist kaum etwas bekannt, da sie normalerweise keinen Anlaß zu offiziellem Schriftverkehr boten. Dafür gibt es um so mehr Quellen zu den beiden Hauptkarawanen, die von Damaskus beziehungsweise Kairo aus die Pilger nach Mekka brachten. Die Geschichte dieser Karawanen geht bis in die Zeit der Abbasidenkalifen zurück: Hārūn al-Rāshid (reg. 786–809), Zeitgenosse der byzantinischen Kaiserin Irene (reg. 797–802) und Karls des Großen (reg. 768–814), unternahm neunmal die Pilgerfahrt von Bagdad nach Mekka, und auch seine Nachfolger, die meist nicht selbst nach Mekka zogen, schickten regelmäßig einen Beauftragten mit offizieller Karawane in die heilige Stadt. Die Pilgerkarawane, die uns aus dem 16. und 17. Jahrhundert vertraut ist, erhielt ihre Gestalt jedoch weitgehend unter den Mamlukensultanen, die zwischen 1250 und 1517 Kairo wie Damaskus beherrschten. Nun wurden die Osmanensultane des 16. und 17. Jahrhunderts, was Bautätigkeit und materielle Fürsorge für die heiligen Städte betraf, von den Schriftstellern ihrer Zeit stets an dem Muster der Mamlukensultane gemessen. Deshalb lag es nahe, von den durch Ḳa'it Bāy (reg. 1468–96) und Ḳanṣūh al-Ghūrī (reg. 1501–16) gesetzten Maßstäben so wenig wie möglich abzuweichen.

Die Kairoer Pilgerkarawane

Die Kairoer Karawane ist häufig beschrieben worden; um die Mitte des 16. Jahrhunderts hat der ägyptische Schriftsteller ʿAbd al-Ḳādir al-Djazīrī, aus seinen eigenen Erfahrungen als Amtsträger der Kara-

wane wie auch denen seines Vaters schöpfend, uns ein eingehendes Bild ihrer Organisation hinterlassen, das hier nur in kurzer Zusammenfassung wiedergegeben werden kann.

Bis zu den Jahren 1406–07 existierte keine feste Gliederung und Reihenfolge in der Karawane, was bei der Durchschreitung von Engpässen oftmals zu chaotischen Zuständen führte. Dann wurde eine neue Regelung eingeführt, die nach al-Djazīrīs Meinung durch das Anwachsen der Pilgerzahlen unvermeidbar geworden war: sie hatte allerdings den Nachteil, daß die wohlhabenderen Pilger mit ihren besseren Reittieren sich einen Platz in der vorderen oder mittleren Karawane sicherten, während die ärmeren Pilger zurückblieben. Für die Einzelheiten der Aufstellung war der Karawanenkommandant verantwortlich; er stieß gewöhnlich erst auf dem Halte-

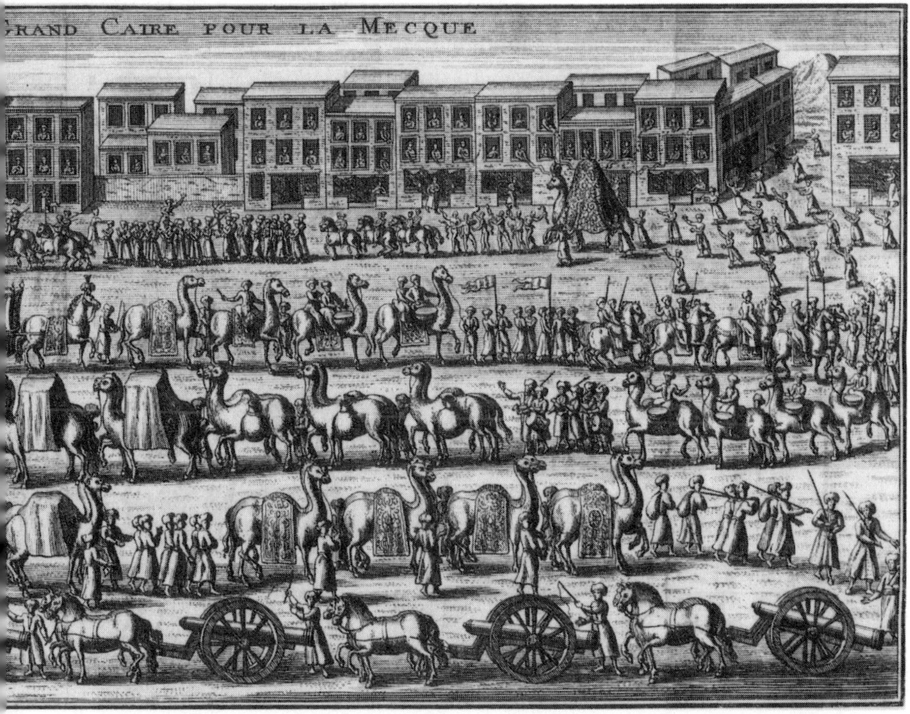

Auszug der Karawane nach Mekka aus Kairo. Kupferstich aus Paul Lucas, ›Troisième Voyage‹, Rouen 1719. Zu beachten im Vordergrund die von je zwei Pferden gezogenen Kanonen und rechts im Hintergrund das von einem Kamel getragene Staatspalanquin (maḥmal).

platz ʿAdjrud zu der Pilgerkarawane, der fünf Halteplätze von Kairo entfernt in der Nähe von Suez gelegen war. Anscheinend war man in den Büros, die den Karawanenkommandanten bei seiner Planung unterstützten, der Meinung, daß die wirklich schwierige Wüstenstrecke erst an diesem Ort begann. Al-Djazīrī erwähnt, daß die Karawane in einzelne Unterabteilungen aufgeteilt war, die er als *ḳaṭār* bezeichnet. Ihre Zahl wechselte je nach der Größe der Pilgerkarawane; in einer besonders großen Karawane konnte es bis zu neun solcher Unterabteilungen geben.

Den Anfang der Karawane bildeten die »Wüstenlotsen«, die oft Beduinen waren und die zu durchziehende Strecke aufs genaueste kannten, gefolgt von Wasserträgern und mitreisenden Notabeln. Es folgten gewisse Gelder, die die Karawane zu transportieren hatte, nämlich Stiftungszuwendungen an die Bewohner Mekkas und Medinas, wie auch die an dienstleistende Beduinen zu zahlenden Subsidien (vgl. Kap. 4 und 3). Diese wurden von Soldaten bewacht, und die Artillerie befand sich ebenfalls in unmittelbarer Nähe. Ein Trupp von Soldaten hatte, sowie das Rote Meer in Sicht kam, stets auf der Seite zu marschieren, die den Bergen und nicht der See zugewandt war: Die Schwierigkeiten der Navigation im Roten Meer müssen potentielle Räuber wohl abgeschreckt haben, so daß auf der Seeseite keine Wache nötig war. Dahinter befanden sich anscheinend weitere mit Geld beladene Kamele, die den Schatz des Sultans trugen. Bogenschützen und Fackelträger hatten für die Sicherheit auch dieses Karawanenteils zu sorgen. Kaufleute, die wertvolle Waren mit sich führten, bevorzugten stets die Mitte der Karawane. Die einfachen Pilger bildeten den Abschluß des Zuges.

Unter den zahlreichen Amtsträgern, die die Kairoer Karawane begleiteten, kam dem Sekretär des Kommandanten eine besondere Rolle zu: er mußte in allen wichtigen Angelegenheiten zu Rate gezogen werden, auch war er für die Zuteilung der Subsidien an die Beduinen verantwortlich, die die Karawane begleiteten und so für deren Sicherheit sorgten. Für die Streitigkeiten der Pilger gab es einen Kadi. Al-Djazīrī, der im allgemeinen dazu neigt, die »gute alte Zeit« gegenüber einer als weit weniger glänzend empfundenen Gegenwart kräftig herauszustreichen, meint, daß das Amt des Karawanenkadis in der jüngsten Zeit stark an Ansehen verloren habe und nur noch an Türken vergeben werde. Es wäre denkbar, daß für ihn selber, der immerhin aus einer in Kairo und Medina etablierten Familie stammte, hier die Enttäuschung über den eigenen, untergeordneten Posten mitschwingt. Um Rechtsgeschäfte abschließen zu können, brauchte man außerdem unbescholtene Männer als Zeugen, die, falls später Dispute aufkamen, leicht wiederzufinden sein mußten. Al-Djazīrīs Vater hatte diesen Zeugen deshalb ein festes Gehalt aussetzen lassen. Außerdem gab es einen zweiten Schreiber im Dienste des Karawanenkommandanten, und dieses Amt hatte Al-Djazīrīs Vater und später er selbst inne. Nach des Autors eigener Auffassung war die Sekretärstelle von großer Wichtigkeit, weil unter den Mamluken ein Emir – im Gegensatz zur späteren osmanischen Praxis – nicht mehrmals zum Kommandanten der Karawane ernannt wurde und es deswegen die Aufgabe seines Sekretärs war, für Kontinuität zu sorgen. Außer diesen Ämtern gab es noch zahlreiche verantwortliche Posten, deren Inhaber mit der Aufsicht über die Kamele und Pferde, die von offizieller Seite aus mitgeführten Lebensmittelvorräte sowie die Wasserhäute betraut waren. Man hat sich also die Pilgerkarawane der späten Mamluken- und frühen Osmanenzeit als ein bürokratisch durchorganisiertes Unternehmen vorzustellen, in etwa einer wandernden Hofhaltung vergleichbar, und nicht als eine einfache Ansammlung von Pilgern und Soldaten.

Die Organisation der Damaszener Karawane

Für die syrische Karawane besitzen wir keine zusammenfassende Darstellung, die mit dem Werk al-Djazīrīs auch nur entfernt vergleichbar wäre, aber dafür eine größere Zahl von Sultansbefehlen für die zweite Hälfte des 16. Jahrhunderts und von Provinzialabrechnungen für die Periode von 1600–83. Genau wie die ägyptische Karawane besaß auch ihr Damaszener Gegenstück eine ziemlich festgefügte Organisation, die sich im Laufe des hier untersuchten Zeitraumes nur wenig veränderte. Man kann also auch in diesem Falle annehmen, daß die Osmanen weitgehend mamlukischen Vorbildern gefolgt sind.

Aus den Abrechnungen über die Unkosten des offiziellen Teils der Damaszener Karawane, die sich in den syrischen Provinzialbudgets finden, ergibt sich, daß die verschiedenen Amtsträger je nach ihrem Rang und ihrer Würde vom osmanischen Staat Kamele zugeteilt bekamen. So ergeben die Abrechnungen über die Kamelunkosten ein ziemlich klares Bild der Karawanenhierarchie. Betrachten wir einmal die Karawane von 1636–37: Dem Kommandanten, dem acht Kamele zustanden, unterstand ein *ketkhüdā* oder Stellvertreter. Dieser erhielt zwei Kamele, und es war seine Aufgabe, die Reisenden in die auch hier vorhandenen Unterabteilungen (*ḳaṭār*) aufzuteilen und für die Ordnung der Karawane zu sorgen. Daneben gab es einen »Emir der

Halteplätze«, ebenfalls mit zwei Kamelen versehen, der wahrscheinlich die Bewegungen der einzelnen Karawanenteile zu koordinieren hatte, wenn man sich in der Nähe eines Rastplatzes befand. Diese Aufgabe muß manchmal recht schwierig gewesen sein, namentlich, wenn sich eine größere Zahl von durstigen, müden und überdies bewaffneten Leuten um spärliche Wasservorkommen drängte. Der Stallmeister (*mīrākh̲ōr*) war für die Pferde und Kamele der Soldaten und Amtsträger zuständig; außerdem unterstützte er den *ketkh̲üdā* des Kommandanten bei der Aufgabe, die Ordnung in der Karawane aufrechtzuerhalten. Es gab auch einen Beauftragten (*emīn*), der für die Finanzen zuständig war; er wurde von einem Schreiber unterstützt. Der für die Vorräte der Karawane zuständige Amtsträger besaß sogar Anspruch auf die Dienste von zwei Schreibern; das mag mit der Größe seines Aufgabenkreises zusammengehangen haben, aber wohl auch mit dem Rang, den er unter den Amtsträgern der Karawane einnahm. Wie bei der Kairoer Karawane gab es auch hier einen Kadi, und außerdem einen Kontrolleur (*nāẓir*). Über die Aufgaben des letzteren besitzen wir keine näheren Angaben, aber da er genau wie der Kadi zwei Kamele zugewiesen bekam und überdies Anspruch auf die Dienste eines Schreibers hatte, scheint es sich hier um einen sehr wichtigen Funktionsträger gehandelt zu haben. Außerdem gab es bei der Karawane einen Kontrolleur, der für die Angelegenheiten »der Armen« zuständig war. Dieser verwaltete wohl die Almosen, die im Auftrag des Sultans an arme Pilger verteilt wurden; wie der Gebetsrufer und der Vorbeter der Karawane besaß dieser Kontrolleur nur einen vergleichsweise niedrigen offiziellen Status, denn er erhielt lediglich ein einziges Kamel zugewiesen. Dasselbe galt für den Amtsträger, der für die Einbeziehung erbenlosen Gutes zugunsten der Staatskasse verantwortlich war; dieser wurde also nicht höher eingestuft als Musikanten, Boten und anderes Dienstpersonal.

Abrechnungen aus der zweiten Hälfte des 17. Jahrhunderts machen es möglich, noch weitere Funktionsträger zu identifizieren. So gab es mehrere Offiziere (*čavush̲*), denen insgesamt fünf Kamele zu Diensten standen, einen Beauftragten, der für die Geschenke des Sultans an die Bevölkerung von Mekka und Medina zuständig war (*emīn-i sürre*), sowie einen Amtsträger für den Polizeidienst (*ṣuba-*

shi). Der *emīn-i sürre* war ein wichtiger Funktionsträger, der vom Sultan in eigener Abschiedsaudienz empfangen wurde, bevor er Istanbul verließ; wahrscheinlich ist er in den älteren Rechnungsbüchern nur deshalb nicht aufgeführt, weil seine Auslagen damals direkt von Istanbul aus bezahlt wurden. Im Gegensatz zu den übrigen Funktionsträgern, die zumeist aus syrischen Honoratioren bestanden, vertrat der mit den Geschenken und Geldzuwendungen des Sultans beauftragte Amtsträger direkt die Majestät des Sultans.

Zeremonien bei Abreise und Rückkehr

Im Osmanischen Reich wurden Feste und besonders die mit der Pilgerfahrt verbundenen Feierlichkeiten dazu benutzt, den Rang des Herrschers, seine Fähigkeit, Siege zu gewinnen, die Fortdauer der Dynastie und ähnliche Motive in einer für die Untertanen sichtbaren Form dazustellen. Deswegen waren diese Festlichkeiten, wie auch im Europa des Mittelalters und der Frührenaissance, zum großen Teil öffentlich. Allerdings können wir in Europa vom 16. Jahrhundert an beobachten, daß Festlichkeiten, die den Mitgliedern des Hofes bzw. dem wohlhabenden Stadtbürgertum vorbehalten waren, immer mehr überhandnahmen, während der öffentliche Teil der Feste verkümmerte. Dagegen war eine vergleichbare Tendenz im Osmanischen Reiche nicht vor dem 18. Jahrhundert zu bemerken. Überdies ist wohl auch im 18. Jahrhundert, als der Hof sich »in privatem Kreise« zu vergnügen begann, der öffentliche Charakter vieler Feiern bewahrt geblieben. Unter den allgemein zugänglichen Festlichkeiten Istanbuls, Damaskus und besonders Kairos nahmen die mit dem Abzug und der Rückkehr der Pilgerkarawane verbundenen Umzüge eine besondere Stelle ein. Der Ablauf dieser Festlichkeiten ist in aller Ausführlichkeit von Ewliyā Čelebi geschildert worden, der als langjähriger Bewohner Kairos Muße und Gelegenheit besaß, sie bis ins einzelne zu verfolgen. Überdies ist sein Zeugnis besonders wichtig, weil Ewliyā im Palast des Sultans erzogen worden und deshalb über den Sinn osmanischer Staatszeremonien wohl unterrichtet war. Deswegen sind seine Beschreibungen hier denen europäischer Autoren vorgezogen worden.

Eine vollständige Übersetzung und Analyse von Ewliyās Bericht ist in diesem Zusammenhang nicht möglich; aber die Höhepunkte des feierlichen Auszugs der Pilgerkarawane beschreibt er in den folgenden Worten: »Und wenn der Karawanenkommandant sich auf dem Kara Maydān [genannten Truppenübungsplatz] zeigt, in Begleitung eines zahlreichen militärischen Gefolges, dann spielt die Militärmusik, und das Meer der Soldaten teilt sich in zwei Reihen. Janitscharen und *azab* [eine andere militärische Einheit] stellen sich auf und begrüßen ihn ... Der Karawanenkommandant zieht zwischen diesen Reihen einher und grüßt [ebenfalls]. Die Militärmusik spielt, während er an dem Zelt des Paschas haltmacht. Wenn er sich [dort] niedersetzt, hat er den Vorrang vor allen anderen Emiren. Dann kommt die Artillerie auf den Platz gefahren, der so groß ist wie ein Dreschplatz. Die Fahne des Propheten und das edle Palanquin [das die Herrschaft des Sultans versinnbildlicht] werden auf Kamelen auf dem Platz herumgeführt. Dann empfängt der Pascha in Gegenwart aller Kairoer Notabeln den Karawanenkommandanten in Audienz und sagt: ›Nun habt Ihr alle[s Geld für Eure] Ausgaben, die Subsidien für die Beduinenscheiche entlang der Pilgerroute, die Gelder für Mekka, die Subsidien für die Scherifen und alle anderen Reisenotwendigkeiten von mir erhalten. Könnt Ihr das bestätigen?‹ Da antwortet der Kommandant: ›Ich habe alles vollständig erhalten, bis auf das letzte Korn und den letzten Mantel.‹ Darauf erklärt der Pascha: ›Herr Richter, schreibt das auf!‹, und so wird [der Sachverhalt] an Ort und Stelle ins Kadiamtsregister eingetragen ... Dann sagt der Pascha: ›Im Namen Gottes, des Barmherzigen und Allerbarmers!‹ Er steht von seinem Sitze auf, sammelt sein Gewand um sich und geht zu Fuß zu dem Kamel, das das Hoheitszeichen des Sultans trägt und reibt Augen und Gesicht an dem Palanquin. Mit einem abermaligen ›In Gottes Namen!‹ nimmt er die silberne Kette des Kamels in die Hand, führt das Kamel ein paarmal um den Ḳara Maydān herum und dient so dem Propheten Gottes als Kameltreiber ... Und die Soldaten rufen: ›Bitte für uns, o Prophet Gottes!‹, daß ihre Stimmen bis an den Himmel schallen. Wen überkäme nicht das Weinen, wenn er den [mächtigen] Pascha so als Kameltreiber sieht? Dann wendet sich der Pascha an den Karawanenkommandanten und spricht: ›Das Haus ʿOth̲mān herrscht über Mekka und Medina. [Der Sultan] ist Diener der Heiligen Orte, der edlen und hochgeehrten. Ich bin heute sein Vertreter und [zugleich] sein gekaufter Sklave. Kraft meines Amtes als Stellvertreter [des Sultans] habe ich Euch das edle Palanquin übergeben. Zu Ehren unserer heiligen Religion habe ich mein Gewand hochgeschürzt und alle Kräfte gesammelt, und nun empfehle ich die muslimischen Pilger [der Allmacht] Gott[es], auf daß sie siegreich und wohlbehalten zurückkehren...‹ Dann läßt sich der Pascha in seinem Sonnenzelt nieder, und während der Karawanenkommandant das edle Palanquin herumführt, setzt sich der Zug in Bewegung.«

Die Rückkehr der Pilgerkarawane hat Ewliyā nicht bloß als Zeuge, sondern als unmittelbar Beteiligter erlebt, denn es ist sehr wahrscheinlich, daß er sich damals im Gefolge des Karawanenkommandanten befand. War er doch von Mekka nicht nach seinem Ausgangspunkt Damaskus zurückgekehrt, sondern nach Kairo weitergereist, wo er, von einigen Reisen abgesehen, anscheinend den Rest seines Lebens verbracht hat: »Und diese Nacht bleibt der Karawanenkommandant in Birkat [dem letzten Halteplatz der Pilgerkarawane vor dem Einzug in Kairo]. Er gibt ein großes Gastmahl für die Notabeln und Offiziere Kairos, die zu seinem Empfang herausgezogen sind. In dieser Nacht findet eine große Festlichkeit statt, mit Freudenschüssen aus Musketen und Kanonen sowie Feuerwerk, eine wirklich erstaunliche Vorstellung. Am nächsten Morgen begibt sich der Karawanenkommandant mit seinen Soldaten zu der Empfangszeremonie. Die Notabeln Kairos und das Palanquin des Sultans (*maḥmal*) ziehen ihm voran; auf dem Wege begibt er sich zu den Zelten der Offiziere, begrüßt diese, und dann geht es weiter nach dem Bāb Nāṣir [einem der Stadttore Kairos]. Dort stehen schon die Soldaten des ʿAbd al-Raḥmān Pascha [des damaligen ägyptischen Gouverneurs] bereit. Sofort verläßt [der Gouverneur] sein Gefolge und galoppiert zu dem Palanquin des Sultans. Dort steigt er vom Pferd, eilt vierzig, fünfzig Schritte [nebenher], küßt die Hülle des Palanquins und mit dem Ausruf ›Bitte für mich, o Prophet Gottes‹ erfleht er die Mittlerschaft des Propheten. Sofort stellt der Karawanenkommandant seine Militärkapelle auf, er selbst steigt vom Pferd und ›reibt sein Gesicht an dem Fuße des Paschas‹. Danach gibt man sich die Hand und ʿAbd al-Raḥmān Pascha bekleidet den Karawanenkommandanten mit einem Ehrengewand aus Zobelpelz. Der Kommandant küßt [zum

Dank] den Boden. Der Gouverneur bleibt dann in ʿAdiliya, während der Kommandant zum Bāb Nāṣir zieht. Diese Nacht verweilt er als Gast in der Moschee des Djānbulāt. Das Palanquin des Sultans bleibt vor der Moschee stehen, wo die gesamte Bevölkerung Kairos ihm ihre Ehrerbietung bezeugt. In dieser Nacht versammeln sich in der Djānbulāt-Moschee die Gesetzesgelehrten, Frommen und Derwisch-Scheiche, die dort bis zum Morgen ein Gedicht zur Ehre des Propheten rezitieren.«

Eine gewisse Parallelität zwischen den beiden Zeremonien ist offenkundig: In beiden Fällen sind die Hauptakteure der Karawanenkommandant und der Provinzgouverneur von Ägypten. Der feierlichen Übergabe der Gelder, die für die Pilgerfahrt und für den Unterhalt der heiligen Städte benötigt wurden, entspricht übrigens eine ebenso feierliche Rechnungslegung des Karawanenkommandanten am Ende der Reise. Damit war die Delegierung von Vollmachten augenfällig dargestellt. Aber darüber hinaus wurde den Zuschauern vor Augen geführt, von wem die beiden Hauptakteure letztlich ihre Vollmachten herleiteten: Der Pascha erklärte nämlich, indem er das Kamel mit dem Palanquin auf dem Platz herumführte, er sei der »Kameltreiber des Propheten«, und stellte damit eine unmittelbare Beziehung zum Stifter der islamischen Religion her. Diese Beziehung wurde dadurch noch vertieft, daß Ewliyās Zeitgenossen glaubten, dieses Palanquin, Hoheitszeichen muslimischer Herrscher, direkt aus der Praxis des Propheten herleiten zu können. Nach Ewliyās Angabe hätte das Palanquin ursprünglich die notwendigste Ausstattung des Propheten enthalten, nämlich sein Gewand, seine aus dem Ast eines Baumes gefertigte Zahnbürste, hölzerne Pantoffeln sowie einen Krug für religiöse Waschungen; dieser letztere war nichts anderes als ein Korb, den man innen mit Pech bestrichen hatte. Auch die Prophetengemahlin ʿAysha sei angeblich in diesem Palanquin gereist. Außerdem konnte der Pascha, wenn er sich zum »Kameltreiber des Propheten« ernannte, sich auf das Beispiel eines Heiligen berufen, der zur Zeit des Mamlukensultans Bāybars (reg. 1260–71) dem Sultan, als er diese Geste der Demut ausführen wollte, durch sein eigenes Eingreifen zuvorgekommen sein soll. Die religiöse Legitimierung der Herrschaft des osmanischen Gouverneurs war durch diese Feierlichkeit klar herausgestellt.

Andererseits mußte der Eindruck vermieden werden, der Pascha wolle sich, indem er diese Zeremonie leitete, zum Nachfolger der mamlukischen Sultane aufwerfen, ein politisch gefährliches Mißverständnis, das schon dadurch nahegelegt wurde, daß der Karawanenkommandant auf Schritt und Tritt seine Unterordnung unter den Pascha bezeugte. Eine Klarstellung der Verhältnisse wurde dadurch erreicht, daß der Pascha ausdrücklich die Hoheit des osmanischen Sultans über die heiligen Orte des Islam ausrief. Nicht er selbst, sondern der Sultan war der Diener der heiligen Städte. Andererseits deklarierte sich der Pascha in dieser Zeremonie gleichzeitig zum *kul*, zum Diener des Sultans, der seinem Herrn alles verdankte und dessen Erbschaft nach seinem Tode an den Sultan zurückfiel. Das war der normale Status eines hohen osmanischen Amtsträgers. Wahrscheinlich sollte diese unterwürfige Sprache den durch die Zeremonie erweckten Eindruck ausgleichen, daß nämlich der Pascha von Ägypten über eine direkte Verbindung zur Welt des Religiösen verfügte und deswegen eine Quelle eigenständiger Legitimierung besaß.

Die Zeremonien bei Abreise und Rückkehr der Karawane waren auch deswegen bedeutsam, weil sie die fortdauernde Bindung der Pilger, die ja auf mehrere Monate und manchmal auf Jahre abwesend waren, an ihre Heimatstadt symbolisierten. Das Zeremoniell, das die Ausreise der Pilger begleitete, war so angelegt, daß es die traumatischen Augenblicke von »Abreise« und »Rückkehr« gleichsam in verschiedene Stadien zerlegte. Damit war die Trennung für Abreisende wie für Zurückbleibende wahrscheinlich leichter zu ertragen. Die Karawane war eben kein Schiff, das irgendwann die Anker lichtete und unwiderruflich aufs hohe Meer hinausfuhr. Die Pilger, die Damaskus eben verlassen hatten, blieben längere Zeit an dem nahegelegenen Rastplatz von Muzayrib, um dort ihre Reiseeinkäufe zu machen. Im Falle der Kairoer Karawane war ein Teil der Abreise (und auch der Rückkehr) vonstatten gegangen, wenn der erste Halteplatz, nämlich Birkat al-Ḥadjdj, passiert war. Natürlich gab es auch praktische Gründe für diese »Zerlegung«, besonders im Falle der Rückkehr. Denn die Pilger und ihre Tiere waren müde und erschöpft, so daß es oft lebenswichtig war, daß sie an bestimmten Rastplätzen Verstärkung vorfanden.

Über die Halteplätze zwischen Damaskus bzw. Kairo einerseits und Mekka andererseits sind wir durch Reisebeschreibungen von Pilgern, das Handbuch ʿAbd al-Ḳādir al-Djazīrīs sowie einige offizielle Dokumente recht gut unterrichtet. Allerdings beziehen sich diese Informationen, von dem Bericht al-Djazīrīs einmal abgesehen, auf das 17. Jahrhundert (vgl. Karte S. 18/19). Besonders interessant ist ein osmanisches Archivdokument aus dem Jahre 1647, weil es uns gestattet, die Pilgerroute im Zusammenhang mit den wichtigsten Kurierrouten zu sehen, die die östliche Hälfte des Osmanischen Reiches durchzogen. Wie die Karte zeigt, wurde Anatolien von drei großen Straßen durchquert, von denen die »rechte« (von Istanbul aus gesehen, wenn der Betrachter der Stadt den Rücken zukehrt) über Aleppo nach Damaskus führte. In der Sekundärliteratur deutscher Sprache wird diese Route oft als »Diagonalstraße« bezeichnet, weil sie Anatolien von Nordwesten nach Südosten durchquerte. Von Damaskus an entspricht die Liste der Halteplätze für Staatskuriere ziemlich genau den Orten, die Pilger wie ʿAbd al-Raḥmān Ḥibrī, Ewliyā Čelebi und Meḥmed Edīb aufgelistet haben; der Wassermangel ließ da wohl gar keine andere Wahl. Nun ist es zweifelhaft, daß die Kuriere wirklich an allen diesen Orten frische Pferde gefunden haben sollen; schreibt doch Ewliyā Čelebi etwa über den Rastplatz Tabūk, es handele sich einfach um ein offenes Gelände, auf dem Wasser zu finden sei. Ebenso enthielten manche Wüstenforts, die aufgrund verschiedener Wechselfälle ihre Garnisonen verloren hatten, wohl keine Kurierpferde (vgl. Kap. 3). Wenn ein Kurier geschickt wurde, der nicht mit der normalen Pilgerkarawane reisen konnte, mußten wohl von Fall zu Fall Sonderregelungen getroffen werden. Auch enthält das Register keinerlei Angaben darüber, wie man einen Kurier von Kairo nach Mekka schickte, obwohl dieser Fall sicherlich des öfteren eintraf; anscheinend war diese Liste ganz auf die Bedürfnisse der Zentralverwaltung in Istanbul abgestellt. Dafür gab es eine Kurierroute von Damaskus nach Kairo, die über Ramla, Ghazzah und Bilbays führte, und desgleichen eine Verbindung von Damaskus nach den Pilgerzentren Jerusalem und Khalīl al-Raḥmān (Hebron, Al-Halil).

Aus dieser Zusammenstellung ergibt sich, daß die Route von Istanbul über Damaskus nach Mekka eine der drei Hauptrouten des östlichen Osmanischen Reiches darstellte. Betrachtet man das Osmanenreich in seiner Gesamtheit, so muß man die Verbindung von Istanbul nach Mekka als eine von sieben Hauptrouten ansehen: Führten doch im rumelischen Teil des Reiches drei Hauptverbindungslinien über Belgrad an die Adriaküste, nach Ungarn sowie über die Moldau und Walachei ins südliche Polen; daneben wäre noch eine im Jahre 1646 neueingerichtete Kurierroute von Istanbul nach der aufstrebenden Hafenstadt Izmir zu nennen. Leider gibt es keine Möglichkeit zu bestimmen, ob die Verbindung Istanbul–Damaskus–Mekka von mehr oder weniger Kurieren benutzt wurde als die übrigen Routen des Osmanischen Reiches. Aber wenn man im Register der Zentralkanzlei die vielen Schreiben verfolgt, die an verschiedene Würdenträger im Hidschas geschickt wurden, so liegt doch die Vermutung nahe, daß zumindest in Friedenszeiten diese Kurierroute zu den offiziellerseits am meisten bereisten Wegen des Osmanischen Reiches gehörte. Mußte doch neben der Korrespondenz mit den Scherifen auch die Verbindung mit dem Gouverneur von Jiddah aufrechterhalten werden, der die osmanische Zentralmacht an der Ostküste des Roten Meeres zu vertreten hatte. Außerdem gab es eine Korrespondenz mit den Kadis von Mekka und Medina sowie mit einer Reihe von kleineren Funktionsträgern. So brachten es die Belange der Pilger mit sich, daß die Städte des Hidschas von der osmanischen Zentralregierung viel intensiver beaufsichtigt wurden, als man es bei der großen Distanz von Istanbul zunächst vermuten würde.

Dienste an Pilgern und Soldaten

Da im Prinzip die Pilger für ihre eigene Versorgung aufzukommen hatten, gab es in der Karawane lediglich Dienste, die sich um diejenigen Pilger zu kümmern hatten, die in Not geraten waren. Aber Administratoren und Soldaten, für die die Karawanenbegleitung einen Teil ihrer offiziellen Pflichten darstellte, mußten während der gesamten Reise mit Speise und Trank versehen werden. Diese Versorgung war Aufgabe einer Dienststelle, die als die »Vorratskammer des Sultans für die edle Pilgerfahrt« bekannt war. Die hier tätigen Administratoren sorgten dafür, daß Wasser immer dann in Schläuchen mitgeführt wurde, wenn am nächsten Rastplatz Wasserknappheit zu befürchten war. Aus den Abrechnungen über die Damaszener Karawane von 1636–37 erfahren wir, daß zu diesem Zwecke hundert Kamele zur Verfügung standen. Wahrscheinlich handelte es sich hier um ein Dürrejahr; aber die Damaszener Karawane des 17. Jahrhunderts führte immer mindestens fünfzig Kamele mit sich, um die Wasserversorgung sicherzustellen.

Für die ägyptische Karawane gab es ebenfalls öfter Schwierigkeiten mit der Wasserversorgung, auch wenn man gelegentlich auf milde Gaben auswärtiger muslimischer Fürsten zurückgreifen konnte. In den Jahren 1543–44 hatte ein indischer Fürst namens Maḥmūd S̲h̲āh Elfenbein gesandt und angeordnet, daß man es verkaufen und von dem Erlös das Graben neuer Brunnen für die ägyptische Pilgerkarawane finanzieren sollte. Allerdings gab es bei der Ausführung dieses Vorhabens vielfache Schwierigkeiten, und al-D̲j̲azīrī war von dem Erfolg des ganzen Unternehmens nicht sonderlich beeindruckt. Derselbe Autor berichtet auch, wie er bei einer seiner zahlreichen Reisen nach Mekka versucht hat, den Karawanenkommandanten dazu zu überreden, den armen Pilgern aus den für die Amtsträger und Soldaten vorgesehenen Vorräten Wasser zuzuteilen. Anscheinend hatte er mit diesem Ansinnen keinen Erfolg, wahrscheinlich weil der Karawanenkommandant die Wasserversorgung der Soldaten nicht gefährden wollte. Eine bürokratisch durchorganisierte und militärisch wohlgeschützte Karawane bot sicherlich den Pilgern mancherlei Vorteile; aber die Kostspieligkeit der Vorkehrungen und die Privilegien der höheren Amtsträger scheinen es oftmals verhindert zu haben, daß armen Pilgern in einer Notlage wirkungsvoll geholfen wurde.

Lebensmittel für die Rückreise wurden zuweilen in Wüstenforts deponiert, in denen die Karawane auf ihrem Weg nach Mekka Rast machte. Wenn sie inzwischen nicht von Beduinen geraubt worden waren, lagen sie wenige Monate später für die am gleichen Rastplatz haltmachenden Soldaten bereit. Aber manchmal wurden auch kompliziertere Vorkehrungen getroffen. So berichtet Ewliyā, daß im

Jahre 1672 Vorräte, die dem Karawanenbüro gehörten, in der Nähe von Muzayrib Beduinen anvertraut wurden, die es übernahmen, diese bis nach Al-ʿUlā zu schaffen. Dort gaben andere Beduinen, die vermutlich mit den ursprünglichen Vertragspartnern von Muzayrib im Bunde standen, der Karawane das anvertraute Gut zurück. Leider wissen wir nicht, ob es sich um ein einfaches Transportabkommen handelte oder ob die Beduinen in Al-ʿUlā Vorräte besaßen, die sie an die Karawane liefern konnten. Die letztere Vermutung liegt nahe, weil nämlich in diesem Jahr unerwartete Regengüsse die Wüstenwege aufgeweicht hatten, die Beduinen also dieselben Transportprobleme gehabt haben dürften wie die Karawane selbst. Aber sicherlich war eine solche Vereinbarung nur deswegen kein unvertretbares Risiko, weil die Damaszener Karawane von 1672 unter starker militärischer Bedeckung reiste.

Was den karitativen Dienst an armen Pilgern anbelangte, so wurden in der Damaszener Karawane des späten 16. Jahrhunderts hierfür sechzig Kamele bereitgestellt. Davon trugen zwanzig Lebensmittel, hauptsächlich Zwieback, die übrigen waren als Reittiere für Notfälle gedacht. Außerdem wurde an den Halteplätzen ein besonderes Zelt für die Unterbringung von armen Pilgern errichtet; daneben kochte man auf Kosten des Sultans für denselben Personenkreis warme Mahlzeiten. Ein Sultansbefehl aus den Jahren 1576–77 bezeugt, daß diese Küche nicht immer nach Wunsch funktionierte: Oftmals wurden die Mahlzeiten so spät fertig, daß den Pilgern gar keine Zeit zum Essen blieb, ehe sich die Karawane wieder auf den Weg machte. Manchmal aber erhielten arme Pilger auch Almosen in Geld ausgezahlt, oder es wurden ihnen neue Schuhe und Hemden geschenkt. Wir hören sogar, daß verstorbene Pilger in Leichentüchern bestattet wurden, die aus frommen Schenkungen stammten. Manche Stiftungen, die solche Almosen verteilten, gingen bis in die Mamlukenzeit zurück. So funktionierte noch 1580–81 eine Stiftung, die von Ḳānṣūh al-Ghurī (reg. 1501–16), dem letzten wichtigen Mamlukensultan, eingerichtet worden war, um jeweils zwölf Lasten Schiffszwieback unter den armen Pilgern zu verteilen.

Allerdings mußte die osmanische Zentralregierung ständig darüber wachen, daß Stiftungen zugunsten der armen Pilger nicht ihren Zwecken entfremdet wurden. Da es üblich war, eine gewisse Zahl von Kamelen Persönlichkeiten zur Verfügung zu stellen, die aufgrund ihrer sozialen oder politischen Position Anspruch auf eine Vorzugsbehandlung (*wāḏjib al-reʿāyet*) erheben konnten, waren dem Mißbrauch von Stiftungen für die Armen Tür und Tor geöffnet. In den Jahren 1579–80 wurde dem Gouverneur von Damaskus von seiten des Sultans angedroht, daß ihm die entsprechenden Gebühren in Rechnung gestellt werden würden, wenn er weiterhin Kamele an Leute vergebe, die darauf kein Anrecht hätten. Der Erfolg dieser Drohung scheint jedoch recht mäßig gewesen zu sein. Aus einem Rechnungsbuch der Damaszener Karawane vom Jahre 1647 erfahren wir, daß in diesem Jahr nicht weniger als 349 Kamele an einflußreiche Leute vergeben worden sind. Allerdings wurde aufgrund der angespannten Finanzlage des osmanischen Staates im 17. Jahrhundert diesen hochgestellten Pilgern nur eine Beihilfe gewährt; den Rest ihrer Kamelmiete mußten sie selbst tragen. Im späten 16. Jahrhundert dagegen waren die gesamten Kamelmieten dieser Personen oftmals vom osmanischen Staatssäckel übernommen worden.

Die Versorgung zurückkehrender Pilgerkarawanen

Während viele arme Pilger also auf ihre eigenen Möglichkeiten verwiesen wurden, obwohl es Institutionen gab, die ihnen hätten helfen sollen, waren die Hilfskarawanen, die auf der Rückreise die Pilger (gegen Bezahlung) mit Lebensmitteln und Reittieren versorgten, für zahlreiche Reisende eine wirksame Hilfe. Wenn nötig, forderte der Karawanenkommandant bereits auf der Hinreise Verstärkung für den Rückweg an; so teilte der Damaszener Kommandant der Pilgerkarawane von 1567–68 mit, daß man in Al-ʿUlā unbedingt Kamele und Lebensmittel brauchen werde, denn bis zu diesem Rastplatz würde alles Vorhandene verbraucht sein. In solchen Fällen wurde den Provinzgouverneuren, deren Provinzen entlang der Karawanenroute gelegen waren, die Sorge für die Beschaffung der nötigen Vorräte aufgetragen. Der Halteplatz, wo die Hilfskarawanen die Pilger zu treffen hatten, wurde weiter in die Wüste hinein vorverlegt, und der Damaszener Finanzverwalter bekam die Erlaubnis, für die Bedürfnisse der Karawane eine Anleihe aufzunehmen. In besonders dringenden Fällen besaß die Damaszener Finanzverwaltung auch das Recht, ohne vorherige Genehmigung Istanbuls für den Bedarf der Karawane Geld auszugeben.

Natürlich war es für die überlasteten Provinzialverwalter in Damaskus und Kairo nicht möglich, die Leute zu überprüfen, die sich anerbötig machten, den Pilgern auf der syrischen Route bis nach Al-ʿUlā oder auf der ägyptischen Route bis nach Qalʿat al ʿAzlam entgegenzugehen. Deshalb wurden die Lebensmittelhändler und Kameltreiber von einer Schar von Leuten begleitet, deren Anwesenheit den Pilgern sehr viel weniger lieb sein konnte. Ewliyā Čelebi hat das Bild, das sich in Qalʿat al ʿAzlam bot, folgendermaßen geschildert:

»Aber mit diesen Soldaten [die die Pilgerkarawane in ʿAzlam empfangen] kommen viele tausend flinke... Taschendiebe, Diebe, die einem das Auge unter dem Lidschatten herausstehlen... Schwindler und Straßenräuber. Diese mischen sich unter die Hadschis, die [vor Müdigkeit] ›nicht mehr ganz dabei‹ sind, und unter die Soldaten, die nach der ermüdenden Reise schlaflos und erschöpft, sich kaum noch auf den Beinen halten können. Diese Verfluchten pirschen sich heran wie der Wolf an das Schaf. Tag und Nacht plündern sie die Muslime aus wie seinerzeit Sāʿīd ʿArab, ›der Schwarze Schreiber‹ und der Sohn des Djānbulāt sie ausgeraubt haben. Selbst Ibn Rashīd hat zur Zeit des Ḳara ʿAlī Pascha die Hadschis auf der Damaszener Route nicht so ausgeplündert. Ein Hadschi, der nicht gut aufpaßt, kann in diesem ʿAzlam in eine Lage gebracht werden, daß er um eine rote Kupfermünze bitten [muß]. Wer vernünftig ist, verhält sich wachsam und schützt [so] seinen Reisebedarf. [Aber] infolge dieses Zustandes hört man jede Nacht die Pilger hier und da Rufe ausstoßen wie: ›Laß ihn nicht laufen!‹ ›Er ist weg!‹ ›Nun ist er da!‹ So versuchen sie, die Diebe zu erwischen...« Während der Tage und Wochen, in denen die Begleitkarawane unterwegs war, dürfte auf den Kairoer Märkten und Ladenstraßen eine ungewöhnliche Ruhe geherrscht haben.

Ein permanenter Stein des Anstoßes: die Hinterlassenschaften verstorbener Pilger

Viel schwieriger noch, als sich vor Dieben zu schützen, war es aber oft für die Weggefährten eines verstorbenen Pilgers, seine Habe für die rechtmäßigen Erben zu erhalten und eine Beschlagnahmung durch den osmanischen Fiskalbeauftragten zu verhindern. Allgemein galt im osmanischen Staat der Grundsatz, daß der Nachlaß eines ohne Erben Verstorbenen dem Fiskus verfiel. Dieser Grundsatz wurde aber anscheinend im Falle der Pilgerkarawane oft dahingehend ausgelegt, daß der Finanzbeauftragte (*beyt al-māl emīni*) die Erbenlosigkeit als gegeben ansah, wenn keine Verwandten in der Karawane selbst anwesend waren. Allerdings bemühte sich die osmanische Regierung in Istanbul, das Recht der Provinzialbehörden auf Konfiskation möglichst einzuschränken. So wurde etwa festgelegt, daß ein Pilger vor seinem Tod einen Treuhänder bestimmen konnte, dem der Nachlaß in Abwesenheit von Erben übergeben werden sollte. Im Falle von Pilgern, die starben, ohne einen solchen Treuhänder bestimmt zu haben, fiel der Nachlaß der ägyptischen Staatskasse zu. In der syrischen Karawane herrschte allerdings eine liberalere Regelung, da in Abwesenheit von Erben und Treuhändern auch Landsleute des Verstorbenen den Nachlaß in Empfang nehmen konnten. Nur wenn auch keine Landsleute aufgefunden wurden, verfiel der Nachlaß dem Staat.

Zahlreich waren jedoch die Klagen, daß die Fiskalbeauftragten, die ihr Amt gepachtet hatten und deshalb möglichst rasch einen möglichst großen Gewinn herausschlagen wollten, sich nicht an diese Vorschriften hielten. Die Versuchung war um so größer, als viele Pilger eine beachtliche Menge an Geld und Waren mit sich führten, um die Unkosten der Pilgerfahrt bestreiten zu können. Von manchen Amtsträgern wurden schlimme Geschichten erzählt: »Wenn ein muslimischer Pilger stirbt, fürchten sich seine Zeltgefährten vor dem Fiskalbeauftragten, dem Schreiber und dem Kadi. Um Schaden an Gut und Ehre zu vermeiden, waschen sie den Toten nicht und wickeln ihn nicht ins Leichentuch, auch beten sie nicht das Totengebet über ihn [wie es das muslimische Begräbnisritual vorschreibt], sondern verscharren ihn in seinem Zelte.« Immer wieder versuchte man in Istanbul, die Tätigkeit der Fiskalbeauftragten zu kontrollieren, allerdings mit mäßigem Erfolg; und diese Amtsträger blieben nach wie vor die wohl am meisten gehaßten und gefürchteten Persönlichkeiten der Karawane.

Die Zahl der Pilger

Obwohl der osmanische Staat des 16. und 17. Jahrhunderts über eine durchorganisierte Bürokratie verfügte und Zählungen von Steuerzahlern zur Routine der Verwaltungspraxis gehörten, hat man damals keinerlei Versuche gemacht, die Mekkapilger zu zählen. Auch aus älterer Zeit sind nur wenige Informationen erhalten. Der ägyptische Autor al-Djazīrī, der im 16. Jahrhundert das Funktionieren des Kairoer Pilgerbüros im Detail beschrieben hat, erklärt, daß im Jahre 1279 unserer Zeitrechnung 40000 Ägypter und ebenso viele Syrer und Iraker die Pilgerfahrt unternommen hätten. Ein christlicher Pilger des 14. Jahrhunderts, ein gewisser Jacobo aus Verona, der einer einzelnen Hadsch-Karawane begegnet ist, schätzte sie auf 17000 Personen. Ein wohl portugiesischer Anonymus aus dem Jahre 1580 meinte, daß etwa 50000 Personen mit der Pilgerkarawane von Kairo nach Mekka gereist seien. Außerdem besitzen wir einige spätmittelalterliche Angaben zur Zahl der Kamele in einer Pilgerkarawane; ließen sich doch die Tiere wesentlich leichter zählen als die Pilger selbst. Eine große syrische oder ägyptische Karawane mochte aus mehr als 11000 Kamelen bestehen, dagegen fanden sich in einer kleinen Karawane aus dem Irak unter Umständen nur 400–500 Tiere. Der italienische Reisende Ludovico di Varthema, der zum Islam konvertiert, als Mamluk im Jahre 1503 die heiligen Städte besuchte und später seine Erlebnisse niederschrieb, berichtet, daß seine Karawane unterwegs 16000 Kamellasten Wasser aufgenommen habe; das gibt eine ungefähre Vorstellung von der Zahl der Personen- und Lastkamele, die von dieser Karawane mitgeführt wurden. Ludovico di Varthema reiste selbst mit der Damaszener Karawane; die Kairoer Karawane war bereits vorher in Mekka eingetroffen, und der Reisende schätzt sie auf 64000 Tiere. Der schon erwähnte Anonymus aus dem Jahre 1580 gibt an, daß die Kairoer Karawane aus mindestens 40000 Tieren bestanden habe. Leider ist es sehr schwierig, von der Zahl der Kamele

Rückschlüsse auf die Zahl der Pilger zu ziehen, führten doch wohlhabendere Reisende oft mehrere Kamellasten Vorräte und Handelsgüter mit sich.

Auch haben nur wenige Augenzeugen versucht, die Zahl der am ʿArafāt anwesenden Pilger abzuschätzen, die während des zentralen Ritus der Pilgerfahrt beteten und den Worten des Predigers lauschten. Ludovico di Varthema behauptet, daß die Opfer der wohlhabenden Pilger des Jahres 1503 sich auf 30000 Schafe beliefen; allerdings sollen viele Pilger jeweils mehr als ein Tier geopfert haben. Auch berichtet der Reisende, daß etwa 30000 arme Leute bei der Zeremonie anwesend waren, denen das Opferfleisch zu einer herzhaften Mahlzeit überlassen wurde. Der bereits erwähnte Anonymus behauptet, daß 200000 Menschen und 300000 Tiere an der Versammlung am ʿArafāt teilgenommen hätten. ʿAlī Beg, dessen Mekkabesuch in das Jahr 1807 fällt, spricht von 80000 Männern, 2000 Frauen sowie 1000 Kindern, die am ʿArafāt versammelt waren. Sieben Jahre später schätzte John Lewis Burckhardt die Zahl der Beteiligten auf etwa 70000. Allerdings schloß diese Gesamtzahl nicht nur die mit den syrischen und ägyptischen Karawanen angereisten Pilger mit ein, sondern auch Afrikaner, Inder und Afghanen, die oftmals auf dem Seeweg nach Mekka kamen. Außerdem gab es sicherlich eine Anzahl von Medinensern und, zahlenmäßig wohl am bedeutendsten, das Kontingent der Mekkaner selbst. Natürlich muß man stets im Auge behalten, daß alle diese Zahlen nicht von wirklichen Zählungen herrühren und deshalb nur eine Vorstellung von den Größenordnungen vermitteln können.

Die Finanzverwaltung der Pilgerkarawanen

Von den Quellen, aus denen die Pilgerkarawane letztlich finanziert wurde, wird noch die Rede sein (vgl. Kap. 4); aber die Rechnungsbücher der Damaszener Karawane, von denen eine stattliche Anzahl erhalten ist, erlauben uns außerdem einen Einblick in die alltäglichen Geschäfte der Karawanenbeamten, ohne die Pilger und Soldaten niemals bis nach Mekka hätten kommen können. Gewisse Rechnungsbücher (*rūznāmdje*), wie etwa das sehr informative Exemplar aus den Jahren 1592–93, verzeichnen bei jeder einzelnen Ausgabe, welcher Funktionsträger sie angeordnet hatte. Meistens wurde »bargeldlos« gezahlt; der Vorsteher der »Vorratskammer des Sultans für die edle Pilgerfahrt« oder sonstige Amtsträger gaben den Lieferanten ein mit ihren Siegeln versehenes Papier, das diese dann der Damaszener Finanzverwaltung zur Auszahlung vorlegten. Manche Leute, denen die Karawanenverwaltung Geld schuldete, besorgten sich auch ein Zeugnis des Kadis über die Höhe ihrer Forderungen.

Eine zentrale Rolle bei der Beschaffung der Vorräte für die Pilgerkarawane fiel dem Gouverneur von Damaskus zu; zuweilen ließ er sich von seinem obersten Türhüter vertreten, aber wichtige Zahlungen fanden in Gegenwart des Paschas selbst statt. Dieser kontrollierte auch die Bücher, wenn sich der Verdacht auf Unregelmäßigkeiten ergab. Wenn sich solch ein Verdacht bestätigte, wurde der zuständige Amtsträger aufgefordert, den Schaden wiedergutzumachen; nachdem das geschehen war, hielt man durch eine Notiz im Rechnungsbuch fest, daß der Fall abgeschlossen sei.

Die meisten Ausgaben für die Karawane wurden getätigt, bevor die Pilger Damaskus verließen; aber es konnten unterwegs zusätzliche Käufe nötig werden. Dabei kam es öfter vor, daß das mitgenommene Geld nicht ausreichte. In solchen Fällen wurde manchmal von allen Reisenden in der Karawane eine bestimmte Summe eingezogen; auf diese Weise bezahlten die Kaufleute gern die zahlreichen Binnenzölle, denen ihre Waren auf jeder Reise innerhalb des osmanischen Hoheitsgebietes unterlagen. In anderen Fällen liehen sich die Amtsträger, in deren Zuständigkeit die jeweilige Ausgabe fiel, Geld von wohlhabenden Pilgern oder von Kaufleuten, die die Karawane begleiteten. Diese Schulden wurden oft erst nach langer Zeit beglichen, besonders wenn ein Mitglied der Karawanenverwaltung vermeiden wollte, daß seine Ausgaben von höherer Stelle überprüft wurden. So erfahren wir, daß in den Jahren 1578–79 sich ein ehemaliger Amtsträger der Damaszener Karawane schleunigst auf einen Feldzug begab, als sich der Tag näherte, an dem 5600 Goldstücke an einen Gläubiger der Karawane hätten zurückgezahlt werden müssen.

Die Schulden der Karawanenverwaltung machten oft beträchtliche Summen aus. In den Jahren 1656–57 waren es 23000 *esedī g͟huruş͟h*; hierbei handelte es sich um holländische Silbertaler, die im Osmanenreich des 17. Jahrhunderts als Zahlungsmittel kursierten. In diesem Falle waren die Gläubiger zum Teil Steuereinnehmer, denn ein Teil des vorgeschossenen Geldes entstammte den Steuerkassen des syrischen Tripolis sowie der palästinensischen Stadt Safed. Andere Gläubiger waren auf nicht näher erklärte Weise mit der libanesischen Stadt Saydā (Sidon) verbunden. Da dieser Hafen von französischen Levantehändlern damals häufig benutzt wurde, ist es gut möglich, daß es sich hier um Kaufleute handelte, die einerseits mit den europäischen Mittelmeerländern und andererseits mit Mekka Handel trieben. Auch der Vorsteher einer Handwerkerzunft war in dem Verzeichnis der Karawanengläubiger mitaufgeführt.

Die Höhe der Geldsummen, die die einzelnen Gläubiger vorgestreckt hatten, variierte von Fall zu Fall sehr stark. Einer der Steuereinnehmer hatte 6066 Löwentaler zur Verfügung gestellt, und drei der vermutlichen Kaufleute aus Saydā hatten der Karawanenleitung jeweils mehr als 2000 Löwentaler geliehen. Aber es gab auch eine ganze Reihe von Gläubigern, die nur ein paar hundert Löwentaler zu bekommen hatten, wahrscheinlich handelte es sich hier um Lieferanten mit noch unbezahlten Rechnungen.

Kamele und Kamelunternehmer

Aus der großen Zahl offizieller Dokumente, die sich mit der Beschaffung von Kamelen für die Pilger befassen, kann man den Schluß ziehen, daß hier einer der empfindlichsten Punkte des gesamten Karawanenwesens lag. Zunächst einmal benötigten Soldaten und Amtsträger allein über 600 Tiere; überdies waren zahlreiche Ersatzkamele nötig, weil die Verlustrate auf der langen Reise nach Mekka ziemlich hoch war. Außerdem wurden mehrere tausend Tiere benötigt, um privat reisenden Kaufleuten und Pilgern den Zug in den Hidschas zu ermöglichen.

Um die Beduinen dazu zu ermuntern, ihre Tiere an Mekkareisende zu verkaufen oder zu vermieten, wurde ihren Ältesten bisweilen das Recht verliehen, die Fahne des Sultans zu führen. Allerdings konnten solche Ehrungen auch die Rivalitäten der verschiedenen Gruppen intensivieren, und wenn es infolgedessen zu Kämpfen kam, gingen

Die Kairoer Pilgerkarawane in der Wüste. Es gibt keinerlei Quellenzeugnis darüber, daß jemals ein Bär auf dieser Reise mitgeführt worden ist. Stich nach O. Dapper, Amsterdam 1671.

oft so viele Kamele verloren, daß für die Mekkareisenden nicht viel übrigblieb. Um in solchen Wechselfällen gewappnet zu sein, erwarb die osmanische Zentralverwaltung ihre eigenen Tiere und schickte sie manchmal sogar zur Erholung auf die reicheren Weiden Anatoliens, so daß wenigstens der offizielle Teil der Karawane von der Leistungsbereitschaft der Beduinen etwas unabhängiger wurde. Auch experimentierte Ibrāhīm Pascha, Wesir Sultan Murāds III. (reg. 1574–95), 1586–87 mit der Einrichtung einer frommen Stiftung zugunsten der Damaszener Pilgerkarawane. Die Stiftung besaß als Ausstattung 600 Kamele. Diese Tiere wurden der Obhut des jeweiligen Karawanenkommandanten anvertraut und sollten für den Rest ihres Lebens der Karawane zur Verfügung stehen. Aber die osmanische Finanzverwaltung in Damaskus war sehr stark gegen das Projekt eingenommen, in dem man nur eine nutzlose Festlegung von anderweitig dringend benötigten Steuergeldern erblickte. Dementsprechend funktionierte die Stiftung nur kurze Zeit.

Diese Haltung der Damaszener Finanzverwaltung war vielleicht nicht ganz unabhängig von der Tatsache, daß es in Damaskus eine Anzahl von wohletablierten Unternehmern gab, die ihren Verdienst aus der kommerziellen Vermietung von Kamelen bezogen. In dem Dokument, das sich mit der von Ibrāhīm Pascha eingerichteten Stiftung und ihrem schnellen Verfall befaßt, heißt es ausdrücklich, daß Kamelunternehmer (*mukawwim*), die um ihre Gewinne fürchteten, dafür gesorgt hätten, daß die Herde der Stiftung alsbald dezimiert wurde. Allerdings verdienten die Kamelunternehmer wohl hauptsächlich an Pilgern und Kaufleuten, während der Dienst am osmanischen Staat nur wenig Gewinn abwarf. In den Jahren 1578–79 zahlten Pilger 50–55 Goldstücke für die einfache Strecke von Damaskus bis Mekka, während die osmanische Verwaltung einen Vorzugspreis von nur 28 Goldstücken beanspruchte. Im 17. Jahrhundert bezahlte der Osmanenstaat sogar nur 26 Goldstücke für gewöhnliche Kamele, während die Unternehmer für die besseren Tiere, mit denen sie die Würdenträger der Karawane versorgten, jeweils 30 Goldstükke erhielten. Das waren jedenfalls die offiziellen Tarife. Aber selbst wenn auf offiziell nicht vorgesehenen Wegen noch einiges dazuverdient wurde, war mit Pilgern und Kaufleuten wohl ein lukrativeres Geschäft zu machen.

Während des 16. Jahrhunderts versuchte die osmanische Zentralverwaltung überdies einige Male, sich ohne jegliche Barzahlung den Dienst der Kamelunternehmer zu sichern, indem sie ihnen Militärpräbenden (*tīmār*, *zeʿāmet*) verlieh. Die Einkünfte aus der Präbende sollten den Unternehmer für seinen Aufwand im Dienste des Staates entschädigen. Das Projekt war mit einigen Schwierigkeiten verbunden: In den Jahren 1578–79 sollten der Gouverneur und Finanzverwalter von Damaskus darüber Bericht erstatten, ob das Staatssäckel mit der Verleihung von Militärpräbenden Geld sparen könnte oder ob zu erwarten wäre, daß die Unternehmer auch nach einer solchen Vergünstigung von der Zentralverwaltung Geld verlangen würden. Anscheinend hat die osmanische Regierung mit der

Verleihung von Militärpräbenden an Kamelunternehmer keine sehr glücklichen Erfahrungen gemacht, denn in den Abrechnungen des 17. Jahrhunderts taucht dieser Zahlungsmodus nicht wieder auf.

Wenn Kamelunternehmer gegen Zahlung eines normalen Entgelts vom osmanischen Staate angestellt wurden, erhielten sie einen Vorschuß, bevor die Damaszener Karawane den vielbesuchten Jahrmarkt von Muzayrib verließ, der nur wenige Tagesreisen südlich von Damaskus gelegen war. Unterwegs zahlten oft die Schatzverwalter der Karawane weitere Vorschüsse aus; und wenn sich das nicht erreichen ließ, übten die Kamelunternehmer Druck auf einzelne Kaufleute aus, damit sie ihnen eine Anleihe bewilligten. Nachdem die Pilgerkarawane nach Damaskus zurückgekehrt war, wurden dann Soll und Haben miteinander verrechnet.

Andere Unternehmer erhielten ihre Dienste schon vor Reiseantritt bezahlt, was sie aber keineswegs daran hinderte, unterwegs von den Schatzverwaltern der Karawane Geld zu borgen. Obwohl dieses Verfahren ungesetzlich war, kassierten viele Kamelunternehmer an Extravorschüssen und zusätzlichen Anleihen einen Geldbetrag, der ihrer eigentlichen Bezahlung in etwa gleichkam. Ein besonders beliebter Vorwand für Geldforderungen war es, daß die Kamelunternehmer behaupteten, sie müßten Korn und andere Lebensmittel einkaufen, obgleich sie bereits Lieferungen aus der »Vorratskammer des Sultans für die edle Pilgerfahrt« erhalten hatten.

Allerdings profitierten nicht alle Unternehmer an ihren Leistungen für die Pilgerkarawane. Dazu waren die Risiken doch zu groß. Es kam durchaus vor, daß ein Kamelunternehmer bei der Rückkehr nach Damaskus entdeckte, daß er der osmanischen Verwaltung noch Geld schuldete, etwa weil die Vorschüsse den Gesamtbetrag überstiegen, den die osmanische Regierung zu zahlen bereit war. Bemerkenswert sind die Mittel, mit denen sich manche Kamelunternehmer in solch einer Lage zu helfen versuchten: In einem Fall stellte sich nach dem Tod eines tief verschuldeten Unternehmers heraus, daß er seinen gesamten Besitz verkauft bzw. in eine fromme Stiftung umgewandelt hatte, um seinen Nachlaß der sonst unvermeidlichen Einziehung durch die Staatskasse zu entziehen. Der Fall wurde dem Rat des Sultans (*diwān-i humāyun*) zugeleitet, der entschied, daß ein Mensch, der Schulden an die Staatskasse hätte, über sein Eigentum nicht frei verfügen dürfte. Verkauf und Stiftung wurden für rechtsungültig erklärt. Auch kam es nicht selten vor, daß in Konkurs gegangene Kamelunternehmer in entlegene Provinzen flüchteten, wie etwa Ägypten oder den Jemen.

Die Schwierigkeiten der Transportunternehmer wurden anscheinend durch die hohe Sterblichkeit der Kamele hervorgerufen. Denn es ist anzunehmen, daß diese Unternehmer zum Ersatz verpflichtet waren, wenn dem Kunden auf der Reise das Tier wegstarb. So lautete jedenfalls die Regel im Damaskus des späten 19. und frühen 20. Jahrhunderts, und obwohl die Quellen des 16. Jahrhunderts zu dieser Frage schweigen, besitzen wir doch indirekte Indizien dafür, daß zu jener Zeit die Gepflogenheiten auch nicht anders waren. Die Kamelunternehmer beschwerten sich nämlich häufig darüber, daß Soldaten und Amtsträger der Karawane die ihnen zur Verfügung gestellten Tiere mit Handelsgütern überlasteten und dann Ersatz forderten, wenn ihnen die Kamele zusammenbrachen. Auf Betreiben der Kläger erließ die osmanische Zentralverwaltung Vorschriften über die Maximallasten, die den Tieren aufgebürdet werden durften; aber diese Vorschriften wurden übertreten, und das Problem konnte niemals wirklich gelöst werden.

Unter den Kamelunternehmern gab es solche, die größere Kapitalien investiert hatten, während andere diesen risikoreichen Handelszweig nur beiläufig betrieben. In den Jahren 1591–92 stellten manche größeren Unternehmer 100–120 Kamele in den Dienst der Karawane. Unsere Information über Kamelpreise ist leider recht spärlich; immerhin wissen wir, daß 1578–79 ein Kamel 60–70 osmanische Goldstücke kostete. Da Goldmünzen im Unterschied zu Silbergeld Ende des 16. Jahrhunderts vergleichsweise stabil waren, kann man annehmen, daß diese Großunternehmer etwa 6000 bis 8500 Goldstücke investiert hatten. Diese waren aber eher die Ausnahmen als die Regel; die Rechnungsbücher verbuchen Zahlungen an viele Unternehmer, die nur einige Dutzend Tiere zur Verfügung gestellt hatten.

Zuweilen kam es vor, daß Kamelbesitzer nicht freiwillig, sondern gezwungenermaßen ihre Tiere an die offiziell reisenden Würdenträger der Karawane lieferten. In den Jahren 1591–92 hatten Damaszener Notabeln versucht, sich diesem unwillkommenen Dienst zu entziehen, indem sie den Karawanenkommandanten bestachen; dementsprechend mangelte es in jenem Jahr der Karawane an Unternehmern mit genügend Kapital. Daraufhin versuchte man, wieder einen vermögenden Mann zu finden, der die Karawane mit Kamelen würde versorgen können. Einem Damaszener namens Hekīmoghlu Aḥmed wurde ein Vermögen von 5 Millionen *akče* nachgesagt; nach dem offiziellen Wechselkurs dieser Jahre entsprach das 41 667 Goldstükken. Auf Ansuchen des Damaszener Karawanenkommandanten wurde diesem wohlhabenden Mann ein Sultansbefehl zugesandt, in dem er zur Gestellung von 100 Kamelen verpflichtet wurde; das heißt also, daß Hekīmoghlu Aḥmed etwa 15 Prozent seines Vermögens in das Unternehmen einbringen sollte. Ob er das allerdings wirklich getan hat, läßt sich nicht feststellen, und in Dokumenten des 17. Jahrhunderts ist nie wieder die Rede davon gewesen, daß Kamelunternehmer zum Dienst an der Karawane gezwungen wurden.

Unfreiwillige Dienstleistungen

Die Affäre des Hekīmoghlu Aḥmed und der übrigen Damaszener Notabeln scheint zwar in der Geschichte der syrischen Karawane eine Sonderstellung einzunehmen. Wenn man die Angelegenheit jedoch nicht in einem nur regionalen Zusammenhang betrachtet, sondern mit Praktiken vergleicht, die sich in Istanbul und auf dem Balkan beobachten lassen, so stellt sich heraus, daß Hekīmoghlu Aḥmed und die übrigen zur Dienstleistung verpflichteten Notabeln so behandelt worden sind, wie es gegen Ende des 16. Jahrhunderts in den Kernprovinzen des Reiches durchaus üblich war. Um etwa die Fleischversorgung Istanbuls und besonders die des Hofes sowie der Janitscharen sicherzustellen, wurden zu jener Zeit wohlhabende Bewohner der Balkanhalbinsel dazu verpflichtet, Istanbul jedes Jahr mit einer bestimmten Anzahl von Schafen zu versorgen. Manche dieser Lieferanten besaßen von vornherein große Herden; aber das war durchaus nicht immer der Fall, und andere mußten die Nutzung ihres Vermögens empfindlich verändern, um den an sie gestellten Anforderungen genügen zu können.

Nach Ewliyā Čelebis Zeugnis gelang es manchen Leuten, die zur Lieferung von Schafen verpflichtet worden waren, aus dem ihnen aufgezwungenen Geschäft Profit zu ziehen. Aber die osmanischen

Archivquellen des 16. und 17. Jahrhunderts berichten von zahlreichen Versuchen wohlhabender Stadtbewohner Anatoliens und der Balkanhalbinsel, Verpflichtungen dieser Art zu entgehen, so daß es sich wohl in den meisten Fällen um ein Verlustgeschäft gehandelt hat. Während der zweiten Hälfte des 16. Jahrhunderts war es überdies üblich, wohlhabende Provinzler, die sich an ihren Heimatorten durch Zinsgeschäfte unbeliebt gemacht hatten, nach Istanbul zu berufen, damit sie dort als Metzger fungierten. Da nämlich aus politischen Gründen die Fleischpreise in der Hauptstadt so niedrig angesetzt wurden, daß sie die Kosten nicht deckten, schmolzen die Vermögen der Schaflieferanten und Metzger rapide zusammen; viele gingen in Konkurs. Auf die Dauer aber scheinen den osmanischen Behörden gegenüber dieser Politik des »Abschleifens« von Vermögen Bedenken gekommen zu sein; wahrscheinlich wurde es immer schwieriger, Leute mit dem nötigen Reichtum dingfest zu machen. Im 17. Jahrhundert waren die Fleischpreise angehoben worden, und die Istanbuler Fleischer konnten von ihrem Gewerbe durchaus leben; aus Steuergeldern finanzierte Zuschüsse zu den Janitscharenküchen sorgten dafür, daß die Soldaten weiterhin Fleisch essen konnten. Nur die Zwangslieferungen von Schafen bestanden fort.

Die Schwierigkeiten der Istanbuler Fleischlieferanten ergaben sich daraus, daß der offiziell bestimmte Fleischpreis die Kosten nicht deckte. Andererseits hören wir nicht, daß die osmanische Regierung den Preis für die Gestellung von Kamelen an Pilger zu niedrig angesetzt hätte. Unsere Quellen geben überhaupt keine Auskunft darüber, ob die osmanische Zentralverwaltung versucht hat, die von den Pilgern gezahlten Preise zu regulieren. Trotzdem ist dies sehr wahrscheinlich, denn im Osmanenreich gerade des 16., 17. und 18. Jahrhunderts wurden in jeder Stadt Listen der offiziell gültigen Preise unter der Aufsicht der Kadis zusammengestellt und bei jeder Münzveränderung entsprechend abgewandelt. Überdies war es gerade, was die Kamelmieten anbelangt, noch im 19. und 20. Jahrhundert üblich, daß der Gouverneur von Damaskus und der Scherif Richtpreise verkünden ließen. Nun gab es sicherlich Mittel und Wege für die Kamelunternehmer, die Kontrollen zu umgehen und von Pilgern und Kaufleuten höhere Preise zu verlangen. Aber andererseits besaßen die Kamelunternehmer kein Monopol auf dem Transportmarkt, zumindest die zahlungskräftigen Pilger konnten sich ihre Kamele selbst kaufen bzw. von Beduinen mieten. Aus diesem Grunde war es den Kamelunternehmern nicht möglich, sämtliche Verluste aus dem Geschäft mit dem Osmanenstaat auf die Pilger abzuwälzen; und so erklärt sich, warum Bankrotte in diesem Sektor keineswegs selten waren.

Überkommene Institutionen und ihre allmähliche Veränderung

Vergleichen wir die Beschreibung, die ʿAbd al-Ḳādir al-D̲jazīrī von der spätmamlukischen Pilgerkarawane gegeben hat, mit den Informationen, die sich aus dem osmanischen Aktenmaterial des 16. und 17. Jahrhunderts ergeben, so fällt zunächst einmal die Kontinuität ins Auge. Wie schon in der Finanzierung, so wurde auch in der Karawanenorganisation von mamlukischen Vorbildern ausgegangen, und Änderungen dieses Organisationsmusters wurden nur sehr allmählich herbeigeführt. Wahrscheinlich ging man in dieser Sache ganz empirisch vor: die osmanischen Kanzleiregister des späten 16. Jahrhunderts enthalten fast für jedes Jahr eine Anzahl von Texten, die sich mit ganz spezifischen Mißbräuchen befassen. Da geht es etwa um einen Karawanenkommandanten, der sich geweigert hat, Rast zu machen, so daß die Pilger das fünfmal am Tage zu verrichtende Gebet nicht ausführen konnten, oder um Pilger, die Feuerwerkskörper explodieren ließen und damit die fromme Sammlung ihrer Gefährten störten. Es ist sehr wahrscheinlich, daß Pilger nach ihrer Rückkehr oder auch schon auf der Reise ihre Beschwerden zu Protokoll gaben, bei dem Kadi der Karawane, bei den Sekretären des Karawanenkommandanten, bei den Kadis von Damaskus bzw. Kairo sowie in den Büros der Provinzialgouverneure. Ebenfalls kann man annehmen, daß Sekretäre des Karawanenbüros wie etwa al-D̲jazīrī, die hauptamtlich mit den Angelegenheiten der Pilger betraut waren, diese Beschwerden sammelten, sichteten und teilweise nach Istanbul weiterleiteten, wenn es für diese Koordinationstätigkeit auch keine direkten Beweise gibt. Aber ohne eine solche Bearbeitung der Beschwerden wäre es für die Istanbuler Behörden kaum möglich gewesen, über Einzelprobleme jedes Jahr so genau informiert zu sein.

Aufgrund der gesammelten Erfahrungen wurden dann neue Regelungen eingeführt, die sich im Laufe der Zeit entweder durchsetzten oder auch, wie das Beispiel der erzwungenen Kamellieferungen beweist, bald wieder in Vergessenheit gerieten.

Daneben gab es aber auch Veränderungen, die mehr durch die allgemeine politische Lage bedingt waren als durch die unmittelbaren Bedürfnisse der Karawane. So wurde es im 18. Jahrhundert üblich, den Pascha von Damaskus zum Kommandanten der Pilgerkarawane zu ernennen, während er im 16. und 17. Jahrhundert eine Kontrollfunktion innegehabt hatte und nur in besonders wichtigen Fällen direkt eingriff. Diese Veränderung war sicherlich dadurch bedingt, daß mehrere Familien, die eine politische Basis in der syrischen Provinz besaßen, besonders in den Jahren bis etwa 1635 eine weitaus größere Rolle spielten, als das später der Fall war. Diese lokalen Magnaten konnten durch die Ernennung zum Karawanenkommandanten in das System der osmanischen Herrschaft eingebaut werden. Mit der zunehmenden Ausschaltung dieser Familien während des 17. Jahrhunderts waren jedoch solche Ernennungen nicht mehr von Nutzen, weder für die osmanische Zentralverwaltung noch für die Pilger selbst. Da die osmanische Regierung des frühen 18. Jahrhunderts andererseits versuchte, nach den Wirren des osmanisch-habsburgischen Krieges (1683–99) die Pilgerroute wieder in die Hand zu bekommen, lag es nahe, möglichst viele Funktionen in der Hand einer Schlüsselfigur zu vereinen, in diesem Falle also des Paschas von Damaskus. Wir müssen uns also vorstellen, daß die Pilger auf der Reise nach Mekka sich in einem Feld bewegten, dessen Kraftlinien sie im großen kaum beeinflussen konnten, auch wenn sie im Detail durchaus gewisse Einwirkungsmöglichkeiten besaßen. Diese Situation wird noch klarer in Erscheinung treten, wenn wir diejenigen Institutionen einer näheren Analyse unterziehen, die direkt mit der militärischen Absicherung der Pilger befaßt waren.

3. KAPITEL

Die Sicherheit der Karawane

Zu den Verpflichtungen des Sultans als Schutzherr der Pilger gehörte es, für Sicherheit auf den nach Mekka führenden Karawanenstraßen zu sorgen. Dies war eine schwierige Aufgabe, denn sowohl von Kairo wie auch von Damaskus aus waren die heiligen Städte nur nach einem langen Ritt durch die Wüste zu erreichen. Auch die jemenitische Karawane hatte größere Wüstenstrecken zu durchqueren. Dasselbe galt für die Basra-Pilger, wann immer der ost-westliche Durchzug durch die arabische Halbinsel erlaubt war. In diesen Gegenden war die Sicherheit der Karawane nicht mit rein militärischen Mitteln zu gewährleisten: größere Garnisonen in den Wüstenfestungen, die die Rastplätze der Pilgerkarawane sicherten, wären nicht nur äußerst kostspielig gewesen, sondern hätten auch die knappen Wasservorräte, mit denen Pilger und Beduinen auskommen mußten, allzusehr beansprucht. Die Pilgerkarawane wurde zwar von Soldaten begleitet, hauptsächlich von Janitscharen und im Falle der syrischen Karawane auch von Kavalleristen, die durch eine Anweisung von Steuern in Naturalien und Geld entlohnt wurden, also eine Art Militärpräbende (*tīmār*) innehatten. Aber diese Begleitmannschaft wurde nur dann, wenn in der Wüste Unruhe herrschte, zu einem bedeutenderen Armeetrupp verstärkt. Hauptsächlich wurde die Sicherheit der Pilgerkarawane durch Hilfsgelder (Subsidien) des Osmanenreiches (*ṣürre*) an die Beduinenstämme erkauft, durch deren Gebiete die Pilger zu ziehen hatten. Von seiten der osmanischen Bürokratie interpretierte man den Sachverhalt dahingehend, daß die Beduinen Wasser und Lebensmittel für die Karawane bereitstellten und dafür mit Subsidien belohnt wurden. Wenn jedoch diese Zahlungen nicht rechtzeitig und vollständig eintrafen, so betrachteten die Beduinen es als ihr gutes Recht, die Pilgerkarawane zu überfallen und sich ihre Subsidien mit bewaffneter Macht selbst zu sichern. Deshalb müssen wir die osmanischen Subsidien an die Beduinen nicht nur als Entgelt für konkrete Leistungen betrachten, sondern auch als ein politisches Mittel, Angriffen auf die Pilgerkarawane tunlichst vorzubeugen.

Für das späte 16. und für das 17. Jahrhundert besitzen wir Abrechnungen über die Ausgaben, die im Zusammenhang mit der Pilgerkarawane aus der syrischen und ägyptischen Provinzialkasse getätigt wurden. In der einschlägigen Sekundärliteratur hat sich für diese Abrechnungen der Ausdruck »Budget« eingebürgert, obwohl eigentliche Budgets sich auf in der Zukunft liegende Ausgaben beziehen und nicht, wie es in der osmanischen Verwaltung üblich war, auf bereits getätigte. Diese Abrechnungen, von denen einige Exemplare auch im Druck vorliegen, wurden als Hilfsmittel der praktischen Verwaltung aufgestellt und waren nicht etwa als wissenschaftliche Statistiken gedacht. Deswegen verschieben sich die Kategorien, unter denen die einschlägigen Ausgaben verzeichnet sind, von Jahr zu Jahr ein wenig, so daß besonders Budgets, die einige Jahrzehnte auseinanderliegen, nur sehr begrenzt vergleichbar sind. Man darf also aus kleineren Schwankungen von Jahr zu Jahr oder gar von Jahrzehnt zu Jahrzehnt keine weitgehenden Schlüsse ziehen. Aber die Budgets sind trotzdem sehr wertvoll, weil wir durch sie und durch sie allein eine Vorstellung von den finanziellen Größenordnungen erhalten, die uns sonst völlig fehlen würde. Ein weiterer Unsicherheitsfaktor ergibt sich aus der Tatsache, daß wir Ausgaben nur vergleichen können, wenn wir sie in ein und dieselbe Geldeinheit umrechnen. Andererseits schwankten aber die Wechselkurse im Laufe der Zeit, und außerdem galt der Wechselkurs Istanbuls nicht notwendigerweise in Damaskus oder Kairo. Wechselkurse aber sind mehr oder weniger fragmentarisch überliefert, so daß sich Extrapolationen nicht vermeiden lassen, und das vergrößert wiederum die Gefahr von Fehlern. Vergleichbare Probleme gibt es jedoch auch in der europäischen Geschichte des späten Mittelalters oder der frühen Neuzeit, und man muß wohl oder übel nach dem Prinzip verfahren, daß selbst zweifelhafte Zahlenangaben oft besser sind als gar keine.

Das ägyptische Budget von 1596–97 enthält die Namen von Einzelpersonen und Stämmen, die Subsidien erhalten hatten; die Einzelpersonen werden meist mehr oder weniger große Gruppen von Beduinen repräsentiert haben. In diesem Budget wie auch in späteren Texten derselben Art ist zuweilen der Streckenabschnitt angegeben,

Tabelle 1

Zahlungen an Beduinen, um den Durchzug der Pilgerkarawane zu erleichtern: Ägyptische Provinzialbudgets

Jahr	Empfänger	Zahlung in *pāra*	Zahlung in Goldstücken *(sikke-i ḥasene)*
1005–06/ 1596–97 [1]	insgesamt [2]	211 451	5 286
1009/ 1600-0	insgesamt	206 170	5 154
1010–11/ 1601–02	insgesamt (nur solche Zahlungen, denen keine konkreten Dienstleistungen gegenüberstehen)	208 455	5 211
1020/ 1611–12	insgesamt	222 945	5 574
1023–24/ 1614–15	wie in 1020/ 1611–12	222 945	5 574

für den die Empfänger verantwortlich waren. In der Tabelle (Tabelle 1) ist versucht worden, Subsidien im engeren Sinne von Vergütungen für konkrete Leistungen zu trennen; so sind etwa Zahlungen für die Gestellung von Kamelen soweit wie möglich eliminiert worden. Aber in manchen Fällen erweist sich dieses Verfahren als unmöglich, weil das Budget nur Pauschalsummen enthält. Andererseits war für die Amtsträger, die die osmanischen Provinzialbudgets zusammenstellten, die Unterscheidung von Subsidien und Bezahlung für geleistete Dienste weitgehend ohne Belang; denn in beiden Fällen handelte es sich um Zahlungen, die den sicheren Durchzug der Pilgerkarawane gewährleisten sollten. Analysiert man die Beziehungen, die die osmanische Verwaltung und die durchreisenden Pilger zu den Beduinen unterhielten, so erkennt man bald, daß politische und wirtschaftliche Aspekte in unlösbarer Weise miteinander verquickt waren. Die osmanische Verwaltung verpflichtete die Beduinen zu Dienstleistungen

Tabelle 2

Zahlungen an Beduinen, um den Durchzug der Pilgerkarawane zu erleichtern: Syrische Provinzialbudgets

Jahr	Empfänger	Zahlung in *pāra*	Zahlung in Goldstücken *(sikke-i ḥasene)*	Zahlung in *esedī ghurush*
1005/ 1596–97	Rashīd, Nuʿaym, Salāma (Beduinenstämme)	101 280	2 532	
1018/ 1609-10	Zahlungen an Beduinenstämme		9 057	
1019 1610–11	Zahlungen an Beduinenstämme		9 268	
1020/ 1611–12	Zahlungen an Beduinenstämme		11 678	
1085/ 1674–75	Zahlungen an Beduinenstämme: Banū Sakhr, ʿUrbān-i-Karak, ʿAnaza, Waḥīdāt, al-ʿUmr		4 271	9 076
	Entgelt für Transportleistungen an die Salāma		2 220	4 718
	Insgesamt [1]		6 491 [2]	13 794

und Warenlieferungen, und die einschlägigen Zahlungen dienten dazu, politische Loyalitäten zu verstärken.

In der Periode zwischen 1596–97 und 1614–15 bewegten sich die *ṣürre*-Zahlungen aus dem ägyptischen Provinzialbudget zwischen 5100 und 5800 osmanischen Goldstücken. Die jährlichen Schwankungen sind wohl durch lokale Ursachen bedingt; diese lassen sich nicht näher bestimmen. Viel dramatischer schwanken die in den syrischen Budgets verzeichneten Beträge (Tabelle 2). Es ist anzunehmen, daß die für 1596–97 verzeichneten Zahlungen an namentlich genannte Stämme nur einen Teil der in diesem Jahr übergebenen Subsidien darstellen, wenn auch einen wichtigen; denn die Rashīd, Nuʿaym und Salāma gehörten zu den einflußreichen Stämmen, die immer wieder im Zusammenhang mit der Pilgerkarawane genannt werden. Es ist aber wahrscheinlich, daß die Steigerung der *sürre*-Zahlungen in den ersten Jahren des 17. Jahrhunderts mehr ist als eine bloße optische Täuschung, die nur auf die Unvollständigkeit der älteren Angaben zurückgeht. Denn in diesem Zeitraum versuchten der kurdische Pascha Djānbulādoghlu ʿAlī und der Drusenfürst Fakhr al-Dīn die Macht im syrisch-libanesischen Gebiet an sich zu reißen, und die daraus resultierende Unruhe muß es den entlang der Pilgerstraße wohnenden Beduinenstämmen ermöglicht haben, höhere *sürre*-Zahlungen zu verlangen als gewöhnlich. Hatte doch die osmanische Verwaltung den Beduinenfürsten Aḥmad b. Ṭurabāy beauftragt, den Widerstand Fakhr al-Dīns niederzuschlagen, und solch eine Aktion brachte größere Gruppen von Nomaden in Bewegung, die dann durch Subsidien entschädigt werden wollten. Auch die siebziger Jahre des 17. Jahrhunderts waren eine politisch nicht gerade ruhige Zeit; aber wenn die Abrechnung von 1674–75 die Realität einigermaßen getreu wiedergibt, so waren doch die *ṣürre*-Zahlungen weit niedriger als zu Beginn des Jahrhunderts.

Für die Jahre 1681–83 besitzen wir eine weitere Gruppe von syrischen Provinzialbudgets, allerdings enthalten sie nur Pauschalsummen für die mit der Damaszener Pilgerkarawane verbundenen Ausgaben, so daß sich die Höhe der Beduinensubsidien nicht bestimmen läßt. Trotz all dieser Unsicherheitsfaktoren wird aber deutlich, daß die Zahlungen aus syrischen Steuerquellen in den meisten Jahren höher waren als die entsprechenden ägyptischen.

Bei den begrenzten syrischen Steueraufkommen stellten diese Subsidien eine erhebliche Belastung dar. Insgesamt scheint die osmanische Verwaltung am Anfang des 17. Jahrhunderts jährlich zwischen 15 000 und 17 000 Goldstücke an die Beduinen ausgezahlt zu haben. Diese Zahlungen, die allerdings oft nicht in Gold, sondern in Silbergeld entrichtet wurden, erlaubten es den Beduinen, sich gewisse Waren, wie etwa Waffen und Textilien, auf städtischen Märkten zu kaufen. So trugen die Subsidien dazu bei, die Wüstenbewohner nicht nur politisch, sondern auch wirtschaftlich in die osmanische Gesellschaft zu integrieren.

Die allgemeine politische Lage in den Wüstengebieten wie in den Kulturlandschaften Syriens und Ägyptens bestimmte letzten Endes die Höhe der an die Beduinen gezahlten Subsidien. Aber kurzfristig gesehen wurden diese Subsidien durch jährlich wiederholte Verhandlungen festgelegt. Auf der osmanischen Seite agierten die Kommandanten der syrischen und ägyptischen Pilgerkarawanen, die Gouverneure Syriens und Ägyptens und, hinter ihnen, die osmanische Zentralverwaltung in Istanbul. Die Beduinen wurden von ihren Stammesführern repräsentiert, die zuweilen mehr oder weniger feste Bündnisse mit den Scherifen von Mekka eingegangen waren. Da diese Beduinenführer ihre Eindrücke nicht schriftlich niederlegten, ist unser Bild des Verhandlungsprozesses notwendigerweise einseitig; denn auch osmanische Schriftsteller wie Ewliyā Čelebi oder ʿAbd al-Raḥmān Ḥibrī, die den Hidschas als Privatleute besuchten und ihre Beobachtungen zu Papier brachten, waren der osmanischen Bürokratie auf das engste verbunden. Die heroischen Figuren gewisser Militärkommandanten und Gouverneure, die uns Ewliyā Čelebi und andere osmanische Schriftsteller überliefern, sind also als ein Aspekt des Selbstverständnisses der osmanischen Bürokratie zu bewerten und nicht unbedingt als ein getreues Abbild der Wirklichkeit.

Besonders aus dem ägyptischen Quellenmaterial ersieht man, daß der Kommandant der Pilgerkarawane für die Beschaffung der Vorräte zuständig war. Außerdem war er verantwortlich für die Verteilung der Beduinensubsidien und kommandierte das militärische Begleitpersonal. Er entschied darüber, wie lange sich die Pilgerkarawane an den vorher bestimmten Rastplätzen aufhielt. Bei Gefahr konnte er veranlassen, daß die Karawane einen Umweg machte oder sich in einem festen Lager verschanzte. Schließlich mußte er die frommen Gaben des Sultans an die Bewohner Mekkas und Medinas sicher an ihre Bestimmungsorte bringen. Diese Grundaufgaben des Karawanenkommandanten waren schon in der Mamlukenzeit festgelegt worden und änderten sich während des 16. und 17. Jahrhunderts so gut wie gar nicht. Die Kontinuität läßt sich an den Ernennungsurkunden ablesen, die in den Registern der osmanischen Staatskanzlei (*Mühimme defterleri*) häufig überliefert sind. Als in den Jahren

1591–92 Aḥmed Beg, der Provinzialgouverneur von Ghazzah, zum Kommandanten der Pilgerkarawane ernannt wurde, führte man als wichtigen Grund die Tatsache an, daß der zu Ernennende sich bereits vorher in dieser Aufgabe bewährt hatte. Besonders gelobt wurden der Eifer und das Geschick, mit dem Aḥmed Beg Vorräte für die Karawane beschafft und sie zu den vorbestimmten Halteplätzen gebracht habe. Ähnliche Anforderungen wurden nach dem ägyptischen Administrator al-Djazīrī bereits in mamlukischer Zeit an einen Kommandanten der Pilgerkarawane gestellt.

Im Ernennungsdokument des Provinzialgouverneurs von Ghazzah ist nur eine der traditionellen Verantwortlichkeiten des Karawanenkommandanten nicht mitaufgeführt, nämlich die Überbringung der Zuschüsse des Sultans an die Bewohner Mekkas und Medinas. In der Praxis sahen jedoch manche Karawanenkommandanten dies als ihre Hauptaufgabe an, als eine Verantwortung, der sich alle anderen unterordnen mußten. Als der osmanische Reiseschriftsteller Ewliyā Čelebi in den Jahren 1671–72 mit der Damaszener Pilgerkarawane in den Hidschas zog, hielten unerwartete Regengüsse die Pilger, nur wenige Kilometer von ihrem Ausgangspunkt entfernt, in einer Schlammwüste fest. Eine Delegation der Reisenden suchte daraufhin den Gouverneur von Damaskus auf, der in diesem Jahr die Karawane befehligte. Sie wurden allerdings sehr übel aufgenommen, und der Gouverneur erklärte, daß er im Notfall die Pilger in der Wüste zurücklassen werde. Er habe lediglich dafür zu sorgen, daß die Zuschüsse des Sultans an die Bevölkerung Mekkas und Medinas sicher an ihren Bestimmungsort gelangten. Außerdem sei ihm die Sänfte anvertraut, die die Herrschaft des Sultans symbolisierte und die seit der Mamlukenzeit von der Kairoer wie der Damaszener Karawane mitgeführt wurde; dieses Hoheitszeichen (*maḥmal*) habe er in Sicherheit auf den ʿArafāt zu bringen. Nun war dieser Gouverneur von Damaskus allerdings kein gewöhnlicher Karawanenkommandant, sondern leitete eine Strafexpedition gegen einen rebellischen Scherifen von Mekka. Deshalb mögen politisch-militärische Überlegungen in jenem Jahr ein größeres Gewicht besessen haben, als das normalerweise der Fall war. Aber es ist doch offenkundig, daß dem einzelnen Kommandanten ein gewisser Spielraum zur Verfügung stand, innerhalb dessen er die Erfordernisse seines Amtes selbst interpretieren konnte.

In der ersten Hälfte des 16. Jahrhunderts, als die osmanische Herrschaft in Ägypten noch relativ ungefestigt war, wurde in Istanbul besonders darauf geachtet, daß der Kommandant der Kairoer Karawane kein Mamluk war. Die örtliche Verwaltung verblieb zu jener Zeit zwar weitgehend in mamlukischen Händen, wahrscheinlich, weil die osmanische Regierung vermeiden wollte, durch eine dramatische Veränderung des einmal eingeführten Systems die Einziehung der Steuern zu erschweren oder gar unmöglich zu machen. Trotzdem kam es darauf an, Mamluken und Nichtmamluken in der ägyptischen Verwaltung aufs genaueste auszubalancieren. Dies war um so wichtiger, als ein erfolgreicher Kommandant der Pilgerkarawane damit rechnen konnte, in späteren Jahren zum Gouverneur Ägyptens ernannt zu werden.

Über diese allgemeinen Erwägungen hinaus lassen sich die Faktoren, die bei der Ernennung des Karawanenkommandanten eine Rolle spielten, erst für die zweite Hälfte des 16. Jahrhunderts näher bestimmen. Kandidaten, die bereit waren, einen Teil ihres privaten Vermögens für die Zwecke der Pilgerkarawane auszugeben, wurden offensichtlich bevorzugt. So hören wir etwa in den Jahren 1560–61, daß Ḳara S̲h̲āhīn Muṣṭafā Pascha, ehemaliger Gouverneur des Jemen, bereit gewesen war, sich mit einem offiziellen Zuschuß von 14 »Börsen« zu begnügen, einer Summe, die wohl 84000 *aḳče* entsprach. Diese Summe reichte offensichtlich für die Bedürfnisse der Karawane in keiner Weise aus, und Ḳara S̲h̲āhīn Muṣṭafā Pascha, der sich im Jemen durch seine Habgier mancherlei scharfe Kritik zugezogen hatte, war offensichtlich bereit gewesen, aus eigenen Mitteln ganz erheblich zuzuschießen. Mit seiner Großzügigkeit gegenüber den Pilgern mag er versucht haben, der Kritik an seiner Amtsführung im Jemen die Spitze abzubrechen. Außerdem notierte man in Istanbul, daß sich die Familie des Paschas in Kairo befand und daß ihm die Gelegenheit, seine Angehörigen wiederzusehen, auch finanziell etwas wert gewesen sein mußte. Im Falle des Ḳara S̲h̲āhīn Muṣṭafā Pascha handelte es sich also um ganz spezifische Bedingungen, die auf seine Nachfolger in dieser Form nicht zutreffen konnten. Trotzdem gaben sich die osmanischen Amtsträger in Istanbul so, als nähmen sie an, daß auch künftige Kommandanten der Kairoer Karawane sich mit den an Muṣṭafā Pascha ausgezahlten 14 »Börsen« begnügen würden, obwohl die Vorgänger des jemenitischen Gouverneurs regelmäßig 18 »Börsen« erhalten hatten. Das Dokument, das wir besitzen, entstammt den Verhandlungen, die der Ernennung eines Nachfolgers von Muṣṭafā Pascha vorausgingen. Der Gouverneur von Ägypten argumentierte, daß ein Zuschuß von 16 »Börsen« das Minimum sei, das man nicht unterschreiten könne. Bliebe man unter diesem Betrag, so würde Özdemiroghlu Othmān Pascha, der als einer der erfolgreichsten Militärs dieser Periode in Istanbul wohlbekannt war, das Amt nicht annehmen können. Auf dieses Argument hin entschloß man sich in Istanbul zum Nachgeben; aber dem Gouverneur wurde eingeschärft, daß man über einen Zuschuß von 16 »Börsen« keineswegs hinausgehen werde.

Neben dem Bestreben, die Pilgerkarawane unter möglichst geringer Belastung des Staatssäckels nach Mekka zu schaffen, spielten aber auch andere Erwägungen eine Rolle. In der zweiten Hälfte des 16. Jahrhunderts ergaben sich oftmals Streitigkeiten zwischen den syrischen und ägyptischen Soldaten, die die beiden Karawanen eskortierten. Neben dem Schutz der Pilger fiel den Militärs auch die Aufgabe zu, ein Ehrengeleit für das Hoheitszeichen des Sultans, das sogenannte *maḥmal*, zu stellen. Bei den Streitigkeiten zwischen den Soldaten ging es meist um die Frage des Ehrenvorranges zwischen den beiden Sänften. In mamlukischer Zeit hatte dieser Vorrang dem Kairoer *maḥmal* zugestanden. Gegen Ende des 16. Jahrhunderts erließ die osmanische Verwaltung die Anordnung, daß die beiden Sänften zur gleichen Zeit die Gebets- und Predigtversammlung am ʿArafāt verlassen sollten. Man hoffte in Istanbul anscheinend, das Problem dadurch aus der Welt geschafft zu haben, eine Hoffnung, die allerdings nicht in Erfüllung ging. Während der Pilgerfahrt von 1570–71 kam es sogar zu einem Handgemenge, in dem ein syrischer Offizier dem ägyptischen Karawanenkommandanten eine Kopfwunde zufügte.

Andererseits versuchten die zuständigen Amtsträger in Istanbul, die Zahl der Zwischenfälle dadurch zu verringern, daß man Kairoer Karawanenkommandanten ernannte, die sich mit ihren Damaszener Kollegen einigermaßen gut vertrugen. In den Jahren 1580–81 hören wir, daß Ḳānṣūh Beg, langjähriger Kommandant der Damaszener Karawane, des Lobes voll war über seinen Kollegen ʿAlī Beg, den ehemaligen Gouverneur von Jerusalem, der gerade die Pilgerreise unter besonders schwierigen Bedingungen zu einem glücklichen Ende gebracht hatte. ʿAlī Beg wurde daraufhin für ein weiteres Jahr zum Kommandanten der Kairoer Karawane ernannt, und nur sein Tod kurz vor der Abreise der Pilger hinderte ihn daran, dieses Amt auch wirklich auszuüben.

Zuweilen kam es vor, daß man in Istanbul zwei Personen ernannte, die im gleichen Jahr die Karawane von Damaskus nach Mekka zu führen hatten. Einerseits mögen solche Doppelernennungen Faktionsstreitigkeiten zwischen den syrischen Emiren widerspiegeln, in denen die osmanische Zentralverwaltung sich neutral zu verhalten wünschte. Indem man erst den Vertreter der einen Faktion und dann seinen Gegenspieler ernannte, hoffte man, beide Seiten gegeneinander auszuspielen und damit die politische Kontrolle fest in der Hand zu behalten. In ungünstigen Fällen konnte allerdings eine solche Politik sich zum Nachteil der Pilger auswirken, wenn diese nämlich von den Parteigängern des enttäuschten Kandidaten unter den Beduinen in der Wüste überfallen wurden. Aber es kam auch vor, daß man in Istanbul zu einer Doppelernennung schritt, wenn man sich über die Machtverteilung in der syrischen Wüste unzureichend informiert fühlte. In solchen Fällen wurde die Entscheidung dem Gouverneur von Damaskus überlassen, der trotz der meist kurzen Amtszeit osmanischer Provinzgouverneure bessere Möglichkeiten zur Information vor Ort hatte. So besitzen wir einen Sultansbefehl aus den Jahren 1570–71, in dem der Pascha von Damaskus sich zwischen dem Gouverneur von Ghazzah, Riḍwān Beg, und dem in seinem eigenen Amtsbezirk tätigen Schatzmeister ʿAlī Beg entscheiden sollte.

Ein etwas komplizierterer Fall ist aus den Jahren 1585–86 überliefert. Wieder hatte die osmanische Zentralgewalt einen Gouverneur von Ghazzah zum Kommandanten der syrischen Pilgerkarawane ernannt. Obwohl diese Provinz etwas abgelegen war, galt gegen Ende des 16. Jahrhunderts das Amt ihres Gouverneurs doch als die Vorstufe zu weit wichtigeren Posten, wie etwa dem des Gouverneurs von Jemen. Aber der ins Auge gefaßte Kandidat hatte sich zurückgezogen, als er erfuhr, mit wem er um das Amt konkurrieren sollte. Handelte es sich doch um den schon recht alten, aber dafür sehr einflußreichen Ḳānṣūh Beg, in den meisten Jahren seines langen

Lebens Gouverneur der Festung ʿAdjlun am Rande der syrischen Wüste. Allerdings befand sich Ḳānṣūh Beg zur Zeit seiner Ernennung in Istanbul, wo er über sein Tun und Lassen hatte Rechenschaft ablegen müssen. Es war also unmöglich, daß er das Amt, das er als symbolische Gunstbezeugung des Sultans erhalten hatte, auch wirklich antrat. Damit hatte die Damaszener Karawane nun nicht etwa zwei Kommandanten, sondern gar keinen, und dementsprechend waren die Reisevorbereitungen arg ins Hintertreffen geraten. Der uns erhaltene Sultansbefehl aus den Jahren 1585–86 sollte nun die Situation klären. Dem Gouverneur von Ghazzah wurde bedeutet, daß die Ernennung seines Konkurrenten eine bloße Formalität war und daß er selbst dafür sorgen sollte, daß die Vorbereitungen für die Pilgerfahrt rechtzeitig zu Ende geführt würden. Der Pascha von Damaskus wurde in diesem Falle nicht eingeschaltet; die Klärung der Situation ging direkt von der osmanischen Zentralverwaltung aus.

Zur Biographie eines syrischen Karawanenkommandanten

Um besser zu verstehen, warum der Gouverneur von Ghazza glaubte, daß er gegen Ḳānṣūh Beg von ʿAdjlun keine realistische Chance besaß, Kommandant der syrischen Pilgerkarawane zu werden, müssen wir nun die Biographie des Ḳānṣūh Beg etwas näher in Augenschein nehmen. Ḳānṣūh Beg entstammte einer alten Familie, die wohl eher dem dörflichen Milieu als dem der Beduinen entstammte, obwohl Ḳānṣūh Beg zeit seines Lebens enge Verbindungen zu den Bewohnern der Wüste unterhielt. Im Syrien des 16. und 17. Jahrhunderts kam es vergleichsweise häufig vor, daß örtlich einflußreiche Familien sich auf dem Land feste Häuser bauten, und diese, wenn die Umstände günstig waren, über einige Generationen als Familiensitze weitervererbten. Solch ein Familienbesitz war im Falle der Nachkommen des Ibn Sāʿid al-Ghazzāwī, deren bekanntester Vertreter eben Ḳānṣūh Beg selber war, die Festung ʿAdjlun. Diese war schon während der letzten dreißig Jahre der Mamlukenherrschaft im Besitz der Familie gewesen. Die Festung ʿAdjlun selbst hatte bereits in den Kreuzzügen eine Rolle gespielt. Von den Mongolen weitgehend zerstört, von den Mamluken wiederaufgebaut, existiert sie bis auf den heutigen Tag. Ḳānṣūh Begs Ahnherr Ibn Sāʿid hatte in den Jahren, in denen er mit dem mamlukischen Gouverneur Syriens in Unfrieden lebte, ihre strategisch günstige Lage sogar dazu ausnützen können, den Pilgerkarawanen den Durchzug zu verweigern. Aber Ibn Sāʿid hatte Schwierigkeiten, sich den veränderten Bedingungen nach der osmanischen Eroberung Syriens im Jahre 1516 anzupassen. Einer seiner Söhne sowie einer seiner Enkel wurde von den Osmanen hingerichtet, und die örtlichen Chronisten hielten die späteren Lebensumstände des Ibn Sāʿid für nicht berichtenswert. Aber die Familie scheint sich gehalten zu haben, und da wir sie in der zweiten Jahrhunderthälfte in und um die Festung ʿAdjlun wiederfinden, muß man annehmen, daß die unmittelbaren Nachkommen Ibn Sāʿids ʿAdjlun entweder niemals verloren oder doch bald zurückerhalten haben.

Ob Ḳānṣūh Beg ein Sohn, Enkel oder anderer Verwandter des Ibn Sāʿid war, ist unbestimmt. In einem Dokument aus dem Jahre 1581 wird er als Achtzigjähriger bezeichnet. Da islamische Mondjahre um einige Tage kürzer sind als das Sonnenjahr, müßte Ḳānṣūh Beg, wenn diese Angabe zutrifft, etwa um 1504–05 geboren sein, so daß er sehr wohl ein Sohn des Ibn Sāʿid sein könnte. Aber seine politische Aktivität scheint erst um das Jahr 1551 begonnen zu haben, so daß er entweder in der ersten Hälfte seines Lebens mit rein lokalen Angelegenheiten befaßt war oder doch später geboren ist, als das erwähnte Dokument vermuten läßt.

In mehreren Fällen läßt sich beobachten, daß Ḳānṣūh Beg für seine Ernennung zum Gouverneur recht beachtliche Summen an die osmanische Zentralverwaltung abführen mußte, obwohl er niemals in landwirtschaftlich besonders produktiven Gegenden amtiert hat. Zu einer Zeit, als Ḳānṣūh in Ungnade gefallen war und wieder in sein Amt eingesetzt werden wollte, erbot er sich, 100000 Goldstücke für seine Wiedereinsetzung zu zahlen. Hier handelte es sich gewiß um einen Ausnahmefall. Aber als er unter viel »normaleren« Umständen zum Gouverneur von ʿAdjlun und Karak-Shawbak sowie zum Kommandanten der Pilgerkarawane ernannt wurde, zahlte er 5000 Goldstücke direkt an die osmanische Zentrale und versprach überdies, sich mit 9000 Goldstücken an den Ausgaben der Karawane zu beteiligen. Dieser Ämterkauf, für den im frühneuzeitlichen Europa gewisse Parallelen existieren, ergab sich aus der Tatsache, daß die Zentralregierung sich in permanenter Geldnot befand und eine regelmäßig bezahlte und nach Leistungskriterien ausgewählte Bürokratie viel zu teuer geworden wäre. Die Politik des Ämterverkaufs belastete allerdings den Steuerzahler schwer, denn die Gouverneure und Steuerpächter wechselten häufig und konnten deshalb kein Interesse an der langfristigen Zahlungsfähigkeit der Bewohner entwikkeln. In den wüstennahen Provinzen Syriens wirkte sich diese Tendenz allerdings weniger nachteilig aus als in den fruchtbareren Gebieten, weil hier die Gouverneure einer kleinen Zahl von örtlich einflußreichen Familien entnommen wurden. Verwaltung direkt vom Zentrum aus hätte zumindest im 16. Jahrhundert, als die osmanische Herrschaft sich noch im Prozeß der Konsolidierung befand, einen großen militärischen Aufwand erfordert und wurde deshalb möglichst vermieden.

Ḳānṣūh Begs Macht in Syrien beruhte also zum einen auf seiner von den Osmanen verliehenen Position als Gouverneur, Steuerpächter und Kommandant der Pilgerkarawane, zum anderen aber auf seinen Beziehungen zu den Beduinen. Ḳānṣūh Beg gehörte zu der großen Faktion der Ḳizillu (»Roten«), die der Faktion der Aḳili oder Aḳlu (»Weißen«) gegenüberstand. Manche modernen Historiker vermuten, daß sich unter diesen türkischen Namen die zwei größten Faktionen der islamischen Frühgeschichte, nämlich Ḳays und Yaman, verbergen. Dieser Konflikt bedeutete, daß zur Zeit, da Ḳānṣūh die Pilgerkarawane kommandierte, die Pilger sich an jenen Halteplätzen besonders vorsehen mußten, die sich unter der Kontrolle der »Weißen« befanden. Tatsächlich versuchte einer von Ḳānṣūhs Gegenspielern, die Ernennung des letzteren zum Kommandanten dadurch zu verhindern, daß er erklärte, 35 Rastplätze unterständen der Kontrolle von Ḳānṣūh Begs Gegenspielern, und nur drei der seiner eigenen Faktion. Natürlich gehörte der Kläger, ein gewisser Salāma, selbst zu der »Weißen«-Faktion. Aber die osmanische Verwaltung war vorsichtig und zog es vor, eine (möglicherweise) neutrale Figur zum Kommandanten zu ernennen. Ḳānṣūh Beg erhielt im selben Jahr eine Stelle als Gouverneur der Provinz Karak-S̲h̲awbak, die direkt an der Pilgerstraße gelegen war. Ihm wurde aufgetragen, die Pilger zu schützen, und um die Karawane noch zusätzlich abzusichern, erhielt der Gouverneur von Damaskus den Auftrag, Ḳānṣūh und Salāma miteinander auszusöhnen.

Unter der vergleichsweise großen Zahl von Texten, die sich mit Ḳānṣūh Begs Amtsführung befassen, ist ein Dokument aus den Jahren 1570–71 besonders bemerkenswert. Dieser Text enthält, wenn auch in verkürzter Form, eine Selbstdarstellung, die der Kommandant und Gouverneur an die osmanische Zentralregierung geschickt haben muß. Ḳānṣūh Beg erklärte, daß er schon seit langer Zeit mit den Nuʿaymoghulları (Söhnen des Nuʿaym, Scheiche der Mafāridja-Beduinen) verfeindet war. Für diese Feindschaft mag es mancherlei Gründe gegeben haben. Aber Ḳānṣūh Beg betont als eine Hauptursache, daß er in den 35 Jahren seines Dienstes an den Pilgern immer versucht habe, die Mietgebühren herabzudrücken, die die Pilger für ihre Reittiere an die Beduinen zahlen mußten. In diesem Zusammenhang darf angenommen werden, daß die Nuʿaymoghulları zu den Leuten gehörten, die Kamele vermieteten und sich deshalb durch die Politik Ḳānṣūh Begs in ihren Interessen verletzt fühlten. Hatte doch Ḳānṣūh Beg die Mietpreise angeblich bis auf die Hälfte herabgesenkt, indem er das Angebot an Kamelen vergrößerte; zu diesem Zweck hatte er Beduinengruppen, die in der Vergangenheit keine Tiere angeboten hatten, dazu eingeladen, ihre Kamele den Pilgern gegen Entgelt zur Verfügung zu stellen. Als sich aber die Nachricht verbreitete, daß Ḳānṣūh im folgenden Jahr die Pilgerkarawane nicht kommandieren würde, zogen sich die neuen Anbieter von Kamelen eiligst zurück. Wahrscheinlich handelte es sich bei diesen um kleinere und schwächere Gruppen, die allen Grund dazu besaßen, die Feindschaft ihrer mächtigeren Konkurrenten zu fürchten. Daraufhin schnellten die Kamelmieten wieder in die Höhe, und Ḳānṣūh überließ es den osmanischen Behörden, aus dieser Sachlage die nötigen Schlußfolgerungen zu ziehen.

Ḳānṣūhs Karriere endete mit seinem Tod in Istanbul im Jahre 1591, wo er sich gegen den Verlust seiner Ämter hatte zur Wehr setzen wollen. Wahrscheinlich war eine größere Rebellion der Beduinen der unmittelbare Anlaß für seine Absetzung gewesen. Ein Gouverneur von Damaskus hatte zwei Gruppen von Beduinen angegriffen, als sie sich im Hawran in Sicherheit glaubten, und es wurde behauptet, daß Ḳānṣūh diese Attacke angestiftet habe. In der Folgezeit kam es zu bürgerkriegsähnlichen Zuständen, und 70 bis 80 Dörfer in der Umgebung von Ḳānṣūh Begs Stammfestung ʿAdjlun wurden niedergebrannt. Für Ḳānṣūh Beg bedeutete dies das Ende seiner Machtstellung. Trotz aller Versuche konnte er diese Festung nie wieder in die Hand bekommen, obwohl seine Nachfahren sie wenigstens zeitweilig zurückerwarben. Aber Rivalitäten unter den Söhnen, Neffen und Enkeln Ḳānṣūh Begs erlaubten es dem Drusenfürsten Fakhr al-Dīn II., seinen Einfluß in dem von Ḳānṣūhs Familie kontrollierten Gebiet auszudehnen. Nach etwa 1624 konnte selbst von einem lokalen Einfluß der Familie des Ibn Sāʿid keine Rede mehr sein.

Verhandlungen und Konflikte mit den Beduinen

Die Verhandlungen, die zur Sicherung der Pilger auf der Reise durch die Wüste notwendig waren, begannen in Damaskus, kurz nach dem Zeitpunkt, zu dem die Karawane des Vorjahres die Stadt erreicht hatte. Der Karawanenkommandant mußte deswegen zu einem möglichst frühen Zeitpunkt bestimmt werden, denn wie aus dem Fall des Ḳānṣūh Beg offensichtlich wird, waren viele Vereinbarungen mit den Beduinen an die Person des Kommandanten gebunden und galten nicht mehr, wenn dieser durch einen anderen ersetzt wurde. Der designierte Karawanenkommandant konferierte daneben wohl auch mit angesehenen Stadtbewohnern, unter denen die Kaufleute, die jede Pilgerkarawane begleiteten, sicherlich eine besondere Rolle gespielt haben.

Weitere Verhandlungen waren nötig, nachdem die Karawane sich auf den Weg gemacht hatte. Um einen Einfluß auf die Beduinen auszuüben, konnte der Kommandant die Höhe der *ṣürre* manipulieren, die den einzelnen Beduinengruppen ausgezahlt wurde. Im Extremfall, wenn er mit der Leistung bestimmter Nomaden besonders unzufrieden war, konnte er die Zahlung ganz und gar verweigern, mußte sich dann aber auf einen Zusammenstoß gefaßt machen. Auch an den Zahlungen für Dienste an der Karawane ließen sich bisweilen noch Änderungen in letzter Minute durchführen. Zuweilen nahm der Kommandant auch von gewissen Beduinenfamilien Geiseln, und er konnte im Falle eines schweren Konfliktes einzelne Personen umbringen bzw. hinrichten lassen. Weitete sich der Konflikt aus, so kam es entlang der Pilgerstraße zu bewaffneten Zusammenstößen. Solange die Zahl der Toten und Verwundeten begrenzt blieb, galten solche Ereignisse als nicht weiter bemerkenswert. Nur wenn die Verhandlungen gänzlich zusammenbrachen, begegnen wir großangelegten Angriffen auf die Karawane, die auch von den zeitgenössischen Schriftstellern für erwähnenswert gehalten wurden. Ewliyā Čelebi berichtet über solch einen Angriff im Jahre 1672. Noch schwerwiegender, aber außerhalb der hier behandelten Zeitspanne gelegen, war der Angriff auf die Damaszener Karawane bei ihrer Rückkehr von Mekka im Jahre 1757, bei dem ein großer Teil der Pilger getötet wurde. Andererseits kam es in manchen Fällen zu blutigen Repressalien der osmanischen Zentralgewalt gegenüber als rebellisch geltenden Beduinen. Wenn diese eine Bedrohung für die Hadsch-Karawane darstellten, konnten selbst brutale Angriffe mit einer religiösen Rechtfertigung versehen werden.

Einige Fälle von Verhandlungen zwischen der Zentralgewalt und denjenigen Beduinen, die nahe der Pilgerroute lebten, sind in den osmanischen Registern wichtiger Angelegenheiten belegt und sollen hier als Beispiele für relativ normal verlaufende Unterhandlungen angeführt werden. Ein Fall betrifft Nuʿaymog̲h̲lu, der uns als Gegenspieler Ḳānṣūhs bereits begegnet ist. Dieser hatte angeboten, die Damaszener Pilgerkarawane ein Stück Weges zu geleiten und damit für ihre Sicherheit aufzukommen. Aber seine Bundesgenossen unter den Beduinen zogen sich aus nicht näher dargelegten Gründen von dem Abkommen zurück, und daraufhin wollte Nuaʿymog̲h̲lu das Risiko nicht mehr auf sich nehmen. Aber auch das Umgekehrte kam vor: Beduinenführer, die sich für die Sicherheit der Karawane verbürgt hatten, traten manchmal von dem Abkommen zurück, wenn sie ihre *sürre* nicht rechtzeitig erhielten. Solche Ereignisse konnten für den verantwortlichen Karawanenkommandanten eine scharfe Rüge nach sich ziehen.

Neben den Subsidien in Geld und Naturalien wurde auch versucht, mächtige Beduinenführer durch die Verleihung von Auszeichnungen und Ehrentiteln an die osmanische Zentralgewalt zu binden. Im osmanischen Bereich, wie auch im vorosmanischen Nahen Osten, war die Verleihung eines Ehrengewandes die beliebteste Form der

Auszeichnung. Ehrengewänder wurden nicht nur an Beduinenführer verliehen, sondern auch an Provinzialverwalter und besonders an die Scherifen von Mekka, so daß die Annahme dieser Ehrungen die einflußreichsten Beduinen in das hierarchische System des osmanischen Herrschaftsapparates miteinbezog. Die Weiterverwendung schon unter den Mamlukensultanen gebräuchlicher Ehrentitel wie etwa des Amīr al-ʿArab (Emir der Beduinen) muß sicherlich im gleichen Zusammenhang gesehen werden. So heißt es in einem Text aus den Jahren 1576–77, daß eine Versammlung von Damaszener Notabeln bezeugt hätte, der zu Ehrende habe die Pilgerkarawane in zufriedenstellender Weise mit Kamelen versorgt; er sei deswegen des Titels eines Amīr al-ʿArab für würdig zu erachten.

Neben diesen Beispielen friedlicher Verhandlungen sagen aber auch konfliktgeladene Situationen mancherlei aus über die Beziehungen der Beduinen zur osmanischen Zentralmacht. Der Gelehrte ʿAbd al-Raḥmān Ḥibrī, der in Edirne lebte und dessen Geschichte seiner Vaterstadt noch heute den Historikern als Quelle dient, unternahm im Jahre 1632 eine Pilgerfahrt; damit hatte er sich einen Zeitpunkt ausgesucht, als die Zustände auf der arabischen Halbinsel alles andere als stabil waren. Während dieser Zeit hatte sich nämlich im Jemen nach mehreren Jahrzehnten osmanischer Herrschaft wieder eine lokale Dynastie etabliert. Die Versuche der osmanischen Zentralgewalt, die ehemalige Provinz zurückzuerobern, blieben erfolglos. Osmanische Soldaten, die den Jemen hatten verlassen müssen, setzten sich in Mekka fest und stifteten dort so viel Unruhe, daß die osmanische Zentralgewalt Riḍwān Beg, den mächtigen Mamluken, langjährigen Kommandanten der ägyptischen Pilgerkarawane und großzügigen Erbauer eines ganzen Kairoer Stadtteils, beauftragte, diese Soldaten aus der heiligen Stadt zu vertreiben. Infolge der Kampagne Riḍwān Begs waren die Pilgerstraßen unsicher; Ḥibrī führt diesen Zustand zwar darauf zurück, daß Ibn Farrukh, langjähriger Kommandant der syrischen Pilgerkarawane, sich im Jahre 1632 gerade nicht im Amt befand. Hatte doch die Furcht vor diesem Kommandanten nach Ḥibrīs Meinung die Beduinen bislang zurückgehalten. Aber aus der Rückschau sieht es doch so aus, als hätten die Ausschreitungen der aus dem Jemen zurückkehrenden Soldaten und der mit diesen Ereignissen verbundene Autoritätsverlust der osmanischen Staatsgewalt die Hauptrolle gespielt. Fast an jedem größeren Halteplatz kam es zu Scharmützeln. Aber nahe der kleinen Stadt Al-ʿUlā, wo die syrische in die arabische Wüste übergeht, entging die Karawane mit knapper Not einer Katastrophe. Die Beduinen griffen mit Gewehren an, und nur die von der Karawane mitgeführten Kanonen konnten sie in Schach halten. Vier Pilger wurden in dieser Nacht getötet, und Ḥibrī rechnete später aus, daß der Karawane auf einer Wegstrecke, die kürzer war als die halbe Reiseroute von Damaskus nach Mekka, insgesamt 125 beladene Kamele abhanden gekommen seien. Aber die Karawane gelangte trotz allem bis nach Mekka und kehrte auch in guter Ordnung wieder nach Damaskus zurück. Sicherlich wurde die osmanische Position in jenem Krisenjahr, da Sultan Murād IV. persönlich die Regierung übernahm und sich am Hofe schwere Faktionskonflikte abspielten, durch diesen Erfolg nicht unerheblich gestärkt.

Das zweite Beispiel eines offenen Konfliktes zwischen Pilgern und Beduinen fällt bereits in die Zeit des osmanisch-habsburgischen Krieges von 1683–99, als die osmanische Zentralgewalt sich ganz auf den Krieg auf der Balkanhalbinsel konzentrierte und Pilger, Scherifen und Beduinen mehr oder weniger sich selbst überlassen waren. Unser Gewährsmann ist in diesem Falle der palästinensische Gelehrte ʿAbd al-G̲h̲ānī al-Nabulsī, dessen Pilgerreise in die Jahre 1693–95 fällt. Al-Nabulsī wollte vor der Pilgerfahrt nach Mekka das Grab des Propheten in Medina besuchen; aber zunächst erklärte ihm der Scherif von Mekka, Saʿd b Zayd, daß die Ḥarb-Beduinen die Straße von Yanbuʿ nach Medina gesperrt hätten und daß an ein Durchkommen nicht zu denken sei. Der palästinensische Beobachter hatte also Muße, sich die Kriegführung des Scherifen, dessen Truppen ebenfalls aus Beduinen bestanden, aus der Nähe zu betrachten. Ein Dorf wurde leer aufgefunden, weil die Bewohner auf Seiten der Ḥarb zu Felde gezogen waren. Scherif Saʿd ließ nicht nur die Häuser niederbrennen, sondern auch die Spitzen der Dattelpalmen abhakken, eine Maßnahme, die normalerweise im Wüstenkrieg vermieden wurde. Aber Scherif Saʿd, der in früheren Auseinandersetzungen mit der osmanischen Zentralgewalt selbst versucht hatte, Mekka und den Pilgern das Wasser abzuschneiden (1672), war sich der Berechtigung seiner Maßnahmen völlig sicher; war doch seinerzeit der Prophet in gleicher Weise gegen die Ungläubigen vorgegangen. Die Anschauung, daß die Beduinen, wenn sie der Pilgerkarawane den Weg verstellten, nicht anders zu behandeln wären als Ungläubige, klingt auch in anderen osmanischen Quellen des 17. Jahrhunderts gelegentlich an. So benützt der Reisende Ewliyā Čelebi zuweilen Epitheta, die in die gleiche Richtung weisen. Übrigens hatte die Gewaltmaßnahme des Scherifen Saʿd durchaus ihre Wirkung; kurze Zeit später konnte die Pilgerkarawane ihren Weg nach Medina fortsetzen.

Ein weiteres Zeugnis über die repressiven Maßnahmen, mit denen osmanische Provinzverwalter versuchten, die Wege für die Pilgerkarawane offenzuhalten, findet sich an einigermaßen überraschender Stelle. Der Architekt der Blauen Moschee, Miʿmār Meḥmed Agha, ist einer der wenigen osmanischen Künstler, zu denen eine ausführliche zeitgenössische Biographie vorliegt. Der Verfasser dieser Lebensgeschichte ist Djaʿfer Efendi, der Sohn eines gewissen Scheich Behrām; er beschreibt seinen Helden in einer Art und Weise, die an populäre Heiligenlegenden erinnert. Wie viele osmanische Architekten durchlief Miʿmār Meḥmed Agha nach seiner künstlerischen und handwerklichen Ausbildung eine Karriere als Militär und Verwalter. Viele Ämter, die er ausübte, hatten mit seiner Vorbildung nicht das geringste zu tun; aber seine Laufbahn führte Meḥmed Agha in die Grenzprovinzen des osmanischen Reiches auf dem Balkan, auf die Krim und nach Syrien. Zunächst agierte Meḥmed Agha als Stellvertreter des Gouverneurs von Damaskus, Khusrew Pascha. Später wurde er zum Administrator des Hawran ernannt, eine Stellung, die sicherlich für Meḥmed Agha oftmals recht schwierig gewesen ist. Denn wie schon aus der Biographie Ḳānṣūh Begs ersichtlich, waren Aufstände im Hawran nicht selten und hatten sofort negative Rückwirkungen auf die Sicherheit der Damaszener Pilgerkarawane. Andererseits fehlten Meḥmed Agha, der vom Balkan stammte und durch die Knabenlese in den osmanischen Staatsdienst gelangt war, jene lokalen Beziehungen, die bei den Erfolgen und gelegentlich wohl auch bei den Mißerfolgen Ḳānṣūhs und seiner Kollegen eine so bedeutsame Rolle spielten.

Zu der Zeit, da Meḥmed Agha in den Diensten des Damaszener Gouverneurs stand, wurde die Pilgerkarawane von Beduinen überfallen, und Khusrew Pascha unternahm eine Strafexpedition. Aber nach einer Kampagne, die etwa einen Monat lang dauerte, war er gezwungen, unverrichteter Dinge wieder abzuziehen. Meḥmed Agha blieb mit einer kleinen Streitmacht zurück und wandte sich um Hilfe an den Scheich Seyyid Ibrāhīm, dessen Mausoleum er einen frommen Besuch abstattete. Dort erschien ihm der Scheich im Traum, verkündete, er werde die Räuber in ihrem Lager schlafend vorfinden, und befahl ihm, sie alle umzubringen. Tatsächlich fanden die Soldaten Meḥmed Aghas die Beduinen in ihrem Lager schlafend vor; aber die osmanischen Soldaten fürchteten sich vor der Übermacht ihrer Gegner und wagten deshalb nicht anzugreifen. Meḥmed Agha mußte von seinem Traum erzählen und seinen Leuten die Unterstützung des Seyyid Ibrāhīm versprechen, ehe sie bereit waren, ihm zu folgen; sicherlich mindestens so wirksam wie die Zusicherung übernatürlicher Hilfe war wohl die Drohung, er werde jeden Soldaten umbringen, dem es etwa einfiele, die Flucht zu ergreifen. Die Beduinen wurden zum großen Teil erschlagen, nur der Anführer, ein Scheich Djumʿa Kāsib, wurde samt seinen unmittelbaren Gefolgsleuten gefangengenommen. Aber als diese ein hohes Lösegeld für ihre Freilassung anboten, überlegte sich Meḥmed Agha, daß sie, wenn man sie am Leben ließe, ihre früheren Angriffe auf die Pilger bald wieder aufnehmen würden. Er ließ deshalb auch diese reichen und mächtigen Stammesführer umbringen, und seine Aktion wurde in Damaskus zunächst als ein großer Sieg gefeiert – im Nachhinein scheint Khusrew Pascha allerdings einigen Zweifel an dem Vorgehen seines Stellvertreters gespürt zu haben.

Das Bemerkenswerte an diesem Text ist nun die religiöse Atmosphäre, in die Djaʿfer Efendi diese Episode aus dem Wüstenkrieg getaucht hat. Sicherlich hat der Autor versucht, Meḥmed Agha insgesamt als einen Glaubenshelden und von Gott unmittelbar Inspirierten darzustellen, so daß die eben erzählte Geschichte nur ein Beispiel unter vielen darstellt. Es ist auffällig, daß Meḥmed Aghas Vorgehen gegen die immerhin muslimischen Beduinen wie ein wirklicher Glaubenskrieg dargestellt wird, in dem die osmanischen Soldaten nicht nur von einem Heiligen, sondern direkt von Gott selbst unterstützt werden. Dies ist bemerkenswert, weil ein mittelalterlicher Pilger wie Ibn Djubayr sich durchaus positiv über die Religiosität der

Beduinen geäußert hatte, die seiner Meinung nach zwar unwissend, aber aufrichtig fromm waren. Während des 17. Jahrhunderts aber hatte sich in Syrien und vereinzelt auch in Mekka – Scherif Saʿd hatte immerhin als Gouverneur der thrakischen Provinzen Kırkkilise und Vize amtiert – eine Oberschicht herausgebildet, deren Muttersprache zwar bisweilen das Arabische war, die aber dem Leben der Nomaden fremd gegenüberstand. Daß Beduinen, die die Pilgerkarawane angriffen, ohne weiteres den Ungläubigen gleichgestellt werden konnten, ist sicherlich als ein Ergebnis dieser Fremdheit anzusehen.

Waffen und Soldaten

Wenn die Karawane, mit der ʿAbd al-Raḥman Ḥibrī im Jahre 1632 auf Pilgerfahrt zog, mehr oder weniger wohlbehalten an ihrem Bestimmungsort eintraf, so war das hauptsächlich ihrer Ausrüstung mit Kanonen zu verdanken. Jede Kanone war von einem Kanonier begleitet und wurde von einem Pferd oder gelegentlich von einem Kamel transportiert. Der vielleicht portugiesische Anonymus, der um 1580 einen Bericht über die Pilgerkarawane schrieb, spricht von sechs Kanonen, die von zwölf Kamelen gezogen wurden.

Im späten 16. und 17. Jahrhundert waren viele Beduinen im Besitz von Handfeuerwaffen, zumeist Musketen. So kennen wir die Geschichte eines Steuerpächters in der palästinensischen Stadt Zefat (Safed), der Korn nach Europa exportierte, obwohl es zu dieser Zeit streng verboten war, Getreide an die Ungläubigen zu verkaufen. Seine illegalen Gewinne hatte er in europäischen Musketen investiert, die er dann, ebenfalls illegalerweise, an die Beduinen weiterverkaufte. Andererseits gab es in der Wüste keine Artillerie. Deshalb waren die zwölf Kanonen, die die syrische Karawane des 17. Jahrhunderts bei sich führte, durchaus ein wirksamer Schutz gegen Angriffe der Nomaden.

In den letzten Jahren der Regierung Süleymāns des Prächtigen (um etwa 1558–59) wurde die syrische Karawane von 150 Janitscharen und Garnisonssoldaten sowie 100 Kavalleristen begleitet. Die Janitscharen waren zwar normalerweise Fußsoldaten; für die lange Reise durch die Wüste mußten aber auch ihnen Reittiere gestellt werden.

Ihre Zahl konnte noch erhöht werden, wenn die Kundschafter, die dem Karawanenkommandanten über die Stimmung unter den Beduinen zu berichten hatten, zur Wachsamkeit rieten. In den Jahren 1571–72 galt eine Begleitmannschaft von 300 Soldaten selbst in »normalen« Zeiten als unerläßlich.

Schon unter den Mamlukensultanen waren die Kamele, Lebensmittel und Geräte, die von den Soldaten benötigt wurden, aus dem Staatshaushalt bezahlt worden. Zu diesem Zweck gab es sogar ein eigenes Büro, von dessen Wirken uns ʿAbd al-Ḳādir al-Djazīrī ein anschauliches Bild hinterlassen hat; er war um die Mitte des 16. Jahrhunderts in diesem Büro tätig gewesen und folgte damit den Spuren seines Vaters, der seinerzeit ein ähnliches Amt innegehabt hatte (vgl. Kap. 2). Auch nachdem Ägypten und Syrien unter osmanische Herrschaft gekommen waren, wurde diese Tradition zunächst fortgesetzt. Aber nach dem Tode Sultan Süleymāns des Prächtigen versuchte der neue Herrscher Selīm II. (reg. 1566–75) dem Staatssäckel Geld einzusparen. Deshalb erging der Befehl, in dem es hieß, die mit Militärpräbenden ausgestatteten Kavalleristen des Osmanischen Reiches wären samt und sonders dazu verpflichtet, für ihre Ausrüstung selbst aufzukommen; deswegen solle auch keine Ausnahme zugunsten der die Pilgerkarawane begleitenden Kavalleristen gemacht werden. Doch in der Praxis ließ sich dieser Befehl nicht durchführen. Der Wesir Muṣṭafā Pascha gab zu bedenken, daß derzeit die Einkünfte der syrischen Kavalleristen recht unsicher wären, so daß er nicht dazu raten könne, ihnen noch zusätzliche Ausgaben aufzubürden. Selīm II. gab nach, und die Kavalleristen erhielten pro Person 25 Goldstücke, um sich für die Reise nach Mekka auszurüsten (1567–68).

Trotz dieser Beihilfe erwies es sich als schwierig, geeignete Soldaten für den Schutz der Pilgerkarawane aufzufinden. In einem Sultansbefehl aus den Jahren 1571–72 wurden der Gouverneur und Schatzmeister von Damaskus warnend darauf hingewiesen, daß viele Kavalleristen ihre Reisegelder an Pilger abträten. Diese letzteren übernahmen damit zwar die Verpflichtung, die Karawane zu beschützen, aber oft handelte es sich um Leute, die schon alt und zum Militärdienst ganz und gar untauglich waren. Zwar wurde diese Praxis vom Rat des Sultans energisch verboten, aber es war schwierig, das Verbot im Alltagsleben durchzusetzen. In den Jahren 1587–88 hören wir wieder, daß ältere

Janitscharen, die eine Pilgerfahrt mit Geleitschutz für die Karawane zu vereinbaren suchten, den Anstrengungen des Militärdienstes in der Wüste nicht gewachsen seien. Andererseits liegt aber auch die Annahme nahe, daß die Karawanenkommandanten, die auf dem langen Zug durch nur von Beduinen bewohnte Gegenden oft mit ernsten Disziplinschwierigkeiten zu kämpfen hatten, die Teilnahme von älteren und weniger rebellischen Soldaten nicht ungern gesehen haben.

Wenn viele Kavalleristen und Janitscharen den Dienst als Begleitmannschaften möglichst zu vermeiden suchten, so lag das auch daran, daß sie in einer Periode ansteigender Preise sich von ihren Militärpräbenden bzw. ihrem Sold nicht ernähren konnten und deshalb Nebeneinkünfte suchen mußten. Diejenigen, die ein kleines Ausgangskapital besaßen, versuchten sich oft als Steuerpächter. So hören wir, daß die turkmenischen Kavalleristen aus der Provinz Aleppo, die die Hadsch-Karawane ein Stück Weges zu begleiten hatten, oftmals von den Nomaden dieser Gegend zu kassierende Steuern in Pacht nahmen. Deshalb waren sie nicht verfügbar, wenn die Pilgerkarawane ihre Dienste benötigte. Zwar drohte der Rat des Sultans, Kavalleristen, die ihren Dienst vernachlässigten, die Präbende zu entziehen; aber zu einer Erhöhung der Kavalleristenbezüge mochte man sich in Istanbul nicht entschließen.

Auch die Soldaten, die ihren Dienst unter dem Befehl des Kommandanten der Pilgerkarawane versahen, versuchten ihre Einkünfte in mehr oder weniger legaler Weise aufzubessern. Gewisse Möglichkeiten boten sich bei der Lebensmittelversorgung der Karawane. Es gehörte nämlich zu den Verpflichtungen der Beduinen, die offizielle Subsidien erhielten, an den Halteplätzen der Karawane Lebensmittel bereitzustellen. Ohne diese Lieferungen wären viele Pilger in ernsten Schwierigkeiten gewesen, konnten sie doch nur begrenzte Vorräte mitführen und mußten zusätzlich in kleinen Mengen an den Rastplätzen einkaufen. Manche Janitscharen zogen nun den Beduinen entgegen und nahmen ihnen die Lebensmittel weg oder »kauften« sie zu einem Bruchteil ihres wirklichen Wertes, um sie dann gegen guten Profit an die Pilger abzusetzen. Damit richteten sie allerdings einen doppelten Schaden an; denn nicht nur wurden die Pilger übervorteilt, es war auch vorauszusehen, daß sich die geschädigten Beduinen durch Diebstähle von der Karawane schadlos halten würden.

Neben diesen Konflikten, die sich aus den Existenzschwierigkeiten der Begleitmannschaften ergaben, war aber auch mit der schon in anderem Zusammenhang erwähnten Rivalität zwischen syrischen und ägyptischen Militärs zu rechnen. Der zeitgenössische Historiker und Schriftsteller Muṣṭafā ʿAlī hat dieses Problem in einer Anekdote sehr einprägsam dargestellt: Er erzählt von einem Kairoer Militär, der von seinen Freunden zu vollbrachter Pilgerfahrt beglückwünscht wird. Der Soldat winkt ab; er habe die Reise nach Mekka nur unternommen, um sich mit seinen syrischen Rivalen einmal kräftig zu schlagen. Ewliyā berichtet ebenfalls von einem solchen Zusammenstoß, der sich ereignete, als die syrische und ägyptische Karawane in der Nähe von Medina auf einer engen Wegstrecke aufeinandertrafen. Tatsächlich versuchte die osmanische Zentralgewalt stets, die Reiserouten so abzustimmen, daß die beiden Karawanen sich in Medina nicht begegneten. Neben der Entlastung des städtischen Marktes sollte diese Maßnahme offensichtlich die Gefahr eines Zusammenstoßes so weit wie möglich herabdrücken.

Befestigungen in der Wüste

Viele Rastplätze in der Wüste wurden von einer kleinen Garnison verteidigt. Es war die Hauptaufgabe der Garnisonssoldaten, dafür zu sorgen, daß das Wasser, das in Brunnen oder Reservoiren für die Karawane bereitgestellt war, dieser auch wirklich zur Verfügung stand. In Dürrejahren konnte das recht schwierig werden; denn Beduinen, die für sich und ihre Tiere Wasser benötigten, nahmen sich oft mit Gewalt, was ihnen die Garnison gerade verweigert hatte. Überdies war es bei Kampfhandlungen in der Wüste durchaus üblich, Brunnen zuzuschütten oder zu verunreinigen, damit der Gegner sie nicht benutzen konnte. Auch mit solchen Zwischenfällen hatte die Pilgerkarawane zu rechnen. Das wird sehr klar aus den höhnischen Worten, mit denen Ḥüseyin Pascha von Damaskus, in dessen Schutz Ewliyā Čelebi 1672 nach Mekka reiste, rebellischen Beduinen die verlangte Erhöhung der Subsidien verweigerte: »He, ihr Ungläubigen... So habt ihr die Brunnen zugeschüttet! Glaubt ihr etwa, daß ihr so leicht davonkommt? Führt diese zwölf Übeltäter ab!«

Blick auf Medina. Lithographie von Hanhart nach einer Zeichnung Richard Burtons, die wiederum auf der Vorlage eines einheimischen Künstlers basiert. Im Unterschied zu Mekka war Medina befestigt: zu beachten die Wälle und das Stadttor im Vordergrund.

Neue Befestigungen in der Wüste durften nur angelegt werden, wenn die osmanische Zentralgewalt dazu ihre Zustimmung gab. Da der Schutz der Pilger immer ein gewichtiges Argument darstellte, wird in den Anträgen von Provinzialverwaltern, die eine neue Befestigung zu errichten wünschten, gern auf dieses Motiv hingewiesen. Als der ägyptische Gouverneur den Wüstenposten Al-ʿArīsh zu befestigen wünschte, der seine Provinz von Syrien trennte, erklärte er, daß dieser Ort von Pilgern und Kaufleuten besucht würde, die häufig Überfällen der Beduinen ausgesetzt wären. Wenn man an diesem Ort eine Festung und womöglich ein Dorf anlegte, würden diese Überfälle erschwert, und der Staat könnte einen beachtlichen Teil der Ausgaben für die Begleitmannschaften (wohl der Pilgerkarawanen) vermeiden. Auch die Pilger, die Jerusalem und das Abrahamsheiligtum von Hebron besuchten, sollten durch eine Befestigung des oft unsicheren Rastplatzes von ʿUyūn al-tudjdjār geschützt werden.

Allerdings machen die Berichte Ewliyā Čelebis es sehr deutlich, daß mit der Errichtung eines Wüstenforts allein das Sicherheitsproblem noch keineswegs gelöst war. Es kam öfter vor, daß diese kleinen Garnisonen und die Festungen von Beduinen überfallen und in der Folgezeit verlassen wurden. Ewliyā weiß in diesem Zusammenhang von den Listen zu berichten, die im Kleinkrieg der Wüste wirklich oder auch nur angeblich angewandt wurden: »[Die Festung Muʿaẓẓama] war durch Sinan Pascha den Alten erbaut, eine neue und eisenfeste Burg. Aber im Jahre 1035 (1625–26) stellten die Beduinen mit teuflischer List eine Süßspeise aus Hirse her und schickten sie mit einigen noch unreifen Mädchen in die Festung. Diese riefen aus ›Hier ist Halwa, das im Namen eines Toten verteilt wird!‹ Die Garnisonssoldaten dachten, es wäre eine gute Tat, von dem Seelenhalwa zu essen; aber das Halwa machte sie betrunken und verwirrt. Darauf banden die Beduinen ihre Wurfspeere aneinander, so daß sie zur Leiter wurden, und betraten die Festung ohne jegliche Furcht und Scheu...« Auch Meḥmed Edīb, der seine Pilgerfahrt wenige Jahre nach Ewliyā Čelebi unternahm, zählt in seinem Reisebericht die Wüstenforts sorgfältig auf. Aber daneben berichtet er von einer Szene, die deutlich macht, daß auch nach offizieller Ansicht allen Sicherungsmaßnahmen zum Trotz die Wege keineswegs ungefährlich waren: Bei der Durchquerung von Engpässen wartete der Karawanenkommandant an einer höhergelegenen Stelle, bis die Karawane vorbeigezogen war, eine Geste der Fürsorge, die in einer völlig befriedeten Gegend bedeutungslos gewesen wäre. Die militärische Bedeutung der Wüstenforts sollte sicherlich nicht überschätzt werden.

Trotz allem: ein akzeptables Maß an Sicherheit

Aber bei allen Gefahren, die den Pilgern auf dem Weg nach Mekka drohten, waren größere Angriffe auf die Pilgerkarawane während des 16. und 17. Jahrhunderts nicht allzu häufig. Osmanische Historiker und Reisebeschreiber haben die Desaster von 1670–71 und 1757 breit und ausführlich beschrieben; deswegen ist anzunehmen, daß sie, wenn es weitere Katastrophen dieser Art gegeben hätte, die Ereignisse nicht mit Stillschweigen übergangen hätten. Auch anderes Indizienmaterial weist in dieselbe Richtung: So berichten zeitgenössische Historiker wie auch Archivquellen immer wieder davon, daß eine beträchtliche Zahl von Kaufleuten die Karawane begleitete und daß die Tage nach den Pilgerzeremonien zum Handel genutzt wurden. Wären die Karawanenstraßen so unsicher gewesen, wie es gewisse Historiker des 20. Jahrhunderts angenommen haben, so hätten diese Kaufleute ihre wertvollen Waren kaum mit sich durch die Wüste geführt. Zwar war der als Alternative zur Verfügung stehende Weg durch das Rote Meer navigationstechnisch gesehen schwierig, und die zur Verfügung stehenden Schiffe besaßen einen denkbar schlechten Ruf. Aber daß die Kaufleute Ägyptens und Syriens nicht in besseren Schiffen investiert haben und daß ein großer Teil der Handelsgüter nach wie vor über die Karawanenstraßen befördert wurde, läßt darauf schließen, daß die Unsicherheit auf den Wüstenverbindungen ein akzeptables Maß nicht überstieg.

Vom Gesichtspunkt der osmanischen Zentralregierung her gesehen, war die Sicherung des Weges nach Mekka durch Verhandlungen und nötigenfalls durch militärische Repression ein wichtiges Mittel, um die Legitimität des Herrschers zu demonstrieren. Jeder Angriff auf die Pilgerkarawane stellte nämlich, wenn er ungerächt blieb, die Glaubwürdigkeit des Sultans als Beschützer der Pilger in Frage. Diese Situation erklärt auch, warum Schriftsteller wie Ewliyā Čelebi oder Dja'fer Efendi in seiner Biographie des Architekten der Blauen Moschee keinerlei Versuche machten, das Problem zumindest einen Augenblick lang aus der Sicht der Beduinen darzustellen. Zu dem Bild des Osmanenstaates, das sich die Literaten und Amtsträger geschaffen hatten, gehörte die Kontrolle des Sultans über die Wüstenverbindungen nach Mekka und Medina als unabdingbares Element dazu. Wenn die Beduinen diese Kontrolle in Frage stellten, hatten sie nach den Vorstellungen der osmanischen Oberschicht selbst ihren Anspruch auf den Status eines Muslims verloren.

4. KAPITEL

Die Finanzen der heiligen Städte

Der rasche Zusammenbruch der mamlukischen Herrschaft in Ägypten stellte sozial höhergestellte Pilger und Bewohner der heiligen Städte vor die Frage, wie sie auf die neu etablierte Vorherrschaft des Osmanensultans zu reagieren hatten. Schließlich war seit der Ayyubiden- und besonders der Mamlukenperiode (1175–1250 bzw. 1250 bis 1517) der Hidschas politisch an Ägypten gebunden gewesen, besonders seitdem das Kalifat von Bagdad durch die damals noch nicht islamisierten Mongolen eliminiert worden war (1258). Die osmanischen Sultane waren zwar für diejenigen Bewohner Syriens, Ägyptens oder des Hidschas, die über die damalige internationale Politik informiert waren, durchaus keine Unbekannten mehr. Hatte es doch in der zweiten Hälfte des 15. Jahrhunderts mehrere Kriege zwischen den Mamlukensultanen und Meḥmed dem Eroberer (reg. 1451–81) sowie Bāyezīd II. (reg. 1481–1512) gegeben. Aber diese Kriege hatten nicht mit größeren osmanischen Eroberungen geendet, so daß der rasche und totale Sieg 1515–17 eine plötzliche Umstellung der ägyptischen, syrischen und auch mekkanischen Oberschicht notwendig gemacht haben muß. Diese Neuorientierung wurde sicherlich dadurch erschwert, daß die osmanischen Sultane in den Augen der über Politik und Geschichte reflektierenden Autoren des 16. Jahrhunderts nicht ganz leicht zu legitimieren waren. Haben doch die Osmanensultane – im Unterschied zum Safawidenschah des Iran – niemals behauptet, in irgendeiner Weise vom Propheten Muhammad abzustammen. Es fehlte ihnen also ein wichtiges Element der religiösen Legitimierung. Zudem regierten sie bis zu den Eroberungen Selīms I. nicht die Kernlande der islamischen Welt, sondern ein wenn auch sehr ausgedehntes Gebiet, das sie zum guten Teil selbst erst von den Ungläubigen erobert hatten, nämlich den Balkan bis nach Belgrad sowie West- und Zentralanatolien.

Unter diesen Umständen hat man es in Istanbul als zweckmäßig betrachtet, an den grundsätzlichen Regelungen für die Versorgung der heiligen Städte möglichst wenig zu ändern, andererseits aber durch großzügige Spenden die Unterstützung der örtlichen Oberschichten zu gewinnen. In den ersten Jahren und manchmal auch Jahrzehnten nach der osmanischen Eroberung hat die Zentralregierung auch in anderen Gegenden versucht, zunächst innerhalb der überkommenen Strukturen zu arbeiten und Veränderungen nur nach einer längeren Übergangsphase einzuführen. Doch im Hidschas waren die Gründe, die eine solche Entscheidung nahelegten, viel schwerwiegender als anderswo. Denn die osmanischen Sultane suchten nach Legitimierung weniger durch die Vergangenheit, sondern durch konkrete Leistungen in der Gegenwart, und eine großzügige Versorgung der Pilger und der heiligen Städte stellte ein wichtiges Legitimationsmittel dar.

Bedürfnisse und Unterstützungsempfänger

Da Mekka kaum landwirtschaftliches Hinterland besitzt, wäre es schon unter den Abbasidenkalifen (750–1258) unmöglich gewesen, eine größere Zahl von Pilgern zu verpflegen, wenn die Bewohner der Stadt nicht von auswärtigen Herrschern unterstützt worden wären. In und um Medina war zwar mehr Wasser vorhanden und die landwirtschaftliche Produktion dementsprechend größer. Aber andererseits war auch in Medina die Nachfrage keineswegs unbedeutend. Schon von der Omaijadenzeit (661–750) an war diese Stadt nämlich ein Zentrum gewesen, in dem die mündlichen Überlieferungen über das Leben des Propheten zusammengestellt, kritisch gesichtet und schriftlich fixiert wurden. Diese Tätigkeit hatte das Ziel, ein Bild der idealen islamischen Gemeinschaft zu zeichnen und dieses Bild den Gläubigen als Muster vorzuhalten. Die Beschäftigung mit dem Leben des Propheten Muhammad verschaffte der gesamten Stadt ein besonderes Prestige, so daß es schon während der Abbasidenzeit als religiös verdienstvoll galt, sich hier auf Dauer niederzulassen. Überdies breitete sich unter den wohlhabenderen Bewohnern der islamischen Welt, die einen solchen Rückzug nicht mitmachen konnten oder wollten, die Neigung aus, durch milde Gaben den Bewohnern Medinas ein Leben in frommer Zurückgezogenheit zu ermöglichen. Zuwendungen »an die Armen Medinas« waren spätestens im 15. Jahrhundert in vielen Teilen der islamischen Welt gebräuchlich.

Daß die Scherifen von Mekka, die als mehr oder weniger abhängige Fürsten den Hidschas regierten, von Abbasidenkalifen wie später von Mamluken- und Osmanensultanen unterstützt wurden, hatte allerdings weniger religiöse als politische Gründe. Während die materiellen Möglichkeiten der Scherifen zu begrenzt waren, um ihnen eine Existenz als unabhängige Fürsten zu ermöglichen, konnte ein Herrscher, dessen Machtzentrum in Bagdad, Kairo, oder gar Istanbul gelegen war, den Hidschas ohne den guten Willen der Scherifenfamilie nicht kontrollieren. Denn ein Scherif, der sich mit einem auswärtigen Herrscher überworfen hatte, brauchte nur zu seinen Beduinenverbündeten in die Wüste zu fliehen und konnte von dieser fast uneinnehmbaren Position aus den Pilgern das Leben sehr schwer machen. Deshalb war es schon in der Ayyubidenzeit und erst recht in späteren Perioden üblich, die Scherifen sowie die übrigen Notabeln Mekkas durch Geschenke an die ägyptischen Sultane zu binden. Aus der Beschreibung Ibn D̲jubayrs (vgl. Kap. 1) geht hervor, daß diese Geschenke im 12. Jahrhundert allerdings noch wenig institutionalisiert waren. Dieser Reisende meldet beispielsweise noch nichts von frommen Stiftungen in Ägypten und anderswo, deren ausschließlicher Zweck es war, die heiligen Städte mit Getreide und Geld zu versorgen. Stiftungen dieser Art wurden anscheinend erst später, nämlich von den Mamlukensultanen, eingerichtet.

Stiftungen und Geschenke

Stiftungen zugunsten der heiligen Städte waren bereits im 15. Jahrhundert nicht auf Ägypten beschränkt. Vielmehr fanden sich solche Einrichtungen in vielen Teilen der islamischen Welt, selbst in Anatolien, obwohl dieses Gebiet meist dünn besiedelt und in eine Vielzahl von Kleinfürstentümern aufgespalten war, die häufig miteinander im Krieg lagen. So gab es Stiftungen zugunsten von Medina etwa in dem Staat der Ḳaramaniden, einem zentralanatolischen Fürstentum mit der Hauptstadt Konya, das zeitweise der Verbündete Venedigs gegen die sich im östlichen Mittelmeer immer weiter ausdehnende Osmanenmacht gewesen war. Auch in den von den Osmanen eroberten Teilen des Balkans wurden sehr schnell Stiftungen eingerichtet, die den Einwohnern Medinas zugute kommen sollten. Die älteste rumelische Stiftung dieser Art, die bis jetzt bekannt geworden ist, stammt aus den Jahren 1460–61. Hohe Amtsträger am Hofe Meḥmeds des Eroberers (reg. 1451–81) traten bisweilen als Stifter auf; und im 16. Jahrhundert fanden sich Stiftungen zugunsten der heiligen Städte in den Grenzgebieten des Osmanischen Reiches.

Diese Stiftungen wurden aus den Steuern von Bauern namentlich bestimmter Dörfer gespeist und sollten auf Dauer den Bewohnern der heiligen Städte zugute kommen. Daneben gab es aber auch Zuwendungen, die der Sultan dem allgemeinen Steueraufkommen entnehmen und durch die zentrale Finanzverwaltung nach dem Hidschas senden ließ; über die Höhe dieser Geschenke konnte allerdings der Herrscher in jedem Jahr neu entscheiden. Eine Aufstellung von Geschenken, nicht ausschließlich religiöser Art, die in den Jahren 1503–04 im Namen Sultan Bāyezīds II. (reg. 1481–1512) ausgeteilt wurden, informiert uns über das Ausmaß der Gaben, die im Namen dieses Herrschers nach dem Hidschas flossen. An die Armen Medinas gingen 14442 Goldstücke. Anscheinend hat der Dragoman des schwedischen Konsulats, Mouradjea d'Ohsson, der in der zweiten Hälfte des 18. Jahrhunderts ein umfassendes »Tableau« des Osmanischen Reiches verfaßte, dieses Dokument oder doch ein ähnliches gekannt; denn er überliefert gleichfalls, daß Bāyezīd II. jährlich 14000 Goldstücke an die Armen Medinas gestiftet habe. Tabelle 3 enthält einen Überblick über die Gaben, die 1503–04 im Namen des von manchen Chronisten als Heiligen bezeichneten Sultans nach Mekka und Medina überwiesen wurden. Unter den Empfängern findet sich eine Reihe von im Hidschas amtierenden Notabeln, etwa die hanefitischen Kadis der beiden heiligen Städte, der Sohn des Emirs von Yanbuʿ, ein Lehrer an einer theologischen Hochschule, sowie einige Nachkommen bekannter Derwisch-Scheiche. Die besondere Aufmerksamkeit des Sultans galt der Moschee des Propheten Muhammad in Medina, deren Amtsträger Gratifikationen erhielten; die Gaben an diese Institutionen fielen weit großzügiger aus als die Zuwendungen des Sultans an die Große Moschee von Mekka.

Tabelle 3

Empfänger	Betrag in *akče*	Betrag in osmanischen Goldstücken[1]
Pilger, im allgemeinen	21 500	
Einzelne Bewohner der heiligen Städte	3 300	
»Araber (Beduinen) aus Mekka«	10 400	
Boten, die Gaben nach Mekka und Medina überbrachten	25 500	
Bewohner Mekkas		735
Bewohner Medinas		1 210
Die Armen Mekkas und		831
Medinas		14 422
Vermischtes	5 000	
Insgesamt	65 700	17 198

Es ist anzunehmen, daß die Geldsendungen der Jahre 1503–04 keinen Einzelfall darstellten, sondern sich mit gewissen Variationen jedes Jahr wiederholten. So erklärt es sich wohl auch, daß eigens ein Beauftragter der Medinenser in Istanbul erschien, um die Geschenke für seine Mitbürger in Empfang zu nehmen. Auch wissen wir, daß der osmanische Sultan durch einen Brief des Kadis von Mekka davon in Kenntnis gesetzt wurde, daß dieser oder jener Empfänger seiner Gaben gestorben war, und es war üblich, anstelle eines verstorbenen Spendenempfängers einen Nachfolger zu benennen. So zeigt schon die Spendenpraxis von Sultan Bāyezīd II. gewisse Züge, denen wir später, nach der osmanischen Machtübernahme im Hidschas, wieder begegnen werden.

Zuwendungen der Zentralverwaltung

Die Abrechnungen der osmanischen Zentral- und Provinzialverwaltung, von denen uns für das 16. und 17. Jahrhundert eine ganze Reihe überliefert ist, sind strenggenommen keine Budgets, denn es handelt sich nicht um eine Auflistung zukünftiger Ausgaben, sondern um bereits getätigte (vgl. Kap. 2). Dennoch soll der Ausdruck, der sich in der Sekundärliteratur eingebürgert hat, auch hier verwendet werden. In diesen Budgets finden sich öfter Daten über Ausgaben, die mit der Pilgerfahrt und den heiligen Städten zusammenhängen. Allerdings kann ein Vergleich der in Tabelle 2 aufgelisteten und für verschiedene Jahre geltenden Zahlen unter Umständen irreführend sein. Osmanische Budgets wurden nämlich zusammengestellt, damit sich der Sultan und die führenden Mitglieder der Verwaltung einen Überblick über die Ausgaben des vergangenen Jahres verschaffen konnten; ein Vergleich über mehrere Jahre hinweg war wohl nur in den seltensten Fällen beabsichtigt. Deshalb kam es häufig vor, daß selbst die unter einem bestimmten gleichbleibenden Titel zusammengefaßten Ausgaben in ihrer genaueren Zusammensetzung von Jahr zu Jahr variierten. Überdies waren die Budgets auch nicht immer vollständig, so daß manche Zuwendungen an die Bewohner Mekkas und Medinas vielleicht einfach nicht verzeichnet worden sind. Die vorhandenen Angaben sind also eher als Minimalwerte zu betrachten. Überdies erlauben es die Budgets oft nicht, die Ausgaben für die Pilgerfahrt von den Zuwendungen an die Mekkaner und Medinenser zu trennen; in diesem Kapitel aber soll hauptsächlich von den letzteren die Rede sein. Unter diesen Umständen scheint es noch am fruchtbarsten, die Prozentsätze zu vergleichen, die die mit der Pilgerfahrt bzw. Mekka und Medina zusammenhängenden Ausgaben im Gesamtbudget ausmachten. Außerdem sollte man vorsichtigerweise kleineren Schwankungen keine allzu große Bedeutung beimessen.

Die Steigerung der Zuwendungen in absoluten Zahlen, die sich von der Tabelle ablesen läßt, ist zum großen Teil auf die Münzabwertung zurückzuführen, die von den letzten zwanzig Jahren des 16. Jahrhunderts an häufig vorgenommen wurden. Anders steht es mit der allmählichen Steigerung der Prozentzahlen, die sich in der zweiten Hälfte des 17. Jahrhunderts beobachten läßt. Wir können nicht ganz

Tabelle 4

Ausgaben für Pilgerfahrt und heilige Städte aus dem Budget der osmanischen Zentralverwaltung

Jahr	Ausgaben in *ak̦če* (a)	Wert des Gesamtbudgets (b)	a/b in Prozent
1527–28/	4 286 475	403 388 322	1,1–1,2
1653	7 142 298	676 106 387	1,1
1660–61	10 898 778	593 604 361	1,8
1690–91	16 567 320	812 838 365	2

sicher sein, daß diese Steigerung die Realität wiedergibt und nicht einfach auf eine immer korrektere und »professionellere« Abrechnungstechnik zurückzuführen ist. Es ist aber sehr gut möglich, daß die osmanische Zentrale verstärkt einspringen mußte, nachdem die Mamluken im 17. Jahrhundert die ägyptische Provinzialverwaltung mehr und mehr unter ihre ausschließliche Kontrolle brachten. Ihre gestärkte politische Position benutzten die Mamluken dazu, immer weniger Steuergelder nach dem Hidschas und nach Istanbul abzuführen. Daneben ist es bemerkenswert, daß die prozentuale Steigerung sich auch in den Jahren des habsburgisch-osmanischen Krieges (1683–99) fortsetzte. Wissen wir doch aus anderen Quellen, daß sich die osmanische Zentralverwaltung zu dieser Zeit darum bemühte, alle Ausgaben, die nicht in unmittelbarem Zusammenhang mit dem Krieg standen, möglichst zu drosseln.

Zuwendungen aus den ägyptischen Provinzialbudgets

Trotz des allmählichen Anstiegs der mit der Hoheit über den Hidschas verbundenen Ausgaben stellten diese doch im Budget der Zentralverwaltung nur einen kleineren Posten dar. Kamen doch die meisten Zuwendungen des Osmanensultans nicht aus Istanbul, sondern aus den Steuern Ägyptens. Es handelte sich dabei sowohl um

Tabelle 5

Ausgaben für die heiligen Städte nach dem ägyptischen Budget von 1596–97 (in *pāra*)

Für die Karawanenkommandanten	400 000
Zuschüsse für die heiligen Städte	1 327 040
Andere Ausgaben	2 630 985
Insgesamt	4 358 025

Geld als auch um Getreide; da die Getreidepreise in Mekka immer sehr viel höher lagen als in Ägypten, bedeuteten verstärkte Überweisungen von Geld und Drosselung von Naturaliensendungen einen großen Nachteil für die Empfänger staatlicher Unterstützungen in Mekka und Medina. Nach dem Budget von 1596–97 beliefen sich die Subsidien, die aus Mitteln der ägyptischen Provinzialverwaltung nach dem Hidschas geschickt wurden, auf mindestens 903 890 *para* (22 597 osmanische Goldstücke); in dieser Gesamtsumme sind allerdings Beduinensubsidien, die ebenfalls in den Hidschas gingen, nicht mit einbezogen.

Der Anteil des ägyptischen Budgets, der auf die Unterstützung des Hidschas verwandt wurde, erreichte fast zehn Prozent, obwohl die Erträge der großen Stiftungen zur Unterstützung der heiligen Städte mit ziemlicher Sicherheit nicht in das Budget einbezogen worden sind.

Der Karawanenkommandant hatte von dem ihm zugewiesenen Geld Ausrüstungsgegenstände für die Karawane zu kaufen und Bedienstete zu bezahlen, doch blieb sicherlich in den meisten Fällen ein stattlicher Gewinn für ihn selbst übrig. Die Zuschüsse für die heiligen Städte bestanden wohl zum Teil aus barer Münze, die – ähnlich wie das Getreide – kostspielig zu transportieren war. Trotzdem fällt es auf, daß im Budget der Posten ›Andere Ausgaben‹, also zum guten Teil Verwaltungs- und Transportkosten, einen bemerkenswert hohen Anteil der Gesamtausgaben ausmachte.

Zum Teil mag dies mit den Schwierigkeiten zusammenhängen, die sich dem Transport größerer Geld- oder Getreidemengen entgegenstellten: Viele Kamele gingen auf dem langen Marsch durch die Wüste zugrunde und mußten ersetzt werden; Schiffbruch im Roten Meer kam wegen der versteckten Riffe häufig vor, und der Neubau von Schiffen in einer baumlosen Gegend kostete viel Geld. Überdies mögen manche Zahlungen, die im Budget als ›Andere Ausgaben‹ erscheinen, in Wirklichkeit verkappte Subsidien an kamelbesitzende Beduinen gewesen sein. Auch muß man damit rechnen, daß die Provinzialverwaltung einen Zuschuß leistete zu dem Transport von Getreide, das von den Stiftungen Ägyptens geliefert wurde. Denn die Budgets der Stiftungen waren oft knapp bemessen, so daß man sicherlich um staatliche Hilfe beim Transport nachgesucht hat. Daneben muß man aber auch damit rechnen, daß die Provinzialverwalter Ägyptens einen Teil der Gelder, die durch ihre Hände liefen, für sich selbst behielten; denn dieser Vorwurf kommt in den offiziellen Quellen dieser Zeit recht häufig vor, von den bitteren Anklagen des Historikers und Literaten Muṣṭāfā ʿĀlī einmal ganz zu schweigen.

Gewisse Tendenzen des Budgets von 1596–97 lassen sich auch in den Budgets des frühen 17. Jahrhunderts weiter verfolgen, obwohl kurzfristige Schwankungen und Lücken in der Dokumentation eine Gesamtbeurteilung erschweren. 1601–02 scheint ein Krisenjahr gewesen zu sein, wahrscheinlich aufgrund von Mißernten. Dagegen war das Budget von 1612–13 stark angeschwollen, weil die Kosten der sehr aufwendigen Reparaturen, die Sultan Aḥmed I. (reg. 1603 bis 1617) damals in Mekka unternehmen ließ, zum guten Teil aus ägyptischen Steuerquellen bezahlt wurden. Aber die hohen Transport- und Verwaltungskosten sowie die Vermischung von wirklichen Transportkosten und Beduinensubsidien scheinen permanente Züge des ägyptischen Hidschas-Budgets gewesen zu sein. Daraus ergab sich auch, daß es nach wie vor schwer war, die Rechtmäßigkeit einzelner Ausgaben zu kontrollieren.

Die ägyptischen Stiftungen zugunsten der heiligen Städte

Als Sultan Selīm I. im Jahre 1517 Ägypten eroberte, funktionierte im Lande eine Reihe von großen Stiftungen zugunsten der Bewohner Mekkas und Medinas, die von Mamlukensultanen und -emiren eingerichtet worden waren. Diese wurden später reformiert und unter dem Titel der Großen De<u>sh</u>ī<u>sh</u>e-Stiftung zusammengefaßt. Fromme Stiftungen der Sultane Ḳa'ıt Bāy und Čaḳmaḳ bildeten den Kern der Großen De<u>sh</u>ī<u>sh</u>e. Sultan Selīm I. (reg. 1512–1520) und sein Nachfolger Süleymān der Prächtige (reg. 1520–1566) ließen diese durch eigene Schenkungen ergänzen. Außerdem begründete Murād III. (reg. 1574–1595) seinerseits die sogenannte Kleine De<u>sh</u>ī<u>sh</u>e-Stiftung; diese schickte hauptsächlich Geld nach Mekka und Medina. Überdies hatte Süleymān der Prächtige im Namen seiner Gemahlin, der in Europa als Roxolane bekannten <u>Kh</u>urrem Sultan, in Mekka und Medina Armenküchen einrichten lassen; die dazu nötigen Einkünfte stammten gleichfalls aus Ägypten.

Den ägyptischen Stiftungen wurden jeweils Dörfer zugewiesen, deren Steuern ihr Einkommen darstellten. Für die zweite Hälfte des 16. Jahrhunderts ist es öfters belegt, daß die bereits bestehenden

Tabelle 6

Ausgaben für die heiligen Städte nach den ägyptischen Budgets des frühen 17. Jahrhunderts (in *pāras*).

Art der Ausgabe	1600–01	1601–02	1612–13
Zahlungen an die Bewohner der heiligen Städte	194 525	unbekannt	unter 100 000
Transport- und Verwaltungskosten	387 409	121 263	332 856
Sonstiges	1 312 355	unbekannt	ca. 4 000 000[1]
Insgesamt	1 894 289	1 393 423	4 392 331
Insgesamt (in Goldstücken)	47 107	34 835	109 808

Stiftungen durch Hinzufügung neuer Dörfer erweitert wurden. Manchmal geschah dies in der Absicht, die Dienste an den Bewohnern Mekkas und Medinas auszuweiten. Aber in anderen Fällen sollte durch diese Ergänzungen nur der Ertragsverlust bereits vorhandener Siedlungen ausgeglichen werden. Denn obwohl angenommen wird, daß sich Bevölkerung und Agrarland Ägyptens während des 16. Jahrhunderts im ganzen gesehen ausweiteten, geschah es häufig, daß Bauern umsiedelten, um sich dem Druck des Steuereinnehmers zu entziehen. Der mekkanische Chronist Ḳuṭb al-Dīn, der während der zweiten Hälfte des 16. Jahrhunderts schrieb, war jedenfalls der Auffassung, daß die zusätzlich gestifteten Dörfer den Ertragsverlust der bereits vorhandenen nicht ausgleichen konnten.

Daß diese Klagen durchaus begründet waren, zeigt eine Jahresabrechnung der Großen Deshīshe-Stiftung, die vom Juli 1591 bis zum November 1592 reicht. Die Einkünfte beliefen sich während dieser Periode auf 10678643 para, das heißt, sie konnten sich durchaus mit den wichtigeren Posten des ägyptischen Staatsbudgets messen. Aber bei dem größeren Teil, nämlich mehr als 7 Millionen, handelte es sich lediglich um Rückstände aus vergangenen Jahren. Überdies waren die Rückstände noch längst nicht vollständig eingegangen, und die Stiftung hatte Außenstände im Werte von 6,8 Millionen *para* zu verzeichnen. Unter diesen Umständen hatte die Große Deshīshe lediglich etwa zweieinhalb Millionen *para* für ihre eigentlichen Aufgaben ausgeben können. Auch mit den Getreidelieferungen war die Stiftung in Verzug; die Rückstände beliefen sich sogar auf ein Vielfaches der Getreidemenge, die pro Jahr hätte geschickt werden müssen. Zwar versuchte der damals neu in sein Amt eingesetzte Stiftungsverwalter mit einigem Erfolg, die Getreidelieferungen wieder in Gang zu bringen; aber es ist offensichtlich, daß es in der Zwischenzeit in den heiligen Städten zu schweren Versorgungsdefiziten gekommen ist.

Manche Manipulationen, die zum Rückgang der Getreidelieferungen geführt hatten, sind in den Dokumenten der Zeit im einzelnen dargestellt worden. Wir hören davon, daß Steuereinnehmer benachbarter Siedlungen versuchten, die Steuern der Stiftungsdörfer an sich zu bringen. Außerdem stellte die Korruption in der Verwaltung ein ernsthaftes Problem dar. Andererseits scheinen auch die Versuche der osmanischen Zentralregierung, die Korruption durch Auswechslung der Stiftungsverwalter zu bekämpfen, manchmal Wirkungen hervorgebracht zu haben, die das genaue Gegenteil des Erstrebten darstellten. Denn der häufige Wechsel der Verantwortlichen konnte zu Verwirrungen führen, die die Lieferungen der Stiftungen in die heiligen Städte noch weiter absinken ließ.

Mekka- und Medina-Stiftungen in Anatolien und Rumelien

Über die Verteilung und Leistungsfähigkeit dieser Stiftungen am Ende des 16. Jahrhunderts sind wir durch ein besonders schön und sorgfältig geschriebenes Dokument unterrichtet, das seine Entstehung einem Streit unter hohen osmanischen Amtsträgern verdankt. Obwohl die anatolischen und rumelischen Stiftungen meist von Privatpersonen eingerichtet worden waren, war es doch üblich, daß die Jahreserträge von der osmanischen Finanzverwaltung eingezogen und *en bloc* nach dem Hidschas geschickt wurden. Auch kam es vor, daß diese Jahreserträge von der osmanischen Staatskasse einbehalten wurden, während zum Ausgleich eine Zahlung aus dem Mekka und Medina viel näher gelegenen Ägypten erfolgte. Dies war in Anbetracht der vielen kleinen Stiftungen, die den Bewohnern besonders Medinas dienen sollten, sicherlich die sparsamste Lösung; allerdings bestand dabei die Gefahr, daß Stiftungsgelder für die laufenden Bedürfnisse der osmanischen Verwaltung verbraucht wurden. Leider ist in unserem Dokument der Streit in sehr diplomatischen Formulierungen wiedergegeben, so daß wir nichts über die Persönlichkeiten wissen, die in dieser Angelegenheit aufeinanderstießen. Doch ging es um die Frage, ob man als Gegenwert für einen Geldbetrag, der je nach den Erträgen der rumelischen und anatolischen Stiftungen von Jahr zu Jahr schwankte, eine von der Zentralregierung zu bestimmende Pauschalsumme einsetzen durfte. Obwohl dies nicht ausdrücklich gesagt wird, lag doch die Annahme nahe, daß die Pauschalsumme unter dem wirklichen Ertrag der Stiftungen liegen würde, so daß die Zentralgewalt aus dieser Regelung einen finanziellen Vorteil ziehen könnte. Es tauchte denn auch das Gegenargument auf, daß Präzedenzfälle aus der Zeit früherer Herrscher in bezug auf die Höhe der

Pauschalsumme als nicht mehr gültig zu betrachten wären, weil sich seit jenen Zeiten die Zahl der frommen Stiftungen zugunsten der heiligen Städte stark vermehrt hätte. Schließlich wurde der Fall Murād III. (reg. 1574–95) zur Entscheidung vorgelegt. Dieser befahl, daß die Erträge aller Stiftungen zugunsten Mekkas und Medinas wirklich in den Hidschas abzuführen seien, und verwahrte sich damit gegen einen Gebrauch, der den Intentionen der Stifter zuwiderlief. Um die Anwendung des Sultansbefehls kontrollierbar zu machen, wurden die Stiftungen im einzelnen aufgelistet. Nach der sorgfältigen Ausführung des Dokuments zu urteilen, sollte es wohl dem Herrscher in Person vorgelegt werden. Das Verzeichnis umfaßt Istanbul, Edirne und Bursa samt Umgebung, den Hauptteil des osmanischen Balkans, nämlich die Provinz von Rumeli, überdies die anatolischen Provinzen Anaḍolu, Ḳaraman, Rūm, Marʿas̲h̲ und Diyarbakır. Auch die Stiftungen in Syrien, auf Zypern und in Bagdad waren aufgelistet, so daß unter den wichtigeren Institutionen dieser Art nur die in Ägypten gelegenen fehlen.

Im Rechnungsjahr 1588–89 hatten die anatolischen und rumelischen Stiftungen 3375610 *aḳče* als ihr regelmäßiges Einkommen zu verbuchen, durch einmalige Liebesgaben und verspätet eingezogene Rückstände erhöhte sich dieser Betrag auf 4206142 *aḳče* oder 35051 osmanische Goldmünzen. Neben den Geldsummen, die durch die ägyptischen Stiftungen aufgebracht wurden, nahm sich dieser Betrag vergleichsweise bescheiden aus; denn trotz ihrer Schwierigkeiten lieferte die Große Des̲h̲īs̲h̲e allein etwa 64600 Goldstücke. Aber andererseits handelte es sich, gemessen an den Möglichkeiten der anatolischen und rumelischen Steuerzahler, um eine beachtliche Geldsumme. Konnte man sich doch in einer anatolischen Provinzstadt in diesen Jahren für einige tausend *aḳče* ein Haus kaufen, während in Istanbul unmittelbar vor dem Jahre 1600 355 g Brot für einen *aḳče* sowie ein Huhn für 14–16 *aḳče* zu haben war.

Stiftungen zugunsten der heiligen Städte und ganz besonders Medinas waren in Istanbul weit verbreitet. Diese Stiftungen vermehrten sich im Laufe der Zeit. Denn viele Stifter bestimmten, daß nach dem Tode der Menschen, zu deren Gunsten ihre Stiftung zunächst errichtet worden war, die Bewohner der heiligen Städte aus dem Stiftungsgut Nutzen ziehen sollten. Außerdem reservierten manche Mitglieder

der Herrscherfamilie, wenn sie fromme Stiftungen errichteten, gleich von Anfang an eine gewisse Summe für die Bewohner der heiligen Städte. So hatte etwa die Mutter von Sultan Selīm I. (reg. 1512–20) bestimmt, daß jährlich 1000 goldene Eshrefiye-Münzen an die Armen Medinas zu verteilen seien. Dieses Geld kam aus den Gebühren, die die Benutzer des von Bāyezīd II. (reg. 1481–1512) an einer der Hauptstraßen Istanbuls errichteten Bades zu bezahlen hatten.

Allerdings wurde das zahlenmäßige Wachstum der Mekka- und Medina-Stiftungen zum Teil dadurch ausgeglichen, daß diese von der Inflation des späten 16. Jahrhunderts stark in Mitleidenschaft gezogen wurden. Denn in den heiligen Städten war die wichtigste Münze des Osmanischen Reiches, nämlich der besonders in Anatolien und Rumelien kursierende *aḳče*, nicht geläufig, und Überweisungen von Istanbul nach dem Hidschas fanden gewöhnlich in Goldmünzen statt. Da aber gegen Ende des 16. Jahrhunderts der Wert des *aḳče* gegenüber der Goldmünze deutlich absank, sanken auch die Erträge der anatolischen und rumelischen Stiftungen, deren Wert in *aḳče* festgelegt worden war. Manche Stifter suchten das zu verhindern, indem sie die Höhe ihrer Zuwendungen in Goldstücken festlegten. Aber damit ergaben sich neue Probleme: So ist etwa der Fall eines Istanbulers namens Meḥmed b. Aḥmed überliefert, der eine solche Bestimmung in sein Stiftungsdokument eingesetzt hatte. Allerdings bedeutete das, daß nach einer Abwertung des *aḳče* um 100% die Stiftung plötzlich eine doppelte Summe Geldes aufzubringen hatte, und das dürfte in manchen Fällen äußerst schwierig gewesen sein.

Auf dem Balkan konzentrierten sich Stiftungen zugunsten der heiligen Städte hauptsächlich in und um die alte Reichshauptstadt Edirne. Aber auch die Familie der Evrenos-Söhne, die bei der osmanischen Eroberung Rumeliens im 14. Jahrhundert eine bedeutende Rolle gespielt hatte, errichtete in der Gegend von Saloniki und Yenidje Vardar eine Stiftung für die Armen Medinas. Viel weiter verbreitet waren jedoch Stiftungen zugunsten der heiligen Städte in West- und Zentralanatolien. Bursa, das während der Frühzeit des Osmanischen Reiches, also gegen Ende des 13. und zu Beginn des 14. Jahrhunderts, ebenfalls als Hauptstadt der Sultane fungiert hatte, zeichnete sich durch eine beachtliche Konzentration von solchen Stiftungen aus, wenn ihr Ertrag sich auch nicht mit dem Ertrag der

Istanbuler Stiftungen messen konnte. In der Gegend von Amasya, Tokat, Sivas und Kayseri, also im nördlichen Zentralanatolien, gab es ebenfalls sehr reiche Stiftungen. Das ist um so bemerkenswerter, als diese Städte zwar eine bedeutende wirtschaftliche Rolle spielten, aber mit Ausnahme von Amasya kaum jemals einen Sultans- oder Prinzenhof beherbergt hatten. Dafür gingen die Medina-Stiftungen der kleinen Stadt Konya Ereğlisi im südlichen Zentralanatolien auf eine frühere politische Rolle dieses Karawanenrastplatzes zurück; hatten doch die Ḳaramanidenfürsten den Ort ausgebaut und durch mehrere Stiftungen bereichert. In Ostanatolien, einem dünn bevölkerten Grenzgebiet, waren dagegen Stiftungen zugunsten der heiligen Städte wieder ziemlich selten, wenn man von dem Handelsknotenpunkt Diyarbakır einmal absieht. Dafür gab es auf der Insel Zypern, die sich zu jener Zeit erst seit weniger als zwanzig Jahren in osmanischen Händen befand, mehrere Stiftungen zugunsten der Armen und Moscheebediensteten von Medina, die von früheren Gouverneuren der Insel eingerichtet worden waren. In den irakischen Provinzen Mossul und Bagdad waren solche Stiftungen auch vertreten, nur läßt sich in diesem Falle nicht bestimmen, wer sie eingerichtet hat und welchen spezifischen Zwecken sie dienten.

Insgesamt ergibt sich also, daß die Stiftungen zugunsten der heiligen Städte in zwei Gruppen eingeteilt werden können. Hauptsächlich in Istanbul, in geringerem Ausmaß in größeren Provinzzentren wie Edirne und Bursa, gab es zahlreiche kleinere Stiftungen für Mekka und Medina. Diese waren wahrscheinlich von Stadtbewohnern eingerichtet worden, die es als Kaufleute oder gelegentlich auch als Handwerksmeister zu bescheidenem Wohlstand gebracht hatten. Außerhalb dieser großen Zentren handelte es sich fast immer um Stiftungen, die von Amtsträgern des Osmanenstaates, wenn nicht gar von Mitgliedern der Sultansfamilie eingerichtet worden waren. In neu eroberten Grenzbezirken, wie etwa der Insel Zypern mit ihrer venezianischen Vergangenheit, sollten diese Stiftungen wohl auch die feste und dauerhafte Bindung an die Zentren der islamischen Welt symbolisieren.

Die mutmaßliche Bevölkerung der heiligen Städte

Über die Verteilung der frommen Gaben, die Sultan Selīm I. (reg. 1512–20) für die Bewohner Mekkas bestimmte, besitzen wir einen Bericht des mekkanischen Chronisten Ḳuṭb al-Dīn: »Dann registrierte er [nämlich Selīms I. Beauftragter Emir Muṣliḥ al-Dīn] alle Häuser der Armen, die sich in der erhabenen Stadt Mekka befanden, trug die Namen ihrer Bewohner ins Register ein und bestimmte jedem von ihnen 3 Goldstücke im Jahr. Diese wurden [im Register] unter der Überschrift ›Häuser‹ geführt und in dieser Form wurden die Almosen aus Rum [den Kernlanden des Osmanenreiches] dem [ursprünglichen mamlukischen] Register hinzugefügt. Sie werden bis auf den heutigen Tag ausbezahlt...« – »Dann versammelten sich die Vornehmen der Stadt und registrierten alle bewohnten Häuser, die sich in der Stadt Mekka fanden. Auch schrieben sie alle Menschen auf, Männer, Frauen, Kinder und Dienstleute mit Ausnahme der Soldaten und Händler. Es waren 12000 Menschen vorhanden, und nachdem alle registriert und die [nötigen] Rechnungen beendet waren, erhielt jeder, was ihm rechtens zustand, und darüber hinaus noch ein Goldstück als Geschenk...« Aus diesem Text kann man ersehen, daß die Dauerbevölkerung Mekkas zu Beginn der Osmanenzeit um und wahrscheinlich über 15000 Menschen betrug. Denn die zum Empfang von Almosen nicht berechtigten Kaufleute, die, nach späteren Quellen zu urteilen, in Mekka recht zahlreich vertreten waren, waren mit Sicherheit ihrerseits Familienväter, so daß man zusätzlich zu den 12000 Spendenempfängern mit einigen tausend Menschen rechnen muß.

Was die Bevölkerung Mekkas in späteren Jahren anbelangt, stehen uns leider keine Daten zur Verfügung. Aber für Medina besitzen wir einige offizielle Schätzungen: In den Jahren 1579–80 nahm man im Rate des Sultans an, daß es dort 8000 Menschen gab, die sich aus religiösen Gründen in die heilige Stadt zurückgezogen hatten (*müdjāwir*). Wenn diese Menschen jeweils für einen Haushalt von fünf Personen verantwortlich waren, hätte Medina mindestens 40000 Einwohner zählen müssen. Außerdem gab es natürlich auch in dieser Stadt Kaufleute und Soldaten, die nicht als unterstützungsbedürftig galten; andererseits waren viele Menschen, die sich nach Medina zurückgezogen hatten, wohl ältere Leute, die keine Kinder bei sich hatten. 1594–95 hören wir von 7000 Einwohnern Medinas, die aus der osmanischen Staatskasse unterstützt wurden; wenn die beiden Zahlen sich auf dieselbe Gruppe beziehen sollten, müßte die Bevölkerung Medinas in der Zwischenzeit abgenommen haben, oder die Kriterien, nach denen Unterstützung verteilt wurde, hatten sich geändert. Ein Text aus der Mitte des 17. Jahrhunderts belehrt uns, daß zur Zeit Murāds III. (reg. 1574–95) sich die gesamte Einwohnerschaft Medinas auf 6666 belaufen habe. Dafür wurden in den Jahren 1641–42 23 200 Personen unterstützt; allerdings hatte man im Rate des Sultans den Verdacht, daß diese Zahl durch betrügerische Manipulationen zustande gekommen sei. Eine neue Zählung wurde deshalb angeordnet; leider hat sich das Ergebnis bislang nicht auffinden lassen. Insgesamt ergibt sich der Eindruck, als hätte Medina eine sehr viel größere Zahl staatlicher Pensionsempfänger enthalten als Mekka. Aber dieser Eindruck beruht darauf, daß nach Medina zu sendende Pensionen in unseren Quellen so viel häufiger erwähnt werden als ihre mekkanischen Gegenstücke. Eine realistische Schätzung des Zahlenverhältnisses ist deshalb nicht möglich.

Die Verteilung von Zuschüssen und Pensionen

Über Verteilungen, die ohne Zwischenfälle vonstatten gingen, wissen wir so gut wie gar nichts; denn fast alle unsere Quellen zu diesem Thema sind Sultansbefehle, mit deren Hilfe der eine oder andere Mißbrauch abgestellt werden sollte. Meist war diesem Befehl eine Klage der Betroffenen vorausgegangen; aber die Klagen sind nur insoweit überliefert, als ihr Inhalt in den als Antwort ausgeschickten Sultansschreiben zusammengefaßt wird. Sehr oft kamen die Getreidelieferungen nur mit großer Verspätung im Hidschas an; besonders in den Jahren 1569–70 und 1578–81 häuften sich die Klagen zu diesem Thema. Da es außerhalb der Pilgersaison in Mekka nur wenig Möglichkeiten gab, sich etwas Geld zu verdienen, gerieten viele Menschen durch das Ausbleiben der Unterstützung in eine akute Notlage. Ein besonders sichtbares Zeichen dieser Not war es, wenn fromme Leute, die in Mekka lebten, es sich nicht erlauben konnten, vor dem Opferfest mit den Pilgern zum ʿArafāt zu ziehen, obwohl es üblich war, daß fast die gesamte Bevölkerung Mekkas sich Jahr für Jahr an diesem Ritual beteiligte.

Aber auch wenn die Getreidesendungen endlich im Hidschas eintrafen, wartete auf die Empfänger oft noch eine herbe Enttäuschung, denn durch die schlechten Transportbedingungen kam das Getreide oftmals in verdorbenem Zustand an: »... in Yanbuʿ [dem Hafen Medinas] gibt es nahe der Zitadelle ein Khan zur Aufbewahrung des Weizens der De<u>sh</u>ī<u>sh</u>e-Stiftung. Da dieser sich in einem sehr schlechten Zustand befindet, sind letztes Jahr 3000 *irdeb* Weizen durch Regen und Überschwemmung zu Schaden gekommen. Es wird geschätzt, daß die Renovierung des Khans sich auf 3000 Goldstücke belaufen wird. Diese Sache ist schon viele Male vorgetragen worden, und in einem Sultansbefehl hat [der Herrscher] die Reparatur des Khans angeordnet. Man hat die Angelegenheit dem [Hafen-]verwalter von Jiddah aufgetragen, aber dieser behindert [die Arbeit], indem er sagt, daß hierzulande [nämlich im Hidschas] alles sehr viel kostet ...« Auch kam es vor, daß ein Teil des Getreides von den Beduinen entwendet wurde, die mit dem Transport befaßt waren; um ihre Diebstähle zu verheimlichen, mischten sie manchmal Erde in die Getreidesäcke. Und natürlich waren Listen dieser Art nicht nur den Beduinen bekannt.

Aber auch die Geldsendungen gaben Anlaß zu manchen Klagen. So sandte die osmanische Verwaltung zuweilen nicht die im Hidschas geläufigen Münzen *para* und Goldstücke, sondern eine Silbermünze, die, wie ihr Name *<u>sh</u>āhī* schon nahelegt, ursprünglich für den Export nach dem Iran geprägt worden war. Diese Prägung hatte den Zweck, aus dem Ausfließen osmanischen Silbers in den Iran, das die Zentralverwaltung trotz aller Verbote niemals unterbinden konnte, wenigstens einen finanziellen Vorteil zu ziehen. Wenn nämlich das Geld im Osmanischen Reich gemünzt wurde, konnte man an der Münzstätte Gebühren einziehen. Allerdings kam diese Münze auch in Syrien in Umlauf, und die dortigen Bauern benutzten sie zur Zahlung ihrer Steuern. Da aber der *<u>sh</u>āhī* im Hidschas nicht gängig war, gerieten die Empfänger osmanischer Unterstützungen in Schwierigkeiten, wenn die Auszahlung in *<u>sh</u>āhī* erfolgte. Dafür zogen die Geldwechsler sicher ihren Vorteil aus dieser Situation.

Der Interessenkonflikt, der sich aus der Verwendung des *shāhī* ergab, wurde um 1583 von dem Kadi von Damaskus in Worte gefaßt: Zur Zeit seien Gold und Goldmünzen in Syrien sehr rar, so daß man von den Bauern nicht verlangen könne, daß sie ihre Steuern in Gold bezahlten, obgleich der Kadi sich zugleich der Schwierigkeiten bewußt war, die eine unkontrollierte Entsendung von Silbermünzen für die Armen des Hidschas mit sich brachte. Die osmanische Zentralregierung versuchte das Problem zu lösen, indem sie den Wechselkurs des *shāhī* auf dem Verwaltungswege festlegte. In anderen Fällen versuchte man zu verhindern, daß *shāhīs* überhaupt in den Hidschas gelangten, indem der Rat des Sultans anordnete, daß diese Münzen vor der Versendung in Gold oder *para* umgewechselt werden sollten. Wenn allerdings Gold und *para* knapp waren, dürften auch bei diesem Lösungsversuch die Armen des Hidschas Verluste erlitten haben.

Andere Konflikte ergaben sich daraus, daß Leute, die eigentlich kein Anrecht auf offizielle Unterstützung besaßen, sich diese trotzdem zu verschaffen wußten, oder daß Personen, die politische Macht innehatten, sich weit mehr Geld und Getreide sicherten, als ihnen eigentlich zustand. Häufig kam es vor, daß die Amtsträger, die mit der Verteilung der Unterstützungen betraut waren, einen Teil für sich selbst behielten. Zuweilen sorgten auch Kadis und Finanzverwalter dafür, daß gewisse Leute, die nicht einmal im Hidschas lebten, Geld aus Stiftungen erhielten, die für die Bewohner Mekkas und Medinas bestimmt waren. So hören wir beispielsweise von einem Lehrer an einer theologischen Hochschule, der eigentlich in Damaskus lebte, aber sich für das Lehramt an einer von Süleymān dem Prächtigen gestifteten Schule in Mekka bezahlen ließ, das er nicht ausübte. Überdies war er einflußreich genug, dafür zu sorgen, daß ein Kollege, der tatsächlich an der von Süleymān gestifteten Hochschule lehrte, für seine Arbeit keine Bezahlung erhielt.

In Medina gab es zudem einen langwierigen Streit um die Rechte einer Gruppe von Prophetennachkommen, die in den offiziellen Quellen als Banū Ḥusayn geführt wurden. Dabei ging es um den Anspruch dieser einflußreichen Familien auf ein Drittel der nach Medina gesandten Unterstützungen. Die Banū Ḥusayn hatten sich vor 1579–80 ein Befehlsschreiben des Sultans Murād III. sichern können, in dem ihnen Beihilfen aus der Deshīshe-Stiftung zugestanden worden waren. Diese Tatsache war schon in sich bemerkenswert, weil im 16. Jahrhundert, als die osmanischen Sultane häufig mit den schiitischen Safawidenherrschern im Krieg lagen, allgemein der Grundsatz befolgt wurde, daß die Empfänger offizieller Beihilfen Sunniten sein mußten. Die Banū Ḥusayn aber waren Schiiten. Allerdings stellte sich der Gouverneur Ägyptens den Ansprüchen der Banū Ḥusayn entgegen, angeblich weil nicht genügend Geld und Getreide für andere Pensionäre übrigbliebe, wenn die Ansprüche dieser Familien befriedigt würden. Zunächst waren die Gegner der Banū Ḥusayn erfolgreich, und der Rat des Sultans sprach ihnen jedes Recht auf offizielle Unterstützung ab. Jedoch gaben sich die Banū Ḥusayn nicht so leicht geschlagen, und offenbar hatten sie mit ihrer Taktik Erfolg; denn noch im frühen 17. Jahrhundert bezogen sie Subsidien aus dem ägyptischen Provinzialbudget.

Ein Versuch, die Subsidienverteilung zu reformieren

Gerade weil in Medina die Verteilung von Subsidien immer wieder zu Klagen Anlaß gab, bezieht sich ein Text aus den Jahren 1594–95 insbesondere auf die Verhältnisse in dieser Stadt. Als Auslöser fungierte eine Klage eben derjenigen Leute, denen durch die Subsidien hätte geholfen werden sollen, nämlich der armen und frommen Leute, die sich nach Medina zurückgezogen hatten: »Die 6000 *irdeb* Weizen, die aus den Steuern des Sultans verteilt werden, kommen zum großen Teil nicht in die Hände der armen Leute. 2000 *irdeb*, also ein Drittel, werden abgezogen [wohl als der Anteil der Banū Ḥusayn], außerdem 1000 für die Küche [wahrscheinlich die von Sultan Süleymān gestiftete Armenküche], 500 *irdeb* für die Ausgeschiedenen sowie mehrere Hundert *irdeb* für die Diener des Oberaufsehers über das Prophetengrab sowie für die Angestellten der Getreidespeicher von Medina und andere Amtsträger; damit bleibt nur ein geringer Rest übrig, und [den Almosenempfängern] geschieht Unrecht ...« In seiner Antwort bestimmte der Rat des Sultans, daß Leute, die von einer Institution angestellt waren, ein Gehalt (*ʿulūfe*) beziehen sollten. Die Almosen (*ṣadaḳa*) sollten hingegen den Armen vorbehalten bleiben. Wenn Leute starben, die offizielle Unterstützung erhalten hatten, dann sollte das Recht auf Unterstützung keineswegs auf ihre Erben übergehen. Vielmehr waren diese vakanten Positionen in ein Register einzutragen, und später sollte man aus den bereits in Medina zu frommen Zwecken residierenden Personen eine Auswahl treffen. Dabei konnten sowohl Zugezogene als auch in der Stadt Geborene berücksichtigt werden. Das wichtigste Auswahlkriterium sollten ein frommer Lebenswandel wie auch Kenntnisse in der Gottesgelehrtheit darstellen. Dagegen waren Bewohner Medinas, die das Almosen nicht benötigten und das empfangene Geld im Handel investierten, von der Liste der Almosenempfänger zu streichen. Das gleiche galt für Leute, die ihre Gebete nicht regelmäßig verrichteten oder deren Lebenswandel Anlaß zur Klage gab. Sklaven waren von der Zuteilung ausgeschlossen; wahrscheinlich setzte der Rat des Sultans voraus, daß die Eigentümer für ihre Dienerschaft aufzukommen hatten. Über die Ansprüche der Banū Ḥusayn aber, die gerade in dieser Zeit zu so vielen Schwierigkeiten Anlaß gegeben hatten, wird in dem Sultansbefehl überhaupt nichts ausgesagt. Vielleicht hoffte man, daß sich die Frage erledigt hatte, weil Murād III. gerade die nach Medina zu sendenden Almosen um die ansehnliche Getreidemenge von 5000 *irdeb* hatte vermehren lassen. Vielleicht ist auch die Tatsache, daß die Zahl der empfangsberechtigten Medinenser gerade um diese Zeit offensichtlich abnahm, mit den in dem Edikt von 1594–95 anbefohlenen strengeren Kriterien in Zusammenhang zu bringen. Aber über die langfristige Wirksamkeit dieses Reformedikts läßt sich zur Zeit nichts aussagen.

Die Aufwendungen des Osmanenreiches für die Pilgerfahrt und die heiligen Städte

Unsere Daten über die Geldsummen, die die verschiedenen Teile des osmanischen Staatsapparates im Hidschas ausgaben, stammen aus verschiedenen Jahren und eignen sich deshalb nicht zur Aufstellung eines nachträglichen Budgets. Um aber einen groben Überblick zu erhalten, werden wir trotzdem diese aus dem späten 16. und frühen 17. Jahrhundert stammenden Zahlen einmal addieren: Wir können annehmen, daß die Stiftung der Großen De<u>sh</u>ī<u>sh</u>e im Jahr 65000 Goldstücke produzierte, und die Kleine De<u>sh</u>ī<u>sh</u>e etwa 10000. Die Stiftungen Anatoliens und Rumeliens dürften pro Jahr etwa 28000 Goldstücke eingebracht haben. Die Zuschüsse aus dem ägyptischen Provinzialbudget beliefen sich auf mindestens 23000 Goldstücke, aber die wirklich ausgegebene Summe lag wohl sehr viel höher, vielleicht sogar bei etwa 109000 Goldstücken. Außerdem hatte die osmanische Staatsverwaltung den Scherifen von Mekka die Hälfte der Zolleinnahmen des Hafens von Jiddah überlassen (vgl. Kap. 7); diese beliefen sich in den achtziger Jahren des 16. Jahrhunderts auf etwa 90000 Goldstücke. Die Gesamtsumme ergibt 216000 bzw. 302000 Goldstücke. Außerdem wäre noch der Geldwert des Getreides zu berücksichtigen, das die ägyptischen Stiftungen nach dem Hidschas schickten, sowie die Ausgaben für die syrische Karawane, die sich zu Beginn des 17. Jahrhunderts auf etwa 80000 Goldstücke beliefen. Von den Getreidelieferungen vielleicht abgesehen, dürften also die Ausgaben, die unmittelbar mit der Pilgerfahrt zusammenhingen, gegen Ende des 16. und zu Beginn des 17. Jahrhunderts mindestens etwa 300000 Goldstücke betragen haben; vielleicht lagen sie aber auch bei etwa 385000 Goldstücken. Diese Zahlen gewinnen an Bedeutung, wenn man sie mit anderen Ausgaben des Osmanenstaates vergleicht: Zwischen Februar 1606 und Mai 1607 beliefen sich die laufenden Ausgaben des osmanisch-habsburgischen Krieges, allerdings mit Ausnahme der Kosten für Kriegsmaterial und einigen anderen Ausgabenposten, auf 618416 Goldstücke. Wenn man bedenkt, daß alle frühneuzeitlichen Staaten den größten Teil ihres Budgets auf den Krieg verwandten (und das Osmanische Reich galt seit eh und je als ein besonders militarisierter Staat), dann ist es bemerkenswert, daß für die Pilgerkarawane und die heiligen Städte ein Aufwand getrieben wurde, der in etwa der Hälfte bis zu zwei Dritteln der laufenden Ausgaben für den Krieg in Ungarn entsprach. Diese Ziffern können zwar lediglich eine Größenordnung angeben, aber es ist doch offensichtlich, daß die Osmanensultane bereit waren, ganz erhebliche Geldsummen für eine wenn auch durchaus lockere Kontrolle des Hidschas aufzuwenden.

Diese Tatsache ist um so bemerkenswerter, als der osmanischen Zentralverwaltung aus dem Hidschas keine nennenswerten Einnahmen zuflossen, wenn man von den Zolleinnahmen Jiddahs einmal absieht. Nun war die osmanische Finanzlage gegen Ende des 16. und zu Beginn des 17. Jahrhunderts äußerst angespannt, wie die Münzabwertungen dieser Periode beweisen. Trotzdem hat weder der Sultan selbst noch irgendein Mitglied seines Rates vorgeschlagen, daß man die Ausgaben für Pilgerfahrt und heilige Städte kürzen könnte. Überlegungen solcher Art erscheinen erst gegen Ende des 17. Jahrhunderts auf der Tagesordnung, als es zu neuen und weit verlustreicheren Kriegen mit dem Habsburgerreich gekommen war (1660–64, 1683–99). Im ausgehenden 16. Jahrhundert haben dagegen die meisten Sultane zusätzliche Aufwendungen genehmigt, auch wenn diese zum großen Teil lediglich Verluste in der Leistungsfähigkeit der ägyptischen Stiftungen wettmachen sollten. Doch zeigt dieses Verhalten, daß man im Rate des Sultans großzügigen Ausgaben zugunsten der heiligen Städte eine erhebliche politische Bedeutung beimaß.

Aus den Abrechnungen geht hervor, daß ein sehr beachtlicher Teil der Unterstützungen für die heiligen Städte aus Ägypten herrührte. Getreide und andere Lebensmittel kamen ohnehin fast ausschließlich von dort. Aber auch von den 300000–385000 Goldstükken, die jedes Jahr für den Hidschas aufgewandt wurden, stammten mindestens 120000, also etwa ein Drittel, direkt aus ägyptischen Quellen. In Wirklichkeit war aber der Prozentsatz zweifellos höher, da unter anderem ein Teil der in Jiddah eingenommenen Zölle von ägyptischen Kaufleuten und Schiffern bezahlt wurden, die an diesem Ort Handel trieben.

Allerdings wurde das ganze System von Regelungen, das die osmanische Präsenz im Hidschas erst ermöglichte, nach etwa 1660 und ganz deutlich nach 1670 auf eine harte Probe gestellt. Die mamlukischen Verwalter Ägyptens neigten immer mehr dazu, die Abgaben der ägyptischen Bauern und Städter für sich selbst zurückzubehalten, und nach 1683 war an eine geregelte Finanzierung von Pilgerkarawane und heiligen Städten kaum noch zu denken. So erklärt sich auch, warum es nach dem Ende des Krieges, also im frühen 18. Jahrhundert, notwendig wurde, die Verwaltung und Finanzierung des Pilgerwesens organisatorisch auf eine ganz neue Grundlage zu stellen.

Im Istanbul des späten 16. und frühen 17. Jahrhunderts herrschte offenbar die Ansicht, daß die Unterstützung für die Pilger und Bewohner der heiligen Städte befriedigend funktionieren mußte, weil alle Schwierigkeiten in diesem Bereich direkt auf den Sultan zurückfielen. So erklärt sich die Tatsache, daß sehr viele Sultansedikte ausgegeben wurden, um korrupte Praktiken zu unterbinden und sicherzustellen, daß die Zuschüsse ihre Adressaten auch wirklich erreichten: »Zur Zeit meines verstorbenen Vaters, des Herrschers – wohl dufte sein Grab –, sind die ... [Gelder und Getreidelieferungen der verschiedenen Stiftungen sowie andere Zahlungen] wegen der Nachlässigkeit der Provinzgouverneure sowie der Habgier und mangelnden Gottesfurcht der Aufseher und Beduinenscheiche nicht rechtzeitig abgeliefert worden. Auch erreichten die Fehlbeträge ein skandalöses Ausmaß, so daß die Armen der heiligen Städte, die Diener [der verschiedenen Stiftungen] sowie die frommen Bewohner [Mekkas und Medinas] großen Mangel und Not litten. Ihre traurige Lage ist bis zu des Sultans Ohren gedrungen ...« Durch administrative Neuordnung und die Ernennung eines neuen Oberaufsehers sollte in diesem Falle erreicht werden, daß »die Beduinenscheiche die finanzielle Redlichkeit des Aufsehers bemerken und dann keinen Verrat üben, sondern auf dem Pfade der Gerechtigkeit verbleiben. Dann werden wir erreichen, daß die Weizenlieferungen der Deshīshe, Almosen und Gehälter rechtzeitig und vollständig an ihre Bestimmungsorte verbracht werden. In diesem Sinne ist mein glückverheißendes herrscherliches Handschreiben ergangen und mein hochedler Befehl ausgeschickt worden ...« Offensichtlich stand hier die Legitimation des Sultans auf dem Spiel.

5. KAPITEL

Zum Ruhme der Religion und des Herrschers: öffentliche Bauten in Mekka und Medina

Als die Osmanen im Jahre 1517 die Oberherrschaft über Mekka übernahmen, fanden sie dort einen Moscheebau vor, der, von der Kaaba einmal abgesehen, aus der Zeit der ersten Abbasidenkalifen stammte (750–86). Es handelte sich um einen von Säulengalerien umschlossenen Hof, in dessen ungefährer Mitte die Kaaba stand. Letztere hatte ihre endgültige Form unter dem omaijadischen Statthalter al-Ḥadjdjādj erhalten, nachdem dieser den mekkanischen Kalifen Ibn al-Zubayr gestürzt und die Veränderungen, die dieser an der Kaaba hatte vornehmen lassen, weitgehend rückgängig gemacht hatte (693). Die Kaaba war damit ein rechteckiges Gebäude, dessen hölzernes Flachdach von drei Säulen getragen wurde und dessen Decke aus Teakholzbalken bestand. Die einzige Tür lag hoch über dem Hof und war nur über eine Leiter zu erreichen.

Auf dem Hof war das Areal sichtbar gemacht, in dem sich die Gläubigen bei ihrer rituellen Umkreisung der Kaaba bewegten. Außerdem stand in dem Hof ein kleines Monument zu Ehren des Propheten Abraham, der Brunnen Zamzam, von dem die meisten Pilger trinken, und eine Reihe von kleineren Gebäuden. Mehrere dieser Bauten dienten als Standorte für die Vorbeter der vier Rechtsschulen des sunnitischen Islam, die trotz verschiedener Auffassung in Detailfragen des Rechtes und Rituals allesamt als rechtgläubig gelten. Der Hof war in den frühen Jahren des Islam relativ klein gewesen und seit den Zeiten des Kalifen ʿUmar (634–44) allmählich durch den Ankauf benachbarter Häuser erweitert worden. Die Galerie, die in ihrer von den Osmanen umgestalteten Form bis auf den heutigen Tag existiert (für die Umbauten nach 1950 vgl. Kap. 10), war unter dem Kalifen al-Manṣūr (reg. 754–75) begonnen worden. Seine Nachfolger al-Mahdī (reg. 775–85) und al-Hādī (reg. 785–86) führten das Werk zu Ende. Auch gingen wenigstens einige der sieben

Minarette, die die Moschee umstanden, auf diese Herrscher zurück. Die Reste des Palastes, in dem die Omaijaden- und Abbasidenherrscher bei ihren Besuchen in Mekka gewohnt hatten, wurden ebenfalls in die Moschee einbezogen und bildeten einen Teil der Galerie. Diese war flachgedeckt, die Teakbalken mit Vergoldungen geschmückt, die Säulen teils aus Marmor, teils aus mehreren Steinsorten zusammengesetzt und mit Stuck verkleidet. Am Ende des 12. Jahrhunderts unserer Zeitrechnung zählte der andalusische Reisende Ibn Djubayr 471 Säulen und Pfeiler; Richard Burton berichtet um die Mitte des 19. Jahrhunderts von 555 Stützen; der Zuwachs ist wahrscheinlich auf die osmanischen Um- und Neubauten zurückzuführen. Diese Umbauten aus der Osmanenzeit bestimmten bis etwa 1950, als eine neue Baukampagne die Große Moschee von Mekka grundlegend umgestaltete, zu einem guten Teil den äußeren Anblick des Heiligtums.

Auch wenn die Kaaba in der islamischen Welt als ein Heiligtum gilt, das ursprünglich von Gott und den Engeln erbaut und von Propheten mehrmals wiederhergestellt worden ist, so zeigt doch schon dieser kurze historische Überblick, daß die historischen Bauten Mekkas eine ganz unterschiedliche Wertigkeit besaßen. Die Kaaba selbst wurde über Jahrhunderte hinweg in ihrem ursprünglichen Zustand erhalten, wenn auch die Herrscher der frühislamischen Periode sich zu baulichen Veränderungen sehr viel leichter entschlossen als ihre Nachfolger des 12., 15. oder 16. Jahrhunderts. Die übrigen Bauteile der Großen Moschee dagegen sind im Laufe der Jahrhunderte immer wieder verändert und besonders erweitert worden.

Ein wesentliches Motiv für das Bauen in Mekka und Medina haben wir bereits genannt: Das Prestige des Herrschers fand zu einem nicht unwesentlichen Teil Ausdruck in den Bauten, die er zum Wohl der Pilger und zum Ruhme Gottes in den heiligen Städten errichten ließ. Daneben haben Beschädigungen und der Alterungsprozeß an den zentralen historischen Bauteilen immer wieder Anlaß zu Restaurationen gegeben, aber auch zu völligen Neubauten. Der Versuch, ein würdiges Umfeld für die Pilgerfahrt zu schaffen, beschränkte sich jedoch nicht auf die großen Moscheen der beiden heiligen Städte, sondern forderte zu umfassenden stadtplanerischen Überlegungen geradezu heraus. Probleme der Wasserversorgung und Hygiene, von Transport und Verkehr waren im Zusammenhang mit dem Aufenthalt einer großen Menschenmenge immer wieder neu zu lösen. Daß das Bauen in den abgelegenen und wüstenhaften Gegenden des Hidschas nicht nur schwierig, sondern überaus kostspielig war, gibt den baupolitischen Entscheidungen der jeweiligen Herrscher besonderes Gewicht.

Wie in anderen Bereichen, so sehen wir also auch hier die osmanischen Herrscher und ihre Bautätigkeit in Mekka und Medina in ein Netz von Traditionen und praktischen Erfordernissen eingespannt, dem sie Rechnung tragen mußten. Andererseits haben sie als Schutzherren der Pilgerfahrt mit ihrer umfassenden Bautätigkeit Akzente gesetzt und eine Politik betrieben, deren Nachhall wir noch bis ins 20. Jahrhundert verfolgen können.

Fromme Stiftungen und Bautätigkeit im Osmanischen Reich

Während des 15., 16. und, wenn auch in geringerem Maße, während des 17. Jahrhunderts entfalteten osmanische Sultane, Sultansmütter sowie hochgestellte Amtsträger eine rege Bautätigkeit. Hauptsächlich wurden Moscheen gebaut, aber bei den größeren Stiftungen waren Armenküchen, Büchereien, theologische Schulen sowie Koranschulen für Kinder, Trinkwasserstuben und viele andere Einrichtungen angeschlossen. Das für ihr Funktionieren nötige Geld wurde von dem Stifter oder der Stifterin bereitgestellt, indem Läden, Khane, Mühlen und andere gewinnbringende Einrichtungen im gleichen Zuge erbaut, oder, falls bereits vorhanden, der Stiftung als Einnahmequelle zugewiesen wurden. Auch konnten Mitglieder der Sultansfamilie und andere hochgestellte Persönlichkeiten den Sultan leicht dazu veranlassen, daß er ihrer Stiftung die Steuern von bestimmten Dörfern zuwies; auf diese Weise wurde ein beachtliches Maß von Kaufkraft vom Lande auf die großen Städte übertragen. Die Größe der Stiftung kündete zugleich vom Range des oder der Stiftenden; so konnten nur Sultane Moscheen mit zwei oder mehr Minaretten errichten.

Die Bautätigkeit des 16. und 17. Jahrhunderts konzentrierte sich auf die Hauptstadt Istanbul und ihre nähere Umgebung. Muṣṭafā ʿĀlī, scharfsichtig und scharfzüngig wie so oft, hat daraus geschlossen, daß über die Ansiedlung von Stiftungen kaum aufgrund des Bedarfs entschieden wurde und daß dagegen Prestigeerwägungen im Mittelpunkt standen. Aber auch die großen Städte der osmanischen Provinz, wie Edirne, Damaskus, Kairo, sowie Mekka und Medina wurden reichlich mit Stiftungen bedacht, und gemessen an ihrer doch recht bescheidenen Dauerbevölkerung waren Mekka und Medina sogar besonders reich ausgestattet.

Bau- und Dekorationsmaterial

Das Bauen in Mekka und Medina erforderte viel mehr Organisation als in irgendeiner anderen Großstadt des Osmanenreiches. Zum Teil lag das an dem Fehlen vieler Rohstoffe, die zum Bauen unbedingt nötig waren. Haustein stand zwar zur Verfügung, aber das für die Baugerüste nötige Holz, Eisen und viele andere Materialien mußten von weither herangeschafft werden. Holz wurde manchmal aus den Beständen des osmanischen Flottenarsenals geliefert; dieses Arsenal hatte das alleinige Nutzungsrecht auf ausgedehnte Wälder in dem damals noch recht dicht bewaldeten Nordwestanatolien. Allerdings konnte ein Krieg, an dem die osmanische Flotte beteiligt war, die Lieferungen nach dem Hidschas auf längere Zeit unterbrechen, wie es etwa während der Eroberung Zyperns (1570–73) geschah. Daneben wurde beim Bau der Großen Moschee auch indisches Teakholz verwendet, das nach Ansicht osmanischer Bauspezialisten so hart war, daß es anstelle von Eisen eingesetzt werden konnte. Allerdings stammte das Teakholz nur zum Teil aus Neuimporten. Als man nämlich ältere, wohl aus mamlukischer Zeit (1260–1517) stammende Bauteile der Großen Moschee abriß, um Platz für den osmanischen Neubau zu schaffen, war eine beachtliche Menge von Teakholzbalken noch verwendungsfähig. Diese wurden sogleich für den Neubau der Galerie vorgemerkt.

Auch Eisen diente vielerlei Zwecken und mußte aus weiter Ferne herangeschafft werden. In osmanischen Monumentalbauten benutzte man eiserne Haken zur Verklammerung großer Hausteine, auch waren Fenstergitter und Türbeschläge aus Eisen. Außerdem wurden oftmals zwischen den Gewölben direkt unter den stützenden Bögen und parallel zum Fußboden eiserne Stangen eingezogen. Diese waren zwar der Eleganz der Gesamtwirkung abträglich, stützten aber den Bau, wenn die Experten sich über die Tragfähigkeit der Fundamente im Zweifel befanden. In der zweiten Hälfte des 16. Jahrhunderts wurde Eisen an der Großen Moschee besonders in dieser letzteren Form verwendet, sofern man nicht für die Gewölbestützen auf vorhandene Teakvorräte zurückgriff. Außerdem benötigte man das Eisen für Nägel und nicht zuletzt für die an jeder Baustelle unentbehrlichen Schaufeln. Diese großen und kleinen Eisenstücke stammten meist aus den Eisenwerken des Städtchens Samokov im heutigen Südbulgarien. Von dort wurde das Eisen auf dem Karawanenwege nach Istanbul oder einem der Häfen an der westlichen Schwarzmeerküste verbracht und weiter über Ägypten nach dem Hidschas verschifft. Die Nutzung der knappen Eisenvorräte wurde zusätzlich dadurch erschwert, daß man wegen des Brennstoffmangels in Mekka nur sehr wenig Schmiedearbeit leisten konnte. So hören wir, daß die osmanische Zentralregierung etwa fertige Nägel nach dem Hidschas schicken ließ, obgleich einer der mit diesem Projekt betrauten Amtsträger vor dem Vorhaben warnte, weil man unterwegs mit größeren Verlusten rechnen müßte. Schließlich konnten die Nägel auch anderweitig leicht Verwendung finden ...

Auch andere Bauteile der Großen Moschee wurden in Istanbul vorgefertigt und an Ort und Stelle in den vorhandenen Bau nur eingepaßt. Da Nachrichten zwischen Mekka und Istanbul zur Übermittlung mehrere Wochen oder Monate benötigten, dürfte es schwierig gewesen sein, eine auch nur ungefähre Koordination zu sichern. Im Jahre 1611 wurde in Istanbul gar eine öffentliche »Generalprobe« veranstaltet, als der damalige Oberarchitekt des Sultans und Erbauer der Blauen Moschee, Meḥmed Agha, zur Stützung der baufällig gewordenen Kaabawände ein Gerüst aus Eisen angefertigt hatte: »... Damit Seine Majestät, der Schatten Gottes, der glückliche, weltbeschützende Sultan ... [das Gerüst sowie andere Weihgeschenke] zu Gesicht bekam, wurden sie alle auf die herzerfreuende Ebene hinausgebracht, die sich vor dem Tor von Edirne erstreckt und als das Landgut des Dāvud Pascha bekannt ist. Dort wurde [der für die

Kaaba bestimmte eiserne Gurt] auf vier Stützen aufgestellt. In Erwägung dessen, daß diese Gegenstände für die heiligen Städte angefertigt worden waren und an die beiden hochgeehrten und geheiligten Stätten geschickt werden sollten, erschienen der Großwesir und hochberühmte Stellvertreter [des Sultans], das hochverehrte Haupt aller Richter und Rechtsgelehrten, sowie viele edle Scheiche...« Eine andere Quelle, die über dieses Ereignis berichtet, erwähnt ausdrücklich die genauen Zeichnungen der Kaaba, die man angefertigt hatte, um sicherzugehen, daß die Zusätze sich auch an das bereits Vorhandene anfügen ließen. Es ist deshalb anzunehmen, daß man in Anwesenheit des Sultans gleich die Probe aufs Exempel gemacht hat. Trotzdem wurde ein Team von Handwerkern eigens nach dem Hidschas geschickt. Außerdem unternahm Meḥmed Agha selbst die Reise, um beim Montieren des Sicherheitsgurtes und der übrigen Bauteile mit dabeizusein.

Auch Dekorationsmaterial mußte von weither kommen. So wurde etwa eine gewisse Menge Goldes, die zur Vergoldung der silbernen Kaaba-Tür dienen sollte, im Auftrag Sultan Murāds III. nach dem Hidschas geschickt. Allerdings läßt sich schwer bestimmen, ob es sich hier um Bestände der Istanbuler Schatzkammern handelte oder um Steuergelder aus nähergelegenen Provinzen, die man nach Mekka umdirigierte. Es mußte also eine Vielzahl von Lieferungen aus weitentfernten Gegenden wie Südbulgarien, Nordwestanatolien und Istanbul einigermaßen pünktlich in Mekka oder Medina eintreffen, damit ein bedeutenderes Bauprojekt ohne allzu große Verzögerungen beendet werden konnte. Trotz gelegentlicher Pannen scheinen diese Transporte gut funktioniert zu haben. Welche organisatorische Leistung dahintersteckte, wird allerdings erst dann deutlich, wenn man bedenkt, daß im Hidschas nicht nur die Baumaterialien fehlten, sondern auch die Arbeitskräfte.

Die Bauarbeiter

Der osmanische Reisende Ewliyā Čelebi bemerkte in dem Bericht über seine Pilgerfahrt, die in das Jahr 1672 fiel, daß die Mekkaner kein Interesse am Handwerk besäßen. Dieselbe Beobachtung ergibt sich übrigens auch aus dem Reisebericht des holländischen Gelehrten Snouck Hurgronje aus den letzten Jahren des 19. Jahrhunderts; dieser berichtet von den Afrikanern, die zu jener Zeit die vielen Dienstleistungen verrichteten, die in der Pilgerstadt anfielen (vgl. Kap. 8). Auch im 16. Jahrhundert war mit vergleichbaren Zuständen zu rechnen. Ein besonders anschauliches Beispiel ergab sich in Medina. Dort wurde im Jahre 1578 festgestellt, daß die Bücher der Bibliothek, die der Großen Moschee angeschlossen war, sich samt und sonders in schlechtem Zustand befanden und neu eingebunden werden mußten. In der ganzen Stadt fand sich aber kein Buchbinder; »und wenn man einen findet, wird er sehr viel Geld verlangen«. Deshalb beschloß der Rat des Sultans, doch lieber einen Handwerker aus Ägypten kommen zu lassen. Anscheinend erwartete man, daß trotz der hohen Reisekosten die Reparatur auf diese Weise billiger zu stehen kommen würde.

Auch für Bauarbeiten holte sich die osmanische Zentralverwaltung zumindest die qualifizierten Handwerker aus Syrien und Ägypten heran. Aus einer Abrechnung über Reparaturarbeiten im Hidschas, die in den Jahren 1601–02 unternommen wurden, geht hervor, daß die osmanische Zentralverwaltung den Handwerkern und Arbeitern, die sie nach dem Hidschas verbracht hatte, einen mittleren Lohn auszahlte. Gemessen an dem Lohnniveau einer gleichzeitigen Baustelle im Bereich der Ägäis wurden die Bauarbeiter in Medina, von denen wir Kenntnis haben, recht gut bezahlt. Neben ihren Kollegen auf einer Baustelle des syrischen Hafens Sayda (Sidon) schnitten sie jedoch schlecht ab; allerdings stammt das syrische Quellenmaterial aus dem Jahre 1616, und bei der Instabilität des Preisniveaus in diesen Jahren lassen sich zeitlich und örtlich auseinanderliegende Zahlenangaben nur schwer vergleichen.

Es ist anzunehmen, daß ein beachtlicher Teil der Bauarbeiter die syrische oder ägyptische Heimat nicht freiwillig verlassen hat, auch wenn die Möglichkeit, als Hadschi zurückzukehren, sicher in manchen Fällen als Anreiz wirkte. Auf osmanischen öffentlichen Baustellen wurden zwar Sklaven nur selten beschäftigt; aber die im Prinzip freien Handwerker wurden von den Kadis ihres Heimatbezirks angefordert und zur Arbeit an der ihnen zugewiesenen Stelle verpflichtet. Entweder hieß es, daß eine bestimmte Zahl von Steinmetzen, Maurern usw. zu stellen war, oder besonders geschätzte Handwerker wurden gar namentlich aufgerufen. Sich einem solchen Aufruf zu entziehen, war nicht ganz einfach, obwohl es Handwerksmeister zuweilen versuchten, und das Manöver in manchen Fällen sicherlich gelungen ist. Die Entlohnung bestimmte in solchen Fällen die osmanische Zentralregierung. Aber aus dem Istanbul des 16. Jahrhunderts sind Fälle bekannt, in denen Handwerker mit dem ihnen zugedachten Lohn unzufrieden waren und eine Lohnerhöhung erreichten; zu diesem Zweck war die Arbeitsniederlegung ein durchaus nicht unübliches Mittel. Auch wissen wir, daß Bauhandwerker und -arbeiter, die in der osmanischen Hauptstadt an öffentlichen Bauprojekten arbeiten sollten, bisweilen einfach »verschwanden« und in die Dienste privater Bauherren traten. Da Arbeitskräfte in Mekka und Medina sehr knapp waren, haben wir sicherlich auch hier mit solchen Behelfslösungen zu rechnen; aber die spärlichen Quellen erlauben keine näheren Aussagen zu diesem Problem.

Bauten und Baukosten

Hohe Lebenshaltungskosten im Hidschas, Mangel an Baumaterialien und Arbeitskräften, Verluste während des Transports durch Wüste und Rotes Meer und sicherlich auch die Schwierigkeit, an einem so abgelegenen Ort die finanziellen Manipulationen der verschiedenen Amtsträger zu überwachen, all diese Faktoren trugen samt und sonders dazu bei, daß das Bauen in Mekka und Medina sehr teuer war. Dementsprechend gab die osmanische Zentralregierung für ihre mekkanischen Bauprojekte große Summen aus. Wir besitzen zwar bis jetzt keine Aufstellung über die Beträge, die für die Renovierung der Großen Moschee unter Selīm II. (reg. 1566–74) und Murād III. (reg. 1574–95) ausgegeben worden sind. Aber einige Einzelposten sind bekannt und zeigen, daß man in Istanbul große Ausgaben nicht scheute. Im Jahre 1571, als man die Renovierung der Galerie der Großen Moschee plante, aber noch mit einer flachen Bedachung rechnete, wurden 40–50000 Goldstücke allein für die Lieferung von Bauholz einkalkuliert. Der gleiche Text berichtet auch, daß die Umstellung vom hölzernen Flachdach auf gemauerte Kuppeln die Kosten auf etwa 100000 Goldstücke verteuern werde. In einem

Befehlsschreiben aus dem Jahre 1568 heißt es, die vor nicht allzu langer Zeit fertiggestellten vier theologischen Schulen Süleymans des Prächtigen hätten über 50000 Goldstücke gekostet. Auch erfahren wir aus diesem Text, daß die vorigen Besitzer des Baugrundes nicht oder möglicherweise nicht vollständig entschädigt worden waren. Falls man diese Zahlungen wirklich nachgeholt hat, dürften sich die Baukosten noch weiter erhöht haben.

Auch für kleinere Reparaturen in und um Medina wurden beachtliche Beträge ausgegeben. Im Jahre 1585 rechnete der Rat des Sultans mit einer Ausgabe von 10000 Goldstücken für Reparaturen an der Außenwand des Hofes der Prophetenmoschee. Die Restauration der kleinen Hafenfestung von Yanbuʿ, wo die Getreidevorräte Medinas zwischengelagert wurden, sollte 50000 Goldstücke kosten, während für die Reparatur von 63 Hospizen, die zur Aufnahme von ärmeren Pilgern gedacht waren, 32000 Goldstücke veranschlagt wurden. Damit ergibt sich also eine Gesamtsumme von 92000 Goldstücken für bloße Reparaturkosten. Die sachgemäße Erneuerung und Erweiterung eines einzelnen solchen Hospizes wurde im Jahre 1564 auf 1000 Goldstücke veranschlagt.

Große Summen wurden auch für die Wasserleitung ausgegeben, die Quellwasser von der Hochebene von ʿArafāt in die heilige Stadt transportierte. Da dieses Wasser viel Sand und Geröll mitschleppte, waren die Leitungen oftmals verstopft und mußten unter großem Zeit- und Geldaufwand gereinigt werden. Außerdem versuchte man, durch neue Leitungen die Versorgung der Stadt zu verbessern. Im Jahre 1571 wurden 60000 Goldstücke allein für dieses Projekt bereitgestellt. Die rechtzeitige Überweisung scheint der osmanischen Staatskasse einige Schwierigkeiten bereitet zu haben. Einen Teil des Geldes schickte man direkt aus Istanbul, eine größere Summe kam aus Ägypten; außerdem griff man auf Getreide zurück, das von der Pilgerkarawane des vorigen Jahres nicht verbraucht worden war und deshalb verkauft werden konnte. Um den noch verbleibenden Fehlbetrag aufzutreiben, wurde zwischen den zuständigen Stellen eifrig hin- und herkorrespondiert, was seinerseits zu den Kosten des Projektes einiges beigetragen haben muß.

Wie kostspielig die Bauvorhaben im Hidschas waren, ergibt sich aus einem Vergleich mit den Baukosten von zwei großen Istanbuler

Sultansmoscheen. Der Süleymaniye-Komplex, mit sechs theologischen und medizinischen Hohen Schulen, einem Hospiz, einem Krankenhaus und einer öffentlichen Küche sowie den prunkvollen Mausoleen Süleymāns des Prächtigen und seiner Gemahlin Roxolane hatte während der achtjährigen Bauzeit (1550–57) insgesamt 53782980 *akče* gekostet. Dies entspricht 896383 Goldstücken. Die Sultan-Aḥmed-Moschee (Bauzeit 1609–17) kostete 180341803 *akče*, was wegen der inzwischen stark abgewerteten osmanischen Silbermünze nur 1381245 Goldstücken entspricht. Auch in diesem letzteren Fall handelte es sich um einen bedeutenden Komplex; außer der Moschee selbst enthielt es einen Kiosk (*ḳaṣr*) für den Sultan, eine Schule, eine Trinkwasserquelle und zahlreiche Läden. Für einen Sultan oder Wesir, der, wie Muṣṭafā ʿĀlī unterstellte, hauptsächlich auf die Vermehrung seines Ruhmes bedacht war, lohnte es sich angesichts dieses Preisunterschiedes, sein Geld in Istanbul und nicht in Mekka oder Medina zu investieren. Aber andererseits steigerte wohl gerade die Kostspieligkeit dieser Vorhaben das Prestige der Herrscher, die sie trotz allem unternahmen.

Daß die hohen Kosten eines Projektes dazu benutzt werden konnten, den dafür verantwortlichen Herrscher zu legitimieren, zeigt sich besonders deutlich an einer Beschreibung der Reparaturen, die der osmanische Sultan Aḥmed I. (reg. 1603–17) an der Großen Moschee in Mekka vornehmen ließ. Diese Darstellung findet sich in einem literarischen Text, der das Leben und die berufliche Karriere des Architekten Meḥmed Ag͟ha zum Gegenstand hat; Meḥmed Ag͟ha leitete das Projekt und zeichnete auch für die Blaue Moschee in Istanbul verantwortlich. Nun berichtet Meḥmed Ag͟has Biograph, Sultan Aḥmed habe eine Regenrinne aus purem Gold für die Kaaba anfertigen lassen. Interessant ist die Begründung für diese aufwendige Spende: Der Autor argumentiert, daß die abbasidischen Kalifen, die die ursprüngliche und bloß vergoldete Regenrinne hatten anbringen lassen, ein wertvolleres Stück nicht hätten bezahlen können. Deshalb befinde sich die Rinne jetzt in einem schlechten Zustand und müsse erneuert werden. Aber der osmanische Sultan war nach Ansicht von Meḥmed Ag͟has Biographen so reich, daß er nötigenfalls auch eine goldene Wand um die Kaaba ziehen lassen konnte.

Dieser Akzent auf kostbaren Materialien wie Gold und Silber ist um so bemerkenswerter, als bei der Dekoration der großen Sultansmoscheen zu Istanbul diese Materialien nur selten benutzt wurden. Im Falle der Süleymaniye (gebaut 1550–57) sagt das Stiftungsdokument sogar ausdrücklich, daß man sich gegen aufwendige Dekoration und für einen geräumigen und solide gefügten Bau entschieden habe. Nun haben in so manchen anderen Fällen die Osmanensultane bei ihren Bauten in Mekka Entscheidungen getroffen, die sich aus der Istanbuler Praxis erklären lassen. Die Abweichung von dem Vorbild der großen Sultansmoscheen, was die Verwendung von Gold und Silber anbelangt, ist also sicher nicht zufällig. Der Biograph Meḥmed Aghas hat versucht, eine Begründung zu liefern; er benutzt für die Kaaba das Gleichnis der Geliebten, deren kostbarer Schmuck sie in größerem Glanze erstrahlen läßt. Dieser Vergleich, wie auch seine gesamte Beschreibung der Kaaba, verweist in die Sphäre der islamischen Mystik. Neben dem Versuch, den Sultan durch die Größe seiner Spende als Herrscher zu legitimieren, haben also wohl religiöse Erwägungen bei der Wahl der Dekoration eine Rolle gespielt. Für die Kaaba als das Zentrum der Welt oder für das Grab des Propheten Muhammad in Medina galten andere Maßstäbe als für eine Sultansmoschee, auch wenn diese, wie etwa die Süleymaniye, als ein Triumphmonument für den sunnitischen Islam konzipiert worden war.

Die Renovierung der Großen Moschee von Mekka

In den ersten fünfzig Jahren der osmanischen Herrschaft kam es zu größeren Veränderungen am Bau der Großen Moschee in Mekka. Der Standort des Vorbeters, nach dem sich die Mitglieder der ḥanafitischen Rechtsschule beim Gebet richten, wurde zunächst von einem Gouverneur Jiddahs durch ein kleines zweistöckiges Gebäude markiert. Bald wurde dieses jedoch wieder abgerissen und durch einen Kuppelbau ersetzt; auch an diesem Detail zeigte sich, wie sehr die Kuppel als das für die osmanische Architektur zentrale Baumotiv galt. Außerdem ließ Süleymān der Prächtige vier theologische Schulen in unmittelbarer Nähe des Heiligtumes errichten. Die Zahl vier weist hin auf die von allen Sunniten als rechtgläubig anerkannten Rechtsschulen. Allerdings hatte man zunächst Schwierigkeiten, für die ḥanbalitischen und die s͟hāfiʿitischen Hochschulen geeignete Professoren zu finden. Vielleicht hat sich die osmanische Zentralregierung in späterer Zeit aus Gründen des Personalmangels dazu entschlossen, den Ḥanbaliten, die im Osmanischen Reich nur in geringer Zahl vertreten waren, kein eigenes Gebäude zuzuweisen, sondern den vierten Bau umzuwidmen. Im letzten Viertel des 16. Jahrhunderts war nämlich die vierte Schule ein sogenanntes Dār al-ḥadīt͟h, das heißt, sie war speziell dem Studium der vom Propheten Muhammad überlieferten Aussprüche und Verhaltensformen gewidmet. Die Errichtung einer solchen »Hohen Schule der Prophetentraditionen« als Bekrönung des Erziehungssystems findet sich auch in Istanbul, wo Süleymān der Prächtige (reg. 1520–66) mehrere theologische Schulen und ein Dār al-ḥadīt͟h in seinen 1550–57 erbauten Moscheenkomplex einbezog.

So zeigt sich, wie trotz allem Gewicht, das den Traditionen der heiligen Stadt beigelegt wurde, sehr bald spezifisch osmanische Bauten und Institutionen im mekkanischen Stadtbild auftauchten. Allerdings bedurfte es immer wieder erneuerter offizieller Anstrengungen, um das Funktionieren dieser Schulen zu sichern. Wie Ewliyā Čelebi bemerkte, begeisterten sich die Mekkaner nicht sonderlich für die Tätigkeit eines Rechts- und Gottesgelehrten; für Lehrer aus den Kernlanden des Osmanischen Reiches aber war Mekka ein ziemlich abgelegener Ort. Überdies bestand immer die Gefahr, daß während der Pilgerzeit einflußreiche Besucher die Gebäude mit Beschlag belegten, um darin zu logieren. So mußte die osmanische Zentralregierung sich immer wieder mit Klagen befassen, die mit diesen Hohen Schulen zusammenhingen.

Auch veranlaßte Süleymān der Prächtige die Erneuerung von mehreren Minaretten der Großen Moschee. Gegen Ende des 16. Jahrhunderts besaß die Moschee sieben Minarette, von denen eines auf den Abbasidenkalifen al-Manṣūr (reg. 754–75) zurückging. Trotz dieses ehrwürdigen Alters ließ Süleymān der Prächtige es in den Jahren 1524–25 niederreißen und ein neues an seine Stelle setzen. Das gleiche geschah mit einem Minarett aus der Zeit des Abbasidenkalifen al-Mahdī (reg. 775–85), das ebenfalls neu aufgebaut wurde. Anstelle der vorher vorhandenen Galerie für den Muezzin erhielt das neue Minarett zwei Galerien; mehrfache Galerien gehörten nämlich zum

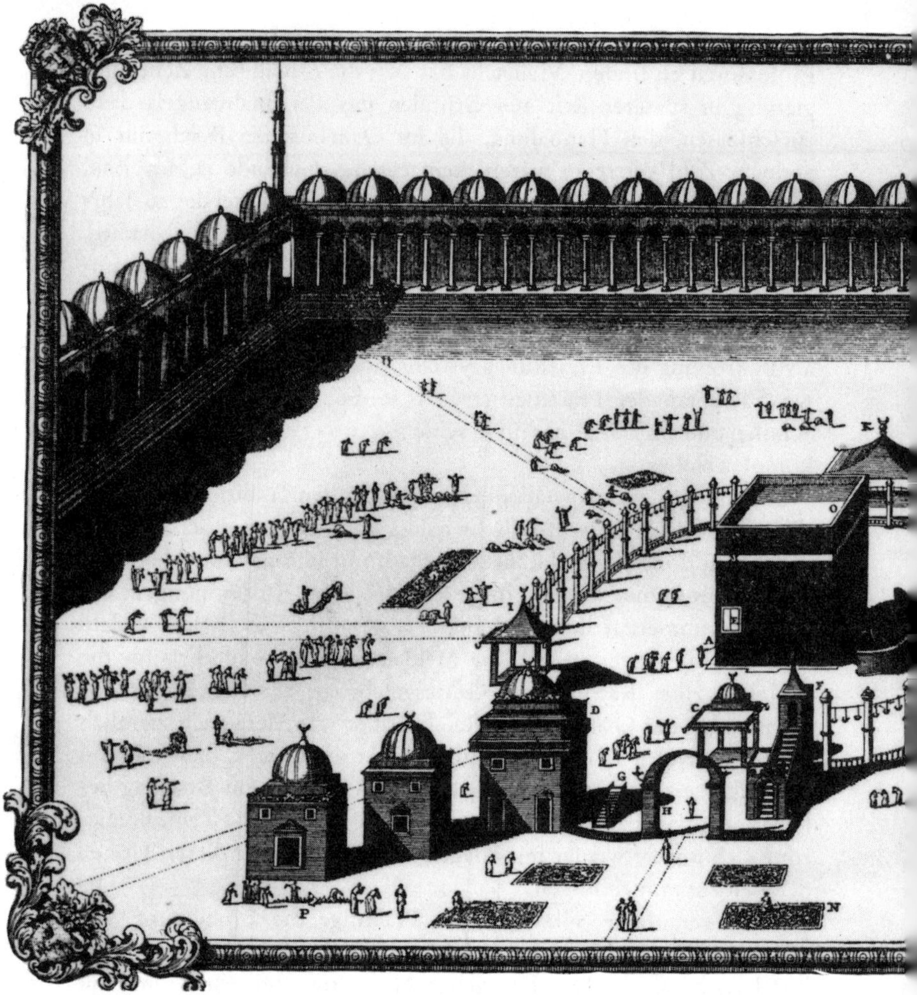

Die Gebäude innerhalb des Hofes der Großen Moschee von Mekka. Kupferstich 1719. Auf dieser europäischen Darstellung fehlen die Zinnen, die den Kuppeln der umlaufenden Galerie vorgelagert sind.

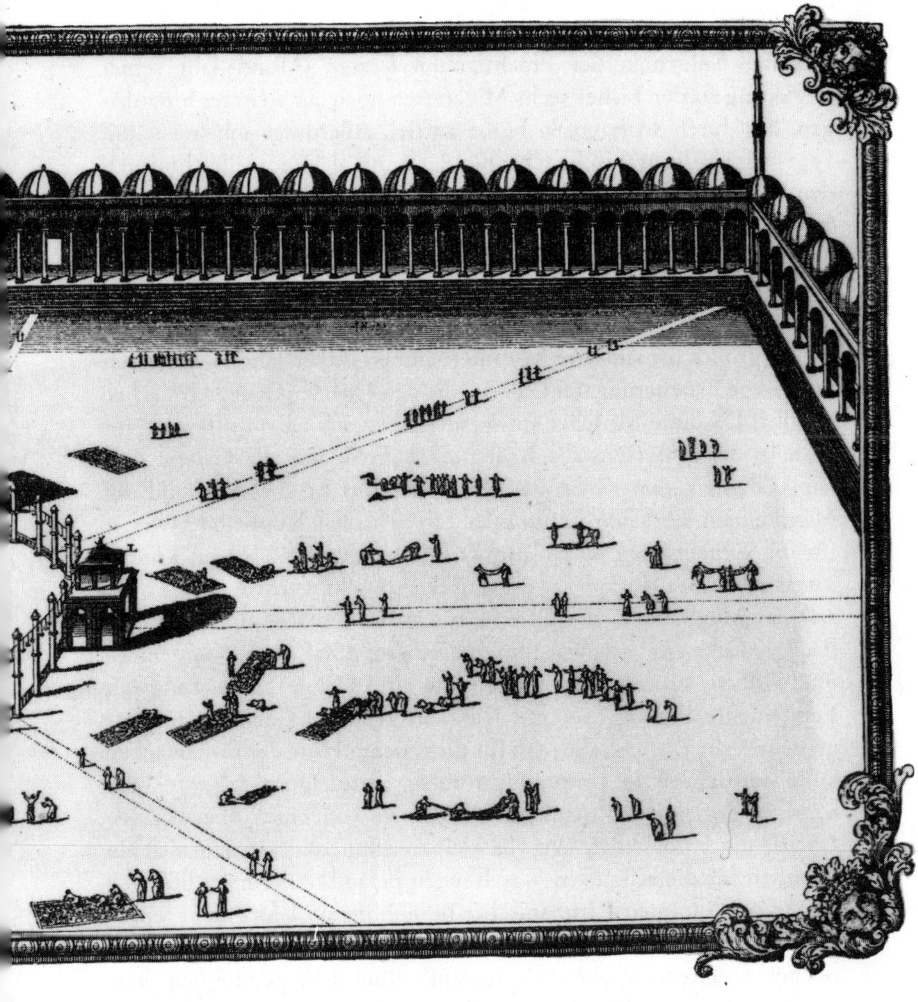

A *Der schwarze Stein in der Mauer der Kaaba*
C *Ort, an dem man die Spuren der Füße Abrahams zeigt*
D *Gebäude, das den Brunnen Zamzam einschließt*
E *Tor der Kaaba*
F *Predigtstuhl*

Erscheinungsbild der großen osmanischen Sultansmoscheen. Überdies ließ Süleymān der Prächtige im letzten (Mond-)jahr seiner Regierung zu den bisher sechs Minaretten noch ein weiteres hinzufügen, das durch seine große Höhe auffiel. Allerdings scheint es um 1597–98, als die arabische Chronik des Ḳuṭb al-Dīn, vielleicht durch den Dichter Bāḳī, ins Osmanische übersetzt wurde, zu größeren Schäden an den Minaretten gekommen zu sein. Leider erklärt Bāḳī nicht, um was für Schäden es sich gehandelt hat – die naheliegendste Möglichkeit ist die eines Brandes. Auch über die Wiederherstellung macht er keine Aussagen.

Das größte osmanische Bauunternehmen dieser Jahre war jedoch die völlige Erneuerung der Galerie, die den Hof der Großen Moschee umgibt. Da diese Moschee im wesentlichen aus einem offenen Hof besteht, der seinerseits die Kaaba umschließt, war die Galerie derjenige Bauteil, der neben den Minaretten das Erscheinungsbild der Moschee am stärksten bestimmte. Ein zentraler Kuppelbau, wie er für die osmanischen Sultansmoscheen charakteristisch war, konnte innerhalb dieses Komplexes nicht untergebracht werden. Aber es bot sich die Möglichkeit, die Galerie, die unter den Mamlukensultanen flach gedeckt gewesen war, durch eine große Zahl von Kuppeln zu überwölben, obwohl dies nicht ohne eine völlige Erneuerung der Fundamente abging. Eine mit Kuppeln gedeckte Galerie war übrigens auch die Lösung, die man für die inneren Höfe der osmanischen Sultansmoscheen in Istanbul gefunden hatte. Dort gelangte man nämlich durch einen Außenhof in einen von einer überwölbten Galerie umschlossenen, sehr viel kleineren Innenhof, in dem sich ein Brunnen für die religiösen Waschungen befand. Allerdings ließ sich die strenge Symmetrie osmanischer Innenhöfe in Mekka nicht reproduzieren. Mußte doch auf die zahlreichen Tore mit ihrer zum Teil reichen architektonischen Ausstattung Rücksicht genommen werden, von denen viele in die frühe Periode des Islams zurückreichten. Auch blieb bei der Größe der umschlossenen Fläche der Charakter des Hofes als eines Platzes unter freiem Himmel stets erhalten, während bei manchen osmanischen Sultansmoscheen, und ganz besonders bei der Süleymaniye, wegen der Breite der Galerie im Vergleich zum Hof eher die Wirkung eines Innenraumes erzielt wurde.

Wegen der Bedeutung des Bauprojektes, das während der Regierungszeit Selīms II. (reg. 1566–74) und Murāds III. (reg. 1574–95) durchgeführt wurde, ergab sich eine offizielle Korrespondenz, von der einzelne Teile erhalten sind. Die Entscheidung für eine überkuppelte Galerie ist wohl während des Zypernkrieges (1570–73) gefallen, als die Zufuhr von Bauholz unterbrochen war und der Sultan das mekkanische Bauprojekt trotzdem nicht verschieben wollte. Deshalb mußte man auf örtlich vorhandene Materialien zurückgreifen, nämlich Haustein und Kalk. Damit war die ursprüngliche Absicht, nämlich die Galerie »im alten Stil« (*waʿz-ı ḳadīm üzere*) wiederherzustellen, von selbst hinfällig geworden. Doch scheint der Rat des Sultans, und wahrscheinlich der Herrscher selbst, noch eine Zeitlang geschwankt zu haben; denn in einem Sultansbefehl, der nur ein paar Monate nach dem ersten abgeschickt wurde, war wieder die Rede davon, daß man die Galerie in der alten Form wiederherstellen wollte. Aber im März 1573 war die Entscheidung für eine überkuppelte Halle endgültig gefallen, und im nächsten Jahr trat der von Istanbul aus bestimmte Architekt die Reise nach Mekka an. Es handelte sich um Meḥmed Čavush, der zu dem Korps der Palastoffiziere zählte; leider ist über die Biographie dieses Architekten nichts Näheres bekannt. Allerdings muß Meḥmed Čavush einen Vorgänger besessen haben; denn während er noch in Istanbul weilte, waren bereits 34 Kuppeln erbaut worden. Über die endgültige Zahl der zu errichtenden Kuppeln scheint damals im Rat des Sultans noch keine Klarheit bestanden zu haben; in einem Befehlsschreiben vom April 1573 ist von 400–500 Kuppeln die Rede.

Auch über die Gestaltung des Fußbodens unter den neuerrichteten Kuppeln besitzen wir einige Quellen. Anscheinend war in der Mamlukenzeit der Fußboden der Galerie nicht von dem des Hofes abgehoben, sondern wie dieser mit Kieselsteinen belegt, und zunächst war man bei dem osmanischen Neubau dem mamlukischen Vorbild gefolgt. Aber um das Jahr 1577 herum begann man, über eine aufwendigere Lösung nachzudenken. Die offizielle Begründung ergab sich aus der Erwägung, daß die meisten Besucher der Großen Moschee arme Leute waren, die keine Gebetsteppiche oder -matten mitbrachten. Für diese aber wurden die häufigen Kniebeugen des muslimischen Gebetes zu einer schlimmen Prüfung, wenn ihnen die scharfen Kiesel ins Fleisch schnitten. Zunächst hatte sich eine Delegation von Prophetennachkommen und Notabeln unter den Pilgern an den Kadi von Mekka gewandt, der den Wunsch nach einem neuen Fußboden an die osmanische Zentralregierung weiterleitete. Daraufhin gab der Sultan einen Plattenfußboden aus Marmor in Auftrag. Schon waren die Marmorplatten geschnitten, als sich unter den Bewohnern Mekkas Einwände gegen die neue Lösung erhoben. Vielleicht spielten Bedenken gegen die gerade vollendete und insgesamt doch sehr aufwendige Neugestaltung der altehrwürdigen Moschee dabei eine Rolle.

Auffallend ist, daß man in Istanbul keineswegs auf der einmal beschlossenen Lösung bestand, obwohl dies bedeutete, daß der Sultan wegen Einwänden aus den Reihen seiner Untertanen eine bereits gegebene Anordnung abänderte. Der neue Befehl lautete, der Kadi solle die (prominenteren) Bewohner Mekkas und auch einige Sachverständige einladen, für Einigung sorgen und den neuen Lösungsvorschlag nach Istanbul mitteilen. So bewirkte einerseits das religiöse Prestige der Stadt Mekka, und andererseits die große Entfernung von Istanbul nach der heiligen Stadt, daß die osmanische Regierung einen Konsensus der prominenten Bewohner Mekkas zu erreichen suchte, bevor größere Bauprojekte unternommen wurden. Was Anatolien und die Balkanhalbinsel anbelangt, ist von solchen Beratungen bisher nichts bekannt geworden; dort wurde zumindest in der offiziellen Korrespondenz von der Annahme ausgegangen, daß letzten Endes alle Entscheidungen vom Sultan ausgingen.

In den nächsten Jahren scheint der Bau sehr rasch vorangekommen zu sein; denn bereits im August/September 1576 konnte man in Istanbul das Ende der Bauarbeiten an der Galerie durch den Entwurf einer Datierungsinschrift feiern. Der Text wurde in Istanbul aufgesetzt. Aber um ihn in eine Marmorplatte meißeln zu lassen, suchte man nach einem Künstler, der sich bereits an Ort und Stelle befand bzw. nur aus Ägypten nach Mekka geschickt werden mußte. Diese Angelegenheit besaß durchaus ihren politischen Aspekt. Denn dem Kadi von Mekka wurde nicht nur aufgetragen, für einen Meister zu sorgen, der in einem eleganten Duktus zu schreiben wußte, es wurde auch auf eine gute Lesbarkeit der Schriftzüge Wert gelegt. »Aber Ihr [der Kadi von Mekka und der Gouverneur von Jiddah] müßt auf den Schreiber achtgeben und [den Text] in einer solchen Schrift schreiben lassen, daß niemandem bei der Lesung Zweifel kommen. Die Sache soll in dieser Weise erledigt werden. Auch sollt Ihr schriftlich mitteilen, an welcher Stelle Ihr [die Inschrift] aufgestellt habt.« Offensichtlich wurde es auch den Zeitgenossen nicht immer leicht, aus den Verschlingungen einer formvollendet geschriebenen Inschrift den Sinn zu entziffern. Man entschied sich schließlich für eine Aufstellung in der Nähe der ʿAbbās-Pforte, eines häufig benutzten Eingangstores in die Große Moschee.

Versuchte Stadtplanung

Mit dem Ende der Bauarbeiten an der Galerie, die übrigens noch heute in Benutzung ist, waren Mittel für ein weiteres und mindestens ebenso ehrgeiziges Bauprojekt freigeworden, nämlich die Beseitigung des unmittelbar an die Große Moschee angrenzenden Stadtviertels, das anscheinend durch einen offenen Platz ersetzt werden sollte. Auch hier lagen wohl städtebauliche Erwägungen zugrunde, die sich an den großen Moscheekomplexen Istanbuls, Bursas und Edirnes orientierten. In den osmanischen Kernlanden war nämlich eine Sultans- oder Wesirmoschee von theologischen Schulen, Büchereien, Armenküchen und ähnlichen Institutionen flankiert, außerdem besaß sie vielfach einen Außenhof, in dem keine Häuser standen und der oftmals, mit Bäumen bepflanzt, als Friedhof diente. Gleichzeitig wurde die Moschee dadurch aus dem Gedränge der Häuser herausgehoben und die Fassade und Kuppelbekrönung weithin sichtbar gemacht. Andererseits besaß eine Hofmoschee wie die Große Moschee in Mekka gar keine Fassade, und wie es auch in anatolischen Städten der vorosmanischen Periode üblich gewesen war, drängten sich Privathäuser und fromme Stiftungen dicht an die Moschee heran. Die von Murād III. geplante Umgestaltung zielte also darauf hin, ein völlig neues Stadtbild zu schaffen. Hier mußte man mit Widerständen rechnen, denn die Eigentümer dieser Häuser waren oft wohlhabende Leute, die während der Pilgersaison ihre Häuser an ebenso reiche und einflußreiche Pilger vermieteten. Sultan Murād III. besaß selbst ein Haus in der unmittelbaren Umgebung der Kaaba. Deshalb bedeutete der Versuch, die Moschee durch einen Streifen unbebauten Landes von den profanen Wohngegenden abzuheben, zugleich eine große Geldausgabe und eine Quelle politischer Verwicklungen. Am anderen Ende der gesellschaftlichen Schichtung waren aber auch arme Leute von dieser Politik der städtischen Neugestaltung betroffen. Hatten doch im Laufe der Zeit so manche Stifter einfache Unterkünfte für arme Pilger in die unmittelbare Nähe der Großen Moschee bauen lassen, die jetzt geräumt werden mußten.

Die Eigentümer der Häuser und Verwalter von Stiftungen erhielten jeweils eine Geldsumme als Entschädigung. Auf solche Entschädigungen konnte der Sultan nicht verzichten, weil es sich ja um ein frommes Werk handeln sollte; eine entschädigungslose Enteignung aber hätte das religiöse Verdienst, das der Sultan sich durch seine Tat zu erwerben hoffte, zunichte gemacht. Deshalb wurde der Wert der abzureißenden Gebäude geschätzt und eine Gesamtsumme von 27000 osmanischen Goldstücken für diesen Zweck bereitgestellt. Leider wissen wir nicht, aufgrund welcher Kriterien der Wert der einzelnen Objekte bestimmt wurde, und deswegen ist auch unbekannt, ob die Geschädigten an anderen Stellen der Stadt sich neue Häuser erwerben konnten. Offenbar war zunächst ein Zahlungsmodus vorgesehen, der die ärmeren Hausbesitzer schwer benachteiligte, denn die Eigentümer der geräumten Häuser erhielten Zahlungsanweisungen, die die ägyptische Finanzverwaltung begleichen sollte. Wegen der Schwierigkeit der Reise hätten gerade ärmere Leute, die versuchen mußten, diese Anweisungen an Ort und Stelle in bares Geld umzusetzen, große Verluste erlitten. Die osmanische Zentralregierung entschloß sich allerdings in letzter Stunde, die Zahlungen doch in Mekka vornehmen zu lassen.

Abgesehen von dem optischen Eindruck spielte bei den stadtplanerischen Projekten der osmanischen Zentralverwaltung auch die Beseitigung übler Gerüche eine Rolle. Das Problem war in einer Stadt, wo das Wasser knapp war und zu einer bestimmten Zeit große Menschenmengen zusammentrafen, nur sehr schwer in den Griff zu bekommen. Die erste Voraussetzung war eine verbesserte Wasserversorgung. Diese wiederum ließ sich in zwei Bündel von Projekten zerlegen: Einerseits galt es, die von außen in die Stadt hineingebrachte Wassermenge zu vermehren, andererseits das vorhandene Wasser dem Bedarf entsprechend auf die verschiedenen Stadtviertel zu verteilen. Die Hauptleitung, die von der ʿArafāt-Hochebene zur Großen Moschee führte, wurde in den Jahren 1564–65 repariert. Drei Jahre später dauerten diese Arbeiten immer noch an. Dies ergibt sich aus einem Text, in dem sich der verantwortliche Amtsträger in Istanbul beschwert hatte, daß das angewiesene Geld nicht ausreichte. Auch waren die technischen Probleme nicht befriedigend gelöst; denn aus dem Jahr 1580 besitzen wir einen Bericht, nach dem man in dem Zufuhrkanal Unebenheiten hatte stehen lassen. Diese führten dazu, daß das Wasser nicht gleichmäßig floß, sondern sich staute, so daß im Endergebnis nur wenig Wasser in der heiligen Stadt ankam. Für die notwendige Begradigung des Kanals mußten 5000 Goldstücke in Rechnung gestellt werden.

Die Verteilung des Wassers auf die Stadtviertel geschah mittels Wasserwaagen; 1568 wurden diese Geräte gerade aufgestellt. Wir besitzen ein Sultansedikt, in dem einem ägyptischen Fachmann auf diesem Gebiet befohlen wurde, nach Mekka zu reisen und sich an den Arbeiten zu beteiligen. In einzelnen Stadtteilen wurden dann oft Stiftungen eingerichtet, durch deren Vermittlung die Stadtbewohner das Wasser nutzen konnten. So ließ in den Jahren 1576–77 der Großwesir Soḳollu Meḥmed Pascha eine Badeanstalt erbauen, und der Kadi von Mekka wurde angewiesen, ihm bei diesem Unternehmen zu helfen. Süleymān der Prächtige hatte seinerseits eine Stiftung errichten lassen, die den Bewohnern Mekkas Trinkwasser spenden sollte. Aber im Jahre 1585 mußte sich der Rat des Sultans mit einer Beschwerde befassen, daß schon seit 20 Jahren (also seit dem Tode des Stifters) an diesem Ort kein Wasser zu haben war; nur die Stiftungsangestellten bezogen nach wie vor ihr Gehalt. Daneben wurden auch Wasseranlagen, die zum Teil noch aus der Mamlukenzeit stammten, wiederhergestellt. Allerdings sah die osmanische Zentralregierung die Geldsumme von 15 000 Goldstücken, die von Mekkanern oder in Mekka tätigen osmanischen Amtsträgern für diesen Zweck angefordert worden war, als etwas überhöht an. Daneben galt es zu verhindern, daß die knappen Wasservorräte der allgemeinen Nutzung entzogen und von einflußreichen Leuten für Häuser und Gärten mit Beschlag belegt wurden.

Andererseits ließen sich Sauberkeit und Ordnung in der Stadt und besonders im Hofe der Großen Moschee nur dann sichern, wenn für die Unterkunft der ärmeren Pilger gesorgt war: »Die armen Leute, die kommen, um der edlen Kaaba einen Besuch abzustatten, besitzen keinen festgelegten Ort [zum Übernachten]. Deshalb lassen sie sich an einer Stelle des edlen Heiligtums nieder, und dieses verschmutzt, so daß sich Läuse ausbreiten ... Daher hatte Ihre Hoheit, die verstorbene Prinzessin, in der Nähe ihrer in Mekka befindlichen Armenküche ein Grundstück angekauft, das sich zum Bau einer Unterkunft für die erwähnten Gruppen eignete.« Dieser im Jahre 1556 ausgestellte Sultansbefehl schlägt ein Thema an, das in den nächsten Jahren öfter auftauchen sollte, nämlich die Erbauung von einfachen Unterkünften für diejenigen Pilger, die sonst auf der Straße oder im Hofe der Großen Moschee übernachtet hätten. Ganz besondere Probleme ergaben sich, wenn ein armer Pilger erkrankte: »Wie wir hören, gibt es zur Zeit in dem edlen Heiligtum manche kranke und hilflose Personen, die sich dort tags wie nachts aufhalten, weil sie nicht die Kraft haben, hinauszugehen. Nun hat mein ... Großwesir ... für die Kranken ein passendes Haus in der Nähe der Großen Moschee beschafft. Es handelt sich um ein viereckiges Hofgrundstück, dessen Seiten überdacht sind. Dieses hat er gegen einen [angemessenen] Preis von dem [vorigen] Eigentümer gekauft. Auch hat er in der Nähe der Großen Moschee eine Badeanstalt bauen lassen, deren Ertrag für Dinge ausgegeben werden soll, die diese Kranken benötigen. Auch soll man davon Leichentücher für die Verstorbenen kaufen.« Allerdings waren die Bestrebungen, alle Pilger in angemessenen Unterkünften unterzubringen, nur schwer zu verwirklichen. Denn wie schon erwähnt, waren mehrere bereits bestehende Hospize abgerissen worden, um einen unbebauten Raum um die Große Moschee herum zu schaffen.

Auch die Straßenreinigung Mekkas stellte die osmanische Zentralregierung vor schwierige Aufgaben. Dabei ließ sich, wenn die Straßen schmutzig waren, auch der Hof der Großen Moschee kaum sauberhalten, weil diese an der niedrigsten Stelle der Stadt gelegen ist. Im Jahre 1577 war der Hof gerade wieder gründlich gereinigt worden: »Aber weil die Leute der Stadt ihren Hausmüll auf die Straße werfen, füllen sich im Falle einer Überschwemmung die gerade gesäuberten Stellen wieder auf, so daß eine neue Reinigung nötig wird.« Deshalb befahl der Rat des Sultans, daß Kadi und Scherif die Bewohner der

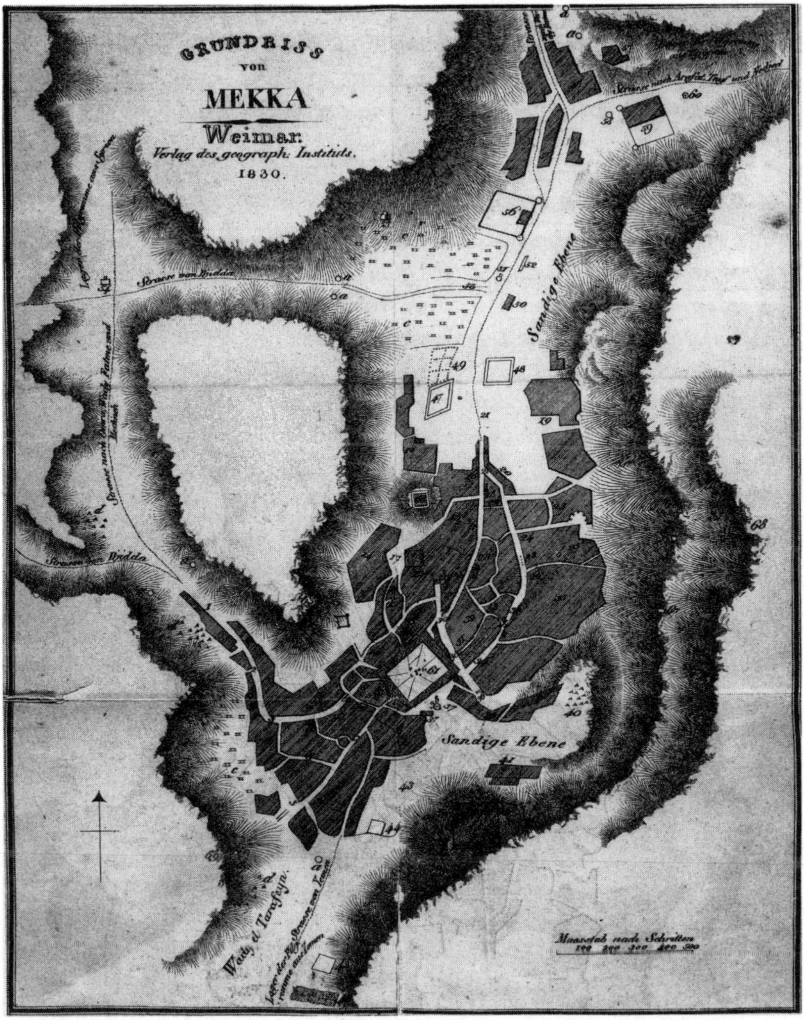

Plan Mekkas. Aus einer deutschen Ausgabe der Reisebeschreibung von John Lewis Burckhardt, Weimar 1830. Im Zentrum (61) die Große Moschee, daneben Ṣafā (36) und Marwa (29) mit der Verbindungsstraße Masʿa (30). (32) Geburtsort der Prophetentochter Fatima, (55) Grab der ersten Frau Muhammads, <u>Kh</u>adid<u>j</u>a. (37), (41), (56), (59) Scherifenpaläste.

heiligen Stadt dazu bringen sollten, ihre Abfälle auf einem Müllabladeplatz vor der Stadt zu deponieren. Leider besitzen wir keine Auskünfte darüber, ob dieses Edikt in der Praxis durchgesetzt werden konnte.

So war die osmanische Verwaltung mit Problemen befaßt, die wir heute als »ästhetisch« und »hygienisch« ansehen würden. Man darf allerdings nicht vergessen, daß diese Kategorien unserem heutigen Denken entstammen und im 16. oder 17. Jahrhundert nicht benutzt wurden. Für die osmanischen Amtsträger ging es einfach darum, die Pilgerfahrt in einem dem Anlaß entsprechenden würdigen Umfeld stattfinden zu lassen. Hohe Häuser, von denen aus man in die Große Moschee hineinsehen konnte, galten als ebenso unschicklich und der Andacht ebenso abträglich wie Schmutz und üble Gerüche. Auch die Nutzung des Hofes der Großen Moschee zu profanen Zwecken war für den Rat des Sultans ein Stein des Anstoßes, weil solch eine Benützung für die Mitglieder der osmanischen Oberschicht offenbar als ein Anzeichen für mangelnden Respekt gegenüber dem Heiligen galt. Daß gerade iranische Bewohner Mekkas den Hof der Großen Moschee als einen Teil des alltäglich genutzten Raumes verstanden, konnte den Konflikt nur verschlimmern: »Einige Iraner, die durch ihre ketzerischen Ansichten bekannt sind, ... stören die Frommen, die sich im Hof der Moschee zur Andacht versammeln. Des Abends kommen sie mit ihren Frauen und Familien, ihren Kissen und Kinderwiegen, lassen sich im Moscheehof nieder, und auch sonst ist ihres unschicklichen Benehmens kein Ende.« Wenigstens in dieser Hinsicht bestand durchaus eine gewisse Parallele mit Bestrebungen im christlichen Europa der frühen Neuzeit, die religiösen und profanen Bereiche des Lebens schärfer voneinander zu trennen und im äußeren Gehabe an heiligen Orten eine respektvolle Zurückhaltung durchzusetzen.

Um den Pilgern eine ungestörte Beteiligung an den Riten der Wallfahrt zu ermöglichen, mußten jedoch auch Fragen gelöst werden, die wir heute als Problem des städtischen Verkehrs- und Polizeiwesens betrachten würden. So war der Weg zwischen den Hügeln von Ṣafā und Marwa, den die Pilger zum Andenken an Abrahams verstoßene Nebenfrau Hagar siebenmal durchschreiten bzw. durcheilen, längst zu einer städtischen Geschäftsstraße geworden. Auf dem

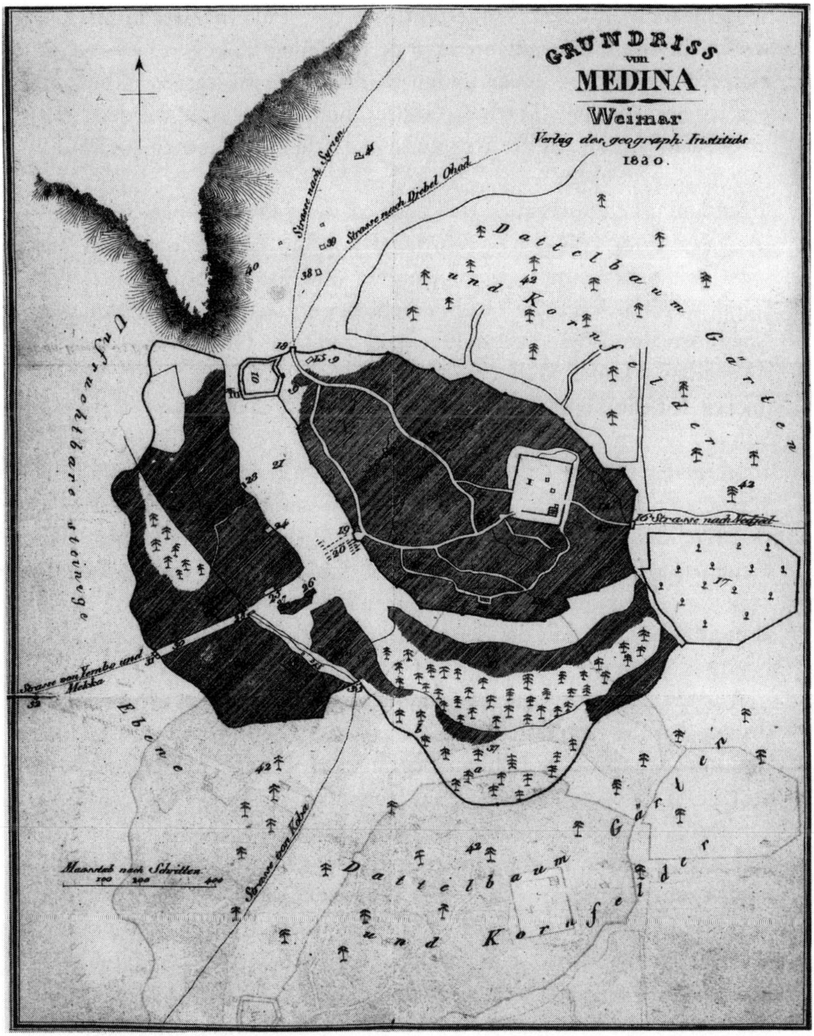

Stadtplan Medinas aus Burckhardt. (1) *Die Große Moschee mit dem Grab des Propheten* (2). (4), (5) *Hauptstraßen mit Koranschule* (6). (10) *Zitadelle mit Stadttor.* (26) *Moschee des ʿUmar.* (29) *Residenz des Pascha.*

Wege waren Auslagen aufgestellt, die den Pilgern sehr hinderlich waren. In Istanbul versuchte man den Schaden zu begrenzen, indem man die Errichtung neuer Läden an dieser Straße verbot. Aber die bereits bestehenden Geschäfte sollten nicht angetastet werden; erst im 20. Jahrhundert ist der Weg zwischen Ṣafā und Marwa ganz für die Pilger reserviert worden.

Schwierigkeiten ergaben sich auch an den Marktplätzen, wo »Köche, Verkäufer von gerösteten Schafsköpfen, Fleischer und andere wenig ehrbare Leute sich versammeln und um die Kundschaft der Pilger werben. Auch die Taschendiebe benutzen die Gelegenheit, den Muslimen ihre Börsen zu stehlen und ihnen ihr Geld abzunehmen.« Allerdings war der Markt, von dem hier die Rede ist, eine Notwendigkeit für die Verpflegung der Pilger, so daß man sich im Rate des Sultans keinen anderen Ausweg wußte, als ihn an einen möglichst abgelegenen Ort zu verbannen. Aber auch an anderen Stellen Mekkas versperrten Buden und Zelte, in denen Essen und Kaffee angeboten wurden, den Pilgern den Weg und hinderten sie am Gebet. Die osmanische Zentralregierung bemühte sich darum, die für den Pilgerverkehr notwendigen Durchgangsstraßen offenzuhalten, war dabei aber auf die Mitarbeit der Scherifen und nicht zuletzt der beteiligten Kaufleute angewiesen.

Aus diesen verschiedenen Maßnahmen gewinnt man den Eindruck, daß die osmanische Zentralregierung bemüht war, in Mekka und vielleicht auch in Medina das in sich stimmige Vorstellungsbild von einer wohlgeordneten Stadt zu verwirklichen. Die städtische Ordnung, in die bedeutende Summen investiert wurden, sollte einen Rahmen abgeben, in dem die Pilger ihren religiösen Pflichten genügen konnten. Andererseits hoffte die osmanische Oberschicht, den Sultan und damit ihre eigene Herrschaft durch die Schaffung dieses städtischen Rahmens zu legitimieren. Leider beschränkt sich die Dokumentation über die stadtplanerische Politik der osmanischen Zentralregierung aus Gründen, die bis jetzt unklar sind, auf die zweite Hälfte des 16. Jahrhunderts. Für die späteren Jahre ist unsere Dokumentation weitgehend auf das Areal der Großen Moschee begrenzt. Allerdings wird diese mit großer Ausführlichkeit behandelt, so daß man einiges über die politischen Faktoren aussagen kann, die bei den Anbauten und Restaurationen des 17. Jahrhunderts ins Spiel kamen.

Die Kaaba selbst war bei den Umbauten des späten 16. Jahrhunderts unangetastet geblieben. Trotz einiger mittelalterlicher Reparaturen handelte es sich nach wie vor um den Bau, den der Omaijadenstatthalter al-Ḥadjdjādj nach der Niederwerfung Ibn al-Zubayrs im Jahre 693 hatte errichten lassen. Allerdings wurden gegen Ende des 16. Jahrhunderts die ersten Warnungen laut, daß der Bau an strukturellen Schwächen leide. Doch wehrten sich manche Rechts- und Religionsgelehrten gegen jeden Vorschlag, an dem altehrwürdigen Bau Veränderungen vorzunehmen. Erst der junge Sultan Aḥmed I. (reg. 1603–17), der damals mit der Blauen Moschee die letzte große Sultansmoschee im »klassischen« osmanischen Stil errichten ließ, entschied sich für größere Restaurationsmaßnahmen. Doch nahm man auch jetzt von einem Eingriff in das Mauerwerk Abstand. Statt dessen wurde um die Kaaba ein eiserner Gurt gelegt, der der Neigung der Mauern entgegenwirken sollte. Dieser Gurt war mit reicher Gold- und Silberarbeit geschmückt. Überdies wurde die Dachtraufe der Kaaba erneuert, die einen der Orte innerhalb der Großen Moschee bezeichnet, wo sich die Gläubigen die Erhörung ihrer Gebete erhoffen. Auch das Dach der Kaaba wurde weitgehend ausgewechselt sowie Schäden im Mauerwerk repariert. An kostbaren Materialien wurde nicht gespart: Von der goldenen Regenrinne einmal abgesehen, erhielten die drei Säulen im Inneren der Kaaba einen goldenen und silbernen Dekor, und eine silberne Tafel mit Inschrift über der Tür des Gebäudes wurde durch eine goldene ersetzt.

Trotz dieses Aufwands scheint Sultan Aḥmeds I. Restauration die strukturellen Schwächen des Gebäudes nicht beseitigt zu haben. Dies zeigte sich allerdings erst im Jahre 1630. Damals kam es nämlich zu einer Überschwemmung, die selbst in der an solchen Ereignissen nicht gerade armen Geschichte der Großen Moschee anscheinend noch nicht vorgekommen war. Daß die Moschee bis in die jüngste Zeit hinein solchen blitzartigen Überschwemmungen ausgesetzt war, hängt mit ihrer geographischen Lage zusammen; wie in vielen Wüstengebieten versickert hier das Regenwasser nicht, sondern bahnt sich, falls es nicht künstlich abgeleitet wird, einen Weg an der Oberfläche. Zudem befindet sich die Große Moschee genau an der niedrigsten Stelle der Stadt Mekka, inmitten eines Wadis, das nach jedem größeren Regenfall kurzfristig zu einem reißenden Strom wurde. Im Jahre 1630 standen der Moscheehof und die gesamte Unterstadt unter Wasser, und viele Menschen ertranken. Der Chronist Süheylī berichtet, daß das Wasser bis zu dem Schloß an der Türe der Kaaba reichte. Dabei lag diese Pforte hoch über dem Niveau des Hofes, so daß die Besucher nur über eine Leiter Zugang fanden. Drei Tage blieb das Wasser im Moscheehof, und als es endlich abgezogen bzw. verdunstet war, blieb eine übermannshohe Schlammschicht zurück. Zudem wurde diese in der Sonne sehr schnell steinhart, so daß man die Erde abermals anfeuchten mußte, ehe sie mit Schaufeln und Spaten beseitigt werden konnte.

Dieser zusätzlichen Belastung waren die Mauern des »Alten Hauses« nicht gewachsen, und eine Untersuchung ergab, daß die Kaaba unmittelbar vom Einsturz bedroht war. Der Scherif berief daraufhin eine Versammlung von prominenten Bewohnern der Stadt ein. Diese Versammlung besaß zwar nicht den Körperschaftscharakter, den wir vom europäischen und besonders vom deutschen Stadtregiment der frühen Neuzeit her gewöhnt sind. Doch zeigt die Darstellung Süheylīs, daß diese Versammlung sehr häufig einberufen wurde und bei der nun folgenden Restauration der Kaaba eine nicht zu unterschätzende Rolle spielte. Es ist deshalb anzunehmen, daß etwas Ähnliches auch bei den Bauprojekten früherer osmanischer Sultane geschehen ist. Nur sind mit Ausnahme der Chronik des Ḳuṭb al-Dīn unsere Quellen zu diesem früheren Zeitraum stark auf die osmanische Zentralverwaltung hin orientiert, so daß diese lokale Beteiligung an den großen Bauprojekten der osmanischen Sultane in den vorliegenden Quellen wahrscheinlich etwas zu kurz gekommen ist.

Wohl aufgrund der Beschlüsse dieser Versammlung wurde ein Geometer und Bausachverständiger namens ʿAlī b. S͟hams al-Dīn beauftragt, die Kaaba vor dem Zusammenbruch zu bewahren. Der Gouverneur von Jiddah wurde um die Überstellung von Bauholz gebeten, das sich gerade im Hafen befand, und dieses traf alsbald ein. Die obersten Rechtsgutachter (Mufti) der vier sunnitischen Rechtsschulen erklärten, daß die Restauration der Kaaba eine religiöse Pflicht sei, die der Scherif als Stellvertreter des Sultans zu übernehmen habe. Allerdings versäumte man trotzdem nicht, Vertreter der osmanischen Zentralmacht einzuschalten: »Der Scherif Masʿūd beeilte sich, ein oder zwei Boten nach der Provinz Ägypten zu entsenden, um die Angelegenheit wahrheitsgemäß und in allen Einzelheiten dem Gouverneur von Ägypten, dem Wesir ohnegleichen Meḥmed Pascha, als Stellvertreter des Sultans mitzuteilen. Die Boten waren am Montag ausgezogen und erreichten Kairo am Ende des edlen Ramaḍān-Monats. Man erhielt eine Audienz beim Gouverneur und überreichte das Protokoll der Bewohner Mekkas und die Petition des Scherifen. Nachdem dieser sich über die Sachlage informiert hatte, leitete der vorerwähnte Wesir die Petition des Scherifen sowie das Protokoll an den Palast des Sultans weiter und setzte damit die Majestät des Herrschers [von der Sachlage] in Kenntnis.« Aber zugleich wurde der Gouverneur von Ägypten auch auf eigene Initiative hin tätig, gemäß der besonderen Verantwortung, die dieser Amtsträger in bezug auf den Hidschas innehatte. Auf Befehl des Gouverneurs hin wurde weiteres Baumaterial aus Ägypten geschickt; außerdem sandte dieser Riḍwān Agha, seinen Agha (Kommandanten) der tscherkessischen Mamluken, dem zu diesem Anlaß der Titel eines *beg* verliehen wurde. Obgleich Riḍwān Beg ursprünglich den Gouverneur nur vertreten sollte, bis eine Nachricht aus Istanbul eintraf, wurde er später im Amt bestätigt, und wenn Süheylī die Sachlage einigermaßen realistisch wiedergibt, hat er als der eigentliche Leiter des Restaurationsprojektes zu gelten.

Administrativ gesehen, hatte Riḍwān Beg das Amt eines Vermittlers und Koordinators inne. Denn einerseits sollte er dafür sorgen, daß alles für den Bau Benötigte aus Ägypten herangeschafft wurde, und dafür brauchte er gute Beziehungen zu den ägyptischen Mamluken und auch zu dem dortigen Gouverneur. Andererseits konnte die Renovierung nur dann vorangehen, wenn er sich auf Schritt und Tritt der Zustimmung der mekkanischen Notabeln versicherte. Diese war durchaus keine Selbstverständlichkeit: gerade als man den Hof notdürftig gereinigt hatte und mit dem Abtragen der Kaaba beginnen wollte, meldete der shāfiʿitische Mufti Bedenken an. Seiner Meinung nach konnte ein so schwerwiegender Schritt erst unternommen werden, wenn der Sultan seine Zustimmung gegeben hatte. Daraufhin sah sich Riḍwān Beg gezwungen, ein Rechtsgutachten einzuholen. Es fand sich allerdings sehr schnell eine Gruppe von Gelehrten –

auch ein anderer shāfiʿitischer Mufti war dabei –, die einen sofortigen Beginn der Arbeiten guthieß. Hatten doch gerade die Rechts- und Gottesgelehrten, von dem ersten Augenblick an, als man das Ausmaß des Schadens übersehen konnte, immer wieder zur Eile gemahnt.

Für die technische Seite der Bauarbeiten waren Baumeister und Geometer zuständig. Unser Text berichtet nicht von der Entsendung von Fachkräften aus Istanbul, die im 16. Jahrhundert öfter vorgekommen war. Wahrscheinlich handelte es sich bei den Bauleuten um Ägypter oder Syrer, die gerade in der heiligen Stadt weilten. Offensichtlich waren diese Experten in erster Linie darauf bedacht, sich selbst gegen spätere Vorwürfe dadurch abzusichern, daß sie die Notabeln von jedem wichtigeren Schritt augenblicklich in Kenntnis setzten. So wurde, bevor die vorhandenen Mauern vollends abgetragen worden waren, eine Versammlung einberufen, an der Rıḍwān Beg, der Scherif von Mekka und andere prominente Persönlichkeiten teilnahmen. Hier erklärten die Experten, daß auch die noch stehenden Mauern nicht solide waren: »In dieser Sache bringt später keine Vorwände vor und sagt nicht: warum habt ihr [das] nicht [eher] gesagt.« Trotzdem waren einige Rechtsgelehrte nach wie vor gegen den Abriß. Rıḍwān Beg ließ daraufhin ein weiteres Rechtsgutachten einholen, in dem er sich ausdrücklich auf die Aussage der Fachleute berief. Erst nachdem auch dieses positiv ausgefallen war, ließ er die Arbeit ihren Fortgang nehmen. Diese Prozedur zeigt, daß die Baumeister und Geometer durchweg eine untergeordnete Rolle spielten. Von dem immerhin beträchtlichen Anspruch und Selbstbewußtsein von Architekten wie Sinān oder Meḥmed Agha, die sich aus ihren Biographien unmittelbar ergeben, war bei diesen Baumeistern nichts zu spüren.

Süheylīs Chronik bringt aber nicht nur Informationen über die administrativen Mechanismen, die für die Abtragung und Wiedererrichtung der Kaaba in Bewegung gesetzt wurden. Sie enthält auch ein Bautagebuch, das die einzelnen Stadien der Arbeit festhält. Zunächst errichtete man eine Art Bauzaun im Hofe der Großen Moschee. Denn obgleich die rituelle Umkreisung des Platzes, auf dem die Kaaba normalerweise stand, weiterhin möglich blieb, wurde doch das Gebäude den Blicken entzogen und erst, nachdem der Wiederaufbau schon fast abgeschlossen war, aufs neue sichtbar gemacht. Die abgetragenen Bauelemente wurden sorgfältig verwahrt. Die wertvolleren unter ihnen kamen in eine eigene Schatzkammer, wozu man die Hälfte des Raumes verwendete, der seit langem als die »Trinkwasserstube des ʿAbbās« bezeichnet wurde. Bei dieser Gelegenheit trennte man auch die goldenen und silbernen Dekorationen von der eisernen Schiene, die von der Regierungszeit Sultan Aḥmeds I. bis zu der großen Überschwemmung die Wände der Kaaba gestützt hatte. Mehr als 100 *baṭmān* Gold und 120 *baṭmān* Silber wurden auf diese Weise gesichert. Leider ist der *baṭmān* eine Gewichtseinheit, die von Ort zu Ort verschieden ausfällt. Wenn wir aber annehmen, daß der ägyptische *baṭmān* gemeint ist, was wegen der engen Handels- und politischen Beziehungen zu Kairo gut möglich ist, dann wären 81 kg Gold und 98 kg Silber in dieser Dekoration enthalten gewesen. Das Eisen wurde zu Stützen verarbeitet, die man in den Neubau einsetzte, um ihm mehr Festigkeit zu geben.

Als die Kaaba vollständig abgetragen war, blieb nur der Schwarze Stein an seiner ursprünglichen Stelle. Da aber auch die Mauer unter dem Schwarzen Stein nicht sehr fest war, goß man geschmolzenes Blei in die Ritzen der gebrochenen Steine. Dann begann der Wiederaufbau: Süheylī zählt 20 Reihen Steine bis zu der unteren der beiden Holzdecken, dann folgten vier weitere Reihen bis zu der oberen Bedachung. Eine 25. Reihe bildete die Bekrönung. In jedem Fall notiert der Chronist, wann man mit einer neuen Reihe begann und sogar, an welcher Stelle des Gebäudes die Bauleute jeweils zu ihrer Arbeit ansetzten. Einige Steine mußten ersetzt werden, so daß am Ende 50 Steine des alten Gebäudes übrigblieben. Auch überliefert der Chronist, an welchen Tagen das Teakholz, das als Bedachung für die Kaaba diente, in den Moscheehof hineingebracht wurde und wann es die Zimmerleute den Maßen des Gebäudes entsprechend zurechtschnitten. Auch wird im einzelnen berichtet, wie die drei Säulen, die das Dach der Kaaba tragen, jeweils mit einer Basis versehen, wieder an ihre ursprünglichen Orte eingesetzt wurden. Die Befestigung der eisernen Halter für die Leuchten, mit denen das Innere der Kaaba erhellt wurde, galt ebenso für erwähnenswert wie die Anbringung der Tür und der Säulchen, die auch bei dem früheren Gebäude die einzige Pforte flankiert hatten.

Zum Problem der baulichen Veränderungen an der Großen Moschee

Eine derartig ins einzelne gehende Beschreibung des Bauvorganges ist bisher noch für kein anderes Gebäude der islamischen Welt bekannt geworden. Diese Aufmerksamkeit im Detail erklärt sich daraus, daß die ursprüngliche Kaaba als Schöpfung Gottes angesehen wird, die dann von einer Reihe von Propheten erneuert wurde. Am Beginn dieser Reihe stehen Adam und Abraham, an ihrem Ende der Prophet Muhammad, gefolgt von einigen – im Positiven wie im Negativen – sehr bekannten Persönlichkeiten der islamischen Geschichte. Das Werk dieser Propheten und historischen Personen war in dem Bau und den Steinen der Kaaba noch unmittelbar gegenwärtig und sollte so weit wie möglich unangetastet bleiben. Aus dieser Grundannahme erklären sich die Einwände der Rechtsgelehrten, die sich zu verschiedenen Zeitpunkten der Restaurationsarbeit erhoben haben. Ähnliche Bedenken waren bereits im späten 16. Jahrhundert vorgebracht worden, als die strukturelle Schwäche des Kaaba-Gebäudes zum erstenmal nach Istanbul gemeldet worden war. Offensichtlich suchte man nach einer Lösung, die das ehrwürdige Gebäude auch für künftige Generationen stabilisierte und dabei mit einem Minimum an Eingriffen in die Bausubstanz auskam.

Die Ansicht der Bauexperten war ein wichtiger Bestandteil der Diskussion, da nur sie letztlich entscheiden konnten, ob ein bestimmtes Mauerstück noch stabil war. Aber ihre Meinung wurde erst dadurch in die Praxis umsetzbar, daß sie von der großen Mehrheit der Gottes- und Rechtsgelehrten akzeptiert wurde. Riḍwān Beg als der Vertreter der osmanischen Zentralgewalt hat sich offenbar von Anfang an für die Abtragung und den anschließenden Neubau entschlossen und dafür gesorgt, daß die entsprechenden Gutachten zustandekamen. Schließlich gab es Gegenbeispiele; als gegen Ende des 16. Jahrhunderts von einer Erneuerung die Rede gewesen war, hatten die Vertreter der osmanischen Zentralgewalt sich von den negativen Reaktionen vieler Gelehrter beeinflussen lassen. Aber selbst wenn Riḍwān Beg die relativ radikale Lösung des Abtragens und Wiederaufbauens durchsetzte, so wurde doch nicht versucht, an der Architektur der Kaaba etwas zu verändern, bzw. die Veränderungen, die hier und da stattgefunden haben mögen, sind von dem Chronisten geflissentlich mit Stillschweigen übergangen worden. An die Kaaba wurden ganz andere Maßstäbe angelegt als an die Galerie, die Minarette und die kleineren Baulichkeiten im Moscheehof, die dem jeweiligen Stil des Abbasiden-, Mamluken- und Osmanenhofes gemäß erbaut oder auch verändert werden konnten.

Zeremonien während der Restauration

Das immer wieder herzustellende Einvernehmen zwischen dem Scherifen, den Muftis der vier anerkannten Rechtsschulen, den Rechts- und Gottesgelehrten im allgemeinen, den prominenten Bewohnern der Stadt sowie Riḍwān Beg als Vertreter der Zentralgewalt fand seinen Ausdruck in einer Reihe von Zeremonien, die die wichtigsten Phasen der Restauration anzeigten. Bei diesen Zeremonien handelte es sich zunächst einmal um die Verteilung von Ehrengewändern, die letztlich wohl von Sultan Murād IV. herrührten, aber vom Gouverneur von Ägypten geschickt wurden. Auch der Scherif vergab solche Gewänder; der prominenteste Empfänger war Riḍwān Beg. Dieser verteilte aber auch selbst Ehrenkleider, nämlich nachdem die Kaaba wiederhergestellt und seine eigene offizielle Aufgabe beendet war. Zu den Empfängern gehörte wiederum der Scherif von Mekka; ein weiteres Ehrengewand ging an den Stadtvogt. Der »Öffner des Edlen Hauses«, ein Vertreter des Geschlechtes der Banū Shayba, dem von altersher die Schlüssel der Kaaba anvertraut waren, erhielt ebenfalls ein Ehrenkleid. Alle diese Personen gehörten zu dem kleinen Kreis der mekkanischen Honoratioren, von denen die meisten wohl bei mehr als einer Verteilung zum Zuge kamen. Bemerkenswerter ist, daß der Scherif auch den Geometer und Bausachverständigen beschenkte, während Riḍwān Beg die Vorsteher der Maurermeister und Zimmerleute jeweils mit einem Ehrenkleid bedachte. Diese Geste paßt gut zu der Fürsorge, mit der Riḍwān Beg bei Beginn der Bauarbeiten allen Beteiligten einen befriedigenden Lohn in Aussicht gestellt hatte. Allerdings ist nicht bekannt, ob in der Praxis Riḍwān Begs Absichten gemäß verfahren wurde.

Die Verteilung von Ehrengewändern verband sich mit öffentlichen

Gebeten für den Sultan. Solche Gebete wurden immer wieder veranstaltet, sie waren viel häufiger als die Verteilungen von Ehrengewändern und markierten fast alle Abschnitte der Kaaba-Restauration. Gebetet wurde für die Fortdauer der Regierung des Sultans und damit für das Fortbestehen der osmanischen Herrschaft überhaupt. Die Beteiligung an solchen Gebeten zu verweigern, galt als ein Akt der Rebellion. Der Biograph von Meḥmed Agha, dem Architekten der Sultan-Aḥmed-Moschee, erklärte in einem Kontext, der allerdings mit dem Hidschas nichts zu tun hatte, daß die Rebellen zur Hölle führen, weil sie sich weigerten, für den Sultan zu beten. Durch ihre Teilnahme am Gebet für den Herrscher erkannten also die Notabeln Mekkas die osmanische Führung an, und gerade weil die Restauration der Kaaba keineswegs unumstritten war, mußte dieser Akt der Anerkennung häufig wiederholt werden.

Überdies hatte in dem Szenario der Zeremonien, die zugleich die Sultansherrschaft und den Neubau der Kaaba legitimieren sollten, Rıḍwān Beg für sich persönlich eine weithin sichtbare Rolle eingeplant: Er legte nämlich an mehreren wichtigen Bauabschnitten selbst mit Hand an. So kümmerte er sich persönlich um das Metallgehäuse, das den Schwarzen Stein vor weiterer Beschädigung schützen sollte. Später überprüfte er die eben montierte Tür der Kaaba und bestieg in Person das Dach der Moschee (gemeint ist hier wohl die Galerie), um zu bestimmen, welche Teile der Bedachung neu geweißt werden sollten. Als die Bauarbeiten an der Kaaba beendet waren, stieg er selbst auf das eben fertige Dach, um die Hülle, mit der die Kaaba gewöhnlich bekleidet war und auch heute noch bekleidet ist, an den Wänden des Gebäudes herabzulassen. Diese Gesten betonen noch einmal, daß die osmanische Zentralregierung, als deren Beauftragter Rıḍwān Beg in Mekka agierte, voll und ganz hinter dem Restaurationsprojekt stand. Aber zugleich ergab sich hier eine Gelegenheit für Rıḍwān Beg, seine persönliche Frömmigkeit und Demut unter Beweis zu stellen. Gerade dieses Element betont der Chronist Süheylī, der berichtet, Rıḍwān Beg habe nach Ablauf seiner Amtstätigkeit in Mekka freiwillig auf den Titel eines *beg*s verzichtet, weil ein solches Amt zwangsläufig mit Blutvergießen verbunden sei. Dieser hochgestellte Mamluk legte also eine Verhaltensweise an den Tag, die man eher von einem Theologen und Rechtsgelehrten erwartet hätte, und diese Vermischung der Rollenbilder galt als ein positiver und nicht etwa als ein negativer Zug.

Daß Riḍwān Beg während der gesamten Restauration offenbar eine Schlüsselrolle spielte, spiegelt sich auch in der Tatsache, daß er nach Ende der Bauarbeiten eine alte, nicht mehr benutzte Bekleidung der Kaaba als Geschenk erhielt. Der Scherif, die Banū Shayba als Türhüter der Kaaba und andere Honoratioren Mekkas besaßen normalerweise anteilig Rechte auf diesen wertvollen Seidenbrokat, den sie auseinanderschneiden und an wohlhabende Pilger verkaufen ließen. Riḍwān Beg erwiderte denn auch die Geste durch ein Geldgeschenk, während er die Bekleidung der Kaaba an den Schatz des Sultans weitergab. Wahrscheinlich sollte auch durch diese Gesten das gute Einvernehmen zwischen dem Sultan, seinem Stellvertreter und den prominenten Bewohnern der Stadt Mekka besiegelt werden. Durch die Schenkung ihrer Anteile erkannten der Scherif, die Vertreter der Banū Shayba und die anderen Honoratioren der Stadt Riḍwān Beg offenbar als ihren *primus inter pares* an.

Der damals regierende Sultan Murād IV. (1623–40) hat an der Restauration der Kaaba nur indirekten Anteil genommen. Selbst die Korrespondenz mit den osmanischen Zentralbehörden lief weitgehend über den Gouverneur von Ägypten, und der Sultan hat auch, von einigen Pavillons des Topkapı-Palastes einmal abgesehen, in Istanbul nur wenig bauen lassen. Trotzdem nennt die mit Gold und Lapislazuli ausgeschmückte Bauinschrift, die Süheylī im Wortlaut zitiert, den Namen dieses Sultans, wie es bei solchen Projekten üblich war. Bemerkenswerter ist, daß auch des Anteils von Aḥmed I. (reg. 1603–17) und Murād III. (reg. 1574–95) an der Ausgestaltung der Großen Moschee noch einmal gedacht wurde. Die Namen dieser Herrscher erschienen auf jeweils separaten Bauinschriften; außerdem stellte man eine weitere Inschrift auf, die die Namen all jener Herrscher enthielt, die sich um den Bau der Großen Moschee Verdienste erworben hatten. Murād IV. stand damit am Ende einer eindrucksvollen Reihe von frommen und baufreudigen Herrschern, und er wurde zu einem Glied in einer langen und glorreichen Baugeschichte.

Süheylī beschreibt auch noch eine weitere Zeremonie, mit der die Restaurationsarbeiten symbolisch ihren Abschluß fanden: Die

Werkzeuge, die bei der Arbeit benutzt worden waren, sowie zu einem späteren Zeitpunkt auch das für die Gerüste verwendete Bauholz wurden innerhalb des Stadtgebietes vergraben. Leider sagt der Chronist nichts über den Sinn dieser Zeremonie; nur daß er für diese Arbeitsgeräte das Beiwort »süleymānisch« verwendet, legt die Annahme nahe, daß man hier an eine Analogie zu Salomons Tempelbau gedacht hat. Auch klingen bei diesem Wort deutliche Reminiszenzen mit an Süleymān den Prächtigen (reg. 1520–66), in dessen Herrschaftssymbolik Salomon eine wichtige Rolle spielte. Wahrscheinlich wollte man durch diese Geste bekunden, daß die zu einem »salomonischen« Zweck benutzten Gerätschaften bei keinem gewöhnlichen Bauprojekt Verwendung finden durften.

Zwischen Religion, Kunst und Politik

Es ist nicht ganz leicht zu bestimmen, welchen Eindruck die aufwendige Ausgestaltung der Großen Moschee von Mekka in der zweiten Hälfte des 16. Jahrhunderts und zu Beginn des 17. Jahrhunderts auf die zeitgenössischen Pilger gemacht hat. Interessanterweise finden wir die Beschreibung dieser Projekte hauptsächlich in offiziellen Dokumenten, in Stadtchroniken oder in der Biographie des Architekten Meḥmed Agha. Dagegen übergeht etwa der Pilgerführer des Meḥmed Yemīnī aus dem 17. Jahrhundert diese Bauprojekte, und mit Ausnahme von Ewliyā Čelebi bieten auch die osmanischen Autoren, die im 17. Jahrhundert ihre Pilgerfahrt beschrieben haben, nur geringe Angaben zu diesen kostspieligen Bauvorhaben. Nun wissen wir zwar sehr wenig über die Lesegewohnheiten eines gebildeten Osmanen, der sich auf seine Pilgerfahrt vorbereitete. Aber es ist doch wahrscheinlich, daß die kurzen Pilgerführer von der Art des von Meḥmed Yemīnī verfaßten Werkes weiter verbreitet waren als andere Texte; überdies blieben die osmanischen Akten, die uns jetzt als eine Hauptquelle dienen, den Lesern jener Zeit unzugänglich. Es ist also recht wahrscheinlich, daß selbst diejenigen Pilger, die Zugang zu den Büchern ihrer Zeit besaßen, über die osmanische Ausgestaltung der Großen Moschee meist erst dann erfahren haben, wenn sie selbst die Pilgerfahrt unternahmen. Die Bauinschriften, denen die osmanische

Zentralverwaltung offensichtlich eine große Bedeutung beimaß, müssen als Informationsmittel für die Pilger eine zentrale Rolle gespielt haben.

Sehr viel klarer läßt sich erkennen, wie die osmanische Führungsschicht die Optionen nutzte, die ihr im Zusammenhang mit dem mekkanischen Bauprojekt zur Verfügung standen. Offensichtlich war die osmanische Zentralregierung bei ihren Eingriffen in die Bausubstanz der Großen Moschee auf die Zustimmung der Scherifen sowie der führenden Rechts- und Gottesgelehrten der heiligen Städte angewiesen. Dies traf besonders auf die Restauration der Kaaba zu, weshalb der osmanische Bevollmächtigte viel Zeit und Energie damit verbrachte, einen Konsensus zustandezubringen und ihn immer wieder neu bestätigen zu lassen. Aber auch die Stadtplanung war ohne eine Mitwirkung der mekkanischen Oberschicht nicht durchzuführen.

Insofern unterschied sich die Situation im Hidschas durchaus von dem, was man aus den osmanischen Kernlanden in Rumelien und Anatolien gewöhnt ist. Denn in diesen Gegenden wurde zumindest die Fiktion aufrechterhalten, daß der Sultan nur zu befehlen brauchte und ihm alsbald gehorcht wurde. Politische Aktivitäten von der Art, wie sie Süheylī Riḍwān Beg zuschreibt, mögen zwar im Zusammenhang mit Bauprojekten auch in anderen osmanischen Provinzen gelegentlich vorgekommen sein. Aber es ist doch nicht ganz uninteressant, daß kein Chronist es für nötig gehalten hat, uns von solchen auf der konkreten wie auf der symbolischen Ebene durchgeführten Verhandlungen zu berichten.

Wenn Mekka und Medina also im politischen Leben des Osmanischen Reiches einen Sonderfall darstellten, so beruhte diese Sonderstellung, neben der weiten Entfernung von den Zentren der osmanischen Macht, auf der religiösen Bedeutung der beiden Städte. Weil Mekka und Medina eine besondere religiöse Wichtigkeit besaßen, zahlten die Bewohner der heiligen Städte nicht nur keine Steuern, sondern wurden aus dem Staatssäckel und aus frommen Stiftungen subventioniert. Um aber ein Umfeld zu schaffen, in dem die Pilger ihre Wallfahrt mit der nötigen Andacht ausführen konnten, bemühten sich die osmanischen Sultane, besonders in Mekka ein ganzes Bündel von städtebaulichen Maßnahmen durchzusetzen. Intensive

Bemühungen in dieser Richtung finden sich sonst nur in den sukzessiven osmanischen Hauptstädten, nämlich Bursa, Edirne und Istanbul.

Städtebauliche Vorstellungen, wie etwa die Heraushebung der Großen Moschee in der Mitte eines von Profanbauten freien Raumes, konnten durchaus von der Istanbuler Moschee Meḥmeds des Eroberers oder der Süleymaniye nach Mekka übertragen werden. Dasselbe galt für die Kuppel, jenem charakteristischen Bauelement der osmanischen Architektur. Doch vor der Kaaba mußten architektonische Neuerungen haltmachen, auch wenn man in der Ornamentierung gewisse Veränderungen vornehmen mochte.

Andererseits war der Akzent auf Kostbarkeit in der Dekoration, der sich besonders in dem Restaurationsprojekt Sultan Aḥmeds I. beobachten läßt, an den großen Sultansmoscheen Istanbuls durchaus nicht üblich. Dieser Akzent verträgt sich aber recht gut mit der Neigung der osmanischen Zentralregierung während dieser Epoche, in Mekka und Medina große Geldsummen in demonstrativer Weise auszugeben. Fast sieht es so aus, als wünschten die osmanischen Sultane und ihre Berater durch weithin sichtbare Großzügigkeit ihre noch recht junge Herrschaft über die heiligen Städte zu legitimieren.

6. KAPITEL

Die Pilgerfahrt als außenpolitisches Problem

Die Pilger, die in jedem Jahr nach Mekka zogen, kamen nicht aus dem Machtbereich eines einzelnen Staates, sondern aus der gesamten islamischen Welt, die von Tanger und dem Niger bis nach China reichte. Allerdings waren im 16. oder 17. Jahrhundert viele Länder, die heute große Zahlen von Pilgern stellen, nur in begrenztem Maße islamisiert. Deshalb fielen unter den Pilgern dieser Zeit Westafrikaner, Bewohner der indonesischen Inseln oder Malaien zahlenmäßig nicht so stark ins Gewicht, wie das im 19. und 20. Jahrhundert der Fall sein sollte. Andererseits waren im Mekka des 16. Jahrhunderts iranische Pilger sowie Untertanen des Mogulkaisers in größeren Gruppen vertreten, und dieser Umstand stellte für den Osmanensultan eine besondere Herausforderung dar. Einerseits war die Pilgerfahrt für alle Muslime vorgeschrieben, die über die nötigen Mittel verfügten. Deshalb war der osmanische Sultan als Schirmherr der Pilger dazu verpflichtet, allen Muslimen den Weg nach Mekka offenzuhalten. Dieses Selbstverständnis des Herrschers fand seinen Niederschlag auch in zahlreichen osmanischen Dokumenten des 16. Jahrhunderts: »Alle Muslime und an die Einheit Gottes Glaubenden«, hieß es beispielsweise, »dürfen nicht behindert werden, wenn sie die heiligen Städte besuchen und die lichtstrahlende Kaaba umkreisen wollen.«

Andererseits spielten aber auch politische Gesichtspunkte eine Rolle, war doch mit der Tätigkeit von Spionen und der verdeckten oder auch offenen Einflußnahme auswärtiger muslimischer Herrscher durchaus zu rechnen. Dies galt für die von uns untersuchte Zeitspanne ganz besonders für Pilger, die Untertanen des iranischen Schahs waren, der für den Osmanenstaat einen gefährlichen Rivalen darstellte. Sheykh al-Islām Ebūssuʿud Efendi, der als oberster Rechtsgutachter der Hierarchie der osmanischen Rechts- und Gottesgelehrten vorstand und als Berater Süleymāns des Prächtigen (reg. 1520–66) einen großen Einfluß besaß, hat sogar einmal die Ansicht

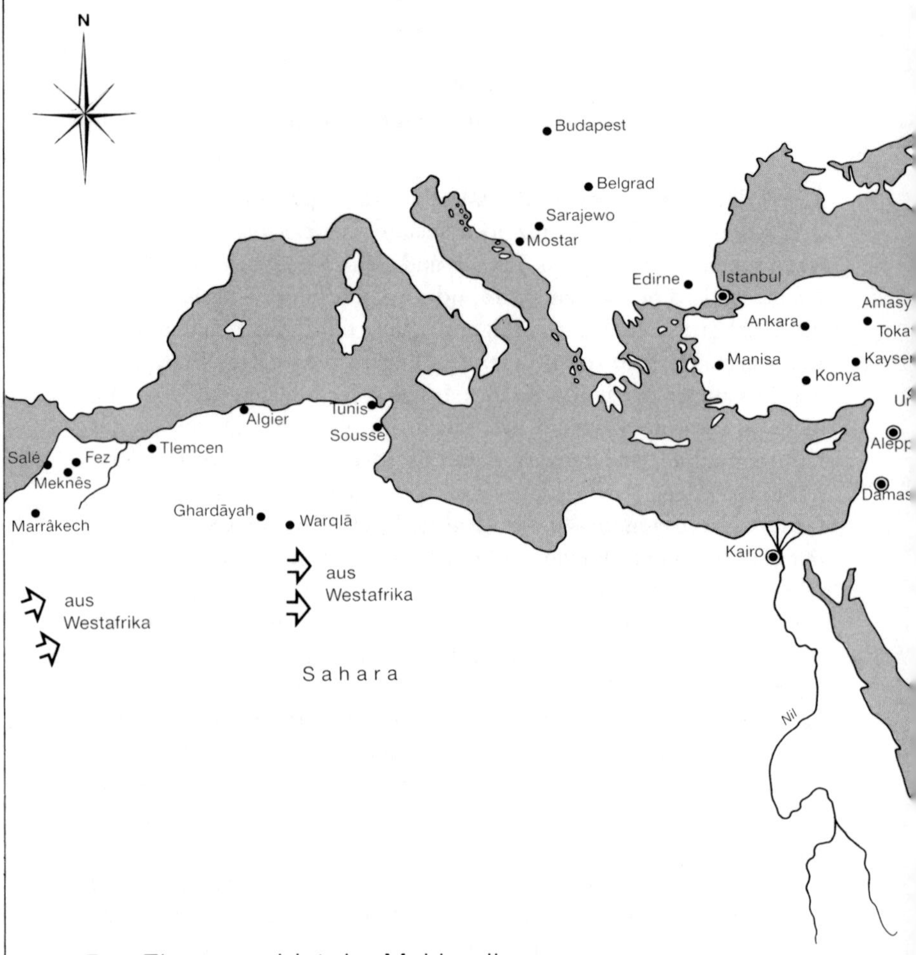

Das Einzugsgebiet der Mekkapilger
im 16. und 17. Jahrhundert

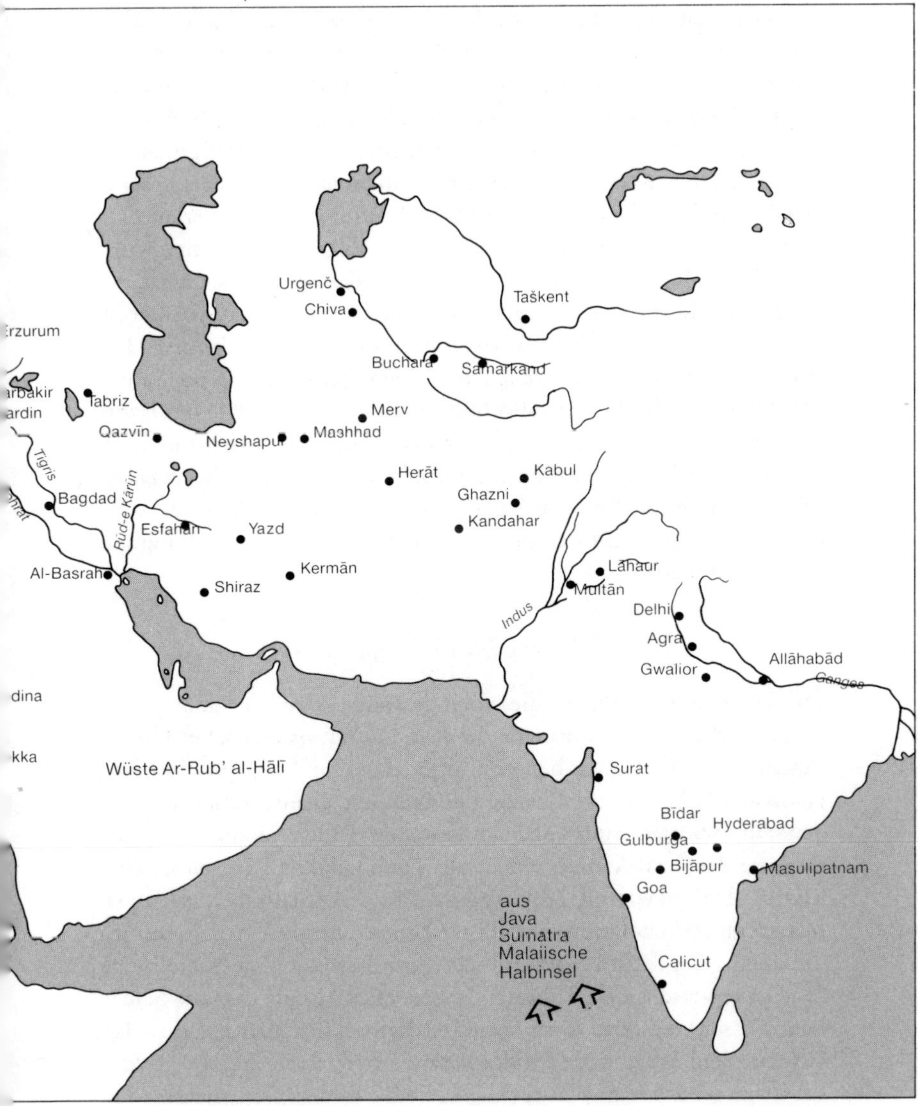
Urgenč
Chiva
Taškent
Erzurum
Buchara
Samarkand
arbakir
Tabriz
ardin
Merv
Qazvīn
Neyshapur
Mashhad
Tigris
Herāt
Kabul
Ghazni
Bagdad
Rūd-e Kārūn
Esfahan
Yazd
Kandahar
Lāhaur
Al-Basrah
Kermān
Shiraz
Multān
Indus
Delhi
Agra
Allāhabād
Gwalior
Ganges
dina
kka
Wüste Ar-Rub' al-Hālī
Surat
Bīdar
Hyderabad
Gulburga
Bijāpur
Masulipatnam
Goa
aus
Java
Sumatra
Malaiische
Halbinsel
Calicut

vertreten, daß die Schiiten des Iran gar keine Muslime seien. Wenn das Osmanische Reich und der Iran miteinander Krieg führten, war iranischen Pilgern der Besuch Mekkas und Medinas ohnehin verwehrt. Aber selbst in Friedenszeiten wurde die Ein- und Ausreise iranischer Pilger von den osmanischen Behörden sorgfältig kontrolliert. Ein 1564–65 datiertes Befehlsschreiben Süleymāns des Prächtigen drückt dieses Bestreben sehr deutlich aus: »Es ist nicht erlaubt, zu einem beliebigen Zeitpunkt außerhalb der [Pilger]saison meine wohlverwahrten Territorien zu betreten.« Derselbe Text erklärt auch, wie die Kontrolle über einreisende Iraner praktisch ausgeführt werden sollte: »Mögen sie alle zur vorbestimmten Zeit erscheinen. Ihre Ankunft soll [den osmanischen Behörden] gemeldet werden, damit [die Pilger] an der Grenze abgeholt werden können.« Die iranischen Mekkareisenden sollten dann auf einer Route, die durch möglichst unbewohnte Gegenden führte, bis an ihr Ziel weitergeleitet werden. Wo ein Durchzug durch besiedelte Gebiete unvermeidlich war, sollte doch der Kontakt mit der ansässigen Bevölkerung auf ein Minimum beschränkt werden.

Geleitbriefe für vornehme Pilger

Nichtosmanische Pilger, die einen gewissen sozialen Status genossen, erleichterten sich oftmals die Reise durch osmanisches Gebiet, indem sie sich in Istanbul eine offizielle Durchzugsgenehmigung ausstellen ließen. Diese Genehmigungen, im Osmanischen *yol emri* genannt, wurden zumindest in gewissen Fällen in die offiziellen Register der Staatskanzlei eingetragen und geben oft wertvolle Auskünfte über auswärtige Mekkapilger. Für diese Schreiben gab es ein festgelegtes Muster, und deshalb sind abweichende Formulierungen, die auch gelegentlich vorkommen, ganz besonders aufschlußreich. Normalerweise wird in diesen Texten erklärt, daß der aus Samarkand, Taschkent oder sonst einem entfernten Ort stammende Pilger sich auf dem Wege nach Mekka befände bzw. nach erfolgter Pilgerschaft in seine Heimat zurückkehre. Alle Kadis, Gouverneure und Provinzialverwalter wurden aufgefordert, den Pilgern kein Hindernis in den Weg zu legen. *In praxi* bedeutete das, daß im Dienst der osmanischen Regierung reisende Kuriere nicht das Recht besaßen, die

Reittiere der Pilgerkarawane für sich selbst zu requirieren. Manchmal wurden die örtlichen Behörden auch aufgefordert, den Pilgern beim Überqueren gefährlicher Bergpässe einen Geleitschutz sowie wegkundige Reiseführer zur Verfügung zu stellen. Viele Durchzugsgenehmigungen erklären auch, daß die Pilger das Recht besaßen, in den Orten, die sie durchzogen, Lebensmittel einzukaufen, und ordnen an, daß man ihnen in dieser Hinsicht keine Schwierigkeiten machen dürfe. Wahrscheinlich zielte diese Vorschrift auf Kadis und andere örtliche Verwalter in Gegenden, in denen Lebensmittel knapp waren, sei es aufgrund einer Mißernte oder weil, wie es in Rumelien und Anatolien gelegentlich vorkam, bestimmte Lebensmittel für den Konsum Istanbuls reserviert waren. Wenn es sich um besonders prominente Besucher handelte, wurde den örtlichen Behörden manchmal auch aufgetragen, für einen prunkvollen Empfang zu sorgen. Auch gab es offizielle Schreiben, die nicht zugunsten einer Einzelperson, sondern zum Schutz aller Bewohner einer bestimmten Stadt ausgestellt waren.

Hochgestellte Damen in diplomatischer Mission

Die Pilger, deren Durchzugsgenehmigungen wir in den osmanischen Kanzleiregistern finden, waren durchwegs prominente Persönlichkeiten. Falls es sich um Mitglieder von regierenden Familien handelte, wurden die diplomatischen Probleme jedoch diffiziler, besonders weil oftmals Damen hohen Ranges nach Mekka reisten. So sandte Schah Ṭahmāsp die Mutter des Prinzen Ismāʿīl nach dem Hidschas; dieser Prinz folgte später seinem Vater auf den Thron. Akbar, der Mogulherrscher Indiens, ließ sich ebenfalls durch eine seiner Frauen und durch eine Tante in Mekka vertreten; natürlich waren diese Prinzessinnen von einem zahlreichen Hofstaat begleitet. Auch auf osmanischer Seite war es üblich, daß weibliche Mitglieder des Herrscherhauses die Pilgerfahrt unternahmen, während Prinzen und regierende Sultane sich so gut wie niemals im Hidschas sehen ließen. Was die osmanische Sultansfamilie anbelangt, so stand wahrscheinlich die Überlegung im Vordergrund, daß der regierende Sultan sich nicht auf längere Zeit von den politischen und militärischen Belangen der Hauptstadt und der stets unruhigen Grenzbezirke in

Rumelien und Anatolien entfernen sollte. Für Prinzen hätte dagegen die Pilgerfahrt allzu große Möglichkeiten des unabhängigen politischen Handelns eröffnet. So hat man wohl die Besuche von Prinzessinnen zum willkommenen Anlaß genommen, die osmanische Präsenz im Hidschas augenfällig zu demonstrieren.

Was ausländische muslimische Herrscher anbelangte, so konnten der Entsendung einer Prinzessin als Mekkapilgerin verschiedene Motive zugrundeliegen. Zum einen bedeutete es sicherlich eine Geste des Vertrauens gegenüber dem Sultan, wenn eine nahe Verwandte des iranischen Schahs oder des indischen Herrschers sich für mehrere Monate auf osmanisches Territorium begab. Andererseits war es aber für die osmanische Regierung kaum möglich, den Hofstaat einer auswärtigen Prinzessin allzu genau zu überwachen, ein Faktor, der die diplomatische Aktivität einer solchen Gesandtschaft oft erheblich erleichtert haben muß. So kennen wir den Fall einer persischen Prinzessin, die während der Pilgerfahrt erkrankte und ihren Besuch ausdehnen mußte. Ob es sich hier um eine »diplomatische« Krankheit handelte oder nicht, war in Istanbul nicht herauszubekommen; und obwohl man sich bemühte, den größeren Teil ihres Gefolges nach Hause zu schicken, blieb doch im wesentlichen nichts anderes übrig, als die Genesung der Prinzessin abzuwarten.

Auch die Mitglieder »herkömmlicher« Gesandtschaften verbanden bisweilen die Pilgerreise mit ihren offiziellen Verpflichtungen. Das tat etwa der Gesandte des usbekischen Khans von Taschkent, der im Jahre 1571–72 die Erlaubnis erhielt, sich nach Mekka zu begeben. In seiner Reisegenehmigung wurde ausdrücklich erklärt, daß man ihm einen »guten« Platz in der Karawane anweisen sollte, das heißt nicht in der oftmals gefährdeten Vorhut und Nachhut, sondern in der Mitte. Desselben Vorrechtes erfreuten sich auch die Bewohner des osmanischen Palastes und die Mitglieder der Staatsverwaltung, wenn sie sich auf Pilgerfahrt begaben. Aber in jeder anderen Hinsicht wurde der Gesandte aus Taschkent behandelt wie alle anderen Besucher von Rang und Stand. Allerdings ist es möglich, daß man in Istanbul den Khan von Taschkent als einen weitentfernten und zudem noch wenig bedeutsamen Herrscher angesehen hat und daß Gesandte größerer islamischer Staaten auch bei der Pilgerfahrt von mehr Zeremoniell umgeben waren.

Seitdem der Timuridenprinz Bābur (1483–1530, reg. 1526–30) ganz Nordindien unter seine Herrschaft gebracht hatte, zeigte man am Hofe Delhis und Agras ein großes Interesse an den Angelegenheiten des Hidschas. Der indische Hofchronist Badāōnī, der zur Zeit von Bāburs Enkel Akbar in der zweiten Hälfte des 16. Jahrhunderts schrieb, berichtet, daß Bābur Khān selbst reiche Geschenke nach Mekka geschickt habe. Was Bāburs Sohn und Nachfolger Humāyūn (reg. 1530–56) anbelangt, so existiert ein Brief an den Osmanensultan Süleymān den Prächtigen, der allerdings so phantastisch klingt, daß es einigermaßen schwerfällt zu glauben, er sei wirklich abgeschickt worden. In diesem Text spricht Humāyūn von seinem Plan, Sultan Süleymān in Mekka zu treffen und von da einen gemeinsamen Feldzug gegen den safawidischen Iran zu beginnen. Nichts von alledem ist in die Wirklichkeit umgesetzt worden; weder Süleymān der Prächtige noch Humāyūn haben den Hidschas jemals besucht. Humāyūn verbrachte den größeren Teil seiner Regierungszeit damit, den eigenen Thron zu festigen, und Sultan Süleymān hat seine Feldzüge gegen den Iran ohne indische Bundesgenossen geführt.

Bāburs und Humāyūns Interesse an Mekka entsprach durchaus den Erwartungen, die man damals gegenüber einem muslimischen Herrscher hegte. Auch Humāyūns Sohn Akbar (reg. 1556–1603) setzte diese Tradition zunächst fort. In den 1570er Jahren kündigte Akbar sogar an, daß arme Leute, die die Pilgerfahrt zu vollbringen wünschten, einen Zuschuß aus der Staatskasse erhalten würden. Anscheinend hat er auch ein Hospiz für indische Pilger errichten lassen, von dem uns der osmanische Reisende Ewliyā Čelebi berichtet, der die heilige Stadt im Jahre 1672 besuchte. In der Spätzeit seiner Regierung allerdings entfernte sich der Mogulherrscher vom Islam und entwickelte eine hinduistisch-islamische synkretistische Religion, die Dīn-i ilāhi (Göttliche Religion) genannt wurde. In diesem Zusammenhang änderte Akbar auch seine Politik gegenüber den Mekkapilgern: Der Hofchronist Badāōnī berichtet, daß hochgestellte Persönlichkeiten, die in diesen Jahren um die Erlaubnis zur Pilgerfahrt nachsuchten, mit der allerhöchsten Ungnade rechnen mußten.

Das Interesse der Mogulherrscher des 16. Jahrhunderts an den

Angelegenheiten Mekkas hatte aber nicht nur religiöse, sondern auch politische Hintergründe. Muslimische indische Fürsten, die ihren Thron verloren hatten, sowie Mitglieder ihrer Höfe, die zeitweilig in Ungnade gefallen waren, zogen sich oft nach Mekka ins Exil zurück. Als z.B. Bahādur Shāh (reg. 1526–37), der Herrscher von Gujarat, von der Armee des Mogulherrschers Humāyūn angegriffen wurde, schickte er seine Familie und seinen Schatz unter Begleitung eines Wesirs nach Mekka. In den osmanischen Quellen wird dieser Wesir Asaf Khān genannt. Bahādur Shāh verlor schließlich sein Leben, aber nicht im Kampfe gegen Humāyūn, sondern gegen die Portugiesen. Daraufhin wurden seine Reichtümer, von denen uns der osmanische Chronist Pečewī eine ausführliche Beschreibung hinterlassen hat, zugunsten des osmanischen Staatsschatzes eingezogen und nach Istanbul gebracht. Der ehemalige Wesir Bahādur Shāhs lebte jedoch nach wie vor in Mekka, wo er eine Pension von 200 *akče* pro Tag erhielt. 1572–73 berichtete man nach Istanbul, daß Āṣaf Khān verstorben sei. Seinen Kindern, die weiterhin in Mekka lebten und sich in finanziellen Schwierigkeiten befanden, gestand man eine Aufbesserung ihrer Pension zu.

Aber auch Mitglieder der Moguldynastie und ihre Hofleute bevorzugten Mekka als Exilort. Akbars Vater Humāyūn (reg. 1530–56) war zeitweilig von seinem Thron vertrieben worden und hatte sich als Schutzsuchender an den Hof des iranischen Schahs begeben. Am Hofe Schah Ṭahmāsps war er aber ziemlichem Druck ausgesetzt, weil man ihn dazu überreden wollte, zur Schia zu konvertieren. Humāyūn aber wollte sich dazu keineswegs verstehen, und im Gegenzug schlug er vor, er werde der Politik entsagen und sich nach Mekka zurückziehen. Dazu kam es allerdings nicht, und es gelang Humāyūn sogar, seinen indischen Thron wiederzuerwerben. Dafür endete sein Bruder Kāmrān (1509–57), der gegen Humāyūn mehrere Male erfolglos rebelliert hatte, seine Tage im mekkanischen Exil. Nach der Niederschlagung der letzten Rebellion hatte Humāyūn seinen Bruder blenden lassen. Kāmrāns Frau, Māh Čičak Bēgam Arghun, begleitete ihren Mann freiwillig nach Mekka und starb einige Monate nach ihm in der heiligen Stadt.

Als Akbar seine synkretistische Religion entwickelte, versuchte er, der Opposition am Hofe die Spitze abzubrechen, indem er einige prominente Rechts- und Gottesgelehrte auf Pilgerfahrt nach Mekka schickte. Diesen Gelehrten ließ er nachdrücklich anempfehlen, sie sollten sich nicht unterstehen, ohne besondere Erlaubnis nach Indien zurückzukehren. Wenn Badāōnīs Bericht über dieses Ereignis zuverlässig ist, weigerten sich die beiden Gelehrten, die Befehle Akbars zu befolgen, und wurden nach ihrer Rückkehr umgebracht. Akbars Berater Shaykh Salīm Čishtī, der eine Zeitlang dem Herrscher die Wege der islamischen Mystik zu ebnen versuchte, pilgerte ebenfalls mehrere Male nach Mekka, obwohl in seinem Fall nirgendwo berichtet wird, daß es sich um erzwungene Pilgerreisen gehandelt habe. Da alle diese prominenten Persönlichkeiten mit großem Gefolge reisten und manche Mitglieder dieses Gefolges aus dem einen oder anderen Grunde im Hidschas verblieben, muß während der zweiten Hälfte des 16. Jahrhunderts immer eine Reihe von reichen Indern in Mekka gelebt haben.

Ein Besuch der Gemahlin des Mogulherrschers

Unter all diesen vornehmen Besuchern dürfte Salīma, eine von Akbars einflußreichsten Gemahlinnen, ganz besonderes Aufsehen erregt haben. Im Gefolge Salīmas, die im Jahre 1576–77 Mekka besuchte, befand sich auch Akbars Tante Gul-badan, Tochter Bāburs und Schwester Humāyūns wie Kāmrāns. Prinzessin Gul-badan war zu dieser Zeit nicht nur ein älteres und hochgeachtetes Mitglied des Mogulhofes, sondern besaß, wie ihr Vater Bābur, ein beachtliches schriftstellerisches Talent. In ihrem *Humāyūn-nāma* (Buch des Herrschers bzw. des Humāyūn) hat sie eine höchst lebendige Schilderung des Lebens im Mogul-Palast hinterlassen. Leider scheint Prinzessin Gul-badan sich für das Leben am Hofe ihrer Verwandten viel intensiver interessiert zu haben als für die Ereignisse ihrer persönlichen Vita. So findet sich in ihrem Buch kein Kapitel über ihre Pilgerreise, obwohl ein solcher Bericht ein anerkanntes literarisches Genre darstellte. Daher müssen die näheren Umstände der Mekkareise, die die Prinzessinnen Salīma und Gul-badan gemeinsam unternommen haben, aus den Berichten der indischen Chronisten Abū'l-faẓl und Badāōnī rekonstruiert werden. Hinzu tritt noch ein kurzes Befehlsschreiben des Osmanensultans, das Aufschluß darüber gibt, wie man im Rat des Sultans zu Istanbul den Besuch von Akbars Gemahlin beurteilte.

Die Pilgerreise der beiden Verwandten Akbars gestaltete sich recht schwierig und nahm unerwartet lange Zeit in Anspruch. Zwar versuchte Akbar durch Jesuitenmissionare, die sich damals an seinem Hof befanden und zu denen er gute Beziehungen unterhielt, bei den Portugiesen in Goa einen Geleitbrief für seine Gemahlin zu erwirken. Aber diese Geistlichen waren nicht in der Lage, die Vorgänge in Goa im Sinne Akbars zu beeinflussen. Durch das verspätete Eintreffen des Geleitbriefes mußte die Reise aufgeschoben werden. Einmal in Mekka angelangt, verblieben Akbars Gemahlin und ihr Hofstaat mehrere Jahre in der heiligen Stadt; während dieser Zeit vollzogen sie viermal die Riten der Wallfahrt. Als man sich zur Abreise entschlossen hatte, ergaben sich neue Hindernisse, unter anderem ein schwerer Sturm, so daß die Hofgesellschaft sich nach ihrer Abreise aus Mekka noch fast ein Jahr lang in Aden aufhalten mußte. Erst im Jahre 1582 kehrten Akbars Gemahlin und seine Tante an den Mogulhof zurück.

Nun war ein langer Aufenthalt zahlreicher Pilger in der heiligen Stadt für die osmanische Verwaltung aus verschiedenen Gründen unerwünscht. Zunächst einmal belasteten solche Besuche die ohnehin problematische Versorgung der Stadt mit Wasser und Lebensmitteln. Das Wasser, das in der Stadt vorhanden war, reichte nicht aus und mußte durch Zufuhren aus den Hügeln um Mekka ergänzt werden (vgl. Kap. 5). Das in Mekka konsumierte Getreide wurde zum großen Teil aus Ägypten herangeschafft, eine Prozedur, die ebenfalls mit vielen Schwierigkeiten verbunden war (vgl. Kap. 4). Deshalb war der längere Mekkaaufenthalt der Pilger zum Zwecke des Gebets und der Sammlung, auch wenn er unter den Frommen beliebt war, offiziellerseits nicht gern gesehen. Das Reisebuch des Ewliyā Čelebi, im letzten Drittel des 17. Jahrhunderts geschrieben, behauptet sogar, daß im frühen Islam die Praxis des längeren Aufenthalts in Mekka unbekannt gewesen sei. Nach Ansicht des Reisenden wurden solche Besuche erst praktikabel, nachdem Zubayda, die Gemahlin des Kalifen Hārūn al-Ras̲h̲īd, die Wasserversorgung Mekkas reorganisiert hatte, aber wünschenswert seien sie trotz allem nicht. Auch in offiziellen osmanischen Dokumenten aus der zweiten Hälfte des 16. Jahrhunderts wird immer wieder betont, daß zur Erfüllung der Bedingungen der Pilgerfahrt nur eine kurze Zeitspanne vonnöten sei. Nachdem sie ihre religiösen Verpflichtungen erfüllt hätten, sollten die Pilger so bald wie möglich in ihre Heimatländer zurückkehren. Von den speziellen Umständen der Pilgerfahrt Salīmas und Gul-badans einmal abgesehen, gehörte es also zur offiziellen osmanischen Politik, längere Besuche in Mekka möglichst einzuschränken.

Darüber hinaus wurde der Prunk, mit dem die Pilgerfahrt der beiden Verwandten des Mogulherrschers umgeben war, in Istanbul mit Mißtrauen betrachtet. Im Namen von Akbars Gemahlin waren im Hof der Großen Moschee von Mekka Almosen verteilt worden, und nun verlangte man von osmanischer Seite, daß die indische Hofgesellschaft von dieser Verteilung Abstand nähme. Dabei stellten aber die Almosen frommer Besucher für viele Bewohner Mekkas eine reguläre Einkommensquelle dar; Ewliyā Čelebi kommentiert diesen Tatbestand mit der Bemerkung, daß die Mekkaner für harte Arbeit zu fein und zu wenig robust seien. Aber anscheinend wurde die Darreichung fürstlicher Geldgeschenke als ein Vorrecht des Osmanenherrschers angesehen, das man auswärtigen Potentaten nicht gerne zugestand.

Tatsächlich lagen den Geldgeschenken Akbars und seiner Gemahlin an die Mekkaner neben den religiösen auch politische Motive zugrunde. Das wird sichtbar aus einem Schreiben des indischen Herrschers an den Scherifen von Mekka. Das Schreiben ist auf das Jahr 1582 datiert, also in etwa auf die Zeit, als Salīma und Gul-badan von ihrer Reise in den Hidschas zurückkehrten. In diesem Text erklärt der Mogulherrscher, daß die im Jahre 1581 fälligen Gaben nicht übersandt werden konnten, weil er mit einem Aufruhr im Punjab und in Kabul beschäftigt gewesen sei. Aber jetzt, da die Aufrührer besiegt und das islamische religiöse Recht wieder zur Geltung gebracht worden sei, könnte man hoffen, daß in Zukunft keine weiteren Unterbrechungen mehr stattfinden würden. Neben den öffentlichen Almosenverteilungen sei Akbars Gesandten aufgetragen worden, auch insgeheim einige Gelder zu verteilen. Leider macht die Kanzlei des indischen Herrschers in bezug auf diese geheimen Subsidien keine näheren Angaben, so daß sich die Empfänger nicht ermitteln lassen. Aber als Gegenleistung für diese Geldgeschenke erwartete der Mogulherrscher Indiens offensichtlich ins einzelne gehende Informationen über die Zustände in der heiligen Stadt.

Die Vermutung liegt nahe, daß der Scherif selbst und seine näheren Angehörigen die Hauptempfänger von Akbars Geldgeschenken gewesen sind. So würde sich auch erklären, daß der indische Herrscher den Scherifen ersuchen läßt, über die Verwendung der Geschenke Bericht zu erstatten. Wahrscheinlich sollten auf diese Weise auch die Überbringer kontrolliert werden, handelte es sich doch wieder einmal um Persönlichkeiten, die durch eine Reise nach Mekka vom indischen Hofe ferngehalten werden sollten. Andererseits ist anzunehmen, daß die Subsidien Akbars in Mekka recht bald zu einem offenen Geheimnis geworden sind; denn das Sendschreiben des Beherrschers von Nordindien sieht vor, daß die Kadis von Mekka durch ihren Siegelabdruck die Richtigkeit der Abrechnung bestätigen sollten. Wahrscheinlich war man am Mogulhof über die Struktur der osmanischen Verwaltung nur sehr mangelhaft unterrichtet. Denn ein osmanischer Kadi, der vom Sultan direkt eingesetzt wurde, hätte sicherlich alle Informationen über die Subsidien Akbars weitergeleitet, die ihm zu Ohren kamen. Jeder Versuch, die Beziehungen des Scherifen zum Hofe Akbars vor den osmanischen Behörden mehr oder weniger geheimzuhalten, wäre von vornherein zum Scheitern verurteilt gewesen, nachdem ein Kadi von Mekka in die Angelegenheit eingeschaltet worden war. Zugleich zeigt uns diese Korrespondenz, daß die Aufmerksamkeit, mit der der Besuch von Akbars Gemahlin in Istanbul beobachtet wurde, durch politische Erwägungen bedingt war. Man könnte fast vermuten, daß der Hof Akbars Mekka nicht als einen festen Bestandteil des Osmanischen Reiches ansah, sondern als Territorium, das allen Muslimen gemeinsam war und in dem der Scherif, ein Kleinfürst mit vielfältigen politischen Beziehungen, für die äußere Ordnung der Pilgerfahrt zu sorgen hatte.

Streit um heterodoxe Praktiken

Neben dem langen Aufenthalt in Mekka und den demonstrativ verteilten Almosen scheint man aber am osmanischen Hof noch weitere Einwände gegen den Besuch von Akbars Gemahlin gehabt zu haben. In dem nach Mekka entsandten Befehlsschreiben ist von »unerlaubten Praktiken« die Rede, die der indischen Hofgesellschaft vorgeworfen wurden. Möglicherweise erschienen manche der frommen Übungen, mit denen das Gefolge von Akbars Gemahlin den Aufenthalt in Mekka religiös zu vertiefen suchte, den durch einen langen Konflikt mit dem Schah des Iran empfindlich gewordenen osmanischen Beobachtern wie schiitische Praktiken. Aber es ist auch denkbar, daß der Anstoß von dem Naḳshbendī-Derwisch Sultan Khvadje ʿAbd al-ʿAẓīm ausgegangen ist, der 1576–77 und noch einmal in den Jahren 1578–79 als Vorsteher der indischen Pilger und Beauftragter Akbars in Mekka war und dort reiche Almosen verteilte. Zwar waren die im Osmanischen Reiche tätigen Naḳshbendī-Derwische dafür bekannt, daß sie großen Wert auf die minutiöse Einhaltung des muslimischen religiösen Rechtes und der rituellen Vorschriften legten. Aber gerade die in Indien tätigen Naḳshbendīs waren da weniger strikt. Manche indischen Anhänger des Naḳshbendiye-Ordens praktizierten den religiösen Tanz, der im Osmanischen Reich den zentralen Ritus der Mewlewī-Derwische darstellte und von vielen Rechts- und Gottesgelehrten durchaus nicht gern gesehen wurde. Als Akbar seine neue synkretistische Religion entwickelt hatte, zählten manche indischen Naḳshbendīs sogar zu seinen begeisterten Anhängern. Einige gingen soweit, die rituelle Niederwerfung vor dem indischen Herrscher als einer religiösen Gestalt offen zu verteidigen, eine Haltung, die sich mit den Anschauungen eines sunnitischen Muslims nur schwer vereinbaren läßt.

Auch der Scheich Muʿīn al-Dīn Shīrāzī, der an Akbars Hof eine gewisse Rolle gespielt hatte und später nach Mekka kam, wurde in der heiligen Stadt von osmanischen Rechts- und Gottesgelehrten scharf kritisiert. Ein Buch, das Muʿīn al-Dīn Shīrāzī dem indischen Herrscher gewidmet hatte, stand in dem Ruf, heterodoxe Lehrmeinungen zu verteidigen. Trotzdem verlor der Verfasser die Gunst Akbars nicht, ganz im Gegenteil. In seinem schon erwähnten Brief an den Scherifen von Mekka aus dem Jahre 1582 verteidigte der Herrscher den Scheich ausdrücklich; nach seiner Rückkehr an den Hof, so stellt die Mogul-Kanzlei im Namen Akbars fest, habe man an ihm keinerlei häretische Tendenzen feststellen können. Die Gegner des Scheichs seien Verleumder, und dem Scherifen von Mekka wird sogar nahegelegt, sie aus der heiligen Stadt zu verbannen. In dem osmanischen Dokument, das die Pilgerfahrt der beiden indischen Damen behandelt, wird allerdings Scheich Muʿīn al-Dīn nicht namentlich genannt. Trotzdem ist es durchaus denkbar, daß er sich während des Aufenthalts von Akbars Verwandten in der heiligen Stadt unter ihr Gefolge gemischt hat.

Es ist sicher kein Zufall, daß das osmanische Befehlsschreiben, das sich mit dem Besuch von Akbars Gemahlin befaßt, keinerlei Namen enthält. Wahrscheinlich sollte auf diese Weise Indiskretionen vorgebeugt werden, und aus einem ähnlichen Grunde vermied man es auch, die »unerlaubten Praktiken« der indischen Pilger näher zu beschreiben. Die osmanischen Behörden wollten lediglich bewirken, daß die Damen von Akbars Hof möglichst bald in ihre Heimat zurückkehrten. Um dies zu erreichen, verschanzte man sich hinter einem Prinzip, das für alle gelten sollte, nämlich der begrenzten Dauer des Besuches von Mekkapilgern. Auch für die Verwandten Akbars sollte da keine Ausnahme gemacht werden.

Das Stadtviertel der armen Inder

Allerdings kamen aus Indien nicht nur sehr reiche, sondern auch bettelarme Besucher ins Osmanenreich. Zu der Zeit, da Akbar sich noch fraglos als muslimischer Herrscher verstand, hatte er anscheinend eine größere Gruppe von armen Pilgern auf Staatskosten nach Mekka geschickt. Wahrscheinlich kehrten nicht alle dieser Pilger in ihre Heimat zurück. Diese Schlußfolgerung ergibt sich aus einem Befehlsschreiben des Osmanensultans, das das Datum 1578–79 trägt und von der großen Zahl der indischen Pilger spricht, die in den Jahren 1577 und 1578 nach dem Hidschas gekommen seien. Die ärmsten unter den Pilgern, die der Verfasser des Befehlsschreibens mit einer Reihe von verächtlichen Epitheta belegt, mußten im Hof der Großen Moschee übernachten. Andere lebten in einem eigenen Stadtviertel unweit der Moschee. Das Unbehagen osmanischer Staatsdiener gegenüber diesen armen Pilgern war sicher zum Teil durch die Schwierigkeit bedingt, für eine solche Gruppe Lebensmittel zu erschwinglichen Preisen bereitzustellen. Außerdem störte die Gegenwart dieser armen Leute die Pläne, die man sich in Istanbul für einen Ausbau des Bezirks um die Große Moschee gemacht hatte. Besonders

Sultan Murād III. (reg. 1574–95) verfolgte mit Eifer das Vorhaben, den Hof der Großen Moschee zu vergrößern, ihn gegen die immer wieder vorkommenden Überflutungen zu schützen und der unmittelbaren Umgebung der Moschee eine visuell ansprechende Gestalt zu geben (vgl. Kap. 5). Zu diesem Zwecke sollten alle Häuser in unmittelbarer Nähe der Großen Moschee abgerissen werden, und da bot sich das armselige und schmutzige Viertel der indischen Pilger natürlich in besonderer Weise an. Man beabsichtigte in Istanbul offenbar, die Häuser – und damit auch die von ihnen ausgehenden Gerüche – auf ein weniger zentral gelegenes Gelände zu verpflanzen.

Leider ist über das weitere Schicksal des indischen Stadtviertels und seiner Bewohner nichts bekannt. Sicherlich mußten die Bewohner umziehen; allerdings wissen wir nicht, um wie viele Menschen es sich handelte, wie stark sie von diesem Ereignis in Mitleidenschaft gezogen wurden und wo sich das neue indische Viertel Mekkas schließlich etablierte.

Die gefahrvollen Reisen indischer Pilger

Es ist bereits von den Schwierigkeiten die Rede gewesen, die Salīma und Gul-badan trotz ihrer nahen Verwandtschaft zu dem Herrscher Nordindiens bei ihrer Pilgerfahrt zu überwinden hatten. Seitdem sich nämlich die Portugiesen zwischen 1498 und 1510 an der Westküste Indiens festgesetzt hatten, mußten indische und arabische Schiffskapitäne, wenn sie vor portugiesischen Überfällen sicher sein wollten, einen portugiesischen Geleitbrief erwerben und dafür beachtliche Summen zahlen. Seefahrer, die ohne einen solchen Geleitbrief angetroffen wurden, hatten mit dem Verlust ihres Schiffes zu rechnen. Überdies trafen die portugiesischen Maßnahmen ganz besonders die im Indischen Ozean handeltreibenden Muslime. Dies läßt sich einerseits mit den politischen Ansichten der portugiesischen Oberschicht begründen, für deren Mitglieder die Muslime, ganz gleich in welchem Teil der Erdkugel sie sich befinden mochten, den Feind schlechthin darstellten. Aber außerdem spielte das wirtschaftliche Motiv eine Rolle, daß nämlich die Kaufleute, die im Indischen Ozean Handel trieben, sehr häufig Muslime waren, so daß die Maßnahmen gegen die islamische Schiffahrt zugleich einen Handelskonkurrenten treffen sollten.

Um die indischen Pilger wirksam zu schützen, wäre eine Flotte nötig gewesen, aber weder die Herrscher der südindischen Hafenstädte noch die Mitglieder der Mogul-Dynastie, die zu dieser Zeit Nordindien regierten, waren bereit, den Aufbau einer Flotte zu finanzieren. Deshalb fanden sich auch unter den Hindu-Fürsten potentielle Verbündete des Osmanensultans, als Süleymān der Prächtige (reg. 1520–66) im Jahre 1538 eine Flotte in die indischen Gewässer schickte, um die Portugiesen daraus zu vertreiben. Allerdings endete diese Kampagne mit einem Mißerfolg. In den ersten Jahren nach dem Tode Süleymāns des Prächtigen, bevor Sultan Selīm II. (reg. 1566–74) und sein Rat sich für die Eroberung Zyperns entschieden hatten, lebten die Projekte für ein aktives Eingreifen in indischen Gewässern wieder auf. Die Begründung dieses Vorhabens, das durch den Bau eines Suez-Kanals ermöglicht werden sollte, war wiederum der Schutz der Pilger. Aber in der Praxis blieben die indischen Pilger weiterhin Repressalien ausgesetzt, bis der Machtverlust der Portugiesen im 17. Jahrhundert diese dazu zwang, gute Beziehungen mit den Mogul-Herrschern zu suchen, und deswegen die Angriffe offizieller portugiesischer Flotteneinheiten unterbleiben mußten.

Allerdings waren die indischen Pilger des 17. Jahrhunderts dafür anderen Gefahren ausgesetzt; denn zu dieser Zeit mehrten sich die englischen, holländischen oder auch portugiesischen Piraten, die ohne die Sanktion ihrer jeweiligen Regierungen die Pilgerschiffe angriffen. Besonders auf der Rückfahrt war das Risiko groß, da es den Piraten weniger um die Waren ging, die Pilger und Kaufleute mit sich führten, als um das Gold und Silber, das sie bei ihrer Rückkehr mitbrachten (vgl. Kap. 7). Trotzdem bildete der Landweg über den Iran für die sunnitischen Pilger Indiens keine praktikable Alternative, da es für nicht-schiitische Pilger in dieser Zeit im Iran keine wirksamen Garantien gab. In offiziellen Schreiben der Mogul-Herrscher an die Schahs wurde die Frage zuweilen aufgegriffen, ohne daß diese Initiativen jedoch einen nachhaltigeren Erfolg erzielt hätten.

Daß die Mogul-Herrscher es bei gelegentlichen diplomatischen Interventionen bewenden ließen und keinen Versuch machten, zum Schutz der Pilger militärisch einzugreifen, erklärt sich aus ihren Versuchen, jenseits der empfindlichen Nordwestgrenze Indiens ein politisches Gleichgewicht aufrechtzuerhalten. Denn zwischen dem Iran und den usbekischen Khanaten Zentralasiens waren die politischen Beziehungen besonders während des 16. Jahrhunderts sehr gespannt. Andererseits fürchtete man in Delhi, daß die Mitglieder der verschiedenen Khan-Dynastien Zentralasiens eine Bedrohung der Mogul-Herrschaft in Indien darstellen könnten. Deshalb galt der Schah des Iran als willkommener Verbündeter gegen die Usbeken, und in Delhi fand man sich mit der Tatsache ab, daß der Landweg nach Mekka für sunnitische Pilger unbenutzbar blieb.

Pilger aus dem Iran: Ein politischer Mord

Trotz aller Probleme, die die Pilgerfahrten reicher und armer Inder zwangsläufig mit sich brachten, sahen die osmanischen Staatsdiener des 16. Jahrhunderts iranische Pilger als sehr viel bedrohlicher an. In diesem Zusammenhang sind die Ereignisse wichtig, die sich aus der Pilgerreise des safawidischen Wesirs Maʿṣūm Beg in den Jahren 1568–69 ergaben. Da zu dieser Zeit zwischen den beiden Großreichen noch Frieden bestand, hatte Maʿṣūm Beg auf sein Ansuchen hin von den osmanischen Behörden die Erlaubnis zur Reise nach Mekka erhalten. Jedoch wiesen osmanische Provinzialverwalter bald darauf hin, daß Maʿṣūm Beg auf der Durchreise durch Ostanatolien Funktionsträger des vom Schah geförderten Derwischordens der Ṣafāwiya ernannt hatte. Diese Aktivität stellte aus osmanischer Sicht eine erhebliche Bedrohung dar; denn die den Iran beherrschenden Safawiden waren, bevor sich Schah Ismāʿīl im Jahre 1501 zum Herrscher des Iran aufschwang, eine Dynastie von Derwisch-Scheichs gewesen, die im westlichen Iran und im östlichen Anatolien sowohl politischen als auch religiösen Einfluß ausübte. Zudem hatte Ostanatolien zu dem von Schah Ismāʿīl neubegründeten Staat gehört, bevor er dieses Gebiet nach der verlorenen Schlacht von Çaldıran (1514) dem Osmanensultan Selīm I. (reg. 1512–20) hatte überlassen müssen. Besonders unter dem nomadischen Teil der Bevölkerung Ost- und Zentralanatoliens bestanden immer noch beträchtliche Sympathien für den Schah. Maʿṣūm Begs Versuche, diese potentiellen Parteigänger in Anatolien durch Einbindung in den von den

Safawidenherrschern immer noch geleiteten Derwischorden zu organisieren, waren deshalb Bestandteil einer durchdachten Politik.

Um der von Maʿṣūm Beg ausgehenden politischen Gefahr ein Ende zu bereiten, wurde in Istanbul beschlossen, den safawidischen Wesir ermorden zu lassen. Allerdings sollten die friedlichen Beziehungen zum Iran durch diese Aktion nicht gefährdet werden. Auf Veranlassung des osmanischen Provinzgouverneurs von Damaskus wurde deshalb ein Beduinenüberfall in Szene gesetzt, dem Maʿṣūm Beg zum Opfer fiel. Auch diese Taktik war in den Jahren eines unsicheren Friedens, der bald von neuem Krieg abgelöst werden sollte, keineswegs einmalig; nur waren die Beauftragten des Schahs, die auf diese Weise ums Leben kamen, für gewöhnlich weniger hochgestellte Persönlichkeiten.

Der versperrte Weg über Basra

Wie aus der Affäre Maʿṣūm Beg wohl deutlich geworden ist, zählte die Sorge, daß iranische Pilger mit Anhängern des Schahs auf osmanischem Gebiet Verbindung aufnehmen könnten, zu den Hauptsorgen osmanischer Amtsträger, die mit der Pilgerfahrt befaßt waren. Diese Besorgnis drückte sich auch in der mehr als unpraktischen Reiseroute aus, die man den Pilgern aus dem Iran vorschrieb. Für die meisten hätte es nahegelegen, Bagdad und anschließend den irakischen Hafen Basra aufzusuchen, der sich damals in osmanischen Händen befand. Nach Überquerung des Persischen Golfes wären die Pilger dann bereits auf der arabischen Halbinsel angelangt gewesen; allerdings mußte diese in ihrer ganzen Breite durchquert werden, ehe man den Hidschas und damit Mekka erreichte. Aber die Alternative, die die Behörden in Istanbul den iranischen Pilgern vorschrieben, war weit länger und damit gefährlicher: Laut einer Korrespondenz mit Notabeln und Gouverneur der Provinz Basra, von der wir einen Text aus den Jahren 1564–65 besitzen, ordnete der osmanische Staatsrat (*diwān-ı humāyūn*) an, daß alle Pilger die »offiziellen« Karawanenwege über Damaskus, Kairo und dem Jemen nach dem Hidschas benutzen müßten. Die Notabeln von Basra drängten auf die Erlaubnis für eine eigene Pilgerkarawane; aber ihr Ansinnen wurde in ziemlich schroffer Weise abgelehnt.

Neben der möglichen Infiltration aus dem Iran war sicherlich auch die Sorge vor den portugiesischen Expansionsplänen im Bereich der arabischen Halbinsel ein Grund für den Entschluß des osmanischen Staatsrates, die direkte Route von Basra nach Mekka zu sperren. Schließlich besaßen die Portugiesen sowohl in Basra als auch in Laḥsā (al-Ḥasā) und in Bahrain muslimische Verbündete unter den örtlichen Emiren, die sich gegen ein osmanisches Vordringen in diesem Gebiet und damit gegen den Verlust ihrer politischen Unabhängigkeit abzusichern versuchten. Allerdings ist in den osmanischen Dokumenten der Zeit von einer portugiesischen Gefahr keine Rede, so sehr stand die Sorge um eine iranische Infiltration besonders in dem von Schiiten bewohnten Bahrain im Vordergrund.

Nun brachte die Sperrung der Route von Basra nach Mekka ebenfalls politische Probleme mit sich. Die Notabeln von Laḥsā (al-Ḥasā) an der Ostküste der arabischen Halbinsel hatten durch die Sperrung sicher wirtschaftliche Nachteile erlitten. Deshalb versuchten sie durch Druck auf den osmanischen Gouverneur eine Wiedereröffnung dieser Route zu erreichen. Andererseits war die Provinz Laḥsā mit ihrer Hauptstadt el-Katif für die Osmanen ein neuerworbenes und zudem entlegenes Grenzgebiet, dessen Bevölkerung erst noch für die osmanische Herrschaft gewonnen werden mußte. Auch der Gouverneursposten hatte nur eine sehr kurze Geschichte hinter sich; denn wohl erst im Jahre 1554 war Laḥsā zu einer vollgültigen Provinz (*beglerbeglik*) erhoben worden. In den Bezirken, aus denen sich die neuerworbene Provinz zusammensetzte, herrschten örtliche Scheichs, die bereits vor der Machtübernahme durch die Osmanen das Gebiet kontrolliert hatten und vorerst in ihren Positionen belassen worden waren. Unter diesen Umständen galt es, den Wünschen der örtlichen Notabeln weitgehend entgegenzukommen, um zu verhindern, daß sie sich bei der nächsten Gelegenheit auf die iranische bzw. portugiesische Seite schlugen. Wahrscheinlich hatte man im Rat des Sultans Schwierigkeiten, unter dem Druck dieser gegensätzlichen Erwägungen zu einer Entscheidung zu kommen. Diesen Eindruck des Zögerns gewinnt man jedenfalls bei der Lektüre eines aus den Jahren 1570–71 stammenden Befehlsschreibens, in dem eine für diese Art von Texten sonst recht uncharakteristische Sprache geführt wird. Sicherlich waren in der Vergangenheit, so heißt es in diesem Befehlsschreiben, Pilger über den Weg von Basra nach Laḥsā und von dort nach Mekka gereist. Aber später war diese Route gesperrt worden, um die Ḳızılbash, das heißt die Häretiker aus dem Iran, daran zu hindern, Unruhe unter den Pilgern zu säen. Wenn man sie nun wieder öffnete, vergrößerte man damit wirklich die Gefahr der Infiltration? Realistischerweise meinte der Verfasser des Befehlsschreibens, daß durch die Sperrung der Straße hauptsächlich wirkliche Pilger abgeschreckt würden; Spione würden wahrscheinlich immer Mittel und Wege finden, sich ins Osmanische Reich einzuschleusen. Auch finanzielle Überlegungen spielten eine Rolle, da die von den Pilgern gezahlten Steuern für die osmanische Staatskasse stets willkommen waren. Nach Lektüre dieser Überlegungen gewinnt man den Eindruck, als sei der Rat des Sultans geneigt gewesen, es einmal mit der Öffnung der Straße zu versuchen.

In den Jahren 1573–74 war dieses Projekt tatsächlich Wirklichkeit geworden, und Pilger aus Basra konnten Mekka nach Durchquerung der arabischen Halbinsel von Osten nach Westen erreichen. Dies bedeutete, daß die Beduinenstämme dieser Gegend bereit waren, den Pilgern freien Durchzug zu gewähren. In einem Befehlsschreiben von 1573–74 ist tatsächlich von einigen Beduinenscheichs aus der Landschaft Nedschd die Rede, die während der letzten Reise durch die Wüste die Pilger beschützt hatten und auch für das folgende Jahr ihre Dienste anboten. Dafür war in den Jahren 1575–76 die Route von Basra über Laḥsā bereits wieder gesperrt. Wahrscheinlich erregte die Krankheit von Schah Ṭahmāsp, der tatsächlich im folgenden Jahre starb, in Istanbul Bedenken über die Fortdauer des mit diesem Herrscher abgeschlossenen Friedens. In den Jahren 1577–78 lagen die beiden Großreiche wieder miteinander im Krieg, so daß die Sperrung der Route über Laḥsā für alle (auch nichtiranische) Pilger ohne Schwierigkeiten begründet werden konnte. In einem der Befehlsschreiben, die diese dornige Angelegenheit regeln sollten, wird mehr oder weniger offen zugegeben, daß Pilger aus der Region des Persischen Golfes unter den obwaltenden Umständen kaum nach Mekka gelangen konnten. Aber eine befriedigende Lösung des Problems hat es zumindest bis zum Ende des Krieges im Jahre 1590 wohl nicht gegeben.

Andererseits war nicht zu leugnen, daß die Sperrung des direkten

Weges von Basra nach Mekka das Eindringen von iranischen Spionen ins Osmanische Reich keineswegs verhinderte. In den Jahren 1580–81 ist von angeblichen Agenten des Safawidenschahs die Rede, die Grenzkommandanten bestochen und Unruhe unter den in Mekka versammelten Pilgern gestiftet haben sollten. Die Gouverneure von Laḥsā und Basra wurden aufgefordert, ihre fähigsten Spione gegen diese Agenten einzusetzen; allerdings sollte der normale Handelsverkehr dabei keine Unterbrechung erleiden. Leider gibt uns dieser Text keinerlei Auskünfte darüber, welche Kaufleute da zu schonen waren. Aller Wahrscheinlichkeit nach handelte es sich um Inder, die zu jener Zeit die auch in Europa berühmten und begehrten Baumwollstoffe ihres Landes exportierten und die Perlen Bahrains einkauften. Schließlich war es auch in Kriegszeiten wichtig, daß der Zolleinnahmen produzierende Handel nicht ganz zum Erliegen kam.

Die Interessen der Kaufleute von Laḥsā wurden in diesen Jahren auch von den Gouverneuren der Provinz in Istanbul vertreten. Vor dem Kriege waren die Steuern des Haupthafens der Provinz Laḥsā jährlich für eine Dreiviertelmillion *aḳče* verpachtet worden, aber die Unterbrechung des Pilgerverkehrs hatte auch diese Einkommensquelle zum Versiegen gebracht. Zumindest kurzfristig scheint diese Demarche osmanischer Amtsträger der Jahre 1580–81 Erfolg gehabt zu haben, denn die Route über Laḥsā wurde zumindest für sunnitische Pilger geöffnet. Allerdings läßt sich kaum vorstellen, wie die Ausschließung von Schiiten durchgesetzt werden sollte, zumal da nicht nur viele Iraker, sondern auch die Bewohner Bahrains Schiiten waren.

Wahrscheinlich wurde die Pilgerroute über Laḥsā auch weiterhin nach Maßgabe der politischen Umstände geöffnet bzw. gesperrt. Ewliyā Čelebi berichtet in seiner Beschreibung des Hadsch von 1672 ausdrücklich von Pilgern aus Basra. Es ist anzunehmen, daß sie auf dem direkten Wege nach Mekka gekommen waren, denn wenn sie den ungeheuren Umweg über Damaskus gemacht hätten, hätte Ewliyā bestimmt über diese Kuriosität berichtet, zumal da die Pilger dann seine Reisegefährten hätten sein müssen.

Schiitische Pilger aus dem Iran, die sich auf die weite Reise nach Mekka machten, verbanden den Hadsch häufig mit einem Besuch in den irakischen Pilgerzentren An-Najaf und Karbalā. In An-Najaf liegt Imām ʿAlī begraben, der Schwiegersohn des Propheten und vierte Kalif (reg. 656–80). Karbalā dagegen birgt das Grab von Imām Ḥusayn, dem Sohne Imām ʿAlīs und Enkel des Propheten, der, ohne jemals die Kalifenwürde innegehabt zu haben, im Jahre 680 bei einem Aufstand gegen den Omaijadenkalifen Yazīd (reg. 680–83) ums Leben kam; nach Ansicht der Schiiten wäre diesen Persönlichkeiten sowie ihren Nachfahren die Führung der muslimischen Gemeinde zugekommen. Da diese Gräber für den iranischen Pilger viel leichter erreichbar waren als Mekka, müssen wir annehmen, daß die Zahl der nach An-Najaf und Karbalā reisenden Iraner sehr viel größer war als die der iranischen Mekkapilger. Dies zeigt sich auch an der Tatsache, daß die osmanischen Befehlsschreiben der Zeit Besucher an den Gräbern Imām ʿAlīs und Imām Ḥusayns viel häufiger erwähnen als iranische Hadschis. Um also die Politik des Osmanenstaates gegenüber ausländischen Pilgern nachzuzeichnen, müssen die beiden Pilgerfahrten im Zusammenhang betrachtet werden.

Aus einem Befehlsschreiben, das um die Jahreswende 1568–69 herum ausgestellt worden ist, wird deutlich, daß die osmanischen Behörden, selbst wenn sie es wünschten, iranische Pilger kaum daran hindern konnten, die Gräber von Imām ʿAlī und Imām Ḥusayn zu besuchen. In dem hier diskutierten Fall handelte es sich um eine Gruppe von iranischen Hadschis, die auf ihrer Rückreise, wie es häufiger vorkam, auch das Grab des Propheten Muhammad in Medina besucht hatten. Dann aber trennten sie sich von der Pilgerkarawane, besorgten sich einen Führer für die Reise durch die Wüste und machten sich auf den Weg nach Bagdad. Diese Nachricht scheint im Rat des Sultans einiges Entsetzen ausgelöst zu haben. Der osmanische Gouverneur erhielt ein Befehlsschreiben des Sultans, in dem erklärt wurde, es sei Iranern verboten, Bagdad zu besuchen. Dieses Verbot ist anderweitig nicht belegt und war vielleicht speziell für diesen Sonderfall erlassen worden. Allerdings war die praktische Tragweite eines solchen Verbotes wahrscheinlich recht gering; denn als das

Befehlsschreiben Syrien erreichte, hatten die widerspenstigen Pilger aus dem Iran An-Najaf und Karbalā wohl längst besucht; möglicherweise waren die Reisenden bereits in ihre Heimat zurückgekehrt.

Auch die Mutter des zukünftigen Schah Ismāʿīl II. (reg. 1576–77), eine der Gemahlinnen des regierenden Schah Ṭahmāsp, verband ihre Pilgerfahrt nach Mekka, die sie wahrscheinlich in den Jahren 1563–64 unternommen hat, mit einem Besuch der heiligen Städte des Irak. Von der Verlegenheit, die ihre wirkliche oder »diplomatische« Krankheit bei dem osmanischen Statthalter von Bagdad auslöste, ist bereits die Rede gewesen. In diesem Zusammenhang ist von Interesse, daß es ein Reglement gab, das den Status iranischer Pilger im Osmanischen Reich festlegte. In seiner originalen Form, in der es im Februar 1565 erlassen wurde, hat es sich bislang nicht auffinden lassen; dafür besitzen wir aber ein Bestätigungsschreiben aus den Jahren 1573–74, das wohl im wesentlichen die gleichen Verfügungen enthält. Grundlage war auf jeden Fall der osmanisch-iranische Friedensvertrag von Amasya, der von 1555 bis 1578 gültig war. Aus dem Befehlsschreiben von 1573–74 geht hervor, daß sich jeweils ein halboffizieller Vertreter des Schahs in An-Najaf und Karbala befand. Diese Personen waren damit beauftragt, Almosen unter die Armen zu verteilen; eine solche Form, in den Territorien eines fremden Herrschers symbolisch gegenwärtig zu sein, ist uns schon von Akbars mekkanischer Politik her bekannt. Allerdings durften die beiden Vertreter des Schahs keine Suppenküche für die Armen einrichten, selbst wenn der Zugang zu dieser Institution auf iranische Pilger beschränkt blieb. In Istanbul argumentierte man dahingehend, daß sich die Pilger fünf bis zehn Tage lang selbst versorgen könnten; und längere Zeit sollten die Iraner ohnehin nicht auf osmanischem Gebiet verweilen. Der Sinn des Reglements war auch hier, den Kontakt der iranischen Pilger mit der örtlichen Bevölkerung möglichst einzuschränken. In Bagdad hatten solche Isolierungsmaßnahmen auch noch ihre spezifische Begründung; die Stadt war erst im Jahre 1534 von den Osmanen erobert worden, und man mußte damit rechnen, daß der schiitische Bevölkerungsteil nach wie vor Sympathien für die Safawiden hegte.

Trotzdem gab es Iraner, die sich auf längere Zeit in den Pilgerstädten ansiedelten und dort auch Haus- und Grundbesitz erwarben. Als im Jahre 1578, nach dem Tode des Schah Ṭahmāsp, der osmanisch-iranische Krieg aufs neue entfesselt wurde, entflohen mehrere Untertanen des Schahs aus Karbalā. Ihre Häuser, die sie zu vollem Eigentum besessen hatten, wurden vom osmanischen Staat konfisziert. Auch in Mekka gab es iranische Hausbesitzer, bei denen es sich anscheinend durchweg um wohlhabende Leute handelte. In den Beschwerden über die in Mekka residierenden Iraner hieß es oft, daß sie den Hof der Großen Moschee zu recht weltlichen Zwecken benutzten, die abendliche Promenade ganzer Familien mit eingeschlossen. Ob und wie diese iranische Gemeinde den Krieg von 1578–90 überstanden hat, läßt sich nach den bisher aufgefundenen Quellen allerdings nicht bestimmen.

Weihegaben als diplomatischer Konfliktstoff

In Friedenszeiten schickten Mitglieder des safawidischen Herrscherhauses öfter einmal Weihegaben an die auf osmanischem Gebiet gelegenen Pilgerstätten. Hauptsächlich wurden solche Geschenke an die Mausoleen von Imām ʿAlī, Schwiegersohn und Neffe des Propheten, sowie an die Grabstätte seines Enkels, des Imām Ḥusayn, gesandt. Aber auch Geschenke an die Heiligtümer im Hidschas sind dokumentiert. Von seiten des osmanischen Sultans sind solche Weihegaben ebenfalls bekannt, und öfter kam es in dieser Angelegenheit zu einer Rivalität der beiden Herrscherhäuser; war es doch von Wichtigkeit, daß die Geschenke in dem jeweiligen Heiligtum an gut sichtbarer Stelle aufgestellt bzw. ausgelegt wurden. So hören wir durch ein osmanisches Befehlsschreiben aus den Jahren 1573–74, daß der Schah bzw. Prinzessin Perīkhān, seine aktive und einflußreiche Tochter, um die Erlaubnis nachgesucht hatte, die beiden irakischen Mausoleen mit iranischen Teppichen auslegen zu lassen. Dieses Ansuchen wurde zwar auf höfliche Weise abgelehnt; wenn Weihegaben aus dem Iran allerdings wirklich eintrafen, meinte der Rat des Sultans gewöhnlich, daß es unzulässig sei, fromme Geschenke einfach zurückzuweisen. So wurden ein silbernes Räuchergefäß und ein Kandelaber, die von Prinzessin Perīkhān gestiftet worden waren, in das Schatzhaus der irakischen Stiftungen eingewiesen. Ob sie allerdings jemals öffentlich ausgestellt wurden, und wenn ja, für wie lange, läßt sich aus unseren Quellen nicht bestimmen.

Pilger aus Zentralasien

Die verschiedenen Fürstentümer Zentralasiens, die sich nach dem Zerfall des Timuridenreichs gebildet hatten, wurden durchweg von sunnitischen Herrschern regiert, die auch in politischer Hinsicht in zum Teil scharfen Gegensatz zum Safawidenstaat des Iran standen. Durch die häufigen Kriege zwischen dem Schah des Iran und dem Khan der Usbeken war den sunnitischen Pilgern aus Zentralasien die direkte Route nach Mekka versperrt, und die allenfalls möglichen Umwege waren samt und sonders weit und beschwerlich. Manche Pilger reisten zunächst nach Istanbul und kehrten nach vollendeter Pilgerfahrt über Delhi in ihre Heimat zurück. Anscheinend erhielt einer von diesen Pilgern den Auftrag, ein diplomatisches Schreiben Sultan Aḥmeds I. (reg. 1603–17) am Mogulhofe zu übergeben; allerdings wurde das Beglaubigungsschreiben dieses improvisierten Gesandten am Hofe von Akbars Sohn Dj̲ihāngīr (reg. 1605–27) nicht anerkannt.

Die Reiseroute der zentralasiatischen Mekkapilger führte von Bukhara und Samarkand durch die Steppe bis ans Kaspische Meer. Nachdem sie in Astrachan eine Weile Station gemacht hatten, reisten sie weiter durch die Steppen des heutigen Südrußland, bis sie in einem der osmanischen Häfen der nördlichen Schwarzmeerküste angelangten, etwa Kefe (Kaffa, heute Feodosiya) oder Özü (Ochakow). Die Reise auf dem Schwarzen Meer endete, wenn alles ohne Zwischenfälle verlief, in Istanbul, wo sich die zentralasiatischen Pilger der Hadsch-Karawane nach Damaskus anschließen konnten. Von Damaskus aus führte die Reiseroute dieser Karawane dann durch die syrische und arabische Wüste bis nach Mekka (vgl. Kap. 2). Manche Pilger kürzten den Weg ein wenig ab, indem sie das Schiff in einem der anatolischen Schwarzmeerhäfen verließen, etwa in Sinop oder Samsun. Aber dann mußten sie noch Anatolien von Norden nach Süden durchqueren, um unterwegs, etwa in der Nähe von Eskişehir oder Konya, auf die Pilgerkarawane zu stoßen. Aber da von den

Hafenstädten des nördlichen Anatolien das Landesinnere nur auf sehr schlechten Wegen erreichbar war, dürften die Pilger, die diese Abkürzung wählten, nur wenig Zeit und Mühe gespart haben. Und die Gefahr, von Räubern überfallen und ausgeraubt zu werden, war auf diesen Nord-Süd-Verbindungen sehr viel größer als auf der häufig benutzten Straße von Istanbul nach Damaskus.

Bevor sie das osmanische Territorium im engeren Sinne betraten, hatten die zentralasiatischen Pilger bereits die von dem Khan der Krimtataren kontrollierten Steppen passiert. Das Herrschaftsgebiet der Krimtatarenkhane, die während des 16. Jahrhunderts häufig mit ihren nördlichen Nachbarn, dem Großfürstentum Moskau, im Krieg lagen, stellte einen der Nachfolgestaaten dar, in die sich die von Dschinggis Khan und seinen Söhnen gegründete Goldene Horde aufgespalten hatte. In der Mitte des 16. Jahrhunderts wurden die Tatarenkhane der Krim durch die Osmanensultane ein- und abgesetzt, bewahrten aber doch ein erhebliches politisches Eigengewicht und beanspruchten unter anderem eine Art Schutzherrschaft über die tatarischen Pilger. Wenn solche Pilger auf der Reise starben, sollten ihre Hinterlassenschaften dem Vertreter des Tatarenkhans übergeben werden, der regelmäßig die Damaszener Pilgerkarawane begleitete. Ursprünglich sollte diese Regelung wohl allein für die unmittelbaren Untertanen des Tatarenkhans gelten; aber später wurde sie auf alle Tataren ausgedehnt, also auch auf diejenigen, die aus dem transoxanischen Bukhara und Samarkand nach Mekka angereist kamen.

Zu den Funktionen des Tatarenkhans gehörte es auch, die ihm anbefohlenen Pilger vor überhöhten Steuerforderungen zu schützen. So hören wir etwa, daß ein Nogay-Tatarenprinz den Mekkapilgern, die den Schwarzmeerhafen Azak (Azov) passierten, hohe Zollgebühren abgefordert hatte. Als sich die Betroffenen in Istanbul beschwerten, erhielt der osmanische Provinzgouverneur von Azak die Aufforderung, mit dem Tatarenkhan Rücksprache zu halten. Offensichtlich nahm man in Istanbul an, der Tatarenkhan werde einigen Druck auf die Nogay-Prinzen ausüben und ihnen die Vorschriften des Sultans über die Behandlung von Mekkapilgern in Erinnerung rufen. Ob das allerdings wirklich der Fall war, läßt sich nur schwer bestimmen, denn die Nogay-Prinzen verstanden sich oftmals als die politischen Gegenspieler des Tatarenkhans.

Auf der weiten Reise der zentralasiatischen Pilger war Astrachan ein vielbenutzter Rastplatz. In den Jahren 1554–56 aber war diese Stadt von Zar Iwan IV. erobert und seinem Staate einverleibt worden. Als der Zar daraufhin den Pilgern den Durchzug durch Astrachan verwehren wollte, intervenierte der osmanische Sultan, der sich als Kalif dazu verpflichtet fühlte, die Interessen auch derjenigen Pilger zu wahren, die nicht in seinem Reiche lebten. Außerdem wurde der Sultan von dem zentralasiatischen Khan von Khiva gedrängt, in die politischen Verwicklungen dieses Gebietes aktiv einzugreifen. Ein Schreiben dieses Herrschers an den Osmanensultan klagt in bewegten Worten über die Hemmnisse, die den dortigen Pilgern und Kaufleuten sowohl von den Safawiden als auch von den Russen in den Weg gelegt würden; erst wenn die Osmanen Astrachan eroberten, würden diese Probleme eine Lösung finden können. Solche Aufforderungen tangierten das Prestige des Osmanensultans in der islamischen Welt; und die Frage des Durchzugsrechtes für Mekkapilger scheint eine Rolle in dem Entschluß Sultan Selīms II. (reg. 1566–75) gespielt zu haben, osmanische Truppen zu einer allerdings vergeblichen Belagerung von Astrachan zu schikken.

Sicherlich spielten bei diesem Entschluß auch andere Faktoren eine Rolle. In der zweiten Hälfte des 16. Jahrhunderts wurde die Sicherung der osmanischen Nordgrenze von den Wesiren in Istanbul derart verstanden, daß man sich darum bemühte, stets ein Gleichgewicht zwischen dem Tatarenkhan, den Prinzen der Nogay-Tataren und dem Zaren aufrechtzuerhalten. Besonders lag der osmanischen Politik daran, den Zaren nicht zum Anrainer des Schwarzen Meeres werden zu lassen, und die Eroberung Astrachans konnte als erster Schritt in diese Richtung interpretiert werden. Trotzdem wäre es falsch, die Sorge über das Durchzugsrecht der zentralasiatischen Mekkapilger in seiner Bedeutung als Motiv der osmanischen Politik zu unterschätzen. Denn gerade weil die Osmanensultane sich weder durch eine Assoziation mit der frühislamischen Geschichte noch – vor einem türkisch-tatarischen Publikum – durch eine Abstammung von dem Welteroberer Dschinggis Khan legitimieren konnten, waren sie für ihre Rechtfertigung vor der islamischen Welt auf faktische Leistungen im Dienste der Religion angewiesen. Unter diesen Diensten spielte aber gerade die Fürsorge für die Mekkapilger eine besonders bedeutsame Rolle.

Unter den zentralasiatischen Pilgern, die sich ein eigenes *laissez-passer* für das Osmanische Reich besorgten und deren Namen deswegen aktenkundig sind, gab es recht viele Derwische. Manche dieser Derwische deklarierten sich als Nachfahren von berühmten Persönlichkeiten der islamischen Geschichte, wie etwa ein Scheich aus Bukhara, der behauptete, von dem mystischen Dichter Aḥmad-ı Yasavī (12. Jh.) abzustammen. Ein anderer Scheich aus Transoxanien namens Aḥmad erklärte, zur Nachkommenschaft von ʿUmar, dem zweiten Kalifen nach dem Propheten Muhammad, zu gehören. Hier handelte es sich offenbar um einen sehr vermögenden Mann, denn er wurde nicht nur von seiner eigenen Familie begleitet, sondern außerdem von sechzig Derwischen, die ihrerseits ihre Familien mitgebracht hatten. Dieser Stil der Pilgerfahrt unterschied sich durchaus von den Gewohnheiten der osmanischen Pilger, die sich nur selten von ihren Frauen begleiten ließen. Aber der transoxanische Scheich war wohl auch in anderer Hinsicht ein Sonderfall. Denn in seinem *laissez-passer* war vermerkt, daß die Provinzverwalter der Gegenden, die er auf seiner Reise zu durchziehen gedachte, ihn mit Lebensmitteln und Kamelen versorgen sollten, ohne daß von einer Bezahlung seinerseits die Rede war. Da in anderen Reisedokumenten die Frage der Bezahlung kaum jemals übergangen wird, liegt die Folgerung nahe, daß Scheich Aḥmad seine Pilgerreise als Gast des Osmanensultans unternahm. Vielleicht empfing er dieselben Ehrungen wie ein gewisser Scheich ʿAbd al-Ḳahhār ʿUlvī, dem bei seinem Durchzug sowohl von dem osmanischen Provinzgouverneur von Kefe (Feodosiya) als auch von dem Tatarenkhan hohe Ehrungen erwiesen werden sollten.

Pilger aus dem fernen Westen

In den osmanischen Akten des 16. Jahrhunderts ist von Pilgern aus Marokko sowie aus den Westprovinzen des Reiches (Algier, Tunis, Tripolis) nur recht selten die Rede. Das läßt sich vielleicht damit erklären, daß diese Pilger aus dem Norden Afrikas über Ägypten reisten, und nicht wie die Tataren über Istanbul. Im 17. Jahrhundert erreichten sie den Nil zuweilen nach einer Reise auf dem Mittelmeer, häufig auf einem europäischen Schiff; durch die Wahl eines englischen oder französischen Schiffes hofften nordafrikanische Pilger und Kaufleute, den Nachstellungen der Malteserritter zu entgehen. Daneben gab es auch eine Karawane, die in Kairo Anschluß an die eigentliche Pilgerkarawane hatte. Unter den Rechts- und Gottesgelehrten Nordafrikas war es nach wie vor Sitte, die Pilgerfahrt mit einem Besuch der großen Zentren der islamischen Welt im östlichen Mittelmeerraum zu verbinden und über diese Reise einen Bericht zu verfassen; schon Ibn Baṭṭūṭas Reisebericht aus dem 14. Jahrhundert gehört in diese Kategorie. Die spärliche Dokumentation in den Istanbuler Archiven bedeutet also nicht, daß die zahlenmäßige Beteiligung von Nordafrikanern an der Pilgerfahrt gering war.

Offizielle Nachrichten über marokkanische Pilger erhalten wir aus zwei Texten, die den Sultan ʿAbd al-Mālik betreffen (reg. 1576–78). Dieser marokkanische Sultan regierte sein Land als ein Schützling des weitaus mächtigeren Osmanenherrschers. Aber wie andere auswärtige Fürsten unterhielt er einen Beauftragten in Mekka, der im Namen ʿAbd al-Māliks Almosen verteilen sollte. Das Privileg, sich die Empfänger dieser Almosen ohne fremde Einmischung selber auszusuchen, wurde dem nordafrikanischen Besucher von osmanischer Seite offiziell zugestanden. Aus demselben Text geht jedoch auch hervor, daß der Rat des Sultans in Istanbul den Marokkaner nicht als einen Gesandten, sondern als einen einfachen Diener seines Herrn betrachtete.

Anscheinend geriet der Beauftragte des marokkanischen Sultans während seines Aufenthalts in Mekka alsbald in Schwierigkeiten, was sicherlich zum Teil auf das nicht allzu hohe Prestige seines Herrschers zurückzuführen war. Der marokkanische Besucher hatte in Mekka ein Haus erworben, aber Kadi Ḥusayn, ehemaliger Kadi von Medina und zur Zeit als Verwalter des heiligen Bezirks von Mekka (*s̲h̲eyk̲h̲ al-ḥaram*) eine der mächtigsten Persönlichkeiten der heiligen Stadt, hatte es ihm unter irgendeinem Vorwand wieder abnehmen lassen. Der Beauftragte des marokkanischen Sultans appellierte in dieser Angelegenheit nach Istanbul, wo der Rat des Sultans seine Beschwerde durchaus mit Sympathie betrachtete; ob aber Kadi Ḥusayn das Haus zurückgeben mußte, ist unbekannt.

Als ein Ergebnis der Bemühungen des marokkanischen Pilgerbeauftragten ist wohl ein Edikt des Osmanensultans zu werten, daß die Hinterlassenschaften von Pilgern aus Marokko den Erben zu überstellen seien und nicht von örtlichen Amtsträgern konfisziert werden durften. Dieses Privileg war nichts Ungewöhnliches, da es auch den Untertanen des Tatarenkhans regelmäßig zugestanden wurde. Für die Pilger bedeutete es allerdings einen ganz entscheidenden Vorteil, daß sie in dieser Angelegenheit der Zuständigkeit des osmanischen Fiskalbeauftragten entzogen waren, der für die Einziehung erbenlosen Gutes verantwortlich war. Denn die osmanischen Dokumente dieser Zeit sind voll von Klagen über die räuberischen Übergriffe dieses Amtsträgers, dessen Nachstellungen die Pilger, wie wir gesehen haben, mit allerlei Listen auszuweichen suchten.

Herrschaftspolitik und Pilgerfahrt

In der osmanischen Politik dieser Zeit, wie in der Politik anderer Zeiträume und Kulturen, erkennen wir das Bestreben, mehrere nicht immer leicht miteinander zu vereinbarende Erfordernisse zu einem zeitweiligen Ausgleich zu bringen. Ein Osmanensultan, der den an ihn gestellten Erwartungen der Rechtsgelehrten und Amtsträger genügen wollte, hatte osmanische wie auswärtige Pilger vor Hunger, Durst, Beduinenüberfällen, Behinderung seitens fremder Potentaten und überhöhter Besteuerung zu beschützen. In diesem Zusammenhang übte der Osmanensultan auch eine Schutzherrschaft über das mekkanische Territorium aus. Aber in diesem selben Territorium versuchten auch andere islamische Herrscher, ihre Existenz den Frommen in Erinnerung zu rufen, indem sie Almosen austeilen ließen. Deshalb konnte der Anspruch des Osmanensultans auf Vorrangstellung es mit sich bringen, daß er die Großzügigkeit auswärtiger Herrscher gegenüber den Mekkanern in engen Grenzen halten mußte. Dies traf besonders dann zu, wenn diese Zuwendungen groß genug waren, dem Schenkenden zu politischen Vorteilen, etwa bei der Scherifenfamilie, zu verhelfen. Aber die Zuwendungen auswärtiger Herrscher zu begrenzen verursachte gleichzeitig politische Komplikationen: Denn für viele einflußreiche Mekkaner bedeuteten die Zuwendungen aus der islamischen Welt eine nicht unbeträchtliche

Aufbesserung ihrer Einkommen; überdies gab die Scherifenfamilie einen Teil der ihr zugeflossenen Zuwendungen an die Beduinen der Umgebung weiter. Unter diesen Umständen konnte die Feindseligkeit politisch aktiver Persönlichkeiten in der heiligen Stadt gegenüber dem jeweiligen Osmanensultan leicht zu Überfällen auf die Pilgerkarawane führen, was wiederum dem Hauptziel der osmanischen Politik widersprochen hätte. So mußten der Rat des Sultans und die zuständigen Provinzgouverneure in dieser Sache immer mit großer Vorsicht vorgehen.

Etwas anders lagen die Probleme im Falle der Weihegaben. Die Schenkung von Teppichen, Kandelabern oder Büchern und die öffentliche Ausstellung dieser Gaben müssen nicht nur als religiöse, sondern auch als politische Akte verstanden werden. Zwischen dem Osmanensultan und dem Safawidenschah gab es in dieser Hinsicht, wie gesagt, oftmals eine lebhafte diplomatische Konkurrenz, und entsprechende Reibungen blieben nicht aus. Diese wären sicherlich noch größer gewesen, wenn die Safawiden ihre Aufmerksamkeit nicht auf die Gräber des vierten Kalifen sowie des Prophetenenkels Imām Ḥusayn konzentriert hätten. Für die Osmanenherrscher als Sunniten waren diese Persönlichkeiten zwar verehrenswürdig wegen ihrer Verwandtschaft zum Propheten und ihrer Rolle in der frühislamischen Geschichte, aber ihre Heiligtümer wurden doch als weit weniger bedeutsam angesehen als die Große Moschee von Mekka oder die Prophetenmoschee in Medina. Die Osmanenherrscher betonten zwar ihre Präsenz im Irak, indem sie sich um ausgesprochen sunnitische Heiligtümer bemühten, wie etwa das Mausoleum des Derwischheiligen ʿAbd al-Ḳādir Gīlānī; dieses Heiligtum wurde dementsprechend mehrmals zerstört, wann immer sich die Safawiden auf kürzere oder längere Zeit des Irak bemächtigten. Aber gegen die Ausschmückung der irakischen Heiligtümer, die den Nachkommen des Propheten gewidmet waren, bestanden auch für einen strenggläubigen osmanischen Sunniten keine Einwände. Diese unterschiedliche Orientierung osmanischer und safawidischer Politik trug sicherlich dazu bei, daß die Konkurrenz um die Ausschmückung der Heiligtümer sich meistens in den diplomatisch gebotenen Grenzen hielt.

Während der zweiten Hälfte des 16. Jahrhunderts zeigten osmanische Sultane und ihre Berater übrigens ein augenfälliges Interesse an den Pilgerfahrten zentralasiatischer Derwische und Gottesgelehrten. Dieses Motiv ist wohl im Zusammenhang des osmanisch-safawidischen Gegensatzes zu verstehen. Schließlich konnten zentralasiatische Pilger aus Bukhara und Samarkand nur deswegen nicht auf dem normalen Wege nach Mekka reisen, weil der Konflikt des Safawidenschahs mit den usbekischen Khanen ihnen den Weg versperrte. Durch den Umweg über Indien oder Istanbul aber wurde die Pilgerfahrt so sehr erschwert, daß nur Menschen, für die ihre Religion die Basis auch des täglichen Lebens bedeutete, sich der Strapaze noch unterziehen mochten. Deswegen werden wohl die meisten zentralasiatischen Pilger, die man im Osmanenreich zu sehen bekam, entweder Rechts- oder Gottesgelehrte oder aber Derwische gewesen sein. Solche Persönlichkeiten aber waren in den Augen ihrer osmanischen Berufskollegen sicherlich eine Art von Glaubenshelden und Vorkämpfer des sunnitischen Islam gegenüber den als häretisch betrachteten Safawiden. Diese Art und Weise, das Problem zu betrachten, erklärt sicherlich den glanzvollen Empfang, der manchen dieser zentralasiatischen Pilger bereitet worden ist.

Natürlich bekamen auch Pilger aus dem safawidischen Iran den Konflikt der beiden Großreiche in mannigfacher Weise zu spüren. Zwar wird in den bis jetzt aufgefundenen osmanischen Dokumenten niemals behauptet, daß die Sperrung des Pilgerweges über Basra und Laḥsā mit dem Durchreiseverbot für zentralasiatische Pilger in Verbindung stand. Trotzdem ist es denkbar, daß solche Erwägungen eine Rolle gespielt haben. Allerdings implizierte auch hier die osmanische Politik zwei nur schwer miteinander zu vereinbarende Zielsetzungen. Einerseits sollten in einem unzugänglichen Gebiet der arabischen Halbinsel agierende Emire daran gehindert werden, für den Osmanensultan kaum kontrollierbare Beziehungen zum Iran und vielleicht auch zu den Portugiesen anzuknüpfen. Andererseits mußten die materiellen Interessen der Notabeln von Basra in Betracht gezogen werden, denen an einer Sperrung der Straße nichts gelegen sein konnte. Die Schwankungen der osmanischen Pilgerpolitik sind sicherlich als ein vorsichtiges Lavieren zwischen den beteiligten politischen Kräften zu verstehen.

7. KAPITEL

Die Pilgerfahrt im Spannungsfeld von Wirtschaft und Politik

Das weitgespannte Beziehungsnetz, in dem sich die Pilgerfahrt abspielte, stellte die Führung des Staates, der die Oberhoheit über den Hidschas ausübte, vor schwierige Aufgaben. Wie wir bereits gesehen haben, war ohne geschickte Schachzüge der Zentralregierung die Kontrolle über den Hidschas und damit die Sicherheit der Pilger nicht zu gewährleisten. In dem Arsenal der Mittel, die der Zentralregierung zu diesem Zweck zur Verfügung standen, nahm die Vorsorgung des Hidschas mit Lebensmitteln und anderen Artikeln des täglichen Bedarfs einen wichtigen Platz ein. Denn auf diese Versorgung konnte die jeweilige Zentralregierung einwirken, sei es durch Steuerung der von den öffentlichen Stiftungen ausgehenden Lieferungen (siehe Kap. 4), sei es durch eine Kontrolle der Karawanenstraßen. Aber um ein politisches und wirtschaftliches Gleichgewicht im Hidschas aufrechtzuerhalten, mußte auch der Außenhandel, während des Mittelalters mit dem Jemen und später mit Südindien, in die Rechnung miteinbezogen werden. Hier aber hatte man es mit Faktoren zu tun, die den Einwirkungen des Sultans und seiner Wesire, ob sie nun in Bagdad, Kairo oder später in Istanbul residieren mochten, weitgehend entzogen waren. Die Angriffe von Portugiesen und europäischen Piraten oder das Ausbleiben von Reisschiffen aus Südindien konnten leicht die prekäre Versorgungslage im Hidschas gefährden und mußten durch Gegenmaßnahmen der Zentralregierung aufgefangen werden.

In diesem Kapitel werden wir ein interessantes Stück Fernhandelsgeschichte untersuchen, das zugleich politische Aspekte hat: Es geht um den Versuch eines gutorganisierten und bürokratisierten Großstaates der frühen Neuzeit, den überregionalen und internationalen Handel des Hidschas im Sinne der Pilgerinteressen zu beeinflussen.

Im Jahre 1517 wurde Ṭumān Bāy, der letzte Mamlukensultan Ägyptens, nach einer Regierung von nur wenigen Monaten vor den Toren Kairos auf Befehl des Osmanenherrschers Selīms I. (reg. 1512–20) gehenkt. Ṭumān Bāys Vorgänger Ḳānṣūh al-Ghūrī (reg. 1501–16) war im Kriege gefallen, Syrien schon seit 1515 in osmanischer Hand. Damit waren auch die Optionen der Scherifen von Mekka, die als Fürsten von mehr oder weniger lokaler Bedeutung seit dem 10. Jahrhundert unserer Zeitrechnung den Hidschas kontrollierten, nunmehr sehr begrenzt. Ein Text aus dem Jahre 1517 zeigt deutlich, daß die Verpflegung Mekkas damals weitgehend von Lieferungen aus Ägypten abhing. Kurze Zeit zuvor hatten die Portugiesen einen Vorstoß ins Rote Meer unternommen, und die Folgen für den Hidschas ließen nicht lange auf sich warten: »Der Zustand dieses Ortes ist wirklich bedauernswert. Bevor diese verfluchten Ungläubigen kamen, wurde ein *ṭuman* [6,3 l] Getreide für 20 *ashrafī* Münzen verkauft. Als die Nachricht kam, stieg der Preis am selben Tag auf 30 und den folgenden Tag auf 40 [Münzen]. Er steigt immer noch weiter, und die Leute sagen, daß er 100 [*ashrafī*] erreichen wird.« So berichtete der osmanische Flottenkommandant Selmān Reʾīs aus Jiddah. Die rasche und kampflose Unterwerfung des Hidschas unter die osmanische Oberhoheit läßt sich nur in diesem Zusammenhang begreifen.

Auch die Flottenpräsenz der Osmanen im Roten Meer und im Indischen Ozean trug zu der raschen Unterwerfung der Scherifen bei. Sultan Ḳānṣūh al-Ghūrī hatte, um das Vordringen der Portugiesen im Indischen Ozean und im Roten Meer abzuwehren, bei dem Osmanenherrscher Bāyezīd II. (reg. 1481–1512) um militärische und Flottenunterstützung nachgesucht. Der osmanischen Flotte unter Emir Ḥüseyin al-Kürdī gelang es nach einer verlorenen Schlacht bei Diu (1509) zwar nicht, die Portugiesen von der westlichen Küste Südindiens zu vertreiben. Doch trug die Befestigung Jiddahs, die der Emir in aller Eile hatte unternehmen lassen, sicherlich mit dazu bei, daß die Portugiesen im Jahre 1517 von einem Angriff auf Jiddah in letzter Minute Abstand nahmen. Allerdings gestalteten sich die Beziehungen Ḥüseyin al-Kürdīs zu dem damals in Mekka regierenden Scherifen Barakāt alles andere als freundlich, und nach einer Reihe schwerer Konflikte ließ der Scherif den Emir vor Jiddah ertränken. Nach mekkanischen Chroniken ging der Befehl dazu von Sultan Selīm I. aus. Aber nach Meinung des osmanischen Flottenkommandanten Selmān Re'īs, der sich 1517 in Jiddah befand, war dieses Verhalten mit den Herrschaftstraditionen der Osmanen in keiner Weise zu vereinbaren und ganz und gar als eine Initiative des Scherifen Barakāt zu betrachten.

Der Scherif von Mekka und seine politische Rolle

Vielleicht wünschte Scherif Barakāt nicht, unmittelbar nach der Eroberung Kairos durch Sultan Selīm I. seine Hinrichtung eines hohen osmanischen Militärs persönlich vor dem Sultan zu rechtfertigen. Jedenfalls zog er nicht selbst nach Kairo, schickte aber im selben Jahr seinen noch sehr jungen Sohn Abū Numay nach Ägypten, der Selīm I. im Namen seines Vaters die Unterwerfung anbot. Sultan Selīm I. akzeptierte diese Lösung, ohne selbst den Hidschas aufzusuchen, und die Scherifen wurden weiterhin als abhängige Fürsten anerkannt. In Mekka und Medina selbst gab es demgemäß keine osmanischen Statthalter, obwohl eine kleine Einheit von ägyptischen Soldaten dort stationiert war. In der zweiten Hälfte des 16. Jahrhunderts, nachdem sich die Verhältnisse im Hidsc̱has und in Ägypten konsolidiert hatten, finden wir einen Provinzgouverneur niederen Ranges (*beg, sanḏjaḳbegi*) in Jiddah an der Küste des Roten Meeres, der den Scherifen von Mekka gegenüber die osmanische Staatsgewalt zu vertreten hatte. Der *beg* von Jiddah war dem Gouverneur von Ägypten, später dem gleichfalls weit entfernten Gouverneur von Ḥabes̱histān (Abessinien) unterstellt, und bei der großen Distanz blieb dem *beg* von Jiddah ein größerer Raum für politische Manöver, als einem gewöhnlichen Provinzgouverneur zugebilligt wurde. Der Schriftsteller und Historiker Muṣṭafā ʿĀlī, der zwar nicht die Karriere gemacht hatte, die er seiner eigenen Ansicht nach verdient hätte, aber doch mehrmals Provinzgouverneur geworden war, starb im Jahre 1600 als Gouverneur von Jiddah.

Die Scherifen von Mekka wurden vom Osmanensultan ernannt. Normalerweise blieb ein einmal eingesetzter Scherif lebenslänglich im Amt, es sei denn, er geriet in einen Konflikt mit der osmanischen Zentralgewalt und wurde deswegen abgesetzt. Der Nachfolger mußte ebenfalls aus der Scherifenfamilie stammen. Allerdings gab es bei der Vielzahl von Brüdern und Neffen für jeden Scherifen, solange er im Amt war, ernstzunehmende Konkurrenten, die oftmals selbst in Istanbul vorstellig wurden, um seine Absetzung zu erreichen. Aus diesen Gründen war es auch keineswegs unmöglich, daß ein Scherif, der einmal abgesetzt worden war, später sein Amt wiedererlangte.

Dem Scherifen stand in den Beduinen, die zu seinen Verbündeten zählten, eine Streitmacht zur Verfügung. Im Jahre 1585 nahm die osmanische Zentralverwaltung ohne Widerspruch eine Behauptung des Scherifen hin, daß er aus seinen Einkünften 20–30000 Anhänger und Abhängige zu versorgen hätte. Wahrscheinlich zahlte der Scherif Subsidien, um auf diese Leute zurückgreifen zu können, falls er sie benötigte. Bei den Schwierigkeiten, die die Versorgung mit Nahrungsmitteln im Hidschas immer bereitete, wäre es kaum möglich gewesen, so viele Soldaten permanent unter Waffen zu halten.

Mit dieser Streitmacht sollte der Scherif nach Ansicht der osmanischen Zentralgewalt Angriffe der Beduinen auf die Pilgerkarawane verhindern. Aber daneben konnte der Scherif sich auf diese Streitmacht stützen, wenn er mit einem osmanischen Karawanenkommandanten in Konflikt geriet. Ewliyā Čelebi berichtet über einen solchen Fall. »In den Jahren 1670–71, also ein Jahr vor meinem Besuch, war Ḥasan Pascha [dem ehemaligen] Majordomus von Aḥmed Pascha ›der Spinne‹ die Würde eines Paschas von Jiddah verliehen worden. Es war seine Aufgabe, für die Reparatur der heiligen Orte zu sorgen sowie das Geld einzuziehen, das für die Pensionen und Gaben an Scherifen und Bewohner der heiligen Städte sowie für [andere] Ausgaben benötigt wurde. Auch war er für die gute Ordnung in den heiligen Städten verantwortlich. Nun war es aber Gottes Fügung, daß [der Pascha] das Gehabe der Scherifen nicht ertragen konnte, so daß sich ein Konflikt ergab. In jenem unheilvollen Jahr kam es zu einiger Verwirrung, als die Muslime beim Umkreisen der Kaaba waren, [so daß] die Pilger [zu ihrer eigenen Sicherheit] die Tore der Großen Moschee verschlossen. So saßen sie gefangen, nackt und im Pilgergewand, [wie sie eben waren]. Da sandte Ḥasan Pascha sofort zehn Fähnlein bewaffneter Leute durch das Tor des ʿUmar; diese stiegen auf die Große Moschee und hielten Wache. Aber die Herren Scherifen hatten viele Tausend Banditen ausgeschickt, die mit Musketen bewaffnet waren. Von der Höhe des Abū Ḳubays sowie von den 18 Galerien der sieben Minarette und den umliegenden theologischen Schulen schossen [diese] auf die muslimischen Pilger. Aus dem Volke, das Muhammad ganz besonders nahestand [den Gläubigen], lagen in dem Areal der Großen Moschee 700 Verletzte und 200 Tote.« Selbst wenn diese Aktion zur zeitweiligen Absetzung des verantwortlichen Scherifen führte, so zeigt sie doch, daß der Scherif keineswegs immer ein gefügiges Werkzeug in der Hand des Osmanenherrschers war.

In der osmanischen Führungsschicht war man sich der realen Macht des Scherifen und der Schwierigkeiten, die er den Pilgern bereiten konnte, sehr wohl bewußt. Deswegen erhielt er meist keine direkten Anweisungen von der osmanischen Zentrale, sondern man versuchte vielmehr, sich seines guten Willens zu versichern. Als sich die Klagen gegen einige im Hafen von Jiddah tätigen Steuereinnehmer häuften und man sich in Istanbul zu ihrer Absetzung und Verbannung aus der Stadt entschlossen hatte, wurde in einem mit vielen Höflichkeitsformeln verbrämten Schreiben um die Mitwirkung des Scherifen nachgesucht (1575–76). Der Scherif, der einen Streit zwischen Pilgern und Bewohnern Mekkas durch sein rechtzeitiges Eingreifen geschlichtet hatte, erhielt nach dem Regierungsantritt Sultan Aḥmeds I. (reg. 1603–17) nicht nur das übliche Ehrenkleid, sondern es wurde ihm auch unter vielen Komplimenten mitgeteilt, daß der ägyptische Karawanenkommandant, wohl wegen dieser Angelegenheit, seines Amtes enthoben worden sei; möglicherweise hatte der Scherif zuvor sein Mißfallen über das Verhalten des Kommandanten in dieser Krise zum Ausdruck gebracht.

Während der osmanischen Eroberung des Jemen (1568–71) und in den nachfolgenden Jahren wurden die Scherifen bisweilen um Unterstützung angegangen. In osmanischer Sicht waren nämlich die Scherifen die Nutznießer dieser Eroberung, denn damit war ihr Herrschaftsbereich gegen mögliche Angriffe, besonders der Portugiesen, effektiv abgeschirmt. Besonders wurde erwartet, daß der Scherif der osmanischen Armee Pferde zur Verfügung stellte. Zentralarabien war schon damals für seine Pferde berühmt, die im 19. Jahrhundert abenteuerlustige englische Reisende ins Land ziehen sollten. Dementsprechend wurde etwa im Jahre 1579 der Scherif dazu aufgefordert, gegen Bezahlung 300 Pferde zu liefern. Wahrscheinlich sollte er die Tiere von den Beduinen seiner Anhängerschaft besorgen. Wohl als Gegenleistung für diese Dienste wurde er im Jahre 1571 zum Gouverneur eines neueroberten jemenitischen Grenzbezirkes ernannt. Zu seinen Hauptaufgaben gehörte es, die Verbindungen dieser unruhigen Provinz nach Norden sicherzustellen; denn auf den Karawanenstraßen, die nach Norden führten, gelangten Pilger nach Mekka und Nachrichten über die neuesten politischen Entwicklungen nach Kairo und Istanbul.

So ergibt sich, daß die Scherifen des 16. und 17. Jahrhunderts (und auch noch in viel späteren Zeiten) trotz ihrer äußerlich abhängigen Stellung für den osmanischen Staat einen Bundesgenossen darstellten, auf dessen Wünsche Rücksicht genommen werden mußte. Konnte man doch in Istanbul der Kooperation des Scherifen keineswegs von vornherein sicher sein, und andererseits mußte man, wenn die Beziehungen zwischen der Istanbuler Zentralgewalt und den Scherifen gespannt waren, stets mit unangenehmen Folgen für die Pilger rechnen. Aus dieser Situation erklärt sich das – gemessen an der globalen Übermacht des Sultans – äußerst vorsichtige Lavieren der osmanischen Politik gegenüber den Scherifen.

Die Finanzen des Scherifen und die Zölle von Jiddah

Als Finanzgrundlage standen dem Scherifen die Zolleinnahmen von Jiddah zur Verfügung, die er allerdings mit dem Gouverneur dieser Provinz teilen mußte. Über den Anlaß, aus dem den Scherifen dieses lukrative Vorrecht zugestanden worden ist, gehen die Meinungen auseinander. Nach Ansicht der modernen Gelehrten Sayyid Muḥammad Dahlan und I. H. Uzunçarşılı hatte der Scherif die Osmanen bei der Abwehr eines portugiesischen Angriffs auf Jiddah im Jahre 1542 tatkräftig unterstützt; als Gegenleistung erhielt er die Hälfte der Zolleinnahmen dieses für den Indienhandel wichtigen Hafens. Eine viel farbigere Version dieser Ereignisse, die allerdings nicht unbedingt der Wahrheit entsprechen muß, erzählt der osmanische Chronist Ibrāhīm Pečevī (1574–1649 oder 1651), der außerdem die Zuweisung der Zolleinnahmen erst in oder um das Jahr 1570 stattfinden läßt: »Dann kam der vertrauenswürdige Feldherr [Sinān Pascha, später fünfmal Großwesir] aus dem Lande Jemen [das er zum Teil selbst für die Osmanen erobert hatte] nach der edlen Stadt Mekka. Damals war der Oberste der Prophetennachkömmlinge [und Fürst Mekkas] der Scherif Abū Numay b. Barakāt. [Der Feldherr] schickte einen Boten und suchte um ein Empfehlungsschreiben nach, das [der osmanischen Zentralverwaltung gegenüber] seine Eroberungen bestätigen sollte. Vorher, auf der Hinreise nach dem Jemen, hatte er bereits einen Besuch bei dem Hause Gottes [der Kaaba] abgestattet. Damals hatte ihm der erwähnte Scherif zum Willkommen seinen Vertreter und Vertrauten, den großen Kadi Ḥusayn, mit einer Kollation und mehr als tausend wertvollen Stücken Porzellan und Fayence geschickt, von denen jedes einzelne Exemplar eine Rarität war. Letzterer ließ die Geschenke an dem Ort, wo [Sinān Pascha] abgestiegen war, ausbreiten. Aber dieser war verärgert darüber, daß [der Scherif] nicht selbst erschienen war, und ließ die Kollation und das Porzellan unter den Hufen [seines] Pferdes zertrampeln, wodurch er [den Scherifen] aufs tiefste beleidigte. Als [Sinān Pascha] diesmal um ein Empfehlungsschreiben nachsuchte, zögerte der Scherif zunächst sehr und gab zur Antwort: ›Jetzt braucht er mich, und mein Schreiben an den Sultan wird ihm zum Vorteil gereichen. Warum hat er sich [seinerzeit] so unvernünftig benommen?‹ [Aber schließlich] setzten sich eine Reihe von [einflußreichen] Vermittlern [für den Pascha] ein, und auf dessen Wunsch hin wurde eine Eingabe [des Scherifen] an den Sultan geschrieben und besiegelt. Bis zu jenem Zeitpunkt hatten die Scherifen keinerlei Anteil an den Zöllen von Jiddah gehabt. Aber weil [der regierende Scherif] damals die Eingabe geschrieben hatte, wurde die Hälfte [der Zölle] den Scherifen zugewiesen. Jedoch wurde die Belastung der Kaufleute und Pilger dadurch um das Doppelte vermehrt.«

Bislang hat sich in den osmanischen Archiven kein Dokument gefunden, das es uns erlauben würde zu entscheiden, wann der Scherif die Hälfte der Zölle von Jiddah erhalten hat. Aber in den Jahren 1575–76 scheint er sie besessen zu haben; jedenfalls ergibt sich diese Schlußfolgerung aus einem Sultansbefehl desselben Jahres. Dieser antwortet nämlich auf eine Klage des Scherifen über das Verhalten der Schiffer, die den Handel im Roten Meer betrieben, und diese Angelegenheit hätte den Scherifen kaum tangiert, wenn er nicht an den Zöllen beteiligt gewesen wäre. In jenen Jahren, als die osmanische Herrschaft im Jemen noch recht wenig gefestigt war, waren zahlreiche osmanische Truppen in dieser Provinz stationiert, die zum Teil von auswärts (wahrscheinlich aus Ägypten) verpflegt wurden. Deshalb war der Schiffsverkehr rege, zumal die Schiffe auf dem Rückweg Gewürze nach Ägypten brachten, die aus Indien und Südasien stammten, aber im Jemen umgeschlagen worden waren. Die seit Jahrhunderten benutzten Handelswege florierten nach wie vor. Es war nämlich den Portugiesen, die sich an der Westküste Indiens festgesetzt und 1511 auch den wichtigen malaischen Handelshafen Malakka erobert hatten, trotz allen Kampfes gegen die muslimischen Seefahrer im Indischen Ozean keineswegs gelungen, den Verkauf von Gewürzen in das Gebiet des Roten Meeres zu unterbinden. So gab es neben dem Handelsverkehr zwischen Jemen und Ägypten auch Beziehungen zwischen Indien und dem Jemen sowie eine mehr oder weniger direkte Verbindung zwischen der westlichen Küste Indiens und dem ägyptischen Hafen Suez.

Örtliche osmanische Provinzialverwalter im Jemen versuchten jedoch, die aus Indien eintreffenden Waren bereits in den ihnen unterstellten Häfen entladen zu lassen. Durch diese Manöver wurde der Handelsverkehr Jiddahs ganz erheblich beeinträchtigt. Im Gegenzug versuchte nun der Scherif, die osmanische Regierung davon zu überzeugen, daß man die Schiffer auf dem Roten Meer dazu zwingen sollte, in den Hafen von Jiddah einzulaufen. Allerdings zeigten sich der Sultan und die Wesire seinen Argumenten gegenüber ganz und gar unzugänglich, sowohl in diesem Jahr wie auch zu späterer Zeit.

Handel und Verkehr zwischen Indien und der arabischen Halbinsel

Dieser Streit hätte kaum aufkommen können, wenn der Handel Jemens und der Häfen am Roten Meer zu jener Zeit unbedeutend gewesen wäre. Neben der Einfuhr von Gewürzen spielte auch der Import indischer Baumwollgewebe eine Rolle, die im 17. Jahrhundert sowohl in Europa als auch im Osmanischen Reich in beachtlichen Mengen zum Verkauf kamen. Obwohl Zahlenangaben nicht zur Verfügung stehen, wissen wir doch, daß in Südindien ganze Dörfer sich auf die Produktion von Baumwollstoffen für Käufer spezialisiert hatten, die auf der arabischen Halbinsel lebten, und daß andere auf europäische, südasiatische oder iranische Kunden ausgerichtet waren. Auch die Tatsache, daß die Namen indischer Textilien im osmanischen Sprachgebrauch des 17. Jahrhunderts auftauchen, spricht für die weite Verbreitung dieser Waren, für die Jiddah einen wichtigen Einfuhrhafen darstellte.

Spinner und Weber, die ihre Waren nicht selbst vermarkteten, sondern in starker Abhängigkeit von Kaufleuten standen, erzeugten die Textilien, die nach Jiddah und Mocha verkauft wurden. Manche Gelehrten haben deshalb sogar erwogen, ob man von einer indischen Protoindustrie sprechen könne, die in etwa der europäischen Entwicklung im 18. Jahrhundert entsprechen würde. Heute werden zwar die Unterschiede zwischen Indien und Flandern oder Westfrankreich im 18. Jahrhundert höher bewertet als die Parallelen. Trotzdem ist die dominierende Rolle von Kaufleuten als eine Besonderheit zu vermerken, die die indische Weberei etwa von der osmanischen Textilerzeugung abhebt und an europäische Phänomene der frühen Neuzeit erinnert.

Manche indischen Kaufleute des 17. Jahrhunderts besaßen ihre eigenen Schiffe, die sie etwa von dem Malabarhafen Surat nach dem jemenitischen Mocha schickten. Auf diese Weise leiteten diese oftmals im großen Stil operierenden Exportunternehmer die von zahlreichen Mittelsmännern eingesammelten Textilien nach der arabischen Halbinsel weiter. So besaß etwa der Surater Großkaufmann ʿAbd al-Ghafūr im Jahre 1701 siebzehn Schiffe, die unter anderem bis nach Manila und China verkehrten. Die wichtigste Route war jedoch auch für ʿAbd al-G͟hafūr die Verbindung Surat–Mocha, und es ist sehr gut möglich, daß ein Teil der dort angelieferten Textilien schließlich mit der Pilgerkarawane nach Mekka gebracht wurde. Auch armenische Großkaufleute schickten ihre Schiffe von Indien in die Länder des Roten Meeres; im letzten Viertel des 17. Jahrhunderts war besonders der in Surat ansässige Kaufmann K͟hod͟ja Minas mit seinen zehn Schiffen in diesem Handelszweig tätig.

Daß Großkaufleute ihr Kapital in Schiffen investierten, war allerdings vor etwa 1650 vergleichsweise selten vorgekommen: Noch um die Jahrhundertwende hatten die Kaufleute sich zumeist damit begnügt, ihre Waren auf Schiffe zu verfrachten, die bedeutenden Fürsten, aber auch lokalen indischen Herrschern gehörten. So besuchte kurz nach 1662 ein großes Schiff, das der Königin des südindischen Staates Bijapur gehörte, den Hafen von Aden; es trug 1500 Passagiere und 400 Ballen Warenladung. Die Ballen waren so groß, daß sie auf einem Umweg in die Stadt gebracht werden mußten, weil sie nicht durch das gewöhnliche Hafentor paßten. Auch der Herrscher der Stadt Cochin, die von den Portugiesen als eine ihrer wichtigeren Basen benutzt wurde, schickte gegen Ende des 16. Jahrhunderts öfter Schiffe nach Jiddah, abgesichert durch einen Geleitbrief des in Goa residierenden portugiesischen Vizekönigs. Die wichtigsten unter diesen Schiffseigentümern waren jedoch die in Delhi und Agra residierenden Mogulherrscher, die sich überdies auf eigene Rechnung am Handel mit dem Hidschas beteiligten. So schickte der Mogulherrscher S͟hāhd͟jahān (reg. 1627–58) mehrmals wertvolle Warenladungen; einmal handelte es sich um Güter im Werte von 240000 Rupien, im Jahre 1650 waren es Handelswaren, die immerhin einen Wert von 150000 Rupien repräsentierten. Auch der Sultan von Gujarat sandte öfter wertvolle Waren in den Hidschas. Diese Güter wurden dort mit hoher Gewinnspanne verkauft; ein Gewinn von 100 Prozent war keineswegs selten. Allerdings waren diese Unternehmungen nicht dazu gedacht, für die Staatskasse der Moguln oder der Sultane von Gujarat einen Gewinn abzuwerfen. Vielmehr wurde der Erlös als Almosen in Mekka verteilt, die hohen Gewinne, die aus dem Verkauf indischer Güter erzielt wurden, dienten also lediglich dazu, das Ausmaß der zur Verteilung kommenden Almosen zu vermehren.

Sogar die Herrscher der Ostküste Indiens entsandten trotz der großen Entfernung ihre eigenen Schiffe. Der Sultan von Golkonda ließ vom Jahre 1580 an jährlich ein großes Schiff aus dem südindischen Hafen Masulipatnam auslaufen, das oft 600 Tonnen und mehr Last fassen konnte. Auch hier mußte erst mit den Portugiesen über freies Geleit verhandelt werden: Der Geleitbrief sollte nämlich im Austausch gegen indische Reislieferungen an die portugiesischen Siedlungen des Estado da India ausgestellt werden, aber es gab öfter Schwierigkeiten bei der praktischen Durchführung. Als zu Anfang des 17. Jahrhunderts die Holländer im Indischen Ozean aktiv wurden und sich an die Stelle der Portugiesen zu setzen begannen, erklärte der Sultan von Golkonda, daß es von nun an die Aufgabe der Vereenigden Oostindischen Compagnie sein werde, die nach Jiddah auslaufenden Schiffe vor portugiesischen Repressalien zu schützen. Dahinter stand das Argument, daß der Sultan, der keine Kriegsflotte besaß, durch die Aufnahme der Holländer in sein Herrschaftsgebiet sich die Feindschaft der Portugiesen zugezogen hatte.

Zwischen 1610 und 1620 lief das Schiff von Golkonda regelmäßig aus und kehrte ohne Zwischenfälle zurück. Als Ballast führte es eine Ladung Reis, die im Namen des Sultans unter den Armen Mekkas verteilt wurde. In den Jahren 1621 und 1625 wurde allerdings das von Masulipatnam nach Jiddah auslaufende Schiff von den Portugiesen gekapert; auf die Drohungen des Sultans hin vermehrten daraufhin die Holländer ihre Sicherheitsmaßnahmen, indem sie Lotsen und Soldaten stellten. Allerdings führten die politischen Wechselfälle in Golkonda dazu, daß in den 1630er Jahren Schiffe aus Masulipatnam nicht mehr nach Jiddah, sondern in den Persischen Golf ausliefen. Im folgenden Jahrzehnt wurde die Verbindung mit der arabischen Halbinsel gelegentlich wiederaufgenommen; aber etwa von der Jahrhundertmitte an erschien es den meisten indischen Kaufleuten als weniger riskant, ihre Gewürze und Textilien englischen Schiffern anzubieten, weil diese mit den im Indischen Ozean operierenden Freibeutern europäischer Herkunft leichter fertig wurden. Nach 1665 ist eine direkte Verbindung von Masulipatnam nach der arabischen Halbinsel nicht mehr nachzuweisen, obwohl der Export von Baumwollstoffen weiterhin florierte.

Neben Waren transportierten die Schiffe der verschiedenen indischen Herrscher Pilger nach Mekka; dies erklärt die Behauptung, daß

1500 Passagiere auf dem Schiff der Königin von Bijapur gereist sind. Besonders die Schiffe des Mogulherrschers waren ausdrücklich als Pilgerschiffe definiert; allerdings beförderte auch ein Pilgerschiff ganz erhebliche Warenmengen, weil die meisten Pilger sich die Reise finanzierten, indem sie größere oder kleinere Ballen mit sich führten. Auf der Rückreise gab es neben den Pilgern auch eine gewisse Zahl von Auswanderern: so siedelten sich etwa Familien von Prophetennachkommen (*sayyids*) aus dem südarabischen Hadramaut in Indien an, ein Umstand, der ihren Handelsgeschäften nur förderlich sein konnte. In der indischen Hafenstadt Calicut gab es während des 16. Jahrhunderts eine größere Gruppe von arabischen Kaufleuten, von denen sich viele in der Stadt ansiedelten und dort prächtige Häuser errichteten. Sie waren im Unterschied zu anderen Handeltreibenden dieser Epoche oft selbst Schiffseigentümer, die sowohl am Gewürzhandel wie am Transport der Mekkapilger beteiligt waren. Allerdings spielten die arabischen Einwanderer an der westlichen Küste Indiens bei weitem nicht die politische Rolle, die iranischen Muslimen im Sultanat von Golkonda während des 17. Jahrhunderts zukam.

Auch in die südasiatischen Länder wanderten arabische Kaufleute und Gesetzesgelehrte. Portugiesische Berichterstatter des 16. Jahrhunderts haben aufgezeigt, daß selbst die äußerst muslimenfeindliche Politik des portugiesischen Estado da India diese Wanderung nicht hat verhindern können. Nur tarnten die muslimischen Religionsgelehrten, die sich in dem von den Portugiesen beherrschten Umschlaghafen Malakka ansiedelten, sich oftmals als Kaufleute.

Geldverkehr und erpreßte Steuern

Die Handelsbilanz des Mittleren Ostens mit Indien war zu dieser Zeit immer negativ. Denn obwohl arabische Pferde sowie Rosenöl und Wein aus Schiraz an indischen Höfen einen gewissen Absatz fanden, standen diese Exporte in keinem Verhältnis zu der massiven Einfuhr von Textilien, Gewürzen, Drogen und Farbstoffen in den Iran und ins Osmanische Reich. Der Unterschied mußte also mit Edelmetall ausgeglichen werden. Von dem Gold und Silber, das durch den für Europa defizitären Handel mit den östlichen Mittelmeerländern ins Osmanische Reich kam, floß also ein nicht genau meßbarer, aber keineswegs unbedeutender Anteil weiter nach Indien ab. Vom Standpunkt der indischen Herrscher aus gesehen war diese Einfuhr von Edelmetallen ein wichtiger Anziehungspunkt; denn auf diese Weise konnte ihr Herrschaftsbereich mit Gold und Silber für die Münzprägung versorgt werden. Nach ihrer Rückkehr vom Roten Meer oder aus dem Iran brauchten die indischen Kaufleute sich nur gegen ein relativ geringes Entgelt an einer der Münzstätten ihres Herrschers aus dem mitgebrachten Edelmetall die landesüblichen Münzen prägen zu lassen. Damit war das Problem, eine dem Handelsvolumen einigermaßen entsprechende Geldzirkulation aufrechtzuerhalten, das in so vielen frühneuzeitlichen Gesellschaften komplizierte Transaktionen notwendig machte, bereits einigermaßen befriedigend gelöst.

Andererseits sah die osmanische Führungsschicht den Abfluß von Edelmetallen als eine große Gefahr, wenn auch der Silberexport in den Iran bedrohlicher schien als der, der sich aus dem Indienhandel ergab. Allerdings wurden die oftmals wiederholten Verbote, Edelmetalle zu exportieren, nicht im Rahmen eines merkantilistischen Wirtschaftsdenkens erlassen, wie es in den Jahren um 1600 sowohl in England als auch in Frankreich anzutreffen war. Ein Bestreben, möglichst viel zu exportieren und – von Rohstoffen einmal abgesehen – möglichst wenig zu importieren, war im Osmanischen Reich des 16. und 17. Jahrhunderts nicht zu beobachten. Ganz im Gegenteil, bis ins 19. Jahrhundert hinein neigte die osmanische Führungsschicht dazu, den Importhandel als Quelle von Zolleinnahmen nach Kräften zu fördern.

Dazu kam ein Wirtschaftsdenken, das auch im vorindustriellen Europa recht weit verbreitet war und das man vielleicht als »Provisionsdenken« bezeichnen könnte: Rohstoffe und Nahrungsmittel sollten, nachdem der jeweilige Zentralstaat seinen Anteil erhoben hatte, hauptsächlich den Bewohnern der Gegend zugute kommen, in der sie erzeugt worden waren. Ganz anders als im merkantilistischen Wirtschaftsdenken galten also Exporte immer als zumindest potentiell gefährlich, während Importe zur Preissenkung auf dem Binnenmarkt beitrugen und deshalb erwünscht waren.

Aber trotz aller positiven Einstellung gegenüber dem Import wünschte die osmanische Führungsschicht, den Abfluß von Edelmetallen zu verhindern, ohne daraus allerdings die Konsequenz zu ziehen, daß der Indienhandel abzubauen und durch Handel mit anderen Ländern zu ersetzen sei. Zu dieser letzteren Konsequenz kam nur der Historiker Naʿīmā, der im 18. Jahrhundert Überlegungen zur osmanischen Zahlungsbilanz formulierte. Auf die praktische Politik hatten jedoch seine Erwägungen nur wenig Einfluß.

Nur in diesem Zusammenhang lassen sich die Ermahnungen und Empfehlungen verstehen, mit denen die osmanische Zentralverwaltung dem Scherifen von Mekka antwortete, als dieser sich 1575–76 über die Verödung des Hafens von Jiddah beklagte. Auch in Istanbul mißbilligte man die Gewaltmaßnahmen im Jemen stationierter osmanischer Provinzkommandeure, die die Schiffer einfach dazu zwangen, in die von ihnen kontrollierten Häfen einzulaufen. Der Gouverneur des Jemen sei angewiesen worden, die Wiederholung solcher Vorfälle zu verhindern. Aber auch der Scherif dürfe niemanden dazu zwingen, in Jiddah einzulaufen, denn der Kaufmann besäße das Recht, sein Geschäft in den Hafen zu verlegen, der ihm am vorteilhaftesten schien.

Allerdings ergab sich aus der Art und Weise, wie die Steuern des Jemen nach Istanbul abgeführt wurden, ein ständiger Anreiz zu Gewaltmaßnahmen gegen aus Indien kommende Schiffer. War es doch üblich, daß anstelle von Geld die Provinzgouverneure Schiffsladungen von Gewürzen nach der Hauptstadt bzw. nach Ägypten schickten, und dies war nur dann möglich, wenn in den jeweiligen Häfen genügend Schiffe mit Gewürzen einliefen. Vielleicht waren es Erwägungen dieser Art, die 1582 die osmanische Zentralverwaltung dazu veranlaßten, die Steuern der jemenitischen Häfen nicht mehr in Gewürzen, sondern in Geld einzuziehen. Wurde doch immer wieder darüber geklagt, daß die Provinzialverwalter den aus Indien kommenden Kaufleuten ihre Waren zu äußerst niedrigen Preisen abnahmen und damit nicht unbeträchtlich zum Absinken des Hafenverkehrs beitrugen.

Wohl aus diesen Erfahrungen heraus nahm man im Rat des Sultans an, daß der Rückgang des Handelsverkehrs in Jiddah ebenfalls auf Gewaltmaßnahmen örtlicher Machthaber zurückzuführen sei. Als deshalb der Scherif um das Jahr 1590 seine Beschwerden wiederholte, sah man sich in Istanbul zu einer noch deutlicheren Antwort veranlaßt: Der Scherif selbst habe viel zu oft die Waren der Kaufleute gegen geringes Entgelt einbehalten, so daß es nicht weiter zu verwundern sei, wenn jetzt die Zahl der in Jiddah einlaufenden Schiffe abnähme. Sicherlich hat man im Rat des Sultans auch erwogen, daß die Einnahmen der zentralen Staatskasse ebenfalls von der Politik des Scherifen in Mitleidenschaft gezogen wurden, denn schließlich hatte man sich in Istanbul die andere Hälfte der Zolleinnahmen von Jiddah vorbehalten. Allerdings besaß der Scherif ein großes Geschick darin, auch den Anteil der osmanischen Zentralgewalt für sich selbst zurückzubehalten.

Ein Hafen verödet

Im Unterschied zum Mittelmeerhandel der frühen Neuzeit, der sich durch europäisches wie auch durch osmanisches Zahlenmaterial einigermaßen belegen läßt, sind wir für den Seehandel im Roten Meer weitgehend auf rein qualitative Angaben angewiesen. Deshalb ist es ein großer Gewinn, daß wir wenigstens für die Krise Jiddahs als Handelshafen einige Zahlen beibringen können. Um etwa 1590–91 behauptet der Hafenadministrator und Gouverneur Jiddahs, daß er früher 90000 osmanische Goldmünzen (*florī*) eingenommen hätte. Möglicherweise handelte es sich aber dabei nicht um die gesamten Einnahmen des Hafens, sondern nur um den Anteil, der von der osmanischen Zentralbehörde einbehalten wurde, also (theoretisch) um die Hälfte. Leider wissen wir nichts Näheres über die Verzollungspraxis in Jiddah. So können wir für eine grobe Schätzung des Wertes der eintreffenden Waren nur das ganz allgemeine Prinzip zugrunde legen, daß muslimische Kaufleute im Osmanischen Reich einen Zoll von 2,5% zu erlegen hatten. Wenn wir annehmen, daß alle in Jiddah handelnden Kaufleute Muslime waren, was vielleicht nicht ganz zutrifft, aber doch der Wahrheit recht nahe kommt, dann hätte sich also der Warenumschlag in Jiddah auf 3600000 Goldstücke belaufen. Falls in dem Text nicht von dem gesamten Zollaufkommen, sondern nur von der dem osmanischen Staat zufallenden Hälfte die Rede ist, müßte diese Zahl verdoppelt werden. Doch wegen der mangelnden Information über die tatsächlich angewandten Verzollungsregeln handelt es sich nur um einen ganz groben Schätzwert.

Nun erklärte der Hafenadministrator von 1590–91, daß er im

vergangenen Jahr nur 46000 Goldstücke habe einziehen können; demnach müßte also in den achtziger Jahren der Umsatz Jiddahs um die Hälfte zurückgegangen sein. Auch scheint man diesen Rückgang im Rate des Sultans als ein langfristiges Phänomen betrachtet zu haben, denn es wurde versucht, für dringliche Ausgaben, die bislang aus den Zöllen von Jiddah bestritten worden waren, alternative Finanzierungsmöglichkeiten zu finden. Auch Pečewīs Bemerkung über die zusätzliche Belastung, die sich durch die Teilung der Zollgebühren für die Kaufleute ergeben hatte, weist darauf hin, daß er über die Krise Jiddahs informiert war. Wahrscheinlich hat auch Pečewī angenommen, daß Mißbräuche lokaler Behörden an dem Rückgang schuld seien.

Ob das allerdings der alleinige Grund war, ist von unserer heutigen Sicht aus gesehen durchaus zweifelhaft. Wie aus einer neueren Arbeit zur indischen Handelsgeschichte hervorgeht, wurde in den achtziger Jahren des 16. Jahrhunderts die Verbindung der Ostküste Südindiens nach der arabischen Halbinsel gerade geknüpft. Wenn also trotzdem der Handel von Jiddah zurückging, könnte man vermuten, daß der Austausch mit Masulipatnam nicht ausreichte, um Rückgänge im Handelsverkehr mit den Häfen der Westküste, also besonders mit Surat und Calicut, auszugleichen. Das Problem der europäischen Piraterie hat sicherlich bei diesem Rückgang eine Rolle gespielt; in osmanischen Sultansbefehlen dieser Zeit wird öfter von der Notwendigkeit gesprochen, aus Indien kommende Handelsschiffe vor den Angriffen der Portugiesen zu schützen. Es wäre aber auch denkbar, daß der Handelsverkehr zwischen der arabischen Halbinsel und der südlichen Hälfte Indiens zu dieser Zeit mehr durch die jemenitischen Häfen lief als durch Jiddah. Vielleicht hatte der Scherif mit seinen Klagen gegen die jemenitischen Hafenadministratoren doch nicht so unrecht.

Mekka und Kairo

Da die heiligen Städte von Lebensmittelzufuhren aus Ägypten abhingen und im organisatorischen Bereich die Traditionen der Mamlukenzeit durchaus noch lebendig waren, ergab sich eine besonders enge Verbindung zwischen dem Hidschas und Kairo. In der osmanischen Verwaltungspraxis wurde vorausgesetzt, daß der Gouverneur von Ägypten, der wenigstens zeitweilig unmittelbarer Vorgesetzter der *begs* von Jiddah war, eine Art von Aufsicht über die Angelegenheiten des Hidschas führte und über die Ereignisse in diesem entlegenen Reichsteil an die Istanbuler Behörden berichtete. Allerdings scheinen die große Distanz zwischen Kairo und Mekka sowie die vergleichsweise unabhängige Stellung der Scherifen es im ganzen verhindert zu haben, daß der Pascha von Ägypten in den tagespolitischen Auseinandersetzungen des Hidschas eine größere Rolle spielte.

Häufiger kam es vor, daß der Gouverneur von Ägypten dazu aufgerufen wurde, für die pünktliche Lieferung der Lebensmittel und Gelder zu sorgen, die die Osmanensultane aus Ägypten nach dem Hidschas schicken ließen (vgl. Kap. 2). Von dem Gouverneur wurde in diesem Zusammenhang erwartet, daß er Mißbräuche in der Besteuerung der Dörfer abstellte, die einen Beitrag zur Versorgung der heiligen Städte zu leisten hatten. Allerdings war der Erfolg dieser Bemühungen oft mehr als fragwürdig; wenn die Bauern von Steuerpächtern und Provinzialverwaltern schlecht behandelt wurden, flohen sie aus ihren Dörfern, so daß die Lieferungen für die heiligen Städte nicht zustandekamen. Auch hatte der Gouverneur den Transport der einmal eingesammelten Lebensmittel in den Hidschas zu überwachen. Klagen wurden allerdings von den Betroffenen meist nicht direkt an den Gouverneur gerichtet, oder vielleicht gab es solche Beschwerden, aber sie sind heute nicht mehr nachzuweisen. Trotz der großen Entfernung war es üblich, die Klagen über zu spät oder unvollständig eingetroffene Sendungen an den Sultan selbst zu schikken; der Rat des Herrschers bearbeitete die Eingabe und schickte nötigenfalls Anweisungen und Ermahnungen an den Gouverneur von Ägypten. Dieses Verfahren besaß den Vorteil, daß die Zentralverwaltung in Istanbul sich leicht ein Bild von der Amtsführung eines ihrer wichtigsten Repräsentanten in der Provinz machen konnte. Aber dafür brauchte es oft lange Zeit, bis der Pascha von Ägypten darauf aufmerksam gemacht wurde, daß in dieser oder jener Sache ein Eingreifen erforderlich war.

Andererseits lief die Verbindung von Ägypten nach Mekka und Medina nicht nur über den osmanischen Staatsapparat. Daneben spielten auch die Kaufleute eine Schlüsselrolle; denn die verschiedenen Zuschüsse reichten allein nicht aus, um die Verpflegung von Pilgern und Einheimischen sicherzustellen. Die private Handelstätigkeit ist von unseren Quellen allerdings recht stiefmütterlich behandelt worden; nur aus den Akten, die sich mit dem Transport auf dem Roten Meer befassen, ergeben sich einige Hinweise.

Die Schiffahrt auf dem Roten Meer stellte für die Versorgung Mekkas und Medinas stets einen Engpaß dar; einmal weil der Wechsel der Winde und die zahlreichen Riffe es nur zu bestimmten Zeiten ermöglichten, daß von Suez auslaufende Schiffe Yanbuʿ, Jiddah oder einen der kleineren Anlegeplätze überhaupt erreichten. Außerdem wurde durch den Mangel an Bauholz, das man erst aus Anatolien oder auch aus Indien herbeischaffen mußte, die Konstruktion von Schiffen sehr teuer. Für Pächter wie auch für Eigentümer lag es deshalb nahe, den hohen Preis des Schiffes durch Überladen so schnell wie möglich herauszuwirtschaften. Von den Zeiten Ibn Djubayrs bis zu denen des viktorianischen Reisenden Richard Burton häuften sich deshalb die Klagen über die Habgier der Schiffskapitäne und ihr mangelndes Interesse an der Sicherheit von Passagieren und Ladung. Überdies hatten die Konstrukteure dieser Segler noch eine Art von Gestellen ersonnen, die das Schiff über die Bordkante hinaus verbreiterten und die Aufnahme weiterer Lasten erlaubten. Unter diesen Umständen waren Schiffbrüche recht häufig, und die hohe Verlustquote wirkte sich wiederum auf den Preis der Waren aus, die in Mekka und Medina zum Verkauf kamen.

Außerdem gab es wegen des knappen Schiffsraumes eine Konkurrenz zwischen den Verwaltern der ägyptischen frommen Stiftungen, die für die kostenlosen Lebensmittellieferungen nach Mekka und Medina verantwortlich waren, und den privaten Kaufleuten. Auf dem Papier wäre dieses Problem vermeidbar gewesen; denn die großen Stiftungen besaßen durchwegs eigene Schiffe. Aber häufig reichte der stiftungseigene Schiffsraum nicht aus oder war anderweitig vergeben; denn die Gelder, die durch das Vermieten von Schiffen verdient wurden, stellten oft einen willkommenen Zuwachs zum immer knapp bemessenen Stiftungsbudget dar. Andererseits konnte den Kaufleuten nur daran gelegen sein, daß die unentgeltlich zu verteilenden Getreidelieferungen sich verspäteten; um so höher stiegen die Preise auf dem Markt von Mekka und Medina.

An Möglichkeiten, Lebensmittelknappheit im Hidschas künstlich zu erzeugen, fehlte es nicht. Die Schlüsselfigur in solchen Manipulationen war meist der Steuerpächter, der die Einziehung der Zölle und Gebühren im Hafen von Suez übernommen hatte und der außerdem dafür verantwortlich gewesen wäre, daß die Sicherheitsvorschriften beim Laden eingehalten wurden. Aber gerade unter den im Hafen von Suez tätigen Steuerpächtern kamen immer wieder Fälle von krasser Korruption vor; 1577–78 ist ein Inhaber dieses Amtes dokumentiert, der angeblich 7000 Goldstücke veruntreut hatte. Andere Klagen richteten sich gegen Hafenpächter, die den Befehl gaben, bereits geladene Getreidelieferungen der ägyptischen Stiftungen wieder auszuladen, um Platz für die Waren der Kaufleute zu schaffen.

Die Getreideversorgung Mekkas und Medinas unterschied sich aber auch insofern von der Istanbuls und der anderen Großstädte des Osmanischen Reiches, als nur an diesen beiden Orten ein großer Teil des verzehrten Getreides gestiftet und nicht gekauft wurde. Deshalb konnten die Bewohner einer normalen osmanischen Stadt sich nur dann ernähren, wenn sich genügend Bauern und Kaufleute fanden, um ihren Markt mit Getreide zu versorgen. So erklärt sich die handelsfreundliche Position der osmanischen Zentralverwaltung wie auch der örtlichen Behörden. Nur in den heiligen Städten war die Lage anders, und dementsprechend tendierte die osmanische Zentralverwaltung dazu, den privaten Handel hier eher als einen Störfaktor und weniger als eine Lebensnotwendigkeit zu betrachten.

Die Versorgung in den heiligen Städten wurde dadurch etwas erleichtert, daß etwa von der zweiten Hälfte des 17. Jahrhunderts an indischer Reis auf der arabischen Halbinsel zum Verkauf angeboten wurde. Allerdings war auch gegen Ende des 17. Jahrhunderts Reis noch nicht das allgemein verbreitete Nahrungsmittel, das er zu Beginn des 19. Jahrhunderts werden sollte. Für diese frühe Periode ist zwar der Reis, der im Namen der Sultane von Golkonda als Almosen an die Armen der heiligen Städte verteilt wurde, besser belegt als der private Reishandel. Aber es ist durchaus möglich, daß die Bewohner des Hidschas zunächst durch die Almosen sich überhaupt an den Konsum von Reis gewöhnt haben; erst nachdem man mit diesem Getreide und seiner Zubereitung vertraut geworden war, ergaben sich auch für Händler, die eingeführten Reis verkauften, Möglichkeiten des Absatzes.

Mekka und Damaskus

Für die Lebensmittelversorgung der heiligen Städte war die Verbindung nach Damaskus sehr viel weniger wichtig als diejenige nach Ägypten. Auch politisch gesehen war der Einfluß des Paschas von Damaskus viel geringer; jedenfalls trifft das für die Zeitspanne vor dem 18. Jahrhundert zu, in der der Gouverneur von Damaskus noch nicht in Person die Pilgerkarawane kommandierte. In Ausnahmefällen kam es jedoch vor, daß ein Pascha von Damaskus selbst den regierenden Scherifen aus Mekka vertrieb. Ewliyā Čelebi hat solch ein Ereignis, das sich während seines Besuches im Jahre 1672 zugetragen hat, genüßlich und in allen Einzelheiten beschrieben.

Es handelte sich dabei um die Strafexpedition des Gouverneurs von Damaskus, Ḥüseyin Pascha, gegen den Scherifen Saʿd: »... alle Pilger gingen fort, und es blieben die schwerbewaffneten Soldaten. Dann versammelten sich alle Mitglieder des Rates [von Ḥüseyin Pascha], die hochberühmten Emire, die Militärs mit Kommandogewalt sowie Mitglieder der Scherifenfamilie aus dem Stamm der Banū Ḥas͟hīm vor dem [Zelt-]vorhang des Ḥüseyin Pascha, des erleuchteten Kommandanten und tapferen Wesirs. Als man dort dichtgedrängt wartete, daß Seine Exzellenz der Scherif Saʿd erschiene, kam plötzlich Ḥasan Aga, einer der Agas des Pascha, der ausgegangen war, um [den Scherifen] abzuholen. ›Mein Herr‹, sagte er, ›der Scherif Saʿd ist am Abend, als die Gewehre und Kanonen sprachen, mit all seinen Soldaten geflohen und hat Krone, Thron, Zaumzeug und Herrscherglück zurückgelassen ...‹« Aber hier handelte es sich um einen Ausnahmefall, denn Ḥüseyin Pascha war als Kommandant einer beträchtlichen Militärmacht in den Hidschas gekommen.

Was nun die wirtschaftlichen Beziehungen nach dem Hidschas

anbelangt, so profitierten die Kaufleute von Damaskus erheblich von der Pilgerfahrt; aber hier ging es nicht so sehr um die Bewohner der heiligen Städte, sondern hauptsächlich um die Bedürfnisse der Pilger, deren Nachfrage nach Reittieren, Zaumzeug, Kleidung und Lebensmitteln befriedigt werden mußte. Die Ausstattung, die Ewliyā Čelebi vor seiner Abreise aus Damaskus von dem örtlichen Gouverneur zugeteilt wurde, bestand aus sechs Kamelen, einer Stute, vier Kamelsänften, einem Zelt, mehreren Sklaven und Proviant. Wenn auch der Gouverneur Sklaven, Tiere und Gebrauchsgegenstände sicherlich nicht zu ihrem vollen Marktpreis bezahlt hatte, so gab es doch viele andere wohlhabende Pilger, bei denen das durchaus der Fall war. Einen vergleichbaren Auftrieb erhielten natürlich auch die Handwerker und Kaufleute Kairos, wenn die Zeit für die Vorbereitung der ägyptischen Karawane gekommen war.

Viele Pilger versorgten sich auf dem Jahrmarkt von Muzayrib, wenige Rastplätze von Damaskus entfernt auf der Route nach Mekka gelegen, der im 19. Jahrhundert eines der wichtigen kommerziellen Zentren Syriens darstellte. 1637–38 hören wir, daß dieser Jahrmarkt gewöhnlich zehn Tage dauerte und daß im Prinzip die Güter, die von den Pilgern für ihre Reise erworben wurden, zoll- und steuerfrei sein sollten. Allerdings sah die Praxis oft ganz anders aus: In den dreißiger Jahren des 17. Jahrhunderts hatte nämlich der Pascha von Damaskus die Gewohnheit angenommen, einen Marktvogt mit entsprechender militärischer Bewachung nach Muzayrib zu schicken, um dort Steuern einzutreiben. Dieser kassierte von Käufern und Verkäufern Gebühren, die 25% des Kaufpreises ausmachten; überdies verlangte er von den Kaufleuten eine Standgebühr von 40 und 50 *gh͟urush͟*. Dies führte dazu, daß der Jahrmarkt allmählich verödete, zum großen Schaden der Pilger. Für die relative Bedeutungslosigkeit des Jahrmarktes von Muzayrib zu dieser Zeit gibt es übrigens auch ein unabhängiges Zeugnis. Der Gelehrte ʿAbd al-Raḥmān Ḥibrī aus Edirne, dessen Pilgerfahrt in das Jahr 1632 fällt, besorgte sich seine überaus reichhaltige Reiseausstattung samt und sonders in Damaskus selbst und mietete nur die Kamele in Muzayrib.

In dem Sultansedikt von 1637–38, das die Misere von Muzayrib dokumentiert, wird der Pascha von Damaskus für diese Mißstände verantwortlich gemacht. Um den Markt wiederzubeleben, erhielt der Pascha den Befehl, die vorige Steuerfreiheit für die Vorräte der Pilger wiederherzustellen. Für die übrigen Waren sollte man nur das verlangen, »was von altersher gezahlt worden ist«. Diese letzte Bemerkung ist für den heutigen Historiker wichtig. Denn bislang stellt sie den ältesten Hinweis darauf dar, daß in Muzayrib auch Dinge verkauft wurden, die nicht zum unmittelbaren Gebrauch der Pilger bestimmt waren, vielleicht die bekannten Damaszener Textilien, die für eine mekkanische oder medinensische Kundschaft gedacht waren. Allerdings scheint das Sultansedikt von 1637–38 auf längere Sicht nur begrenzten Erfolg gehabt zu haben. Denn auch Ewliyā Čelebi, der Muzayrib im Jahre 1672 besuchte, fand den Ort nur als Festung und Vorratslager der Pilgerkarawane bemerkenswert, aber nicht als Markt, während der Derwisch Meḥmed Edīb, dessen Bericht aus dem Jahre 1682 stammt, sich mit einer knappen Erwähnung des Rastplatzes begnügt. Erst im 19. Jahrhundert gelangte dieser Markt zu neuer Bedeutung, und eine der ersten syrischen Bahnlinien verband Damaskus mit Muzayrib.

Händler in Mekka und der Jahrmarkt von Minā

Mekka war in seinen Funktionen so spezialisiert wie kaum eine andere Stadt des osmanischen Machtbereiches; denn die Stadt lebte von den Pilgern, den Zuschüssen des Sultans und vom Handel. Dafür fehlte es Mekka an einem landwirtschaftlich nutzbaren Hinterland, wie es sonst fast jede Stadt der frühen Neuzeit besaß, und selbst der Gartenbau in unmittelbarer Nähe der Stadt war recht begrenzt. Auch fehlte es an Handwerkern; und die Quellen berichten nichts von den für osmanische Städte so charakteristischen Zünften. Bauleute für die zahlreichen Projekte des Sultans mußten aus Syrien oder Ägypten herbeigeschafft werden. Ewliyā fiel es überdies auf, daß die Mekkaner nicht nur dem Handwerk, sondern auch dem Studium des religiösen Rechtes und sogar dem Derwischwesen aus dem Wege gingen und sich ganz auf den Handel verlegten. Aber die normale Basis für den lokalen Handel fehlte ebenfalls; gab es doch kaum landwirtschaftliche Produkte der näheren Umgebung oder Erzeugnisse des örtlichen Handwerks. Deshalb mußte der mekkanische Handel zum großen Teil Fernhandel sein.

In Mekka und seiner Umgebung wurde an zwei Orten Handel getrieben, einmal vor und nach dem Opferfest in der Stadt selbst und außerdem unmittelbar nach dem Vollzug der Pilgerschaftsriten an dem Minā oder Munā genannten Ort, wo die Pilger einige Zeit Rast machten. In Mekka standen zwei überdachte Ladenkomplexe zur Verfügung; der kleinere war als der syrische bzw. Damaszener Komplex bekannt, wahrscheinlich nach der Herkunft der dort hauptsächlich verkauften Waren. Aber während der Pilgersaison reichten diese Ladenkomplexe bei weitem nicht aus, und dann wurden die Toreinfahrten und die durch Sonnendächer abgeschirmten Fassaden der Häuser zeitweilig zu Geschäften. Der, was die Zahlenangaben anbelangt, stets etwas überoptimistische Ewliyā Čelebi behauptet gar, daß auf diese Weise die Zahl der Läden auf über sechstausend anstieg. Aber selbst wenn diese Zahl weit übertrieben ist, so gab es sicherlich in Mekka zur Pilgerzeit einen regen Kleinhandel, denn viele Pilger hatten Waren mitgebracht, deren Verkauf ihre Unkosten decken sollte, manche kauften in derselben Absicht Waren, die an ihrem Heimatort einen Gewinn abzuwerfen versprachen. Leider wissen wir nicht, wie diese »Amateure« des Handels ihre Waren zum Verkauf brachten, ob dabei Makler tätig waren oder ob eingesessene Kaufleute Waren in Kommission nahmen.

Der Jahrmarkt von Minā war mit einem allgemeinen Freudenfest verbunden; waren doch zu diesem Zeitpunkt die meisten Beschränkungen, die sich der Pilger während des Aufenthaltes in der heiligen Stadt auferlegte, zeitweilig außer Kraft gesetzt: »Als ich mit dem Meer der Hadschis aus Muzdalifa den Markt von Minā erreichte, kamen Offiziere der Karawane und Ausrufer, die verkündeten: ›[Es herrscht] der Schutz Gottes und der Schutz des Hauses ʿO<u>th</u>mān! Ein jeder möge seine Waren in der Öffentlichkeit auslegen und [in Frieden] kaufen und verkaufen!‹ Gott ist groß! Alle Mitglieder der Scherifenfamilie schmückten ihre Häuser und Khane mit Lichtern, die Handwerker ihre Läden und Kaffeehäuser, und die Hadschis ihre Zelte und Sonnendächer.« In den Geschäften, in denen Ewliyā Leute aus allen Ecken der islamischen Welt gesehen haben will, gab es viele wertvolle Stoffe zu kaufen, aber auch Edelsteine und aromatische

Substanzen. Manche Händler dekorierten gar ihre Läden mit Edelsteinen; daß an dieser Stelle keine Abgaben erhoben wurden, mag die Verkäufer besonders dazu ermutigt haben, ihren Reichtum zur Schau zu stellen. Mitten in diesem festlichen Aufruhr wurde an kleinen Jungen aus vornehmen mekkanischen Familien die Beschneidung vollzogen, die Soldaten gaben Freudenschüsse ab, und den Abschluß des Abends bildete ein großes Feuerwerk, bei dem sich ägyptische Feuerwerksmeister durch ihre Kunstfertigkeit auszeichneten.

Die Verbindung von Jahrmarkt, Handelsmesse und Festlichkeiten kennen wir aus vielen Kulturen der Alten Welt. Aber die Handelsmesse von Minā scheint sich dadurch ausgezeichnet zu haben, daß hier nur Luxuswaren gehandelt wurden, während die meisten Jahrmärkte, bei denen das festliche Treiben besonders ausgeprägt war, eher der lokalen Versorgung dienten. Die großen Balkanmessen des 17. Jahrhunderts etwa, von denen Ewliyā öfters mit großer Bewunderung spricht, waren anscheinend nicht von derart rauschenden Festlichkeiten begleitet wie die Messe von Minā. Vielleicht ist der beste Parallelfall noch das Fest des ägyptischen Derwischheiligen Sayyid Aḥmad Badawī von Ṭanṭa, das Ewliyā in allen Einzelheiten beschreibt und das ebenfalls von einer großen Messe begleitet war. Ewliyā will dort indische, jemenitische, iranische und arabische Kaufleute beobachtet haben, die während der Festtage in tausend Läden, die aus Hütten und Zelten improvisiert wurden, ihre Waren feilboten; manche stiegen auch in den Khanen der Stadt ab. Wahrscheinlich half die festliche Stimmung von Minā, die die Kaufleute auch durch die Darreichung von Wohlgerüchen zu fördern wußten, dem Abschluß der Geschäfte. Diese Einbettung des Handels in eine Atmosphäre freundlicher sozialer Beziehungen dürfte um so wichtiger gewesen sein, als es sich bei vielen in Minā tätigen Händlern um Leute handelte, die in der Heimat einen anderen Beruf ausübten.

Neben den indischen Textilien, Aromatika und Edelsteinen, die in Mekka und Minā den Besitzer wechselten, wäre auch der Kaffee zu nennen. Ewliyā erwähnt, daß es in Minā Kaffeehäuser gab, in denen abessinische Sklavinnen sangen und spielten. Aber darüber hinaus war die Kaffeebohne, die bis zum Beginn des 18. Jahrhunderts einzig und allein im Jemen zu haben war, eine Ware, die nach Kairo oder Istanbul mitzunehmen sich für den zurückkehrenden Pilger durchaus lohnen konnte. Zu Lebzeiten Ewliyā Čelebis wurde Kaffee in solchen Mengen konsumiert, daß die Kairoer Großkaufleute des 17. Jahrhunderts den Ausfall des Transithandels in Gewürzen nach Europa kaum zu spüren bekamen. Noch im 18. Jahrhundert, als der auf den Karibischen Inseln angebaute Kaffee allmählich dem jemenitischen Produkt Konkurrenz machte, gehörten die Kaffeegroßhändler zu den reichsten Geschäftsleuten Kairos. Allerdings kam es besonders zur Zeit Sultan Murāds IV. (reg. 1623–40) häufig vor, daß der Kaffeegenuß verboten wurde; dabei spielte die Vorstellung eine Rolle, daß die physischen Wirkungen des Kaffees mit denen des Weins zu vergleichen seien, aber auch die Abneigung der osmanischen Behörden gegenüber den nicht immer leicht kontrollierbaren Formen der Geselligkeit, die sich in und um die Kaffeehäuser herausbildeten. Doch im letzten Viertel des 17. Jahrhunderts wurden Verbote, deren Wirkung ohnehin immer nur kurzfristig war, selten erlassen; und Ewliyā Čelebi ließ es sich nicht nehmen, persönlich in Jiddah mehrere Lasten Kaffee einzukaufen, um sie dann nach Kairo zu transportieren.

Eine andere Importware, die in Mekka leichter zu erhalten war als in anderen Teilen des Osmanischen Reiches, war chinesisches Porzellan, das uns schon im Zusammenhang mit den Geschenken des Scherifen an den Wesir Sinān Pascha begegnet ist. Es war übrigens kein Ausnahmefall, daß die Scherifen chinesisches Porzellan als diplomatische Geschenke benutzten. Ewliyā Čelebi, der von Porzellanwaren anscheinend weniger angetan war als der Chronist Pečewī, meinte einmal nicht ohne Sarkasmus, daß der Scherif »Teller und Tassen« verschenke. Doch zeigt die Tatsache, daß man am osmanischen Hof eine bedeutende Sammlung chinesischen Porzellans aus dem späten 16. und dem 17. Jahrhundert zusammentrug, daß chinesisches Porzellan durchaus als Sammelobjekt anerkannt wurde. Manche Stücke für den osmanischen Palast wurden sogar mit kostbaren Fassungen aus Gold und Edelsteinen versehen. Allerdings läßt sich heute kaum mehr bestimmen, ob diese Dekoration als ein Ausdruck der Wertschätzung gedacht war oder ob man damit eher die Absicht verfolgte, das von Haus aus nicht als besonders wertvoll angesehene Porzellan »hoffähig« zu machen.

Die Kaufleute Mekkas besaßen eine besondere Methode der geschäftlichen Verhandlung, die Ewliyā Čelebi wohl neu war und die er deswegen genauer beschrieben hat: »Aber unter den Kaufleuten dieser Stadt sieht man eine unbeschreibliche Szene. Wenn ein Kauflustiger eine Ware erwerben möchte, schaut der Kaufmann auf den Stoff. Wenn [der Kunde] sich zum Kauf entschlossen hat, geben beide Personen sich innerhalb der Stoffalte die Hand und verhandeln gemäß ihren Absichten, aber kein [Außenstehender] kann in ihr Geheimnis eindringen. Sie schließen ihren Handel ab wie die Pythagoreer [nämlich in Schweigen], und [auch wenn] sie Ware im Werte von vielen hunderttausend *g̲h̲urus̲h̲* verhandeln, sprechen sie kein Wort und sehen einander nicht an. Ein seltsamer Anblick, diese Versteigerung!« Was Ewliyā allerdings mit diesem letzteren Ausruf gemeint hat, ergibt sich erst aus der Beschreibung einer ähnlichen Szene, die der Reisende Ludovico di Varthema überliefert hat, der 1503 als mamlukischer Soldat Mekka besuchte und später auch nach Indien kam. Ludovico di Varthema beobachtete nämlich in der Stadt Calicut an der Westküste Indiens eine ähnliche Szene, nur daß in diesem Falle auch noch ein Makler beteiligt war. Makler und Verkäufer, bzw. in einem späteren Stadium Makler und Käufer, zählten nämlich, ohne dabei zu sprechen, von »einem Dukaten bis zu hunderttausend« die möglichen Preise für die Ware durch und verständigten sich mit den – wieder unter einem Tuch verborgenen – Fingerspitzen, wenn ein akzeptabler Preis erreicht worden war. Das Durchzählen der möglichen Preise scheint Ewliyā Čelebi ebenfalls bekannt gewesen zu sein, und dieser Zug hat ihn wahrscheinlich an eine Versteigerung erinnert.

Leider wissen wir bis jetzt nicht, ob es sich bei dieser Gewohnheit um eine indische oder um eine arabische Sitte handelte; bei dem regen Verkehr über den Indischen Ozean sind Wanderungen in beiden Richtungen durchaus möglich. Wahrscheinlich wurden mit dieser Praxis zwei Ziele auf einmal verfolgt: Einmal konnten sich Kaufleute, die keine gemeinsame Sprache besaßen, auf diese Weise miteinander verständigen, wenn auch, wie der Bericht di Varthemas zeigt, man auf die Dienste des Maklers in vielen Fällen trotzdem nicht verzichtete. Dazu kam noch, daß Außenstehende über den Geschäftsabschluß nichts in Erfahrung bringen konnten, und es ist wahrscheinlich, daß die etablierten Kaufleute Mekkas sich auf diese Weise von den vielen »Amateuren« abgrenzten, die zur Zeit der Pilgerfahrt die heilige Stadt bevölkerten.

Obwohl also Mekka und der nahebei gelegene Jahrmarkt von Minā ein wichtiges Zentrum des internationalen Handels darstellten, schenkte doch die osmanische Zentralverwaltung diesen Vorgängen nur vergleichsweise wenig Aufmerksamkeit. Besäßen wir nicht die reichhaltigen Erinnerungen Ewliyā Čelebis, so ließe sich den zerstreuten Informationen, die das Archivmaterial der osmanischen Zentralverwaltung enthält, nur sehr wenig abgewinnen. Zwar sind die Urkunden und Akten, die von den verschiedenen Organen der Provinzverwaltung in Kairo erstellt wurden, ergiebiger; aber auch hier sind wir oft darauf angewiesen, ziemlich vagen Hinweisen nachzugehen. Allerdings ist der Handel zwischen Indien und der arabischen Halbinsel in den letzten zwanzig Jahren auch von Indienhistorikern untersucht worden, obwohl auf der östlichen Seite des Indischen Ozeans das Quellenmaterial ebenfalls oft europäischen Ursprungs und damit die Perspektive doch recht begrenzt ist. Die Rekonstruktion dieser Handelsbeziehungen gleicht also manchmal einem Puzzlespiel, und es ist zu hoffen, daß sich in Zukunft noch manche fehlende Teilchen dieses Spieles finden.

Die Schweigsamkeit der osmanischen Akten läßt sich damit erklären, daß der osmanische Staat im Hidschas kaum Steuern erhob. Der Jahrmarkt von Minā florierte hauptsächlich deswegen, weil hier überhaupt keine Abgaben verlangt wurden. Falls in Mekka und Medina regelmäßig Marktsteuern erhoben worden sind, fielen diese dem Scherifen zu. Damit verblieb nur die Hälfte der Zölle von Jiddah, zumindest auf dem Papier, in den Händen der osmanischen Zentralregierung. Nun war aber die osmanische Staatskorrespondenz, wie auch das Archivmaterial von europäischen Staaten der frühen Neuzeit, im wesentlichen mit Kriegführung und Steuereintreibung befaßt. Der Krieg im Jemen oder die Konflikte mit den Portugiesen sind tatsächlich gut dokumentiert; aber Handelsbeziehungen, von denen der osmanische Staat nur wenig unmittelbaren Vorteil zog, hat man selten einer näheren Beschreibung für wert gehalten.

Überdies ist offenkundig, daß Institutionen wie Kaufmannsgilden und Handwerkszünfte, mit deren Hilfe die osmanische Bürokratie das wirtschaftliche Leben Anatoliens und der Balkanprovinzen zu kontrollieren suchte, im Hidschas aufgrund der dort herrschenden spezifischen Verhältnisse kaum funktionsfähig waren. Die Schwäche bzw. das völlige Fehlen dieser Institution erklärt übrigens auch die Spärlichkeit der osmanischen Dokumentation, denn in einer »gewöhnlichen« osmanischen Stadt machten Bittschriften, Beschwerden und Gerichtsurteile, die mit Handwerkern und den von ihnen geforderten Preisen zu tun hatten, oft eine voluminöse Korrespondenz aus. Dieses Fehlen einer Institution, die für die osmanische Stadt charakteristisch ist, zeigt einmal mehr die Sonderstellung Mekkas innerhalb des Osmanenreiches; es handelte sich hier eben um eine Stadt, die für die Pilger und durch sie existierte.

8. KAPITEL

Die Pilgerfahrt vom Ende des 17. Jahrhunderts bis in die Gegenwart

Für die gesamte osmanische Periode kann man davon ausgehen, daß sich die gesellschaftlichen Strukturen, die den Pilgern die Wallfahrt ermöglichten, nur sehr langsam veränderten. Allerdings hat die vorliegende Darstellung versucht aufzuzeigen, daß der »zeitlose Orient« vieler europäischer Reisebeschreiber und Orientalisten in das Reich der Fabel gehört. Mehrmals sind uns Beispiele historischer Veränderung selbst in den heiligen Städten begegnet, obgleich die Tradition dort stärker durch die Religion sanktioniert war als sonst irgendwo. So bemühte sich die osmanische Zentralregierung um 1600, gegen nicht unerhebliche Widerstände ihre Vorstellungen von einer wohlgeordneten Stadt in Mekka durchzusetzen. Auch zeigt der Versuch Sultan Murāds III., die Große Moschee aus dem umgebenden Häusermeer herauszulösen, daß die Regierung des Sultans durchaus in der Lage war, neue stadtplanerische Gesichtspunkte auf die heilige Stadt anzuwenden (vgl. Kap. 5). Es wäre also durchaus verfehlt, Quellenzeugnisse aus dem 12., 17. und 19. Jahrhundert kritiklos zu einem Gesamtbild zu verarbeiten, wie es leider nicht selten vorgekommen ist und noch heute vorkommt.

Aber mit dem Ende der osmanischen Herrschaft über den Hidschas während des Ersten Weltkrieges (1914–18), mit der Begründung der saudischen Herrschaft über Mekka und Medina im Jahre 1925, mit dem Anwachsen der Gewinne aus der Erdölproduktion seit den fünfziger Jahren begann eine neue Epoche in der Geschichte der Pilgerfahrt. Busse und Flugzeuge setzten sich als Transportmittel durch, und nach dem Zweiten Weltkrieg vermehrte sich die Zahl der Pilger in vorher noch nicht dagewesenem Maße. Auch in der Gegenwart hält dieses Wachstum an. Um unter diesen Bedingungen dem einzelnen Frommen die Wallfahrt in einer würdigen Umgebung zu ermöglichen, wurden Beherbergung, Transportwesen und besonders der architektonische Rahmen Mekkas und Medinas völlig umgestaltet. Auch das veränderte politische Umfeld hat sich auf die Wallfahrt ausgewirkt, so daß trotz des weitgehend gleichbleibenden Rituals und den zeitlosen religiösen Zwecken der Pilgerfahrt für den außenstehenden Beobachter die Veränderungen stärker ins Auge fallen als die Kontinuität.

In diesem Kapitel geht es hauptsächlich um die Darstellung von historischen Ereignissen; die Zielsetzung ist mehr deskriptiv als analytisch. Doch gestattet die Beschreibung des historischen Wandels gleichsam »an der Oberfläche« auch wichtige Rückschlüsse auf die strukturellen Veränderungen, die sich in der jüngeren Vergangenheit vollzogen haben und auch heute noch vollziehen.

Der Hidschas zwischen der Belagerung Wiens und dem Zeitalter Napoleons

Der Krieg mit dem Habsburgerreich, der im Jahre 1683 mit der Belagerung Wiens begann und unter erheblichen Verlusten für das Osmanenreich erst 1699 beendet werden konnte, war auch vom Gesichtspunkt der Mekkapilger her gesehen eine Katastrophe. Die osmanische Zentralkasse kürzte die Geldausgaben zur Sicherung der Karawane auf ein Minimum, so daß die Pilgerfahrt zu einem ernsthaften Risiko wurde. Erst im 18. Jahrhundert, nachdem die syrische Provinzverwaltung auf längere Sicht einer prominenten örtlichen Familie übergeben worden war, kam es wieder zu Investitionen, die die Verbindung von Istanbul nach Mekka gewährleisten sollten: Zwischen Aleppo und Damaskus wurde eine Reihe von Karawansereien errichtet bzw. wiederaufgebaut, und auch auf dem anatolischen Teilstück der Verbindungsstraße Istanbul–Damaskus wurden solche befestigten Raststätten angelegt. Bis in die Mitte des 18. Jahrhunderts hinein wirkten sich diese Maßnahmen durchaus positiv auf die Sicherheit der Karawane aus. Allerdings zeigte ein großangelegter Beduinenüberfall auf die Damaszener Karawane im Jahre 1757, bei dem Tausende von Pilgern ihr Leben verloren, daß auch kleinere politische Fehler von seiten der Gouverneure von Damaskus leicht zur Katastrophe führen konnten, wenn größere Gruppe von Nomaden migrierten. Denn um die Mitte des 18. Jahrhunderts wanderten die

ʿAnaza, eine der großen Stammeskonföderationen der arabischen Wüste, im Sommer regelmäßig bis nach Nordsyrien. Diese Wanderungen störten den normalen Lebenszyklus von gewissen kleineren Stämmen wie etwa den Banū Ṣakhr, die in dem Gebiet seßhaft geworden waren, das die Damaszener Karawane durchquerte. Ihre wirtschaftlichen Schwierigkeiten führten dazu, daß sie mehr denn je auf die osmanischen Subsidien angewiesen waren. Gerade dieser aber hatte der stellvertretende Gouverneur von Damaskus ihnen vorenthalten wollen, und Streitigkeiten unter Gouverneuren und Milizen hatten überdies ein Machtvakuum entstehen lassen, das die Banū Ṣakhr für ihren Angriff ausnutzten. Daß sich eine Schwester des Sultans unter den getöteten Pilgern befand, verstärkte noch die politische Brisanz dieser Affäre.

Aber auch im ägyptischen Bereich gab es ernsthafte Schwierigkeiten. Schon seit dem letzten Viertel des 17. Jahrhunderts wurde nämlich die Finanzierung der Pilgerfahrt dadurch erschwert, daß die Mamluken Ägyptens, die auch nach der osmanischen Eroberung im Jahre 1517 eine wichtige Position in der Provinzverwaltung behalten hatten, gegenüber der osmanischen Zentralregierung an Macht gewannen. Das bedeutete, daß sie im Laufe des 18. Jahrhunderts einen immer größeren Anteil der in Ägypten eingezogenen Steuern für sich selbst zurückbehielten und für Vorhaben außerhalb der Provinz, die Pilgerfahrt miteingeschlossen, immer weniger Geld zur Verfügung stand. Die osmanische Zentralregierung versuchte dieser Tendenz entgegenzuwirken, indem sie die Zuschüsse, die sie für die Pilgerfahrt bereitstellte, immer mehr erhöhte. Während 1595–96 4358025 *para* für die Bewohner der heiligen Städte sowie für die Unkosten der Karawane bereitgestellt worden waren, belief sich diese Summe in den Jahren 1797–98 auf fast 30 Millionen. Allerdings handelte es sich bei diesem Anstieg von 587% nur zum Teil um einen realen Kostenanstieg, denn die ägyptischen *paras* wurden sehr häufig abgewertet, wann immer nämlich die ägyptische Provinzialverwaltung sich zusätzliche Einkünfte zu beschaffen versuchte. Der verbleibende reale Anstieg kam weder den Pilgern noch den Bewohnern der heiligen Städte zugute, sondern diese Gelder wurden von den Mamlukenemiren zurückbehalten. Besonders die Kommandanten der ägyptischen Pilgerfahrt profitierten auf Kosten der Pilger und Bewohner der heiligen Städte.

Bis zum Ende des 18. Jahrhunderts waren die Angelegenheiten des Hidschas in den Korrespondenzen osmanischer, indischer und iranischer Herrscher immer wieder zur Sprache gekommen. Aber seit die Portugiesen während der ersten Hälfte des 16. Jahrhunderts vergeblich versucht hatten, sich im Roten Meer festzusetzen, war das Interesse europäischer Könige und Kaufleute an dieser Region minimal geblieben. Dies änderte sich jedoch im späten 18. Jahrhundert. Napoleons Eroberung Ägyptens in den Jahren 1798–1801 war zum Teil als ein Gegenzug zur Politik Englands gedacht, denn gerade zu dieser Zeit war die britische Ostindienkompagnie zu einem wichtigen Territorialherrscher in Indien geworden. Überdies war es manchen französischen Politikern des »Direktoriums«, das nach dem Sturz Robespierres im Jahre 1794 die französische Regierung bildete, sicher nicht ganz unlieb gewesen, einen sehr erfolgreichen General mit politischen Ambitionen für längere Zeit außer Landes zu wissen. Daneben spielte aber auch das Handelspotential Ägyptens eine Rolle, denn ägyptischer Weizen hätte für Südfrankreich äußerst wichtig werden können, wenn nach der Flottenniederlage von Abukir (1798) die französische Flotte nicht die Kontrolle über die Mittelmeerrouten verloren hätte.

Für das politische Prestige des Osmanenreiches war es andererseits ein schwerer Rückschlag, daß die Vorratskammer des Hidschas, nämlich Ägypten, sich nun in den Händen eines nichtmuslimischen Staates befand. Doch reichte die militärische Macht Sultan Selīms III. (reg. 1789–1801) zunächst nicht dazu aus, diese Entwicklung wieder rückgängig zu machen. Denn zu dieser Zeit war man in Istanbul voll und ganz mit einer Umgestaltung des Militärwesens beschäftigt und in einen politischen Disput mit den Janitscharenmilizen verwickelt, deren Mitglieder sich den für sie nachteiligen Neuerungen energisch widersetzten. Diese Probleme lenkten das Interesse der Zentralregierung vom Hidschas ab und ließen ein Machtvakuum entstehen.

Die Eroberung durch die Wahabiten

So ergab sich eine günstige Gelegenheit für eine religiös-politische Bewegung unter den Beduinen der arabischen Halbinsel, die nach dem Theologen und religiösen Reformator Muḥammad b. ʿAbd al-

Wahhāb (1703–87) als Wahabiten bekanntgeworden ist. Im Jahre 1806 bzw. 1804 bemächtigten sich die Wahabiten Mekkas und Medinas, wo sie sogleich das Gebot des Propheten Muhammad, der Gläubige solle aufwendige Grabstätten meiden, durch die Zerstörung der Grabdenkmäler vieler großer Persönlichkeiten des frühen Islam in die Tat umsetzten. Waren doch die Wahabiten der Ansicht, daß der Besuch bei den Gräbern verstorbener Helden und Heiligen mit einem strikten Monotheismus nicht zu vereinbaren war. Nur das Grab des Propheten selbst wurde verschont, vielleicht aus politischen Rücksichten gegenüber auswärtigen islamischen Herrschern. Inzwischen hatten sich, nach der Niederlage von Abukir, zuerst Napoleon selber und dann die gesamte französische Besatzungsmacht aus Ägypten zurückgezogen, nachdem im Jahre 1801 ein englisch-osmanischer Feldzug gegen die französische Besatzung mit der Eroberung Kairos geendet hatte. In dem anschließenden Machtvakuum kam es zu bürgerkriegsähnlichen Auseinandersetzungen zwischen den nach wie vor einflußreichen Mamluken sowie verschiedenen an der Expedition beteiligten osmanischen Truppenkontingenten. Diese Situation machte sich Meḥmed ʿAlī Pascha zunutze, der als Kommandant des albanischen Kontingents in der osmanischen Armee nach Ägypten gekommen war. Im Jahre 1805 schwang er sich, unter mehr oder weniger nomineller Oberhoheit des Osmanensultans, zum Gouverneur Ägyptens auf. In den folgenden Jahren versuchte Meḥmed ʿAlī in Ägypten eine nahezu selbständige Herrschaft zu errichten, die sich auf eine schlagkräftige Armee stützen sollte. Um die Versorgung dieser Armee sicherzustellen, wurden staatlicherseits Textil- und Munitionsfabriken eingerichtet. Im Rahmen von weitgehenden Plänen zur Ausdehnung des ägyptischen Gebietes hörte Meḥmed ʿAlī auch die Vorschläge ägyptischer Großkaufleute mit Wohlwollen an, die ihm eine Wiederherstellung des Handels im Roten Meer unter ägyptischer Ägide vorschlugen. Hatte doch die französische Besetzung Ägyptens seit 1798 den Handel im Roten Meer fast ganz zum Erliegen gebracht.

Die Lähmung des Handels im Roten Meer war aber auch auf den Krieg zwischen den Osmanen und den Wahabiten auf der arabischen Halbinsel zurückzuführen, der 1804–06 in der wahabitischen Eroberung des Hidschas kulminierte. 1805 hatte Sultan Selīm III. (reg.

1789–1808) ein erstes Mal versucht, den vor kurzem in Ägypten etablierten Pascha Meḥmed ʿAlī zur Rückeroberung des Hidschas unter osmanischer Fahne zu bewegen, da die in Syrien und Istanbul mobilisierbaren Truppen für ein solches Unternehmen nicht ausreichten. Meḥmed ʿAlī war jedoch damit beschäftigt, seine Macht in Ägypten zu konsolidieren, und folgte erst 1812 dem Aufruf von Sultan Selīms Nachfolger Maḥmūd II. Noch im selben Jahr eroberten die ägyptischen Truppen Mekka und Medina zurück; die Einnahme der wahabitischen Hauptstadt Dariyya gelang erst 1818. Der Handel im Roten Meer wurde wiederhergestellt, jedoch von Meḥmed ʿAlī straff kontrolliert, so daß die Kaufleute des Hidschas von diesem wirtschaftlichen Aufschwung nur wenig profitierten.

Europäische Reisende und ihre Motive

Das politische Interesse der europäischen Großmächte des frühen 19. Jahrhunderts an Ägypten und dem Roten Meer erklärt, warum zu dieser Zeit das dem islamischen religiösen Recht entstammende Verbot für Nichtmuslime, Mekka und Medina zu betreten, mehrmals durchbrochen wurde. Im 16. und 17. Jahrhundert waren die Europäer, die den Hidschas besuchten und ihre Erinnerungen zu Papier brachten, meist ehemalige Sklaven, die zum Islam konvertiert waren und nach ihrer Rückkehr in die Christenheit ihre alte Religion wieder angenommen hatten. In diesen Fällen dürften die Herren für die Religion ihrer Sklaven gebürgt haben, und anscheinend haben weder die Nachbarn noch gar offizielle Stellen die Ernsthaftigkeit dieser Konversionen in Frage gestellt. In den wenigen Ausnahmefällen, in denen der Besuch freiwillig war, gab sich der Besucher als Militärsklave (Mamluk) aus. Waren doch die Mamluken Konvertiten frischen Datums und stammten von außerhalb der islamischen Welt, so daß bei ihnen die Unkenntnis der örtlichen Sitten und Gebräuche nicht allzusehr auffiel.

Da die Kadiamtsregister von Mekka und Medina verlorengegangen sind, wissen wir nicht, ob ein illegaler Besucher der heiligen Städte des Hidschas jemals vor Gericht gestellt und verurteilt worden ist. Europäische Reisende, die im 19. Jahrhundert den Hidschas besuchten, berichten zwar öfter von Hinrichtungen oder eher noch von Lynchjustiz an in Mekka oder Medina ertappten Nichtmuslimen. Aber wirklich gesehen hat keiner dieser Autoren ein solches Ereignis, und es gibt auch keine indirekte Quelle, in der über einen solchen Fall glaubwürdig berichtet würde. Auch während der Herrschaft Meḥmed ʿAlīs im Hidschas (1812–40) und der anschließenden erneuten osmanischen Kontrolle (1840–1916 bzw. 1919) sind Hinrichtungen illegaler Besucher nicht bekanntgeworden, und manche Reisebeschreiber dieser Zeit nahmen an, daß die osmanischen Behörden in solchen Fällen die Eindringlinge eiligst aus dem Sperrgebiet herausgebracht hätten, um diplomatische Verwicklungen zu vermeiden. Das eigentliche Risiko lag also in dieser Zeit wohl in unkontrollierbaren Reaktionen gewöhnlicher Pilger und Stadtbewohner, und noch der französische Maler Dinet, der als überzeugter Konvertit und mit einem Visum der saudischen Behörden im Jahre 1929 die Pilgerfahrt vollbrachte, befürchtete negative Spontanreaktionen gegen seine Anwesenheit – die dann allerdings nicht eintraten.

Während der ägyptischen Besetzung des Hidschas besuchte der Reisende John Lewis Burckhardt Mekka und Medina. Burckhardt gehörte einer Schweizer Familie an, war aber während der auf die Französische Revolution folgenden Wirren nach England ausgewichen. Burckhardts Reisen wurden von der »Association for Promoting the Discovery of the Interior of Africa« gefördert; es ist anzunehmen, daß seine Reisen auch die politischen Möglichkeiten auskundschaften sollten, die sich für England während der napoleonischen Kriege in dieser Region ergaben. Während seines Besuches im Hidschas gab er sich als Muslim aus; seine eigene Beschreibung einer Unterredung mit Meḥmed ʿAlī Pascha macht es allerdings wahrscheinlich, daß man ihm die Lebensgeschichte, die er sich zurechtgemacht hatte, nicht recht geglaubt hat.

Kurz nach der Abfassung seines detaillierten Reiseberichtes ist Burckhart in Kairo gestorben; sein Bericht enthält eine Momentaufnahme der Zustände im Hidschas, wie sie sich einem gebildeten europäischen Beobachter zu Beginn des 19. Jahrhunderts darboten. So bemerkte er etwa in seiner Beschreibung Medinas, daß die Bewohner dieser Stadt sich dem Grabe des Propheten mit viel größerer Ehrfurcht näherten als die Mekkaner der Kaaba. Wegen dieses höheren Grades von religiös begründetem Respekt habe es auch viel weniger Bettler und Müßiggänger in der Großen Moschee Medinas gegeben als im Umkreis des Heiligtums von Mekka. Diese Bemerkungen sind sicherlich im Zusammenhang mit den pietistischen Strömungen zu verstehen, die unter den Protestanten Englands wie des europäischen Kontinents in den Jahren um 1800 weitverbreitet waren. Andererseits macht Burckhardt auch sonst öfter Bemerkungen über die Häufigkeit oder Abwesenheit von Bettlern; diese sind wiederum vor dem Hintergrund der gleichzeitigen englischen wie französischen Politik zur Abschaffung des Bettlerwesens zu verstehen. Doch Burckhardts Stellungnahmen sind selten explizit und erschließen sich erst, wenn man seinen Text vergleichend interpretiert. Denn im allgemeinen bemüht er sich, die Aussagen seiner Gewährsleute in möglichst neutralem Ton wiederzugeben.

Die Ausdehnung des britischen und in geringerem Maße auch des französischen bzw. holländischen Kolonialbereiches über eine große Zahl von Muslimen bedingte, daß das Interesse der europäischen Großmächte am Hidschas während des gesamten 19. Jahrhunderts lebendig blieb. Dies trifft besonders für England zu; denn bereits vor und erst recht nach der Eröffnung des Suez-Kanals im Jahre 1869 lag der Hidschas an einer der Hauptverbindungsstraßen des britischen Weltreiches. So erklärt sich, daß John Lewis Burckhardt eine Reihe von Nachfolgern fand. Allen voran Sir Richard Burton, Gelehrter, Soldat und ein Abenteurer, wie er der Feder seines Zeitgenossen Alexandre Dumas d. Ä. hätte entsprungen sein können. Vor seiner Reise nach dem Hidschas hatte Burton eine Weile in Sind, einer Provinz des heutigen Pakistan, als muslimischer Derwisch gelebt. Er war aber kein Konvertit, sondern benutzte dieses Abenteuer an der Nordwestgrenze der englischen Besitzungen in Indien als ein Mittel, um sich die Kenntnisse anzueignen, die ihm seine Reise nach dem Hidschas im Jahre 1853 erst ermöglichten. Burton gab sich in den heiligen Städten nämlich als Afghane aus. Auch in diesem Falle ist seine Behauptung, seine Verkleidung sei nicht durchschaut worden, mit einem gehörigen Maß von Skepsis zu betrachten. Burton macht gar keinen Hehl daraus, daß seine Erkundungen eine zukünftige Eroberung des Hidschas vorbereiten sollten; allerdings stand man in der Kolonialverwaltung Indiens, der Burton während seiner Offizierskarriere unterstand, seinen hochfliegenden Plänen mit erheblicher Reserve gegenüber.

In den Einleitungen zu den verschiedenen Ausgaben seines Reiseberichtes hat Burton auch seine Verstellung als angeblicher Muslim verteidigt; war er doch, wenn auch teilweise in indirekter Form, von zwei Gruppen von Kritikern angefochten worden. Manche christlichen Rezensenten sahen es als anstößig an, daß er vom christlichen Glauben abgefallen war, auch wenn er diesen Abfall nur vorgetäuscht hatte. Ein zweiter Einwand gegen seine Arbeit, den viele heutige Sozialwissenschaftler wohl für sehr viel schwerwiegender halten würden, beruht darauf, daß Burton seine Gesprächspartner im Hidschas durchwegs getäuscht hat; das aber gilt jedem gewissenhaften Ethnologen heute als schwerer Verstoß gegen die Berufsethik. Interessanterweise verteidigte Burton sich mit dem Argument, daß Christentum und Islam beide den Glauben an Abraham gemeinsam hätten, so daß die beiden Religionen sich sehr naheständen und man deshalb als Christ sehr wohl viele Elemente des Islam gutheißen könne. Aber dieses Argument kann nur beweisen, daß Burton bei seiner Konversion nicht vollends gegen seine Überzeugungen gehandelt hat. Die Tatsache, daß er seine Ansprechpartner täuschte, wird davon nicht berührt, und seine Berufung auf Vorgänger wie den englischen Orientalisten Lane, der es bei seinem Ägyptenaufenthalt genauso gehalten hatte, verschiebt nur den Vorwurf, ohne ihn zunichte zu machen.

Der holländische Gelehrte C. Snouck Hurgronje konnte 1884–85 einige Monate in Mekka verbringen, ohne seine Identität zu verheimlichen; man hatte sich darauf geeinigt, ihn als potentiellen Konvertiten anzusehen. Seine Arbeiten zeigen, daß auch er sich als Mitglied einer Kolonialverwaltung verstand und sich in erster Linie deren politischen Zielsetzungen verpflichtet fühlte. So war es eines der Hauptziele seines Besuchs, etwas über die Motive herauszufinden, die damals viele indonesische Muslime zur Pilgerfahrt bewogen; fürchtete doch die holländische Kolonialregierung, die Java, Sumatra und die übrigen Inseln des heutigen Indonesien verwaltete, daß die Pilger sich während ihres Aufenthaltes in den heiligen Städten mit panislamischen Gedankengängen vertraut machen würden. In den Hadschis sah die holländische Kolonialregierung deshalb eine poten-

Die Kaaba und der Moscheehof. Photographie von C. Snouck Hurgronje, 1889. Im Mittelpunkt (vor der Kaaba selbst) der Predigtstuhl. Im Hintergrund die Kuppeln der Galerie und ein Minarett aus der Osmanenzeit.

tiell subversive Gruppe und bemühte sich, die Zahl der Pilger möglichst niedrig zu halten. Snouck Hurgronjes Empfehlungen, die er aufgrund seiner Beobachtungen in der heiligen Stadt niederschrieb, rieten zur Mäßigung gegenüber potentiellen und wirklichen Pilgern. Er sah die politischen Auswirkungen des Mekkaaufenthaltes wohl als weniger dramatisch an als viele holländische Kolonialbeamte und meinte wahrscheinlich auch, daß man es vermeiden sollte, durch allzu offensichtlich den Pilgern in den Weg gelegte Hindernisse die noch nicht Politisierten zu politisieren. Die wissenschaftlichen Aspekte seines Aufenthaltes in der heiligen Stadt waren also den politischen durchaus untergeordnet.

Allerdings beschränkten sich die Interessen dieses Gelehrten nicht auf das politisch Relevante, und er hat besonders über das mekkanische Alltagsleben sehr viel Material gesammelt und veröffentlicht. Sein Bericht enthält Schilderungen der Feste und Ausflüge, mit denen sich die Mekkaner die Zeit vertrieben. Auch beschreibt er, wie die Zünfte der Pilgerführer funktionierten, wie sich die Pilgerführer selbst zu den Pilgern stellten und was die Mekkaner seiner Umgebung über die türkischen Ärzte zu sagen hatten, die damals die gute Gesellschaft mit ihrer Opposition gegen den Aderlaß schockierten. Auch berichtet er ausführlich über die Folklore der Frauen, mit deren Hilfe diese Krankheiten zu heilen und sich selbst eine gewisse soziale Geltung zu verschaffen suchten. Natürlich sind diese Praktiken ganz und gar aus der männlichen Perspektive gesehen, da nicht nur der Berichterstatter ein Mann war, sondern in vielen Fällen auch seine Gewährsleute.

Unter den rund fünfzehn Europäern, die vor 1925 ihren Besuch im Hidschas schriftlich dokumentierten, haben Burckhardt, Burton und Snouck Hurgronje die informativsten Berichte hinterlassen. Aber es gibt auch europäische Berichte aus älteren Zeiten; allerdings stammen diese, wie wir bereits gesehen haben, oft von Kriegsgefangenen, die als Sklaven nach Mekka verbracht wurden, oder von Söldnern, die zum Islam konvertierten, weil sie in der Armee eines muslimischen Staates Dienst genommen hatten. Sklaven konnten sich nicht frei bewegen, und so waren ihre Informationen sicherlich oft auf das beschränkt, was sie im Haushalt ihres Herrn zu hören bekamen. Auch bei den Söldnern darf man keine allzu gründliche Vorbildung voraussetzen, und das Interesse an der wissenschaftlichen Beschreibung war dementsprechend begrenzt. Einer von ihnen, der Italiener Giovanni Finati, hatte nach seinem Aufenthalt im Nahen Osten sogar den schriftlichen Gebrauch seiner Muttersprache vergessen und konnte seinen Bericht nur mit Hilfe seines englischen Herausgebers zu Papier bringen. Überdies hatten sich diese frühen Reisenden nach ihrer Rückkehr in die Christenheit alle mit dem Vorwurf auseinanderzusetzen, sie seien von ihrem Glauben abgefallen, und etwa im

17. Jahrhundert wog dieser Vorwurf schwerer als unter den doch schon recht säkularisierten Lesern von Sir Richard Burton. Dies erklärt die Vagheiten und Verschleierungen, die sich oft in den älteren Berichten finden und die der Qualität der Beschreibung nicht gerade förderlich sind.

Ansteckende Krankheiten und imperialistische Politik

Die neuen Machtverhältnisse des Kolonialzeitalters erlaubten es insbesondere englischen Politikern, eine Eroberung des Hidschas zumindest als langfristige Perspektive ins Auge zu fassen. Aber daneben boten sich auch andere, kurzfristige Möglichkeiten politischer Einflußnahme, etwa im Zusammenhang mit den Versuchen, die Ausbreitung von Pest und Cholera zu verhindern. Die Seuchengefahr hatte durch die Fortschritte der Verkehrstechnik im zweiten Drittel des 19. Jahrhunderts eine neue Brisanz erhalten. Die Verbreitung von Dampfschiffen im Indischen Ozean und im Mittelmeer kürzte nämlich die Dauer der Pilgerfahrt erheblich ab und verbilligte sie auch, so daß einer größeren Anzahl von Frommen die Teilnahme möglich wurde. Dies erhöhte jedoch das Risiko von Epidemien beträchtlich. Bei den Reisegeschwindigkeiten der Kamelkarawane und des Segelschiffes hatte die Zusammenkunft vieler Menschen aus aller Herren Länder im Hidschas keine erhebliche Epidemiegefahr bedeutet. Infizierte Personen erkrankten auf dem Wege, und ob sie nun starben oder genasen, für ihre Heimatgemeinden konnten sie kaum zu einer Quelle der Ansteckung werden. Doch die erhöhten Reisegeschwindigkeiten seit der Mitte des 19. Jahrhunderts bildeten ein bedeutsames Stadium in dem Prozeß, den der französische Historiker Emmanuel Le Roy Ladurie als die bakteriologische Vereinheitlichung der Welt bezeichnet hat; dieser Prozeß ist bis zum heutigen Tag nicht abgeschlossen. Überdies hatten die europäischen Choleraepidemien der dreißiger und vierziger Jahre des 19. Jahrhunderts das Problem ins Bewußtsein englischer wie französischer Diplomaten und Journalisten gerückt. Bei allen größeren Epidemien konnte man in der Presse die Behauptung lesen, daß die Pilgerfahrt nach Mekka eine Bedrohung der europäischen Volksgesundheit darstellte.

Es ist bereits davon die Rede gewesen, daß die Kolonialregierung Hollands in den Pilgern eine politische Bedrohung sah, und Vergleichbares trifft, wenn auch in geringerem Maße, auf England und Frankreich zu. Deshalb wurden die mit der Pilgerfahrt verbundenen Gesundheitsrisiken sicherlich besonders in den Vordergrund gespielt. Außerdem ergab sich hier eine Möglichkeit zu politischen Pressionen gegenüber dem Osmanischen Reich, etwa durch die Forderung nach einer Sanitätskontrolle der europäischen Großmächte über den Hidschas. Diese Forderung, die besonders nach der Epidemie von 1865 zu hören war, vermehrte die politischen Schwierigkeiten der osmanischen Regierung. Vor 1840 hatten die mit der Pilgerfahrt verbundenen Epidemiegefahren die osmanischen Sultane nur indirekt tangiert; denn bis zu diesem Zeitpunkt befand sich der Hidschas im Einflußbereich Meḥmed ʿAlīs, der zwar noch immer zum Staatsverband des Osmanischen Reiches gehörte, aber seit längerer Zeit die Unabhängigkeit anstrebte. Deshalb hatte die osmanische Regierung auf die Ereignisse im Hidschas zwischen 1805 und 1840 kaum Einfluß nehmen können. 1840 zwang die englische Regierung Meḥmed ʿAlī jedoch dazu, alle seine Gebietserwerbungen außer dem Sudan an den Sultan zurückzugeben; zum Ausgleich wurde er selbst als erblicher Statthalter Ägyptens international anerkannt. Damit war der Hidschas wieder unter die Herrschaft der osmanischen Regierung zurückgekehrt, die nun mit geringeren Mitteln ihre Kontrolle über dieses entlegene Gebiet zu behaupten suchte.

Von osmanischer Seite aus war es unmöglich, dem Verlangen der europäischen Mächte nach einem Ausbau des Gesundheitswesens und der sanitären Kontrollen in Mekka, Medina, Jiddah und Medinas Hafen Yanbuʿ nachzukommen; denn der Hidschas war eine weitabgelegene Provinz des Reiches, und bei den dauernden Kriegen auf dem Balkan stand für kostspielige Krankenhäuser und Lazarette einfach kein Geld zur Verfügung. Den armen Pilgern die Einreise zu verweigern, wie es von den Vertretern mehrerer europäischer Staaten gefordert wurde, hätte andererseits die Legitimierung des Osmanenherrschers als Schutzherr der Pilger in Frage gestellt. Überdies richteten sich die Angriffe der europäischen Vertreter auf den internationalen Sanitätskonferenzen, die zwischen 1866 und 1914 mehrmals einberufen wurden, direkt gegen die Hoheitsrechte des Osmanischen

Reiches. Wurde doch immer wieder verlangt, daß der Hohe Rat für das Gesundheitswesen (Conseil Supérieur de Santé), den Maḥmūd II. im Jahre 1838 unter Heranziehung europäischer Konsularvertreter begründet hatte, »internationalisiert« werden sollte. Damit war gemeint, daß die Mehrheit dieses Rates, der für den Sultan Maßnahmen zur Verhinderung von Epidemien ausarbeitete, sich nicht mehr aus osmanischen Untertanen bzw. der osmanischen Regierung nahestehenden Mitgliedern zusammensetzen sollte. Vielmehr versuchten die europäischen Großmächte, sich ein Organ zu schaffen, mit dem sie in die Sanitätspolitik des Osmanischen Reiches direkt eingreifen konnten. Da sich die Regierung des Sultans gegen diesen Eingriff in ihre Hoheitsrechte mit allen Kräften wehrte, kam bis zum Ende des Osmanischen Reiches kein Abkommen über die sanitäre Kontrolle der Pilger zustande, das den Sultan als Souverän über den Hidschas miteinschloß. Mit Unterstützung des Sultans und des Scherifen wurden jedoch in Mekka und Medina langsam Krankenhäuser gebaut und die Versorgung der Pilger mit Trinkwasser verbessert. Quarantänestationen auf der Sinaihalbinsel (Aṭ-Ṭūr) und auf der Insel Kamran im Roten Meer, also außerhalb des Gebietes gelegen, das direkt unter osmanischer Oberhoheit stand, wurden von den europäischen Mächten betrieben und kontrolliert. Im Falle größerer Epidemien, wie etwa der Cholera von 1893–94, waren diese Institutionen jedoch hoffnungslos überfordert. Die Quarantänen konnten lediglich dazu beitragen, daß die Pest- und Choleraepidemien des ausgehenden 19. Jahrhunderts nicht auf Europa übergriffen.

Das Problem wurde außerdem durch die Tatsache verschärft, daß die Haltung zu Epidemien und Epidemiekranken in Europa und im islamischen Nahen Osten lange Zeit hindurch völlig verschieden war. Im islamischen Mittelalter und in der frühen Neuzeit hatte man angenommen, daß der Gläubige zwar der Ansteckung aus dem Wege gehen sollte, indem er eine befallene Gegend mied; es ist bereits die Rede davon gewesen, daß die Pilgerkarawane gelegentlich wegen schwerer Epidemien abgesagt worden ist. Andererseits wurde die Flucht aus einer von Krankheit befallenen Gegend von den Religionsgelehrten mißbilligt und selten praktiziert. Die Quarantäne betrachtete man als irrelevant, wenn auch die religiösen Einwände gegen diese Praxis nicht sehr stark waren und sie bereits im 16. Jahrhundert gelegentlich von osmanischen Bürokraten diskutiert wurde. Diese Haltung führte dazu, daß selbst während der schlimmsten Epidemien im islamischen Nahen Osten das gesellschaftliche Leben niemals in der Weise zusammenbrach, wie es nach den Beschreibungen von Boccaccio, Daniel Defoe oder Alessandro Manzoni während der größeren europäischen Epidemien geschehen ist. Für das Osmanische Reich des 17. und 18. Jahrhunderts hören wir von solcher Desorganisation nichts, obgleich die zahlreichen Pestepidemien Istanbuls von europäischen Beobachtern eingehend beschrieben worden sind. Seit dem späteren 18. und frühen 19. Jahrhundert können wir allerdings bei der osmanischen Oberschicht einen Wandel in der Haltung zum Epidemieproblem nachweisen. Über die kulturgeschichtlichen Hintergründe dieser Veränderung ist bislang wenig bekannt. Vorbeugende Maßnahmen wie die Quarantäne erschienen jetzt aus zwei Gründen gerechtfertigt: Einmal ermöglichten sie es, europäische Angriffe auf die osmanischen Hoheitsrechte abzuwehren und besonders die Forderung nach europäischen sanitären Beobachtern im Hidschas zurückzuweisen, die durch ihre bloße Existenz die Legitimität der osmanischen Herrschaft in Frage gestellt hätten. Andererseits war auch der Schutz der osmanischen Kerngebiete vor Pest und Cholera ein Faktor, den es in Erwägung zu ziehen galt. Jedoch führte diese Sanitäts- und Quarantänepolitik dazu, daß sich die osmanische Oberschicht von ihren eigenen Untertanen, kulturell gesehen, immer weiter entfernte.

Pilger und Einwanderer während des 19. Jahrhunderts

Die Konflikte um das indische Stadtviertel in Mekka haben gezeigt (vgl. Kap. 6), daß bereits im 16. Jahrhundert eine beträchtliche Anzahl von Indern in den Hidschas eingewandert war. Allen Versuchen der osmanischen Regierung, die Pilger zur raschen Rückkehr in ihre jeweilige Heimat zu veranlassen, waren nur Teilerfolge beschieden. Die Zahl der Einwanderer erhöhte sich mit den verbesserten Verkehrsbedingungen des 19. Jahrhunderts, und Beobachter des späten 19. wie auch des späten 20. Jahrhunderts heben den kosmopolitischen Charakter Mekkas hervor.

Der schon erwähnte holländische Gelehrte C. Snouck Hurgronje, der 1885–86 sechs Monate in Mekka verbrachte, berichtet über mehrere dieser Einwanderergruppen. So erzählt er von erfolgreichen indischen Kaufleuten, aber auch von den Bewohnern von Ḥaḍramaut, einem Teil des Jemen, sowie von afrikanischen Pilgern, Freigelassenen und Sklaven und besonders von den Bewohnern des heutigen Malaysia und Indonesien, die damals in der heiligen Stadt lebten. Für die Bewohner des Ḥaḍramawt war die Auswanderung nach Mekka nur ein Teil eines viel weiter gespannten Migrationsnetzes; denn Prophetennachkommen aus dieser Gegend fanden sich in vielen größeren Städten Südindiens, aber besonders in Java, Sumatra, der malaysischen Halbinsel und sogar in Ostafrika. Auswanderer aus Ḥaḍramawt, die nicht in diese entlegenen Gebiete, sondern in den nahen Hidschas migrierten, waren nicht selten arme Leute, die sich solche weiten Reisen nicht leisten konnten. Viele arbeiteten zunächst als Lastträger im Hafen von Jiddah, doch standen sie in dem Ruf, äußerst genügsam zu leben und selbst kleinste Ersparnisse gewinnbringend anzulegen. Manche dieser armen Einwanderer sollen es in Mekka zu Wohlstand gebracht haben.

Unter den Armen Mekkas fanden sich, vor hundert Jahren wie noch heute, viele Afrikaner. Zu Snouck Hurgronjes Zeiten arbeiteten diese oft als Lastträger, stellten kleinere Haushaltsgegenstände her und besorgten die Reinigung der Stadt. Auch heute finden sich in Mekka zahlreiche arme Afrikaner, die den Kontinent oftmals zu Fuß und ohne Papiere durchquert haben und denen es an Mitteln mangelt, in ihre Heimat zurückzukehren. Ihre Armut bringt sie aber auch in ihrer mekkanischen Wahlheimat in manche Schwierigkeiten, und afrikanische Einwanderer haben ganze Slums entstehen lassen, die sich scharf von den übrigen Teilen Mekkas abheben und in denen auch viele afrikanische Pilger für die Dauer ihres Besuches logieren. Zu Snouck Hurgronjes Zeiten gab es außerdem eine nicht unbeträchtliche Bevölkerung von afrikanischen Sklaven, die meist als Hauspersonal beschäftigt waren.

Aber die größte Aufmerksamkeit hat Snouck Hurgronje den Pilgern aus den heutigen Staaten Malaysia und Indonesien gewidmet, die er, dem damaligen mekkanischen Gebrauch entsprechend, als Jawah bezeichnet. Die Jawah maßen der Pilgerfahrt eine besondere Bedeutung für ihre Selbstidentifikation als Muslime bei und nutzten deshalb ihren Besuch, um den für sie mustergültigen Lebensstil Mekkas näher kennenzulernen. Viele Pilger blieben denn auch zu Studienzwecken weit länger in Mekka, als es die Riten der Wallfahrt erforderten. Leider gibt es nur wenige Zahlenangaben zur Pilgerfahrt der Jawah im 19. Jahrhundert. Snouck Hurgronje beruft sich deswegen auf die Beobachtungen eines ägyptischen Arztes, der den Jawah in einer Auflistung der fremden Pilger den ersten Platz einräumt.

Die Hidschasbahn

In den siebziger Jahren des 19. Jahrhunderts befand sich das osmanische Staatswesen nach einschneidenden Territorialverlusten und erheblichen Veränderungen in den oberen Rängen der Bürokratie in einer Legitimitätskrise. Sultan ʿAbd al-Ḥāmid II. (Abdulhamid; reg. 1876–1909) und seine Berater hatten sich von der Unmöglichkeit überzeugt, für den osmanischen Vielvölkerstaat eine Muslime wie Nichtmuslime gleichermaßen überzeugende Staatsideologie zu entwickeln. Versuche, ein reformiertes Osmanisches Reich als die Heimat von Muslimen wie Nichtmuslimen zu propagieren, waren um die Mitte des 19. Jahrhunderts mehrfach unternommen worden, aber gegenüber der wachsenden Popularität des Nationalismus besonders unter den Nichtmuslimen war diese Politik gescheitert. Überdies war durch die Autonomie Griechenlands (1828), Serbiens (1829), sowie der österreichischen Besetzung der Herzegowina (1878) der Anteil der Nichtmuslime an der osmanischen Bevölkerung ohnehin stark zusammengeschrumpft. Um seine Stellung als islamischer Herrscher zu untermauern, griff Abdulhamid auf deutlich islamische Legitimationsideologien zurück; dabei wurden ältere Institutionen wie etwa das Kalifat in einen neuen politischen Kontext gestellt und damit aufgewertet. So wurden etwa osmanische Diplomaten angewiesen, darauf zu dringen, daß in nichtosmanischen islamischen Ländern öffentlich für den Sultan in seiner Eigenschaft als Kalif gebetet wurde. In diesem Zusammenhang bezeugte Abdulhamid ein besonderes Interesse an seinen arabischen Territorien, zu denen auch der Hidschas zählte, und besonders an der Pilgerfahrt als einem Mittel, sich als Schutzherr des Islam zu legitimieren. Auswärtige Pilger, wie etwa die regierende Fürstin des indischen Fürstenstaates Bhopal (Pilgerfahrt im Jahre 1902), wurden deswegen mit hohen Ehren empfangen. So erscheinen politische Motive, die uns auch aus dem 16. Jahrhundert bekannt sind, wie etwa die Unterstützung prominenter auswärtiger Pilger, auch in der Politik Abdulhamids. Durch den veränderten Kontext erhielten sie jedoch eine ganz neue Wertigkeit.

In demselben Zusammenhang läßt sich auch erklären, daß Abdulhamid versuchte, die Pilgerfahrt als ein Mittel zur Integration des Reiches zu nutzen. Von unserem heutigen Gesichtspunkt aus gesehen, hatten im 16. Jahrhundert die offizielle Förderung der Pilgerkarawane, die Ernährung Mekkas aus ägyptischen Quellen und in gewisser Weise sogar die Benutzung osmanischer Baumotive in Mekka eine solche integrative Funktion ausgeübt. Durch den Bau der Hidschasbahn, den Abdulhamid durchführen ließ, wurde nun die Fürsorge des Sultans für den Pilgerverkehr auch im Eisenbahnzeitalter weithin sichtbar gemacht.

Was die Integration des Reiches durch einheitliche Baustile anbelangt, so hatten bereits Abdulhamids Vorgänger dafür gesorgt, daß der von den Sultanen damals bevorzugte eklektische Baustil auch in Mekka und Medina vertreten war. Besonders in Medina waren in den sechziger Jahren des 19. Jahrhunderts umfangreiche Restaurationen vorgenommen worden, die das Aussehen des Heiligtums merklich veränderten. Mit Bezug auf Photographien der mekkanischen Moschee in ihrer neuen Gestalt klagte der französische Gelehrte Maurice Gaudefroy-Demombynes im Jahre 1923, das Aussehen der Moschee sei endgültig verdorben worden. Das dürfte allerdings stark übertrieben sein; denn der osmanische Oberst Eyyüb Ṣabrī, der in seinem hochinteressanten Werk über die heiligen Städte als nahezu gleichzeitiger Beobachter von dieser Restauration berichtet, spricht nur von kleineren Reparaturen.

Bei der Ernährung Mekkas durch Subsidien des Sultans waren allerdings Umstellungen nötig geworden, denn Ägypten war nur noch nominell ein Teil des Reiches. Jedoch wurden Mittel aus anatolischen Quellen verfügbar gemacht. So waren die Einkünfte aus den Kohlenbergwerken von Zonguldak in Nordwestanatolien, auch heute noch die bedeutendsten des Vorderen Orients, zeitweilig für den Unterhalt der heiligen Städte reserviert.

Die politische Funktion der Hidschasbahn als ein Mittel zur Integration des Osmanischen Reiches und zur Legitimierung des Sultans läßt sich bereits an ihrer Baugeschichte ablesen. Während der Bau der übrigen Eisenbahnlinien im Osmanischen Reich von europäischen Kapitalisten finanziert wurde – im Falle der bekannten Bagdadbahn handelte es sich um deutsches Kapital –, wurden für die Hidschasbahn inländische Gelder mobilisiert. Osmanische Beamte mußten aus ihren Gehältern einen Beitrag leisten; außerdem steuerte Sultan Abdulhamid aus seiner Privatschatulle bei. Auch wurden Schenkungen auswärtiger muslimischer Staaten für den Bau akzeptiert, und durch den Einsatz von Soldaten bei den Bauarbeiten sparte die osmanische Staatskasse erhebliche Geldsummen, die sonst als Lohngelder hätten ausbezahlt werden müssen. Ursprünglich sollte der Charakter der Hidschasbahn als eines muslimisch-osmanischen Unternehmens noch dadurch betont werden, daß auch die technische Leitung ganz in osmanischen Händen lag. Allerdings entschied sich der Sultan dann doch für eine Übergangslösung, nach der bis zur Ausbildung einer genügenden Zahl von osmanischen Eisenbahnfachleuten auch europäische Experten beschäftigt werden konnten. Nur in dem für Nichtmuslime gesperrten Hidschas arbeitete ausschließlich muslimisches Personal.

Die Hidschasbahn sollte gleichzeitig den Pilgerverkehr fördern und eine größere militärische Präsenz des Osmanensultans auf der arabischen Halbinsel ermöglichen. Die Ausdehnung der osmanischen Zentralisierungspolitik des 19. Jahrhunderts auf die syrische und arabische Wüste sowie auf Mekka und Medina rief jedoch den energischen Widerstand der Beduinen und in manchen Fällen auch der Stadtbewohner hervor. Denn die Praxis der osmanischen Zentralgewalt, Steuern und Soldaten auszuheben, widersprach der Art und Weise, in der die Hidschasbewohner bislang regiert worden waren. Selbst der Versuch eines osmanischen Gouverneurs von Medina im Jahre 1903, eine Abgabe für die Straßenreinigung einzuführen, scheiterte an dem erbitterten Widerstand der Stadtbewohner. Denn die Honoratioren von Medina betrachteten diese Abgabe wohl als den ersten Schritt zur Abschaffung der traditionellen Steuerfreiheit ihrer Stadt.

Auch die Scherifen von Mekka scheinen die Ausdehnung moderner

Kommunikations- und Kontrollmethoden wie Telegraf und Eisenbahn nach dem Hidschas mit Mißtrauen betrachtet zu haben. Da jedoch der Sultan einen mißliebigen Scherifen absetzen konnte, zeigte sich dessen Opposition nur indirekt, während bei offiziellen Anlässen der Scherif seine Zustimmung zu den osmanischen Neuerungen bekundete. Doch trug diese verdeckte Opposition dazu bei, daß das ursprüngliche Projekt, nämlich die Hidschasbahn über Medina hinaus bis nach Mekka fortzusetzen, schließlich aufgegeben wurde.

Offener Widerstand gegen die Hidschasbahn ging dagegen von den Beduinenstämmen der durchquerten Gegend aus. Von Besteuerung und der Aushebung von Soldaten einmal abgesehen, fürchteten die Beduinen, daß der Osmanenstaat ihnen keine Subsidien mehr zahlen würde, wenn einmal die Eisenbahn es der osmanischen Armee erlauben würde, den Durchzug der Pilger auch ohne Mitwirkung der Stämme zu sichern. Außerdem hatten viele Beduinen seit Jahrhunderten an den durchziehenden Pilgern verdient, denen sie Lebensmittel und Kamele lieferten (vgl. Kap. 2 und 3). Der Widerstand erreichte seinen Höhepunkt im Jahre 1908, als die Beduinen eine regelrechte Belagerung von Medina unternahmen. Da die Garnison zum größten Teil mit dem Bau der Hidschasbahn beschäftigt war, konnte die Stadt nur mit Hilfe der Zivilbevölkerung gehalten werden. Diese aber engagierte sich bei der Verteidigung, denn trotz aller Streitigkeiten mit der osmanischen Zentralgewalt fürchtete man eine Plünderung durch die Beduinen. Obwohl die Hidschasbahn zu jenem Zeitpunkt noch nicht ganz fertig war, zeigte sich ihr Wert für den Truppentransport schon bei der Niederwerfung dieses Beduinenaufstands. Die folgenden Jahre gestalteten sich friedlicher; denn einmal schreckte das militärische Übergewicht der osmanischen Zentralregierung potentielle Angreifer unter den Beduinen ab, andererseits hatte sich die Regierung auf einen Kompromiß eingelassen. Die Subsidien an die Beduinen, die seit Jahrhunderten der Preis für die Sicherheit der Pilgerkarawane gewesen waren, wurden noch bis 1916 weitergezahlt, bis nämlich die Kriegslage die Fortsetzung dieser Politik unmöglich machte. Allerdings kam wenigstens ein Teil des notwendigen Geldes nicht direkt aus der osmanischen Staatskasse, sondern aus einem Zuschlag, den die Reisenden bei der Lösung einer Fahrkarte nach Medina zu zahlen hatten.

Einige Pilger des frühen 20. Jahrhunderts und ihr Lesepublikum

Aus den Anfangsjahren des 20. Jahrhunderts stammen mehrere Pilgerberichte, die nicht in den jeweiligen Muttersprachen der Verfasser, sondern auf Englisch oder Französisch erschienen, also an ein europäisches Publikum gerichtet waren. Die Verfasser waren alle praktizierende Muslime, die nicht in erster Linie beabsichtigten, ihre Leser durch farbige Beschreibungen von Land und Leuten zu unterhalten, sondern sich mit einem zumeist genau bestimmten Publikum – oft handelte es sich um höhere Kolonialbeamte und vielleicht auch deren Frauen – auf einen Dialog über politische, religiöse und kulturelle Fragen einzulassen. Der Pilgerschaftsbericht dient dabei nur als eine Art literarischen Vorwands. Diese Umdeutung des traditionellen Pilgerschaftsberichtes, der ja auch in seiner älteren Geschichte als ein Vehikel für sehr verschiedene literarische Absichten gedient hat, ist charakteristisch für die Kulturgeschichte jener Zeit, da die islamische Welt in europäische Kolonien und »Einflußbereiche« aufgeteilt war. Es lohnt sich deshalb, auf diese Berichte etwas näher einzugehen.

Noch in die Zeit Abdulhamids fällt die Pilgerfahrt von Sultan Jahan Begam, damals regierende Fürstin des unter englischer Oberhoheit stehenden indischen Fürstenstaates Bhopal. Als Sultan Jahan Begam im Jahre 1902 Mekka und Medina besuchte, war sie seit kurzem verwitwet und ließ sich von einem ihrer Söhne begleiten. Im Staat Bhopal gehörten regierende Fürstinnen, die die Pilgerfahrt unternahmen, zur Familientradition, denn bereits Sultan Jahan Begams Großmutter, die den männlichen Namen Sikandar (Alexander) führte, hatte während ihrer Regierungszeit in den Jahren 1863–64 den Hidschas besucht; auch über ihre Pilgerfahrt gibt es einen auf Englisch veröffentlichten Bericht. Sultan Jahans Pilgerbuch ist zum großen Teil in der Ich-Form abgefaßt, jedoch nicht als persönlicher Erlebnisbericht zu verstehen, sondern als hochoffizielles Staatsdokument. Zahlreiche Briefe aus Sultan Jahans Korrespondenz mit der britischen Kolonialregierung und dem Scherifen sind wörtlich zitiert. Dagegen wird die Beschreibung von Land und Leuten vernachlässigt, aus der Sicht des heutigen Lesers ein Mangel, der zum Teil durch die Veröffentlichung von zeitgenössischen Photographien ausgeglichen wird. Für Sultan Jahan und ihren Hofstaat ging es zunächst darum zu belegen, daß die Pilgerfahrt im Einvernehmen mit der englischen Kolonialmacht unternommen worden war. Außerdem sollte dokumentiert werden, daß für den ordnungsgemäßen Ablauf der Geschäfte in Abwesenheit der Herrscherin gesorgt war und daß sie im Hidschas mit allen Ehren empfangen wurde, die einer souveränen Fürstin zustanden. Es handelte sich also um eine Legitimation ihrer Herrschaft gegenüber dem englischsprachigen Publikum Indiens, d. h. sowohl den aus England stammenden Beamten als auch denjenigen Mitgliedern der indischen Oberschicht, die eine Ausbildung auf Englisch erhalten hatten.

Nur ein Aspekt von »Land und Leuten« des Hidschas war auch für die ausschließlich politisch und diplomatisch ausgerichtete Sultan Jahan Begam nicht zu übersehen, nämlich die Beduinen. Denn obwohl der Besuch der Herrscherin von Bhopal diplomatisch eingehend vorbereitet war, war es den osmanischen Behörden und dem Scherifen nicht gelungen, einen störungsfreien Durchzug der Karawane zu erreichen. Ganz im Gegenteil, die Beduinen ließen es sich nicht nehmen, den immer erneuten Geldforderungen, die sie an die fürstliche Karawane stellten, auch durch Schießereien Nachdruck zu verschaffen. Schließlich sah sich Sultan Jahan Begam veranlaßt, auf das Reisen mit einer eigenen Karawane zu verzichten und den Schutz der offiziellen syrischen Pilgerkarawane zu akzeptieren. Für den modernen Leser gehören die Abschnitte über Sultan Jahan Begams Wüstenreisen sicherlich zu den interessantesten Teilen ihres Berichtes.

Im Jahre 1908 wurde Abdulhamid von einer als Komitee für Einheit und Fortschritt (»Jungtürken«) bekannten Gruppe von Offizieren und Bürokraten dazu gezwungen, auf die absolute Herrschaft zu verzichten und die in den 1870er Jahren kurzfristig eingeführte, aber 1878 ausgesetzte Verfassung wieder in Kraft treten zu lassen. Aus der Zeit der jungtürkischen Herrschaft stammt der Bericht des Iraners Kazem Zadeh, der 1910–11 in Mekka war und besonders die modernen Aspekte des Lebens im Hidschas, wie Schulen und Konsulate, berücksichtigt. Das Interesse des Reisenden für das Wirken der jungtürkischen Regierung erklärt sich aus seinem eigenen politischen Engagement, denn er war offensichtlich ein Anhänger der iranischen konstitutionellen Bewegung, die 1905 die Verkündung einer Verfassung durch den Schah erreicht hatte. Im Mittelpunkt von Kazem Zadehs Bericht stehen nicht die religiös-jenseitigen Aspekte der Wallfahrt, sondern die wirtschaftlichen und sozialen. So widmet er ein ganzes Kapitel den verschiedenen »Reiseunternehmen«, die die Pilger aus dem Iran nach dem Hidschas brachten und dabei recht gut verdienten. Auch die Praktiken der *muṭawwifs*, d. h. der Fremdenführer, die die Pilger mit den Zeremonien der Wallfahrt bekannt machten und deren Hilfe jeder auswärtige Pilger in Anspruch nehmen mußte und noch heute in Anspruch nimmt, hat Kazem Zadeh beschrieben. Daneben enthält sein Bericht zahlreiche Beobachtungen über den Handel von Mekka und Jiddah. Handel in Luxusgütern wurde hauptsächlich von Indern und Javanern betrieben, die sich auf Dauer in der heiligen Stadt niedergelassen hatten. Wohlhabende Pilger aus dem Iran kauften Seiden- und Baumwollstoffe, Bronzen, Parfüms und feine javanische Matten. Leider enthält Kazem Zadehs Bericht keine Zahlenangaben. Besondere Aufmerksamkeit hat der Autor den im Hidschas kursierenden Münzen gewidmet (osmanische Lira, indische Rupien, Rubel). Auch berichtet er über die Gründe der Kursschwankungen, die das Geldwechseln während der Wallfahrtsperiode zu einem einträglichen Geschäft werden ließen.

Aber trotz allen Interesses für die diesseitigen Aspekte der Pilgerfahrt hat Kazem Zadeh die religiösen Aspekte nicht vernachlässigt. Allerdings handelt es sich um eine Religiosität mit rationalistischem Einschlag, der sich besonders zeigt, wenn der Autor religiöse Gebote und Verbote mit politischen Argumenten begründet. So heißt es zum Beispiel am Ende einer längeren Diskussion des Verbotes für Nichtmuslime, Mekka zu betreten, daß sich diese Bestimmung aus der »Staatsräson« begründen ließe; es sei durchaus von Vorteil, wenn Nichtmuslime nicht aus eigener Anschauung erfahren könnten, was in der heiligen Stadt vor sich gehe. Aber in der Beschreibung etwa der Versammlung auf dem ʿArafāt spricht Kazem Zadeh sehr eindringlich von der religiösen Rührung der Beteiligten, so daß man ihm sicherlich nicht gerecht wird, wenn man seinen Text ohne Einschränkungen wie einen weltlichen Reisebericht liest.

Andererseits hat der Autor seine Eindrücke in einer französischen Zeitschrift publiziert, die, um einen Ausdruck aus jenen Jahren vor dem Ersten Weltkrieg zu benützen, »kolonialwissenschaftlich« orientiert war. Deshalb kann sein Publikum nicht der Leserkreis der älteren Pilgerbücher gewesen sein. Vielmehr ging es auch ihm um die politische Legitimierung, in diesem Fall des iranischen Konstitutionalismus. Offensichtlich sollte vor einem europäischen Publikum dokumentiert werden, daß das Engagement für die Verfassung von 1905 und eine »aufgeklärte« Religiösität sich gut miteinander vertrugen.

In die letzten Friedensjahre vor dem Ersten Weltkrieg fällt auch die Pilgerfahrt des Nordafrikaners Caid ben Chérif. Die Darstellung seiner Reise, in einem blumigen und mit poetischen Zitaten geschmückten Französisch abgefaßt, hat der Autor allerdings erst nach dem Ende des Krieges veröffentlicht, den er als Soldat in der französischen Armee mitgemacht hat. Wie die Widmung des Buches an den damaligen Generalgouverneur Algeriens zeigt, steht der Verfasser auf der Seite der französischen Kolonialherrschaft, und sein Buch ist hauptsächlich an ein europäisches Publikum gerichtet. Ben Chérif hat für die Darstellung seiner Reiseerlebnisse im Hidschas Bilder gewählt, die dem europäischen Leser aus der romantischen, orientialisierenden Literatur des 19. Jahrhunderts geläufig sind. Überdies sieht der Verfasser in der Begeisterung für einen derartig romantisierten Orient ein intellektuelles Bindeglied zwischen Kolonialherrn und den im europäischen Sinne Gebildeten unter ihren Untertanen.

Den religiösen Aspekt der Pilgerreise betont Ben Chérif stärker als Sultan Jahan Begam und Kazem Zadeh; aber es handelt sich bei ihm nicht um die Religiosität der Gesetzesgelehrten, sondern um eine Frömmigkeit, die der romantischen Sicht des Christentums durch europäische Schriftsteller des 19. Jahrhunderts an die Seite zu stellen wäre. Aber vielleicht ist diese Romantisierung der Religion auch mit den Bemühungen des Autors in Zusammenhang zu bringen, seine Identität als Muslim vor seinen französischen Gesprächspartnern zu verteidigen. War doch eine romantische Betrachtung der Religion einem europäischen Gebildeten des frühen 20. Jahrhunderts durchaus vertraut und durch die Verknüpfung mit bedeutenden Schriftstellern der Vergangenheit intellektuell legitimiert. Eine Religiosität der Gesetzesgelehrten dagegen wäre leicht als »traditionalistisch« und »rückständig« abzuwerten gewesen.

Während Kazem Zadeh seinen Pilgerbericht unter rationalistischen und ökonomisch-politischen Gesichtspunkten konzipiert hat, scheint Ben Chérif den genau entgegengesetzten Standpunkt einzunehmen. Aber den Gestus der intellektuellen Rechtfertigung, der sie, im wörtlichen wie im übertragenen Sinne, die Sprache der europäischen Gebildeten annehmen läßt, haben sie beide gemeinsam. Und sogar der fast ausschließlich politische Bericht Sultan Jahan Begams verfolgt, wenn auch mit weniger offenkundigen intellektuellen Konzessionen, die gleiche Zielrichtung.

Die Begründung der Saudi-Herrschaft im Hidschas

Das komplizierte Geflecht militärischer und politischer Maßnahmen, mit denen der osmanische Staat versucht hatte, trotz aller außen- und innenpolitischen Krisen eine Präsenz im Hidschas aufrechtzuerhalten, überdauerte den Ersten Weltkrieg nicht. Die Hidschasbahn zerstörten die Beduinen, nachdem die osmanischen Zuschüsse ausblieben. Bei diesen Ereignissen spielte der britische Geheimagent »Lawrence of Arabia« eine Rolle, die er später – wahrscheinlich mit einiger Übertreibung – in einem berühmten Buch dargestellt hat. Die Verbindung von Istanbul nach Mekka konnte nach 1916 nicht mehr aufrechterhalten werden, da sich der damals regierende Scherif Ḥusayn für die Alliierten ausgesprochen hatte. 1916 ließ er sich unter englischem Schutz zum König des Hidschas ausrufen. Die Pilgerfahrt war zu dieser Zeit zwar nicht ganz unterbrochen, aber doch auf einen Bruchteil der Vorkriegszahlen zusammengeschrumpft; für osmanische Pilger blieb Mekka unzugänglich. Dagegen konnte die osmanische Armee Medina bis 1919 halten, obwohl der übrige Hidschas sich längst in der Hand König Ḥusayns befand. Mit der Aufgabe Medinas war nach vierhundert Jahren die osmanische Kontrolle über den Hidschas zu Ende gegangen, und wenig später verschwanden das Osmanische Reich sowie sein alter Gegner und neuerlicher Verbündeter Österreich-Ungarn von der politischen Landkarte.

Doch auch der ehemalige Scherif von Mekka und neuerliche König Ḥusayn konnte seine Position nicht behaupten. 1925 verloren er und sein Sohn ʿAlī, der auf kurze Zeit sein Nachfolger wurde, ihren Thron an Ibn Saʿūd, den wahabitischen Emir des innerarabischen

Nedschd. Daß Scherif Ḥusayn während der Kriegszeit die Belange der Pilger vollends vernachlässigt hatte, trug zur Erosion seiner Autorität nicht unwesentlich bei. Dagegen normalisierten sich die Bedingungen, unter denen die Pilgerfahrt vonstatten ging, sobald sich die saudische Herrschaft auf der arabischen Halbinsel konsolidiert hatte.

Überdies hatte in den zwanziger Jahren das früher so dornige Problem der Quarantäne einiges von seiner Schärfe verloren. Da die Rolle von Ratten und Rattenflöhen bei der Übertragung der Pest bekanntgeworden war (dies geschah erst geraume Zeit nach der Entdeckung des Pestbazillus im Jahre 1895), traten die Beseitigung von Ratten auf Schiffen und die Desinfektion weitgehend an die Stelle der früheren Quarantäne von Menschen und Waren. Die Choleraimpfung, die sich immer weiter verbreitete, bot zwar nur einen begrenzten Schutz, reichte aber aus, die Entstehung von Epidemien im Hidschas zu verhindern. Trotzdem konnte erst in der Zeit nach dem Zweiten Weltkrieg unter den Auspizien der Weltgesundheitsorganisation ein Abkommen ausgehandelt werden, das Saudi-Arabien die volle Kontrolle über den Gesundheitszustand der ein- und ausreisenden Pilger überließ (1956).

In der Zeit zwischen den beiden Weltkriegen ergaben sich beträchtliche Schwierigkeiten daraus, daß fast alle sozialen Einrichtungen, die in der späten Osmanenzeit in Mekka und Medina begründet worden waren, in den Wirren zwischen 1914 und 1925 zu funktionieren aufgehört hatten. Das neugegründete Königreich Saudi-Arabien aber war ein armer Staat, und auf Zuschüsse von Ägypten oder gar der betont säkularistischen Türkischen Republik (begründet 1923) war nicht zu rechnen. Bis in den fünfziger Jahren Erdölgewinne die saudischen Staatseinnahmen vervielfachten, konnte der Aufbau von Krankenhäusern, Hospizen usw. nur aus den Einnahmen des Pilgerverkehrs selbst finanziert werden. Die Weltwirtschaftskrise begrenzte diese Einnahmen; da aber zugleich die Pilgerzahlen selbst absanken, blieb der Bedarf an kostspieligen sozialen Einrichtungen vergleichsweise begrenzt.

Noch im Jahre 1925, als der englische Reisende Eldon Rutter die Pilgerfahrt unternahm und längere Zeit in dem vom Kriege stark beeinträchtigten Mekka verbrachte, erreichten die Pilger die Wallfahrtsstätten zu Fuß oder auf dem Kamel. Das Automobil des Königs war damals eine Seltenheit, und auch in späteren Jahren ließ der Herrscher außer den Autos von Regierungsmitgliedern keine Kraftwagen in Mekka zu. Doch war bereits damals sichtbar, daß das neuetablierte Regime seine wahabitischen Überzeugungen mit deutlichem Interesse an technischen Neuerungen verband. So wurde schon 1925 für die nächtliche Beleuchtung des Moscheehofes teilweise durch elektrische Lampen gesorgt; den Strom erzeugte ein Generator. Auch hatte sich der König Gutachten von Rechtsgelehrten erteilen lassen, die die Benutzung neuer Kommunikationsmittel im Sinne des islamischen Rechtes für legal erklärten. So begann eine Kette von technischen Neuerungen, die innerhalb von weniger als siebzig Jahren das Alltagsleben in den heiligen Städten völlig verändern sollten.

Europäische Beobachter in Mekka und Medina

Die veränderten Machtverhältnisse dieser Epoche reflektieren sich auch in den Berichten europäischer Reisender, die den Hidschas im frühen 20. Jahrhundert besucht haben. In der kleinen Gruppe dieser Reisenden wären die Engländer Eldon Rutter und A. Wavell wegen der Ausführlichkeit ihrer Berichte hervorzuheben. Für den Berufsoffizier Wavell, der längere Zeit in Sansibar gelebt hatte und bei seiner Reise noch sehr jung war, scheint das Vergnügen an der Bravourleistung eine wesentliche Motivation gewesen zu sein. So beschreibt er ausführlich die Einladungen und Geselligkeiten, an denen er als Gast oder Gastgeber beteiligt war und die es ihm erlaubten, sich in Mekka als Weltmann unter Weltmännern zu bewegen. Allerdings war Wavell von einem arabischen Gefährten und von einem afrikanischen Diener aus Mombasa begleitet, beide Muslime, die über seine wirkliche Identität informiert waren und ihn so manches Mal vor der Entdeckung bewahrten.

Eldon Rutter, der die Pilgerfahrt in den Jahren 1925–26 unternahm und von Ibn Saʿūd kurz nach seiner Eroberung des Hidschas in Audienz empfangen wurde, gilt als authentischer Konvertit. Allerdings ist in seinem zweibändigen Werk von seiner muslimischen Identität kaum etwas zu spüren. Um so offenkundiger ist, daß er seinen Bericht als Angehöriger der Oberschicht des britischen Kolonialreiches abgefaßt hat. Rutter hat den Hidschas zu einer Zeit bereist, als die Auswirkungen des Ersten Weltkrieges und der nachfolgenden Kampfhandlungen zwischen König Ḥusayn und Ibn Saʿūd noch überall sichtbar waren. So hat er Augenzeugenberichte wiedergegeben, die sich auf die blutige Eroberung der Stadt Taif durch Beduinenstämme aus der saudischen Armee beziehen. Diese Verwicklungen veranlaßten die meisten potentiellen Pilger dazu, ihre Reise zu verschieben, und die Pilgerführer Mekkas, die normalerweise während der Wallfahrtstage vollauf beschäftigt waren, blieben in diesem Jahr ohne Kunden und Verdienst.

Unter den europäischen Muslimen wäre noch der bereits erwähnte französische Maler Dinet zu nennen, der in Algerien zum Muslim wurde und gegen Ende seines Lebens zusammen mit seinem Freund el-Hadj Sliman b. Ibrahim Baâmer und dessen Ehefrau die Pilgerfahrt unternahm. Dinet starb noch vor Vollendung der Erinnerungen an die gemeinsame Reise, die von el-Hadj Sliman zu Ende geführt und herausgegeben wurden. Im Gegensatz zu dem Buche Rutters handelt es sich bei dem Bericht dieser beiden Autoren um ein religiös bestimmtes Werk, das den Traditionen des muslimischen Pilgerberichtes verpflichtet ist und nicht den europäischen Reiseberichten des 19. Jahrhunderts. Es enthält nur wenige Beschreibungen von Städten, Gebräuchen und Moscheen, während die Verfasser sich hauptsächlich darum bemühen, einem nichtmuslimischen Publikum – und da liegt der Unterschied zum typischen islamischen Pilgerbericht – ihr Pilgerschaftserlebnis als Muslime mitzuteilen.

Autos, Stauungen und moderne Verkehrsplanung

Nachdem im 19. Jahrhundert das Dampfschiff die Karawane als Beförderungsmittel für die Pilger überflügelt hatte, bahnte sich in den späten zwanziger Jahren des 20. Jahrhunderts eine neue Veränderung des Transportwesens an. Von Jahr zu Jahr mehrte sich nämlich die Zahl der Pilger, die mit dem Automobil einreisten. Zunächst handelte es sich dabei um eine Fortsetzung der Hidschasbahn mit anderen Mitteln; denn nach den Zerstörungen des Ersten Weltkrieges war diese nur auf dem syrischen und transjordanischen (heute: jordanischen) Staatsgebiet wieder in Betrieb gesetzt worden. (Eine Eisenbahnverbindung Damaskus–Medina existiert bis heute nicht.) Außerdem durchquerten immer mehr Pilger aus dem Irak und dem Iran die arabische Halbinsel von Osten nach Westen. Diese frühen Reisen mit dem Kraftfahrzeug gestalteten sich manchmal recht abenteuerlich; so kam es gelegentlich vor, daß den Wagen mitten in der Wüste das Benzin ausging.

Aber die eigentliche Expansion des Automobilverkehrs erfolgte erst nach dem Zweiten Weltkrieg, als die Pilgerzahlen wieder anstiegen und sich damit auch eine Mechanisierung des Personenverkehrs im Hidschas selbst zu lohnen begann. Noch im Jahre 1949 gab es offiziell verkündete Kameltarife auf den von Pilgern vielbereisten Strecken (Jiddah–Medina, Mekka–ʿArafāt–Minā–Mekka, Jiddah–Mekka). In dieser Zeit wurden jedoch zwei große Gesellschaften begründet, die den Pilgerverkehr mit Automobilen, Omnibussen und Lastkraftwagen übernahmen, so daß bereits 1950 das Kamel als Transportmittel fast bedeutungslos geworden war. In den siebziger Jahren begründete die saudische Regierung dann ein Syndikat, dem das Monopol für den Transport ausländischer Pilger im Lande selbst übertragen wurde. Der Beitritt zu dieser Organisation stand allen Transportgesellschaften offen, die mindestens 100 Autobusse und 20 Personenkraftwagen vorweisen konnten; alle Kraftfahrzeuge mußten von einer Regierungsstelle inspiziert und genehmigt werden.

Die verbesserten Reisebedingungen, das Wegfallen politischer Hindernisse und die Vermögenskonzentration in manchen islamischen Ländern führten zu einem starken Ansteigen der Pilgerzahlen (vgl. Tabelle 1), das bis heute anhält. Auch rechnet man mit einem weiteren Anwachsen während der nächsten Jahrzehnte. Die Konzentration auf Busse und Automobile führte allerdings zu größeren Verkehrsstockungen, besonders beim eiligen Verlassen der rituellen Versammlung auf dem ʿArafāt (*waḳfa*). Andere Stauungen ergaben sich, wenn die Pilger nach Muzdalifa und Minā herein- und später wieder herausströmten. Ein Versuch, die Stauungen in Muzdalifa aufzulösen, führte zunächst nur zu einer Verlagerung der Störungen nach Minā. So wurde sichtbar, daß die wachsende Zahl von Pilgern, Bussen und Automobilen ohne eine weiträumige Verkehrsplanung sich bald nicht mehr würde von der Stelle bewegen können.

Tabelle 7
Auswärtige Pilger (1807–1986)
(bis 1943 geschätzt, danach offizielle saudiarabische Statistiken)

Jahr	Gesamtzahl	Jahr	Gesamtzahl	Jahr	Gesamtzahl
1807	83 000	1939	59 000	1976	719 000
1831	112 000	1940	36 000	1976–77	740 000
1859	31 135	1946	61 286	1977–78	830 000
1877	200 000	1952	148 515	1978–79	863 000
1893	202 000	1957	215 565	1979–80	813 000
1909	300 000	1961	285 948	1980–81	879 000
1913	140 000	1967	316 226	1981–82	854 000
1920	69 000	1969	374 784	1982–83	1 003 911
1926	77 000	1971	431 270	1983–84	919 671
1927	150 000	1972–73	645 000	1984–85	851 761
1930	116 000	1973	608 000	1985–86	856 718
1931	84 000	1974	919 000		
1934	25 000	1975	895 000		

Andererseits konnte man die Konzepte, nach denen in anderen Großstädten der Verkehr geplant wird, in Mekka, Minā und ʿArafāt nur sehr begrenzt anwenden. Denn in einer »normalen« Großstadt geht es darum, den Verkehr gleichmäßig und möglichst ohne Stocken fließen zu lassen. Das Verkehrsnetz ist um so effizienter, je kürzer die Durchschnittszeit, die die einzelnen Teilnehmer benötigen, um ihre jeweiligen Ziele zu erreichen. Von solchen Kriterien kann aber während der Wallfahrt keine Rede sein. Die Reisegeschwindigkeit spielt eine untergeordnete Rolle; für die Pilger ist es nicht so wichtig, ob sie ihr Ziel in der kürzestmöglichen Zeit erreichen, handelt es sich doch für viele um den Höhepunkt ihres Lebens. Außerdem gehören Stauungen, Stockungen und, zumindest beim Verlassen des ʿArafāt, auch ein gewisses Maß von Verwirrung, zu den althergebrachten Charakteristiken der Wallfahrt. Ein gleichmäßiger Verkehrsfluß wäre also nicht nur schwer zu erreichen, sondern von einem religiösen Gesichtspunkt aus gesehen gar nicht wünschenswert.

Andererseits ist es wichtig, diese Stauungen nicht über ein bestimmtes Maß anwachsen zu lassen, und dies läßt sich am ehesten dadurch erreichen, daß möglichst viele Pilger zumindest die kürzeren Strecken zu Fuß gehen. Bei der Hitze Mekkas, die überdies für viele ausländische Pilger völlig ungewohnt ist, läßt sich das aber nur bewerkstelligen, wenn die Fußwege möglichst beschattet werden und von den Autostraßen getrennt verlaufen. Eine Fußgängerstraße von der Großen Moschee zum ʿArafāt gibt es mittlerweile. Allerdings scheint die Verkehrsplanung sonst oft eher auf die Bedürfnisse des Kraftfahrzeugs als auf die der Fußgänger zugeschnitten zu sein, denn der Straßenbau ist der Anlage von Fußgängerwegen weit vorausgeeilt. Wie sich von den sehr detaillierten Stadtplänen des heutigen Mekka ablesen läßt, durchzieht eine beträchtliche Anzahl von Autostraßen die Altstadt und mündet in eine Ringstraße ein, die die Große Moschee umkreist. Architekten und Planer haben moniert, daß diese Eingriffe das Gewebe der Altstadt empfindlich gestört haben. Auch haben sie verlangt, daß in der Altstadt außer Alten, Kranken und Gebrechlichen alle Menschen zu Fuß gehen sollten, um der Stadt etwas von dem Gepräge wiederzugeben, das sie in der Frühzeit des Islam gehabt haben muß.

Gesundheitliche Kontrolle und Betreuung der Pilger in der zweiten Hälfte des 20. Jahrhunderts

Im Jahre 1957 übernahm die Regierung Saudiarabiens sämtliche Funktionen, die mit der Verhütung von Epidemien, insbesondere Choleraepidemien, unter den Pilgern zusammenhingen. Um diesen Aufgaben gerecht zu werden, war in Jiddah ein großes Gesundheitszentrum errichtet worden, das ein Labor zur bakteriologischen Untersuchung, Quarantäneblocks, Desinfektionsanlagen, eine Schule für Gesundheitsberufe sowie ein eigenes Krankenhaus enthielt. Neben diese technischen Einrichtungen trat die gesetzliche Regelung: Die saudische Regierung arbeitet nach dem Prinzip, daß keinem Pilger die Einreise grundsätzlich verweigert wird. Aber der Pilger muß seinerseits bereit sein, gewisse Bedingungen zu erfüllen. Voraussetzung für die Einreise ist, daß der Pilger, wenn er aus einer Gegend kommt, in der es Cholera oder sonstige ansteckende Krankheiten gibt, ein Zeugnis über die entsprechende Impfung vorlegt. Im Falle von Cholera muß er außerdem nachweisen, daß er die letzten fünf Tage vor der Einreise in einem cholerafreien Gebiet verbracht hat; da die Inkubationszeit bei dieser Krankheit fünf Tage beträgt, verhindert diese Regelung weitgehend die Einreise von Cholera-Infizierten. Auch können den Pilgern Vorschriften über die Anreisewege gemacht werden. Als etwa im Jahre 1959 sowohl der indische als auch der pakistanische Teil Bengalens (das heutige Bangladesch) von einer schweren Choleraepidemie befallen waren, verbot die saudische Regierung die Einreise bengalischer Pilger mit dem Flugzeug, weil unter diesen Bedingungen die Fünf-Tage-Regel nicht hätte aufrechterhalten werden können. Auch nach dem Protest der betroffenen Staaten bestand die Regierung auf dieser Maßnahme.

Die Achillesferse des Systems sind natürlich Pilger, die mit Dokumenten einreisen, die zwar formal »in Ordnung« sind, aber in Wirklichkeit nicht das dokumentieren, was sie zu dokumentieren vorgeben. Deshalb werden die Gesundheitsatteste genau geprüft, und im Falle von nachweisbaren Mängeln trifft man rigorose Maßnahmen. So durfte im Jahre 1972 eine Gruppe von Pilgern aus Sierra Leone, die mit regelwidrigen Attesten eingereist waren, lediglich ein Gebet im Flughafen verrichten, bevor man die Besucher in ihr Heimatland zurückschickte. Die Kontrollen haben jedoch bewirkt, daß die Pilgerfahrt bislang cholerafrei geblieben ist, obwohl in den frühen siebziger Jahren eine weltweite Choleraepidemie zu verzeichnen war.

Größere Schwierigkeiten macht die Versorgung der Pilger im Falle von Krankheiten, die während ihres Aufenthaltes im Hidschas zum Ausbruch kommen. Viele Pilger sind ältere Leute; die Anstrengungen der Reise sowie des Pilgerrituals, die ungewohnte Ernährung und besonders die Hitze sind Ursache zahlreicher Erkrankungen. Neben den allgemeinen Krankenhäusern in Mekka und Medina funktionieren während der Tage des Pilgerrituals im Monat Dhū al-ḥidjdja temporäre Krankenhäuser am ʿArafāt, in Minā und Muzdalifa. Diese sind mit Ambulanzen ausgestattet, die nicht nur die Kranken in die Krankenhäuser transportieren, sondern auch diejenigen unter ihnen, die transportfähig sind, zu den vorgeschriebenen Zeiten nach dem ʿArafāt, Minā und Muzdalifa bringen, damit diese Menschen die Mühen und Kosten der Pilgerfahrt nicht vergeblich auf sich genommen haben.

Weitere hygienische Probleme ergeben sich für den Gesundheitsdienst aus den vielen Opfertieren, die nach der Schlachtung beseitigt werden müssen. In den siebziger Jahren war geplant, dieses Fleisch nicht mehr wie früher einfach mit Kalk zu überschütten und zu vergraben, wie es schon 1902, zur Zeit von Kazem Zadehs Pilgerfahrt, Vorschrift gewesen war. Vielmehr sollte eine Fabrik zur Konservierung des Fleisches errichtet werden, das dann als Almosen an die Armen verteilt werden könnte. Die hohen Kosten einer Fabrik, die nur wenige Wochen im Jahr würde arbeiten können, führten allerdings dazu, daß das Projekt zwar immer wieder studiert wurde, aber bis 1979 noch nicht an Angriff genommen war; spätere Nachrichten zu diesem Thema standen leider nicht zur Verfügung.

Empfang und Unterbringung der Pilger

Im 19. Jahrhundert und wahrscheinlich auch in früheren Zeiten – allerdings sagen die osmanischen Dokumente des 16. und 17. Jahrhunderts zu diesem Thema nur sehr wenig aus – wurden die Pilger bei ihrer Ankunft im Hidschas von einem Pilgerführer (*muṭawwif*) in Empfang genommen, der ihnen die korrekte Ausführung der mit der Wallfahrt verbundenen Riten zeigte. Auch wirkten die *muṭawwifs* als Makler, die den Pilgern für die Dauer ihres Aufenthaltes in Mekka eine Unterkunft in einem Privathaus vermittelten; in den Jahren vor und nach dem Ersten Weltkrieg brachten sie die Pilger oft in ihren eigenen Häusern unter. Zudem besaß der *muṭawwif* Vertreter in Jiddah, *wakīl* genannt, die die Pilger vom Schiff abholten, ihnen in dieser Stadt eine Unterkunft vermittelten und sie nach Mekka weiterleiteten. Schließlich gab es noch die *zamzamīs*, die Wasser aus dem Brunnen Zamzam für die Pilger bereitstellten. Für diese Dienstleistungen gab es keine festen Tarife, und im Prinzip hätte nichts den Pilger daran hindern können, sich privat mit einem Vermieter zu einigen oder sich selbst mit Wasser aus dem Brunnen zu versorgen. Nur für die korrekte Ausführung der Wallfahrtsriten brauchte man, trotz aller in den Pilgerhandbüchern enthaltenen Hinweise, einen ortskundigen Führer.

Für die Bewohner Mekkas aber bedeuteten diese Vermittlerdienste, wie auch das Vermieten von Wohnraum an die Pilger, eine wesentliche Einnahmequelle, so daß letztere manchen Anlaß besaßen, sich für übervorteilt anzusehen. Die Lage wurde noch dadurch verschärft, daß in spätosmanischer Zeit sowohl der Scherif als auch der osmanische Gouverneur des Hidschas von den Pilgerführern, die in Zünften zusammengeschlossen waren, Lizenzgebühren und allerlei andere Abgaben erhoben. Diese gaben ihre Auslagen selbstverständlich an die Pilger weiter. Kazem Zadeh wiederholt nur einen alten Topos, wenn er erklärt, daß die Pilgersaison für die Mekkaner das sei, was für den Landmann die Ernte darstelle.

Ibn Saʿūd hatte seinerzeit seine Herrschaft mit dem Versprechen legitimiert, er werde die Pilger von der Ausbeutung König Ḥusayns befreien, und tatsächlich wurden die Personen, die ihren Unterhalt durch Dienstleistungen an die Pilger verdienten, nach und nach unter staatliche Kontrolle gebracht. Für die Dienste von *muṭawwifs*, *wakīls* und *zamzamīs* bezahlt der Pilger heute eine Pauschalsumme, und es ist den Dienstleistenden verboten, weitere Zahlungen zu verlangen. Auch die Mieten von Häusern und anderen Unterkünften unterliegen staatlichen Richtlinien, die in jeder Saison neu verkündet werden.

Allerdings zeigt eine in den siebziger Jahren angefertigte Studie des mekkanischen Beherbergungswesens, daß nach wie vor beträchtliche Schwierigkeiten und Engpässe bestehen. Wie schon aus Ibn D̲j̲ubayrs Bericht hervorgeht und wie der Widerstand gegen die städtebaulichen Maßnahmen Murāds III. bestätigt, waren und sind Wohnungen in der unmittelbaren Nähe der Großen Moschee sehr beliebt und entsprechend teuer. Diese Situation hätte in einem nicht motorisierten Zeitalter dazu führen müssen, daß die wohlhabenderen Pilger in größerer Nähe der Moschee unterkommen als die Ärmeren. Aber heute stimmt das nur mit großen Einschränkungen. Die hohen Mieten in der Altstadt führen dazu, daß viele Pilger sich einen kleinen Wohnraum teilen müssen, und dieser Mangel an Komfort schreckt bessergestellte Pilger ab. Diese ziehen es hingegen vor, in den modernen Außenvierteln der Stadt höherwertige Unterkünfte zu beziehen, eine Situation, die wiederum den Bedarf an Autostraßen vermehrt.

Während zwischen 1926 und den fünfziger Jahren Saudiarabien ein armes Land war, dessen Deviseneinnahmen zum großen Teil aus dem Pilgerwesen stammten, hat das rapide Ansteigen der Erdölgewinne diese Sachlage völlig verändert. In den siebziger Jahren überwogen die staatlichen Ausgaben für die Pilgerfahrt bei weitem die Einnahmen aus diesem Sektor. Obwohl eine Reihe von Projekten heute abgeschlossen ist, werden doch durch das Anwachsen der Pilgerzahlen immer wieder neue Investitionen erforderlich. Anscheinend nehmen die saudischen Planer nicht an, daß sich in der nächsten Zukunft der Pilgerverkehr zu einer wichtigen Einnahmequelle für den Staat entwickeln werde. Diese Sicht des Pilgerverkehrs als einer Angelegenheit, an der zwar Privatleute verdienen können und sollen, die aber für den Staat eher eine Frage des *noblesse oblige* ist, hat durchaus gewisse Parallelen zur Sicht der osmanischen Zentralregierung während des 16. und 17. Jahrhunderts. Hatte man doch zu jener Zeit die demonstrative Ausgabe großer Geldsummen im Hidschas als eine Maßnahme zur politisch-religiösen Legitimierung des Herrschers angesehen, und dieses Motiv spielt auch heute anscheinend eine durchaus nicht unbedeutende Rolle.

Die architektonische Umgestaltung der Großen Moscheen von Mekka und Medina

Eine solche Hypothese wird besonders nahegelegt durch den Umfang der Bauarbeiten, die seit 1950 an den beiden Großen Moscheen vorgenommen worden sind. Bis zu jenem Zeitpunkt befanden sich die beiden Moscheen noch in dem Zustand, in den sie die osmanischen Architekten und Restauratoren des mittleren 19. Jahrhunderts versetzt hatten. Die Um- und Neubauten an den Moscheen von Mekka und Medina sollten Platz schaffen für die stark angewachsene Zahl der Pilger, und man scheute auch vor drastischen Umgestaltungen sowohl der Baukörper als auch des Umfeldes der beiden Moscheen nicht zurück. Ob in den fünfziger Jahren, als die Projekte zuerst bekannt wurden, sich Kritik und Widerstand gegen diese rigorosen Umgestaltungen erhoben hat, ist zur Zeit nicht bekannt.

Dabei muß man bedenken, daß in den fünfziger und sechziger Jahren solche drastischen Eingriffe in die Struktur von historischen Stadtkernen auch in anderen Erdteilen durchaus an der Tagesordnung waren.

Zunächst wurde die Große Moschee von Medina erweitert. Im Jahre 1955 war dieses Projekt abgeschlossen, und die saudische Regierung gab ihre Pläne für die Große Moschee von Mekka bekannt. Im Jahre 1956 wurde der Grundstein für die mekkanischen Erweiterungsbauten gelegt. Die neue Moschee, der unüberdachte Hof mit eingeschlossen, umfaßt jetzt 160 168 m^2, während der vorhergehende Bau lediglich 29 127 m^2 groß gewesen war. Diese Vergrößerung ist hauptsächlich dadurch erreicht worden, daß man um die innere Kolonnade aus abbasidischer und osmanischer Zeit (vgl. Kap. 5) eine zweite, äußere Kolonnade herumgelegt hat. Die neuen Säulenhallen sind zweistöckig. Das Untergeschoß ist ein wenig höher als die alte Halle und öffnet sich in hohen Bögen, so daß man bei nächtlichen Gottesdiensten, wenn die Galerien hell erleuchtet sind, über die niedrigen Kuppeln des alten Säulenganges hinweg in die neue Halle hineinsehen kann. Die obere Galerie ist dementsprechend weithin sichtbar. Sie öffnet sich ebenfalls in großen Bögen; nur eine niedrige und unauffällige Balustrade macht deutlich, daß es sich nicht um einen Bau zu ebener Erde handelt. Die Bögen der oberen Galerie sind enger und steiler als die der unteren. Die Dekoration ist von mittelalterlicher Baudekoration inspiriert, wie man sie aus den arabischen Ländern kennt; wenigstens in dem Teil, der auf dem Bild des pakistanischen Photographen Azmat Sheikh sichtbar ist, ist sie nicht mit Kuppeln im »osmanischen« Stil, sondern mit einer Kassettendecke gedeckt. In dieser Halle, mit ihrer betonten Anknüpfung an mittelalterliche Traditionen, nehmen sich die über jeder Säule angebrachten Ventilatoren einigermaßen seltsam aus. Bei Gesamtaufnahmen des Hofes erhält man den Eindruck, daß die Neubauten die historische Moschee erdrücken, da die alte Säulenhalle nur noch wie ein Vorbau zu der neuen wirkt.

Was nun die alte Verbindung zwischen Ṣafā und Marwa anbelangt, so hat sie ihren Straßencharakter völlig verloren und ist zu einem Anhängsel der Großen Moschee geworden. Die neue Verbindung ist eine geschlossene Galerie ohne die Läden und Marktstände, die früher den Verkehr behinderten. Sie ist in vier Bahnen unterteilt; die

Ansicht der Großen Moschee von Mekka nach dem Umbau. Photographie von Azmat Sheikh, Lahore, Pakistan. Zu beachten die neuen Minarette sowie in der oberen Bildmitte die überdachte Straße zwischen Ṣafā und Marwa.

breiten Bahnen sind für die Fußgänger in beiden Richtungen bestimmt, während zwei enge Bahnen in der Mitte für Behinderte in Rollstühlen reserviert sind. Die alten Minarette sind weitgehend dem Umbau zum Opfer gefallen; an ihre Stelle sind sieben sehr hohe Minarette in einem gleichförmigen Stil getreten. Von den Bauten im Moscheehof sind mehrere verschwunden, wie etwa die Halle über dem Brunnen Zamzam; auch die Gedenkstätte an Abraham (Maḳām Ibrāhīm) ist kleiner geworden als früher. Das Ziel all dieser Umdispositionen in dem historischen Moscheehof ist es, mehr Platz für die Pilger zu schaffen. Die neugestaltete Moschee kann jetzt 300000 Pilger aufnehmen, und in der näheren Umgebung stehen 4000 Parkplätze zur Verfügung.

Die Umgestaltung der Großen Moschee von Medina begann offiziell im Jahre 1949, als König ʿAbd al-ʿAzīz b. Saʿūd seine Absichten in einem offenen Brief an die Muslime der Welt kundtat. Dies ist besonders bemerkenswert, als noch 1925–26 die Wahabiten die Gedenkstätten an das Leben des Propheten, die sich in Mekka befanden, zwar für die Pilger nicht ganz unzugänglich gemacht, aber doch zum Teil zerstört hatten. Hinter diesem Verhalten, das für zahlreiche auswärtige Pilger sehr verletzend wirkte, stand die religiöse Besorgnis, daß auch durch die einfache Anrufung der Fürbitte des Propheten, wie sie in der islamischen Welt längst üblich geworden war, ein menschliches Wesen Gott beigesellt werden könnte. Die besondere Hinwendung zur Moschee des Propheten seit 1949 konnte als ein Hinweis darauf verstanden werden, daß die Regierung Ibn Saʿūds die unter Muslimen weithin herrschenden Ansichten anzuerkennen bereit war und darauf verzichtete, um Anhänger für spezifisch wahabitische Lehrmeinungen zu werben.

Die Umgestaltung der Großen Moschee von Medina hat diesen Baukomplex auf 16326 m^2 vergrößert; der Zuwachs an der Moschee selbst beträgt 6024 m^2. Ein Vergleich von älteren Plänen mit neueren Photographien ergibt, daß die Moschee einen neuen Vorhof erhalten hat, der von einer Galerie umgeben ist. Auch zwei neue Minarette gehören zu diesem jüngsten Abschnitt einer langen Baugeschichte. Aber selbst nach diesen Änderungen erscheint die Große Moschee von Medina immer noch sehr viel »osmanischer« als ihr Gegenstück in Mekka, auch wenn es sich selbstverständlich um einen spätosmani-

Die Prophetenmoschee in Medina heute. In der Bildmitte der grüne Dom über dem Grab des Propheten, umgeben von bleigedeckten Kuppeln im osmanischen Stil. Das Minarett rechts ist ebenfalls osmanisch.

schen Stil handelt. So ist etwa der grüne Dom, der die Grabstätte des Propheten Muhammad überspannt, von einer Gruppe bleigedeckter Kuppeln typisch osmanischen Charakters umgeben, und auch die Bekrönung eines der vier Minarette gemahnt noch an die osmanische Epoche. Aber rund um die Prophetenmoschee hat man Wohnbauten von zum Teil erheblicher Höhe errichtet, und in ihrer unmittelbaren Nähe gibt es durch niedrige Dächer geschützte Parkplätze.

Zur Kritik an den neuen Bauprojekten

Diese großen und aufwendigen Bauten sowie die Stadtplanung, ohne die sie kaum denkbar wären, haben keineswegs nur Zustimmung hervorgerufen. Die Kritik von muslimischen Architekten und Stadtplanern fußt auf zweierlei Argumentationsketten, die sich aber trotz ihrer ganz verschiedenen Ausgangspunkte gegenseitig verstärken. Zum einen gibt es eine Kritik, die auf stilistischen und architektonischen Erwägungen basiert: Architekten, die sich der »postmodernen« Schule zugehörig fühlen, reagieren gegen den vom Bauhausstil der Weimarer Zeit sich herleitenden internationalen und funktionalistischen Stil. Die Kritik der Postmodernen attackiert funktionalistische Bauten u. a. mit dem Hinweis, daß diese Bauten in New York, Köln und Neu Delhi einander sehr ähnlich sind, wobei kaum Rücksichten auf lokale Gegebenheiten genommen werden. Örtlich vorhandene Baumaterialien und Bautraditionen werden, wenn überhaupt, nur als knappe »Zitate« berücksichtigt, die Grundstrukturen des Baus sind von lokalen Gegebenheiten unabhängig. In Extremfällen kann das dazu führen, daß die neuen Bauten von ihren intendierten Benützern nicht angenommen werden.

Die Kritik aus der Fachwelt der Architekten läßt sich leicht mit einer Kritik aus religiösen Erwägungen verbinden. Eine solche Kritik ist schon einmal im 15. Jahrhundert von dem ägyptischen Historiker und Religionsgelehrten Samhudī ausgesprochen worden. Dieser reflektiert seinerseits eine viel ältere Tradition, nämlich daß der Prophet Muhammad und seine Gefährten in sehr einfachen Häusern gelebt hätten und gute Muslime sich bemühen sollten, diesen Vorbildern nachzuleben (vgl. Kap. 1). Gigantische Bauten, Stadtautobahnen und große Parkplätze vertragen sich denkbar schlecht mit diesem Ideal der Einfachheit und Bescheidenheit, das als die Voraussetzung für die Brüderlichkeit der Muslime verstanden wird.

Sicherlich ist die Übereinstimmung der Architektenkritik mit religiösen Bedenken kein Zufall; denn der Postmodernismus versteht sich als eine romantische Strömung, die auf die spezifischen Traditionen historischer Gemeinschaften großen Wert legt, und wo könnte das Gewicht solcher Werte größer sein als in den heiligen Städten Mekka und Medina? Zu welcher Art von Bauten diese Diskussion allerdings führen wird, und in welchen Aspekten der Stadtplanung und des Bauens sie sich konkret niederschlägt, wird sowohl von der weiteren Entwicklung des Postmodernismus abhängen als auch von der religiösen Diskussion in der islamischen Welt.

Zum Abschluß

Zu den Hauptthemen dieses Buches gehört die Frage, wie die osmanische Oberschicht, die über Jahrhunderte hinweg die Pilgerfahrt organisierte, ihre Herrschaft im Hidschas gesehen und dargestellt hat. Es geht also um eine Sicht nicht »von außen« sondern »von innen«. In einem Werk, das sich mit irgendeinem Aspekt der europäischen Geschichte befaßt, bedürfte solch eine Perspektive keinerlei Verteidigung; wir haben uns daran gewöhnt, die Reconquista Spaniens während des 13.–19. Jahrhunderts aus spanischer Sicht zu sehen oder die Angliederung Ungarns an das Habsburgerreich im 16. und 17. Jahrhundert aus der Wiener Perspektive zu betrachten. Wenn man in Europa jedoch auf die Geschichte des Nahen Ostens zu sprechen kommt, ist solch eine Sicht »von innen heraus« durchaus nicht selbstverständlich, ganz im Gegenteil. Nehmen wir als Beispiel die »orientalische Frage«, die die europäischen Kabinette des 19. Jahrhunderts so häufig bewegt hat. Noch vor etwa fünfzig Jahren konnte an einer großen englischen Universität die Frage eines Studenten, ob man bei der Behandlung dieses Themas nicht auch osmanische Quellen heranziehen müsse, mit einem mitleidigen Achselzucken beantwortet werden. Für den europäischen Leser ist es andererseits wichtig, sich klarzumachen, daß bedeutende wirtschaftliche und politische Abläufe im Nahen Osten, wie etwa die Versorgung der Pilger und Hidschasbewohner über Jahrhunderte hinweg, fast ohne Beteiligung europäischer Herrscher und Kaufleute vonstatten gingen. Sollte doch die Beschäftigung mit außereuropäischer Geschichte zum Abbau der Tendenz beitragen, Europa als die Achse des Weltgeschehens zu sehen, wenngleich in der Praxis dieses Ziel längst nicht immer angestrebt und noch viel seltener erreicht wird.

Aber es gibt noch einen anderen Grund dafür, daß wir bei unserer imaginären Reise durch Istanbul, Damaskus, Kairo und den Hidschas nicht John Lewis Burckhardt oder Richard Burton, sondern in erster Linie Ewliyā Čelebi und Süheylī zu Führern genommen haben. Die Arbeit des Historikers besteht zum guten Teil aus der Rekonstruktion vergangener Umwelten und Abläufe. Doch läßt sich diese Rekonstruktion in einem fremden Umfeld nur dann mit einigem Erfolg durchführen, wenn der Historiker oder die Historikerin so viele Daten aus diesem Umfeld in sich aufnimmt, daß er/sie in gewissem Maß zum Bewohner dieser vergangenen Epoche wird. *Mutatis mutandis* gilt das Gleiche auch für den Leser. Handelt es sich aber um ein außerhalb einer engen Fachwelt nur wenig bekanntes Spezialgebiet wie etwa die osmanische Geschichte, so ist es besonders wichtig, daß der Leser dazu eingeladen wird, »sich in eine andere Welt zu versetzen«, sich etwa die indischen Pilger und Kaufleute beim Ausladen ihrer Waren in Jiddah vorzustellen, oder die Damaszener Pilgerkarawane während ihres Aufenthaltes in Muzayrib (vgl. Kap. 3). Dies aber läßt sich weitaus leichter erreichen, wenn man den Schriften der unmittelbar Beteiligten einen eindeutigen Vorrang einräumt. Denn wenn man sich hauptsächlich auf Burckhardt, Burton oder Rutter verläßt, liegt die Gefahr sehr nahe, daß man statt nahöstlicher Kulturgeschichte wieder nur europäische Geschichte betreibt.

Zum Tempo historischer Veränderung

Allzuoft hat nämlich in europäischen Schriften über das Osmanenreich dieses einfach als ein Gegenbild zu Europa herhalten müssen. Alles Osmanische galt in dieser Sicht als das schlechthin Andere, das unbegreiflich blieb und die Anstrengung des Begreifens auch kaum lohnte. Mit solchen Vorgaben bedurfte es nur eines weiteren Schrittes, um der osmanischen Gesellschaft die historische Entwicklung schlechthin abzusprechen. Nur auf dem politischen Gebiet waren die Veränderungen nicht zu leugnen, und nach dem üblichen Schema ließ man auf einen raschen Aufstieg (1350–1520) eine kurze »Blütezeit« (1520–1600) und einen langen »Niedergang« (1600–1918) folgen. Die Gesellschaft dagegen, die diesen Staat trug, wurde als »traditionell« und damit als mehr oder weniger statisch betrachtet. Landwirtschaftliche Techniken, religiöse Vorstellungen, Kleidungsstile wie Familienstrukturen änderten sich wenig oder gar nicht, und außerhalb der großen Städte hatten die Wechselfälle der Geschichte nur geringe Auswirkungen auf das Leben gewöhnlicher Menschen.

Diese Annahmen würden sich relativieren lassen, wenn man die neueren Ansichten von der europäischen Sozialgeschichte mit in die Betrachtung einbezöge. Denn auch dort sehen die heutigen Historiker vielfach die Auswirkungen langfristiger Strukturen; so betont man das Überleben feudaler Gesellschaftsformen bis ins 20. Jahrhundert, auch und gerade in wirtschaftlich so aktiven Gebieten wie etwa Nord- und Mittelitalien. Aber im allgemeinen ist die schematische Vorstellung von einem »statischen Orient« gegenüber einem »dynamischen Okzident« viel zu fest eingefahren, als daß man die naheliegende Feststellung träfe, daß vor der Industrialisierung und den damit verbundenen gesellschaftlichen Veränderungen das Tempo des sozialen Wandels überall bedeutend langsamer war als heute.

Wenn allerdings ein Historiker oder eine Historikerin versucht, ohne vorgefaßte Meinung über »Orient« und »Okzident« den historischen Wandel in der osmanischen Gesellschaft nachzuzeichnen, so wird ihm oder ihr die Aufgabe nicht gerade leicht gemacht. Denn weil die Hypothese von der »unveränderlichen« oder »traditionell islamischen« Gesellschaft so weit verbreitet ist, betrachteten es bis vor kurzem viele Historiker, türkische wie auch europäische, als durchaus vertretbar, Dokumente aus beispielsweise dem 16. und dem frühen 19. Jahrhundert ohne vorherige Reflexion zu einem Gesamtbild zu verarbeiten. Dieses Verfahren, das sich kein Student der europäischen Geschichte und erst recht kein ausgebildeter Europahistoriker jemals erlauben würde, ist übrigens nicht auf die osmanische Geschichte beschränkt, sondern findet sich auch in vielen europäischen Darstellungen der islamischen und nahöstlichen Geschichte älterer Zeit. Weil man von der Abwesenheit historischer Veränderung ausgeht, amalgamiert man Daten aus verschiedenen Jahrhunderten, und weil man die Daten auf diese Weise amalgamiert hat, läßt sich historische Veränderung kaum nachweisen. Um dieser Gefahr zu entgehen, haben wir in der vorliegenden Studie vorwiegend Quellen aus einer Epoche mittlerer Länge herangezogen, die nur etwas über anderthalb Jahrhunderte umfaßt. Denn in einem begrenzten Rahmen läßt sich dem Problem der historischen Veränderung viel leichter beikommen.

Doch neben der Vorstellung von der »unbeweglichen osmanischen Gesellschaft« findet man in historischen Darstellungen des Nahen

Ostens auch noch andere Vorgaben, die wenig realistisch sind und trotzdem nur selten kritisiert werden. So analysieren viele Architektur- oder auch Literaturgeschichtler ein Bauwerk oder eine Chronik, ohne eine Verbindung mit der konkreten Gesellschaft herzustellen, aus der diese Werke hervorgegangen sind. Der Leser bekommt den Eindruck, als seien diese Werke lediglich das Produkt von technischen Zwängen einerseits und Bau- bzw. Literaturtraditionen andererseits. Dagegen vernachlässigt man die Anforderungen der Benutzer, die letztlich veranlaßten, daß ein bestimmtes Werk so und nicht anders gebaut bzw. geschrieben worden ist. Nun soll hier keinen simplen Reduktionen auf wirtschaftliche und gesellschaftliche Faktoren das Wort geredet werden, denn gerade Kunstgeschichte und Religionsgeschichte folgen gegenüber der gesellschaftlichen Entwicklung oftmals ihrer eigenen Gesetzlichkeit, und die Pilgerfahrt ist in entscheidenden Aspekten ein religiöses Phänomen. Aber auch wenn man der Eigengesetzlichkeit des Religiösen ihr volles Recht widerfahren läßt, muß auf die konkreten gesellschaftlichen Bedingungen eingegangen werden, unter denen Muslime nach Mekka gepilgert sind.

Weist man auf dynamische Aspekte in der frühneuzeitlichen Geschichte des Osmanischen Reiches hin, so wird einem bisweilen entgegengehalten, daß dieses Reich die Dynamik seiner Frühzeit aus der Kontrolle über die großen internationalen Handelswege bezog. Als zuerst die Portugiesen und nach etwa 1600 die Engländer und Holländer sich in den Indien- und Mittelmeerhandel einschalteten, verlor nach diesem Denkmodell das Osmanische Reich die wirtschaftliche Dynamik, die es im 15. und auch noch im frühen 16. Jahrhundert besessen hatte. Die dynamischen Elemente im osmanischen Staat und in der osmanischen Gesellschaft wären somit als ein Resultat der Außenbeziehungen anzusehen, die diese Gesellschaft unterhielt. Besonders die Beziehungen zu Europa spielten in diesem Zusammenhang eine entscheidende Rolle. Nun haben wir jedoch festgestellt, daß die Politik der osmanischen Zentralregierung während des 16. und frühen 17. Jahrhunderts darauf ausgerichtet war, im Hidschas einige Neuerungen durchzusetzen. Anders ausgedrückt, obwohl in dieser Provinz von Europa ausgehende Impulse zwischen dem frühen 16. und dem 19. Jahrhundert nur minimal zu spüren waren, brachte das Eingreifen der osmanischen Zentralregierung ein dynamisches Element in die Provinz. Die Bedeutung dieser Tatsache ist um so größer als, wie wir bereits gesehen haben, im Hidschas alles Überkommene durch die Religion gerechtfertigt wurde, so daß hier das Tempo des historischen Wandels langsamer war als sonst irgendwo. Die Große Moschee von Mekka erhielt eine neue, osmanischen Bauvorstellungen entsprechende Gestalt. Die Versuche Sultan Murāds III. (reg. 1574–95), die Moschee aus dem umgebenden Häusermeer herauszulösen, muten sogar fast wie eine Vorwegnahme der Stadtplanung an, die während der zweiten Hälfte des 20. Jahrhunderts in die Tat umgesetzt worden ist.

Wollte man nun zu der Vorstellung von einer fast unbeweglichen »traditionellen Gesellschaft« ein Alternativmodell aufstellen, so scheint es weitaus vielversprechender zu sein, wenn man sich die Gesellschaft vorstellt als einen Schicht um Schicht anwachsenden Komplex von Institutionen und Praktiken. Diese Vorstellung impliziert, daß die Gesellschaft nicht monolithisch ist, sondern daß zwischen ihren verschiedenen Komponenten nicht nur Konsensus, sondern auch Widersprüche bestehen. *Mutatis mutandis* hat das Osmanische Reich gerade der Zeit nach 1600 einiges mit dem Frankreich des Ancien Régime gemeinsam: Wenn neue Institutionen mit neuen Befugnissen geschaffen wurden, wurden die von früher her vorhandenen selten abgeschafft. Eine ähnliche Überlagerung gesellschaftlicher Regelungen aus verschiedenen Zeiten scheint auch im Hidschas geherrscht zu haben: Normen und Praktiken aus den Zeiten des Propheten Muhammad und seiner unmittelbaren Nachfolger, Bauwerke aus der Abbasidenzeit, ein Versorgungssystem, das sein bleibendes Gepräge unter den ägyptischen Mamlukensultanen erhalten hatte, und osmanische Institutionen zur Sicherung der Karawanenstraßen sowie der städtischen Ordnung funktionierten nebeneinander, und auch hier ging es, wie wir gesehen haben, nicht ohne Reibungen ab.

Im Hidschas Politik zu treiben, bedeutete immer, diese Friktionen auf ein Mindestmaß herabzusetzen und die nicht übermäßig reich bemessenen Mittel der Zentralregierung nicht mehr als nötig zu strapazieren. Eine *tabula rasa* konnte nicht geschaffen werden, selbst wenn die osmanische Führungsschicht das gewollt hätte, und es gibt keinerlei Anzeichen dafür, daß sie es auch nur in Erwägung gezogen hat. Ein kleines Beispiel kann diesen Sachverhalt erläutern: Als Ewliyā Čelebi nach seinem ereignisreichen Besuch von 1672 seinem Ärger über die Scherifen Ausdruck gab, sagte er nicht, der Osmanensultan möge sie mit Feuer und Schwert überziehen, obwohl der fromme und gelehrte Ibn Djubayr im 12. Jahrhundert durchaus einem analogen Wunsche Ausdruck gegeben hatte (vgl. Kap. 1). Der osmanische Reisende begnügt sich damit, eine Reihe von Demütigungen aufzuzählen, die die Scherifen angeblich von einem vorosmanischen Herrscher hatten einstecken müssen. Offensichtlich gehörten die Scherifen für Ewliyā zu den feststehenden politischen Realitäten des Hidschas, die man manipulieren konnte, mit denen man aber leben mußte.

Andererseits brach der wahabitische Emir Ibn Saʿūd, der 1925 die Macht im Hidschas übernahm, mit der jahrhundertealten Tradition, daß zwar ein mißliebiger Scherif von seinem Oberherrn abgesetzt werden konnte, er aber unbedingt durch ein anderes Mitglied dieser Familie zu ersetzen war. Sicherlich spielte dabei die Länge und Erbitterung des Kampfes eine Rolle, die der saudischen Eroberung vorausgegangen war. Zu Anfang des 19. Jahrhunderts, als die Wahabiten Mekka ein erstes Mal besetzt hatten (1806–12), hatten sich einige Mitglieder der Scherifenfamilie noch mit den Eroberern arrangiert, so daß sie die fortdauernde Residenz eines Scherifen in Mekka sichern konnten. Während der Kämpfe der frühen zwanziger Jahre konnte von einem solchen Arrangement jedoch keine Rede sein. Aber es ist anzunehmen, daß die völlige Ausschaltung der Scherifenfamilie nach 1925 auch darauf zurückzuführen ist, daß die wahabitischen Emire sich durch ihre religiösen Überzeugungen viel weniger an die Erhaltung überkommener Zustände gebunden fühlten, als die osmanische Oberschicht es tat. War es doch das erklärte Ziel der Wahabiten, das islamische Leben nach dem Muster der Zustände neu zu gestalten, wie sie in der Frühgeschichte des Islam bestanden hatten. Bei einer solchen Sicht gehörten die Scherifen nicht zum politischen Erbe, das der jeweilige Oberherr des Hidschas wohl oder übel mit in Kauf zu nehmen hatte. Deshalb ist es wohl nicht allein auf tagespolitische Gegebenheiten zurückzuführen, daß das Ende der Osmanenherrschaft und die Machtübernahme Ibn Saʿūds im Hidschas das Ende der rund tausendjährigen Scherifenherrschaft nach sich zogen.

Daß gerade eine Bewegung, die sich den Rückgriff auf die frühe islamische Geschichte zum Ziel gesetzt hatte, sich politischen und auch technischen Neuerungen gegenüber besonders aufgeschlossen zeigte, sollte uns dazu ermuntern, die Rolle der Religion im historischen Wandel neu zu überdenken. Da im Islam neuaufkommende Fragen durch Rückgriff auf den Koran und (wirkliche oder vermeintliche) Aussprüche des Propheten Muhammad gelöst werden, liegt es nahe, die Religion als etwas Festes und Unabänderliches zu betrachten, zumal die Neuerungen, denen islamische Theologen Raum geben können, streng begrenzt sind. Allerdings sollte auch hier die Kenntnis der europäischen Geschichte uns zur Vorsicht anhalten: Obwohl die Glaubenslehren der katholischen Kirche sich vom tridentinischen Konzil (1545–49 und 1562–63) bis zum Zweiten Vatikanum (1962–65) weitgehend gleichgeblieben sind, ist doch die Frömmigkeit eines Ignatius von Loyola von der eines Teilhard de Chardin grundverschieden. Nicht nur Glauben und Riten sind wichtig, sondern auch die Interpretationen, mit denen die Gottes- und Rechtsgelehrten sowie weniger gebildete Gläubige an die Grundlagen ihres Glaubens herangehen. Die von allen Muslimen geteilte Vorstellung, daß der Prophet Muhammad ein Mensch war und kein göttliches Wesen, hat die Wahabiten des 19. und frühen 20. Jahrhunderts dazu veranlaßt, selbst den Besuch der Gläubigen in Medina nur unter den größten Vorbehalten zuzulassen, weil ihrer Meinung nach diese Besuche den Gläubigen dazu verleiten konnten, Gott ein menschliches Wesen an die Seite zu stellen. Für nichtwahabitische Muslime dagegen tut die Existenz eines Korpus von Prophetenlegenden dem Glauben an die Menschlichkeit des Propheten keinen Abbruch, und auch der Respekt, der den Prophetennachkömmlingen einschließlich der in Mekka herrschenden Scherifen zuteil wurde, wird nicht als eine Minderung des Abstandes zwischen Gott und Mensch aufgefaßt.

Auch die bereits angeführte Auffassung der osmanischen Bürokraten des späten 16. Jahrhunderts (vgl. Kap. 5), daß die klare Trennung von religiöser und profaner Benützung der Großen Moschee von Mekka zu den Anforderungen der Religion gehörte, wurde offensichtlich von vielen Pilgern nicht geteilt. Die wohlhabenden Pilger des 16. Jahrhunderts sowie späterer Zeiten haben sich auch durch nachdrückliche Ermahnungen des Sultans nicht davon überzeugen lassen, daß Häusern, aus deren Fenstern man den Hof der Großen Moschee betrachten konnte, etwas Anstößiges anhafte. Ganz im Gegenteil, spätestens im 19. Jahrhundert, und wahrscheinlich viel früher, wurden solche Häuser wieder gebaut. So kann selbst dann, wenn die Grundlagen des Glaubens nicht verändert werden, sich der Stil der Religiosität ganz beträchtlich wandeln. Es wäre deshalb verfehlt, aus der unleugbaren Tatsache, daß die Religion die Politik und das soziale Leben im Hidschas auf das nachdrücklichste beeinflußte, gleich auf den unveränderlichen Charakter dieser Politik und dieses Lebensstils zu schließen.

Die Pilgerfahrt als integrativer Faktor

In dieser Studie sind neben dem politischen Problem von Beharren und Veränderung zwei weitere Aspekte besonders hervorgehoben worden, nämlich die Pilgerfahrt als politischer Integrationsfaktor sowie ihre Rolle bei der Legitimation des Herrschers. Die Integration eines Staatsgebietes, das heißt die Einbindung seiner Städte, Regionen und sozialen Gruppen, hat seit dem 19. Jahrhundert die Historiker vieler europäischer und außereuropäischer Gebiete beschäftigt. Dieses andauernde Interesse ist dadurch bedingt, daß die »etablierten« Staaten Europas seit dem späten 18. Jahrhundert die eigene Integration vorantrieben, etwa durch die Schaffung eines Binnenmarktes, eines Systems von Straßen und Kanälen, und meist einige Jahrzehnte später durch den Ausbau eines Erziehungswesens in der jeweiligen Landessprache. Daß das Interesse an der Integration auch heute lebendig geblieben ist, hängt sicherlich mit der Tatsache zusammen, daß wir auch während der letzten Jahrzehnte wieder in einem Zeitalter beschleunigter Integration leben. Allerdings geht es in der zweiten Hälfte des 20. Jahrhunderts nur in eingeschränktem Maß um Integration innerhalb der Grenzen eines Nationalstaats, denn diese ist – wenn man von dem Sonderfall Deutschlands einmal absieht – zumindest in Westeuropa weitgehend abgeschlossen. Auf der politischen Ebene haben wir es mit überstaatlichen Zusammenschlüssen wie etwa der Europäischen Gemeinschaft zu tun. Aber auch viele Berufsorganisationen, Parteien oder Klubs, in die der einzelne unmittelbar eingebunden ist und die zuweilen ein intensives Bewußtsein der Zusammengehörigkeit erzeugen, funktionieren auf übernationaler Ebene.

Auch die das Osmanische Reich beherrschenden Gruppen versuchten, auf dem Territorium des Reiches eine Integration im Sinne des 19. Jahrhunderts durchzusetzen: der Bau von Eisenbahnen, eine Verwaltungsreform und die Errichtung eines Erziehungssystems »neuen Stils« sollten diesem Zwecke dienen. Nur waren diese Aufgaben für einen kapitalarmen Vielvölkerstaat, der noch dazu dem Zugriff der europäischen Großmächte direkt ausgesetzt war, ebenso dringlich wie unlösbar: das Osmanische Reich geriet gerade durch den Versuch, den einmal erreichten Gebietsstand durch intensivere Integration zu wahren, immer mehr in die finanzielle Abhängigkeit der europäischen Mächte. Aber auch nachdem das Osmanische Reich bei den Friedensschlüssen, die den Ersten Weltkrieg beendeten, von der politischen Landkarte verschwunden war, blieben so manche dieser ursprünglich zur Integration eines weit größeren Gebietes geschaffenen Institutionen bestehen. Diese Institutionen, wie etwa das Eisenbahnnetz, konnten von den Nachfolgestaaten übernommen werden.

Die Bedeutung der politischen und gesellschaftlichen Integration während des 19. Jahrhunderts legt nun die Frage nahe, wie weit man auch bei Großstaaten der vorindustriellen Periode mit integrativen Faktoren rechnen muß. Daß diese Faktoren anderer Art sind, als wir sie aus unserem eigenen politischen Leben gewohnt sind, sollte uns nicht dazu verleiten, die Existenz von politischer Integration in vorindustriellen Zeitaltern einfach zu übersehen und den Zusammenhalt des Osmanischen Reiches (sowie anderer Staaten dieses Typus) einfach auf die militärische Macht der Zentralregierung zurückzuführen. Das soll natürlich nicht bedeuten, daß man die militärische Macht als unwichtig ausklammert. Aber wie wir im Laufe dieser Studie gesehen haben, war die osmanische Zentralregierung auch in der Lage, in einer Gegend wie dem Hidschas politische Lösungen durchzusetzen, in der ihr nur bescheidene militärische Mittel zur Verfügung standen. Dies war nur deshalb möglich, weil ein ganzes Geflecht von Interessen geschaffen worden war, die an das Verbleiben der osmanischen Macht im Hidschas geknüpft waren. Für die Beduinen hing die Zahlung ihrer Subsidien am guten Willen und an der Zahlungsfähigkeit der osmanischen Zentrale. Zwar hatten die Nomaden normalerweise ein Interesse daran, von den Karawanen durch bewaffnete Demonstrationen möglichst hohe Geldzahlungen zu erreichen. Dennoch wäre ein Ende der osmanischen Herrschaft für die meisten Beduinen eher ein Nachteil als ein Vorteil gewesen.

Eine andere Gruppe von Menschen, die durch Geschenke und Gegenleistungen in das politische System integriert wurden, waren die Bewohner Mekkas und Medinas. Seit Jahrhunderten leisteten diese den Pilgern Dienste, die sie sich allerdings gut bezahlen ließen: Viele vermieteten ihre Häuser, erlaubten die Errichtung von Läden in ihren Eingangspforten und stellten den Pilgern Lebensmittel und Wasser zur Verfügung. Außerdem führten viele Mekkaner und auch Medinenser Pilger durch ihre Stadt, zeigten ihnen die auszuführenden Riten und halfen ihnen, die Reise nach Minā, Muzdalifa und dem ʿArafāt zu organisieren. Als Gegenleistung erhielten sie Zuschüsse, die ihnen die Zentralverwaltung zuwies (wie im Fall der ägyptischen Sultansstiftungen, vgl. Kap. 4) oder auch nur vermittelte, wie im Falle der privaten Stiftungen aus allen Reichsteilen. Ohne die Unterstützung der osmanischen Zentralregierung wäre es für die Bewohner Mekkas und Medinas weitaus schwieriger gewesen, sich ihren Lebensunterhalt zu verdienen. Die Krise der heiligen Städte in der Übergangszeit der zwanziger Jahre (vgl. Kap. 8) ist dafür ein handgreiflicher Beweis.

Aber auch die Bewohner derjenigen Gegenden, in denen Stiftungen zugunsten der heiligen Städte häufiger vorkamen, wurden durch die bloße Existenz dieser Stiftungen in einen größeren geographischen Raum miteinbezogen. In einem Zeitalter, da Reisen nach unseren heutigen Begriffen teuer und unsicher war, dürfte es für das Bewußtsein der Bewohner einer kleinen Landstadt Anatoliens nicht unwichtig gewesen sein, daß einige Stiftungen in ihrem Umfeld jedes Jahr eine gewisse Summe für die Armen Medinas bereitstellten. Der Horizont weitete sich aus, bis zu dieser Stadt im weitentfernten Hidschas, den die meisten Anatolier niemals zu Gesicht bekommen würden.

Neben den wirtschaftlichen Interessen bestimmter Bevölkerungsgruppen ist aber auch die integrative Funktion der Pilgerwege selbst nicht außer acht zu lassen, wurden diese Pilgerstraßen doch zugleich als Handelswege benutzt. Es ist schon seit längerem bekannt, daß das Osmanische Reich im 17. und auch noch im 18. Jahrhundert gerade auf wirtschaftlichem Gebiet beachtliche Reserven besaß. Krisen, deren fatalen Ausgang ausländische Beobachter immer wieder vorhersagten, wurden überwunden, und zwischen 1700 und 1770 erlebten das osmanische Handwerk und der osmanische Handel sogar eine Expansionsphase. Der bedeutende französische Historiker Fernand Braudel hat in seinem monumentalen Werk über Wirtschaft und Kapitalismus in der frühen Neuzeit diese Widerstandsfähigkeit der osmanischen Wirtschaft darauf zurückgeführt, daß das Osmanische Reich bis zu Beginn des 19. Jahrhunderts die Handelsstraßen, die durch sein Territorium führten, noch fest in der Hand hatte. Damit ist weniger der Transithandel gemeint, denn wohleingeführte Transithandelswege wie etwa die Verbindung Aserbeidschan–Izmir, durch die im 17. Jahrhundert große Mengen iranischer Rohseide importiert worden waren, befanden sich zu dieser Zeit in einer tiefen Krise. Aber der Binnenhandel innerhalb des Osmanischen Reiches florierte bis etwa 1770, als er ein Opfer der seit diesem Zeitpunkt kaum noch abreißenden Kriege wurde.

Unter diesen Binnenhandelsrouten spielte die Verbindung von Istanbul über Damaskus nach dem Hidschas eine hervorragende Rolle, und das gleiche gilt für den Landweg von Kairo nach Mekka und Medina sowie den Seeweg durch das Rote Meer. Die Rolle dieser Verbindungen läßt sich besonders gut am Siegeszug des Kaffees ablesen. Der Kaffee, bis ins 15. Jahrhundert außerhalb des Jemen kaum bekannt, erreichte in den Jahren um 1500 Mekka, nachdem jemenitische Pilger und Kaufleute das neue Genußmittel in die Pilgerstadt gebracht hatten (vgl. Kap. 7). Von dort verbreitete sich der Kaffee rasch über das gesamte Osmanische Reich: zurückkehrende Pilger machten ihn in Kairo heimisch, und bereits 1567 wurde darüber geklagt, daß die Kairoer Militärs ihren Dienst vernachlässigten, weil sie den ganzen Tag in den Kaffeehäusern verbrachten. Während des 17. Jahrhunderts wurde der Kaffeegroßhandel so gewinnbringend, daß die Kaufherren Kairos das Verschwinden des Transithandels in Gewürzen nach Europa kaum zu spüren bekamen, und auch in abgelegenen Orten Anatoliens hatte sich bereits gegen Ende des 16. Jahrhunderts der Kaffeekonsum weitgehend durchgesetzt. So hatten die Pilgerrouten maßgeblich zur Entstehung eines neuen Handelszweiges beigetragen, der es den osmanischen Kaufleuten erlaubte, bis ins 18. Jahrhundert hinein ihre Stellung gegenüber den europäischen Konkurrenten zu halten. Überdies hatte der sonst wirtschaftlich wenig produktive Hidschas durch seine Lage auf der Transitroute des Kaffees in den Augen der osmanischen Oberschicht erheblich an Bedeutung gewonnen. Daß Ewliyā Čelebi, sonst am Handel nur mäßig interessiert, einige Ladungen Kaffee von Jiddah nach Kairo mitnahm, illustriert diese Bedeutung der Pilgerstraßen für die osmanische Wirtschaft.

»Diener der heiligen Orte«

Es ist bereits mehrfach davon die Rede gewesen, daß für den Osmanensultan die Schirmherrschaft über die Pilger und die beiden heiligen Städte dazu diente, den Herrscher in den Augen der osmanischen Oberschicht zu legitimieren. Ob und inwiefern auch die gewöhnlichen Untertanen des Reiches als Adressaten dieser Legitimierungspolitik zu denken sind, läßt sich bei dem heutigen Stand unserer Kenntnisse noch nicht bestimmen. Überdies sollte die weithin sichtbar gemachte Fürsorge des Sultans auch auswärtige Pilger ansprechen, besonders wenn diese der Oberschicht ihres jeweiligen Staates angehörten. Wahrscheinlich erhoffte man sich von dieser Politik auch positive Rückwirkungen an auswärtigen Höfen, besonders den sunnitischen Khanaten Zentralasiens, die in den Augen osmanischer Sultane und Wesire ein willkommenes Gegengewicht gegen den schiitischen Iran bildeten (vgl. Kap. 6).

Daß der Osmanensultan nach der Eroberung des Mamlukenstaates den Titel eines »Dieners der heiligen Orte« (*Khadīm al-ḥaramayn*) häufig benutzte, ist sicherlich im Zusammenhang dieser Legitimierungspolitik zu verstehen. Aber es gibt noch konkretere Anzeichen dafür, daß die Legitimierung des Sultans durch den Hadsch in Istanbul bewußt betrieben wurde. So ist es sicherlich kein Zufall, wenn in der zweiten Hälfte des 16. Jahrhunderts die Osmanensultane der Expansion des Zaren in den Steppen des heutigen Südrußland mit der Begründung entgegenwirkten, man müsse den Durchzug der Pilger aus dem sunnitischen Zentralasien sichern. Daß mit dieser Rhetorik der Sultan als Herrscher sowohl dem nichtmuslimischen Zaren als auch dem schiitischen Schah gegenübergestellt wurde, hat zu ihrer Wirksamkeit wohl einiges beigetragen. Auch die zuvorkommende Behandlung von zentralasiatischen Derwischscheichen, die sich auf die Pilgerfahrt nach Mekka begaben, war dazu angetan, den Osmanensultan als Schutzherrn des sunnitischen Islams und besonders der sunnitischen Pilger herauszustellen.

Sowohl an gebildete Pilger aus dem Osmanenreich als auch an auswärtige Besucher richteten sich die zahlreichen Bauinschriften, die die Sultane nach Restaurationsprojekten und Neubauten in den heiligen Städten anbringen ließen. Da osmanische Bauinschriften des 16. Jahrhunderts meist auf Arabisch abgefaßt waren, stellten Sprachbarrieren dabei kein Hindernis dar. Daß die osmanische Zentralverwaltung großen Wert darauf legte, den Namen des Sultans in und um die Große Moschee von Mekka verewigt zu sehen, läßt sich an mehreren Beispielen belegen (vgl. Kap. 5): So war der Text der Inschrift, die zum Gedenken an die Vollendung der Kuppelgalerie aufgestellt wurde, nicht in das Belieben örtlicher Amtsträger gestellt, sondern in Istanbul entworfen worden. Die osmanische Zentralverwaltung wollte wahrscheinlich sichergehen, daß der Scherif nicht im nachhinein einen größeren Anteil an dem Projekt beanspruchte, als man ihm in Istanbul zuzugestehen bereit war. Überdies war es wichtig, daß der Sultan, der diese oder jene Bauarbeiten durchführen ließ, als das letzte Glied einer langen Reihe erlauchter Persönlichkeiten hingestellt wurde, die sich in früheren Zeiten um die Große Moschee von Mekka verdient gemacht hatten.

Da die osmanische Dynastie als ein Ganzes legitimiert werden sollte, erklärt sich auch, warum die Schwestern, Töchter, Gemahlinnen und Mütter der Sultane als Pilgerinnen und Stifterinnen in den heiligen Städten sichtbar werden konnten. Diese Tätigkeit der weiblichen Dynastiemitglieder steht neuerdings im Mittelpunkt des Interesses, da in den letzten Jahren Historiker und besonders Historikerinnen mit deutlich feministischem Engagement sich mit den politischen Möglichkeiten befaßt haben, die den Frauen der osmanischen Oberschicht offenstanden. Als ein Aspekt dieser – im weiteren Sinne des Wortes – politischen Aktivität sind die Stiftungen und die Bautätigkeit weiblicher Mitglieder der Osmanendynastie näher untersucht worden. Gerade in Mekka, Medina und entlang der Pilgerstraßen waren aber die Stiftungen osmanischer Prinzessinnen besonders häufig. Neben Khurrem Sultan-Roxolane wäre ihre Tochter Mihr-ü-mah (gest. 1578) zu nennen; außerdem trug eine Schwester Süleymāns des Prächtigen (reg. 1520–66) zur Reparatur der Leitung bei, die Mekka mit Trinkwasser versorgte. Auch die Zahl der pilgernden Prinzessinnen war höher, als man in der älteren Forschung angenommen hatte. Während der gesamten Dauer der osmanischen Herrschaft über Mekka und den Hidschas hat kein regierender Sultan Mekka besucht, und mit Ausnahme des im Exil lebenden Sohnes von Meḥmed II., Djem Sultan (1459–95), war auch kein osmanischer Prinz jemals in der heiligen Stadt. Unter diesen Umständen repräsentierten die pilgernden Prinzessinnen die Dynastie insgesamt und demonstrierten das fortdauernde Interesse der Herrscherfamilie an den heiligen Städten und dem Wohlergehen der Pilger.

Als ein anderes Mittel der Herrscherlegitimation muß man die Gaben ansehen, die vor der Überbringung nach dem Hidschas in Istanbul oder Kairo öffentlich zur Schau gestellt wurden. Aḥmed I. (reg. 1603–17) erschien in einer großen Zeremonie am Stadtrand von Istanbul, um die neuangefertigten Stützen für die Kaaba und weitere Ausstattungsstücke für die Großen Moscheen Mekkas und Medinas in Augenschein zu nehmen (siehe Kap. 5). Zumindest im 18. Jahrhundert wurde auch die Entsendung der Subsidien des Sultans für die Beduinen und die Bewohner der heiligen Städte durch eine bis ins einzelne ausgearbeitete Zeremonie gefeiert. Indem Scherifen, Beduinenscheichs sowie die Honoratioren Mekkas durch die öffentliche Annahme der Gaben konzedierten, daß sie das Brot des Sultans aßen, hatten sie zugleich die Legitimität des Osmanensultans anerkannt.

In der vorliegenden Studie ist großer Wert auf die Verhandlungen gelegt worden, die dieser Anerkennung der Legitimität vorausgingen. Verhandlungen und Besprechungen waren schon deshalb unumgänglich, weil die Entfernung des Hidschas von Istanbul es der osmanischen Zentralregierung erschwerte, militärischen Druck auf die örtlichen Notabeln auszuüben. Darüber hinaus ergab sich diese Politik der Verhandlungen und des Konsensus aus der Tatsache, daß die osmanische Militärmacht an den europäischen bzw. iranischen Grenzen beschäftigt war. Nun war allerdings das Engagement an diesen Fronten zumindest im 16. und 17. Jahrhundert dem Osmanenreich keineswegs von außen aufgezwungen worden, sondern stellte eine politische Entscheidung des Sultans und seiner Berater dar; deshalb war auch die Politik des Verhandelns und des Konsensus, wie wir sie im Hidschas betrachten können, das Resultat einer politischen Entscheidung und nicht unvermittelter äußerer Zwänge.

Diese Feststellungen müssen ausdrücklich gemacht werden, weil in der Literatur über die nahöstlichen Staaten des späten Mittelalters und der frühen Neuzeit oft das militärische Element stark betont wird. Die Rechts- und Gottesgelehrten, so argumentieren die Vertreter dieser Auffassung, hätten mit ihrer Bewertung, daß auch eine ungerechte Staatsmacht besser sei als gar keine, vor der militärischen Macht jedes beliebigen Sultans von vornherein kapituliert, so daß dieser kaum einer Legitimation bedurfte. Aber wenn man sich die politische Wirklichkeit vor Augen führt, wie sie in Istanbul während des 17. Jahrhunderts bestand, so ist diese Auffassung nicht haltbar. Besonders schwere militärische Niederlagen und für das Osmanenreich nachteilige Friedensschlüsse konnten die Legitimität des Sultans zunichte machen und zu seiner Absetzung führen. Um nur einige Beispiele zu nennen: Meḥmed IV. (reg. 1648–87) verlor seinen Thron nach der mißglückten Belagerung von Wien im Jahre 1683. Muṣṭafā II. (reg. 1695–1703) wurde abgesetzt, nachdem er 1697 die Schlacht bei Zenta verloren und überdies den für das Osmanische Reich äußerst ungünstigen Frieden von Karlowitz (1699) zu verantworten hatte. Aber auch andere Faktoren konnten die Legitimität eines Sultans zerstören. Zur Absetzung Aḥmeds III. im Jahre 1730 trug es entscheidend bei, daß die Hoffeste seiner Epoche provozierend üppig ausgefallen waren und sich die osmanische Oberschicht unter seiner Ägide einem intensiven Konsum europäischer Luxusgüter hingegeben hatte. Osmanische Sultane haben unter dieser Umständen sehr wohl Anstrengungen gemacht, um mit den verschiedenen Gruppen, die ihnen politisch gefährlich werden konnten, einen ihre Legitimität fördernden Dialog aufrechtzuerhalten. Einige Beispiele sind in diesem Buch diskutiert worden.

Pilger und Historiker

Der Leser wird hoffentlich zu dem Schluß gekommen sein, daß die Pilgerfahrt weder romantisch war noch gar »exotisch«, sondern eine Operation, die jedes Jahr zu ihrem Gelingen viel Planung, zähe

Verhandlungen und komplizierte finanzielle Transaktionen erforderte. Sicherlich kommt diese letztere Sicht der der osmanischen Bürokraten wesentlich näher, haben Mitglieder der Zentral- und Provinzialverwaltungen doch Seiten über Seiten mit ihren Ansichten über die politischen und finanziellen Aspekte der Pilgerfahrt gefüllt. Andererseits war gebildeten Mitgliedern der osmanischen Oberschicht der Reiz des Exotischen durchaus nicht fremd, wie Ewliyās Kapitel über seine Wienreise oder die Berichte eines osmanischen Gesandten aus dem frühen 18. Jahrhundert über seine Aufenthalte in Paris und Stockholm deutlich machen. Aber man muß sich immer wieder dessen bewußt werden, daß die Exotik in den Augen des Betrachters liegt und verschwindet, wenn wir versuchen, politische und kulturelle Abläufe mit den Augen der Beteiligten zu sehen.

Nun läßt sich allerdings nicht leugnen, daß die Pilgerfahrt hier aus der Sicht einer rationalistischen Historikerin des späten 20. Jahrhunderts dargestellt ist, und diese Vorgabe macht den Versuch einer Darstellung »von innen heraus« von vornherein problematisch. Denn es besteht eine Spannung zwischen der Sichtweise der osmanischen Bürokraten aus dem 16. und 17. Jahrhundert und der Betrachtung eines Historikers aus der Gegenwart, und diese Spannung läßt sich durch keinerlei historische oder literaturkritische Methodik auflösen. Aber man kann sich der Spannung bewußt bleiben und dabei die menschlichen Anliegen der Personen, denen wir hier in einem entscheidenden Abschnitt ihres Lebens begegnet sind, mit Respekt betrachten. Historiker können sich als autoritäre, dominierende Figuren geben, die glauben, sie verstünden die Autoren ihrer Quellen besser, als diese sich selbst je hätten verstehen können. Es ist aber auch eine andere Beziehung möglich. Historiker und Historikerinnen können und müssen die Überlegungen der Menschen ernstnehmen, die die von ihnen benutzten Quellen geschrieben haben; daneben bedienen sie sich allerdings nach wie vor des wissenschaftlichen Instrumentariums ihrer eigenen Zeit. So entsteht eine permanente Spannung zwischen Mitdenken und kritischer Distanz, die auf das Verstehen hinführt.

ANHANG

ZEITTAFEL

etwa 570–632	Leben des Propheten Muhammad.
622	Der Prophet Muhammad und seine Gefährten verlassen Mekka und siedeln in Medina (Hedschra); Beginn der muslimischen Zeitrechnung.
630	Die Muslime besetzen Mekka: Islamisierung der Wallfahrt.
632	Die Abschiedswallfahrt des Propheten Muhammad setzt die Maßstäbe für die muslimische Pilgerfahrt schlechthin.
632–656	Medina als Hauptstadt des Kalifenreiches, Eroberung byzantinischen und sassanidischen Gebietes.
632–634	Kalifat Abū Bakrs.
634–644	Kalifat ʿUmars.
644–656	Kalifat U<u>th</u>māns.
656–661	Kalifat ʿAlīs, des Schwiegersohnes des Propheten. Muʿāwiya setzt sich durch als erster Kalif der Omaijadendynastie.
680	Kämpfe zwischen dem Omaijadenkalifen Yazīd und Ḥusayn, dem Sohn ʿAlīs und Enkel des Propheten. Ḥusayns Tod bei Karbala wird zum zentralen Ereignis für die Schia.
681–692	Kalifat des ʿAbd Allāh b. Zubayr (Ibn Zubayr) in Mekka. Restauration der Kaaba.
692	Ibn Zubayr getötet. Al-Ḥa<u>dj</u><u>dj</u>ā<u>dj</u> erobert Mekka für den Omaijadenkalifen ʿAbd al-Malik; dabei Zerstörung und anschließender Wiederaufbau der Kaaba.
750	Ende der Omaijadendynastie. Die Abbasiden etablieren sich als Kalifen in Bagdad.
747–750	Bau einer z. T. noch bestehenden Galerie in der

	Großen Moschee von Mekka; eine ältere Galerie aus den Jahren 692–705 ist nicht mehr sichtbar.
ab 777	Umbau der Galerien der Großen Moschee von Mekka durch den Abbasidenkalifen al-Mahdī (reg. 775–785) und seine Nachfolger.
786–809	Kalifat Hārūn al-Rashīds, der mehrfach nach Mekka pilgert. Seine Gemahlin Zubayda läßt in Mekka eine Wasserleitung bauen.
um 960	Begründung der Scherifenherrschaft in Mekka.
vor 929	Pilgerfahrt Ibn ʿAbd Rabbihis.
1047	Erste Pilgerfahrt des Nāṣir-i Khusraw.
1175–1193	Herrschaft Saladins (Salāḥ al-Dīn Ayyūbīs) in Ägypten, Syrien und Palästina.
1183	Pilgerfahrt Ibn Djubayrs.
um 1200	Das Geschlecht der Ḳatada als Scherifen von Mekka.
1258	Der letzte Abbasidenkalif wird in Bagdad durch die Mongolen beseitigt.
1260–1517	Die Mamlukensultane in Ägypten und Syrien kontrollieren den Hidschas.
1468–1496	Regierungszeit Ḳāʾit Bāys in Ägypten und Syrien. Reparatur der Großen Moschee von Medina nach einem Brand und Bau einer theologischen Hochschule in Mekka.
1453	Eroberung Istanbuls (Konstantinopels) durch den Osmanensultan Meḥmed II. (reg. 1451–81).
1481–1512	Regierungszeit Sultan Bāyezīds II. Übersendung offizieller osmanischer Geschenke nach Mekka und Medina.
um 1514	Bedrohung Jiddahs durch die Portugiesen.
1517	Osmanische Eroberung Ägyptens durch Selīm I. (reg. 1512–20) und Übernahme des Hidschas in den osmanischen Herrschaftsbereich.
1520–1566	Regierungszeit Süleymāns des Prächtigen. Bau von Armenküchen in Mekka und Medina im Namen seiner Gemahlin Khurrem Sultan (Roxolane).
	Reparatur der mekkanischen Wasserleitungen. Errichtung eines siebten Minaretts an der Großen Moschee von Mekka.

1538	Mißglückter Feldzug des Khadīm Süleymān Pascha gegen die portugiesischen Besitzungen an der Westküste Indiens.
1554–1557	Exil des geblendeten Mogul-Prinzen Kāmrān in Mekka.
1566–1574	Regierungszeit Selīms II. Neugestaltung der Galerie der Großen Moschee von Mekka, die an vielen Stellen einem Neubau von den Fundamenten auf gleichkommt. Überdachung mit Kuppeln.
1574–1582	Pilgerfahrt von Salīma und Gul-badan, Gemahlin und Tante des Mogulherrschers Akbar (reg. 1564–1605).
1574–1595	Regierungszeit Murāds III. Abriß des Stadtviertels um die Große Moschee von Mekka.
1585–90	Beginn einer direkten Verbindung von Masulipatnam (östl. Küste Indiens) nach der arabischen Halbinsel.
1582	Pilgerfahrt Miʿmār Sināns, des »osmanischen Michelangelo«.
1611–1612	Errichtung eines Systems von eisernen Stützen um die Kaaba. Verantwortlich ist Meḥmed Agha, Oberster Architekt Sultan Aḥmeds I. (reg. 1603–17).
1630	Besetzung Mekkas durch meuternde osmanische Truppen, die durch die von Ägypten aus im Namen des Sultans operierenden Mamlukenemire Qāsım und Rıḍwān besiegt werden.
1631	Zerstörung der Kaaba bei einer Überschwemmung. Abtragung und Wiedererrichtung des Gebäudes mit den alten Steinen. Verantwortlich ist Rıḍwān Beg im Auftrag Sultan Murāds IV. (reg. 1623–40).
1632	Pilgerfahrt ʿAbd al-Rahmān Ḥibrīs.
1671	Angriff des Beduinenführers Ibn Rashīd auf die Pilgerkarawane von Damaskus.
	Rebellion des Scherifen Saʿd in Mekka.
1672	Scherif Saʿd wird durch den osmanischen Gouverneur von Damaskus, Ṣarı Ḥüseyin Pascha, besiegt und abgesetzt.
	Pilgerfahrt Ewliyā Čelebis.
1757	Schwerer Angriff auf die Damaszener Pilgerkarawane. Eine Schwester des Sultans unter den Opfern.

1803	Kurzfristige Eroberung Mekkas durch die Wahabiten.
1804	Eroberung Medinas durch die Wahabiten.
1806	Zweite Eroberung Mekkas durch die Wahabiten.
1812–1813	Meḥmed ʿAlī, Statthalter von Ägypten, erobert Mekka und Medina im Auftrag des Osmanensultans Maḥmūd II. von den Wahabiten zurück.
1818	Eroberung Dariyyas durch ägyptische Truppen. Ende des ersten Wahabitenstaates auf der arabischen Halbinsel.
1840	Rückkehr des Hidschas unter direkte osmanische Herrschaft.
1865	Choleraepidemie in Mekka mit hoher Sterblichkeit unter den Pilgern.
1893	Erneute Choleraepidemie.
1900–1908	Bau der Hidschasbahn.
1908	Die Hidschasbahn erreicht Medina.
1908–1914	Entstehung eines modernen Stadtviertels außerhalb der Altstadt von Medina.
1914	Beginn des Ersten Weltkriegs. Das Osmanische Reich als Verbündeter des Deutschen Reiches und Österreich-Ungarns.
1916	Der Scherif von Mekka, Scherif Ḥusayn, geht zu den Alliierten über und läßt sich zum König ausrufen.
1917–1918	Die Hidschasbahn unterbrochen.
1919	Die osmanischen Truppen verlassen Medina.
1925	Ibn Saʿūd, wahabitischer Herrscher des Nedschd, erobert den Hidschas. König Ḥusayn und sein Sohn ʿAlī verlassen das Land.
1926	Begründung des Königreichs Saudi-Arabien (zunächst unter dem Namen »Hidschas und Nedschd«).
1951–1955	Erneuerung der Großen Moschee von Medina.
ab 1956	Erneuerung und Umgestaltung der Großen Moschee von Mekka.
1979	20. Nov.–5. Dez.: Aufstand gegen die saudische Herrschaft und Besetzung der Großen Moschee von Mekka durch Dj̲uhaymạn und al-Kaḥṭānī, Anführer einer endzeitlich orientierten religiösen Gruppe.

ZUR UMSCHRIFT

Um die Zahl der diakritischen Zeichen möglichst gering zu halten, ist hier das Umschriftssystem der *Encyclopedia of Islam* (*EI*) zugrundegelegt worden. Lange Vokale werden durch einen Strich bezeichnet: ā, ī, ū.

Auch sind zusammengesetzte Eigennamen (Saʿd al-Dīn, ʿAbd al-Raḥīm) so geschrieben wie in der *EI*, obwohl diese im Türkischen Saʿdeddin/Sadettin, Abdürrahim ausgesprochen werden. Doch ist sonst die in der *EI* zu beobachtende Konvention, daß türkische Wörter so geschrieben werden, als handle es sich um arabische, nicht übernommen worden; vielmehr wurde die heutige türkische Aussprache zugrundegelegt. Deshalb wird etwa ein Osmane als Aḥmed geschrieben, während ein nichttürkischer Träger desselben Namens als Aḥmad erscheint.

Geographische Namen, die noch heute im Gebrauch sind, werden geschrieben wie in *Der Große Weltatlas* (Gütersloh, 1988). Nicht mehr gebräuchliche Namen erscheinen in Umschrift. Wörter wie Sultan, Pascha usw., die ins Deutsche eingegangen sind, erscheinen in der landläufigen Schreibung.

ABKÜRZUNGSVERZEICHNIS

EI	*Encyclopedia of Islam*
İA	*İslam Ansiklopedisi*
İFM	*İstanbul Üniversitesi İktisat Fakültesi Mecmuası*
JESHO	*Journal of the Economic and Social History of the Orient*
MD	Mühimme Defterleri (Sektion im Başbakanlık Arşivi, Istanbul)
MM	Maliyeden müdevver (Sektion im Başbakanlık Arşivi, Istanbul)

ANMERKUNGEN

EINLEITUNG

10 *Pilgerfahrt nach Mekka*: Vgl. den Artikel Ḥadjdj in der *Encyclopedia of Islam*^{2} (London, 1954–) (im folgenden *EI*^{2}). Zur Frühgeschichte des Islam findet sich eine gute Zusammenfassung in Hodgson (1974), Bd. 1, S. 3–230.

11 *Archiven in Istanbul*: Die ca. 800 Befehlsschreiben finden sich in den Mühimme Defterleri genannten Registern des Başbakanlık Arşivi-Osmanlı Arşivi, Istanbul. Durchsucht wurden die Register Nr. 3–96, außerdem die Serie Mühimme Zeyli 1–10. Die Rechnungshefte befinden sich im selben Archiv, in der Sektion Maliyeden müdevver. Eine ägyptische Provinzialabrechnung ist publiziert und ins Englische übersetzt worden; vgl. Shaw (1968). Für eine Einführung in die osmanische Geschichte und die Institutionen dieser Zeit vgl. Inalcık (1973).

12 *Aber sie auf die Pilgerfahrt*: Vgl. das aus den Jahren 1595–97 stammende Register der Stadt Çorum, heute in der Bücherei der Stadt Çorum (Türkei), Bl. 58 b.
Im Falle von Epidemien: Nāṣīr-i-Khusraw (1881), S. 162, 167.

13 *heiligen Städten*: Eine bessere Übersetzung des Terminus Ḥaramayn wäre »Heilige Stätten«. Dieser Ausdruck ist aber vermieden worden, um keine Verwechslungen mit den christlichen »Heiligen Stätten« in Palästina aufkommen zu lassen.

1. KAPITEL

15 *Ausdehnung des islamischen Weltreiches*: Hodgson (1974), Bd. 1, S. 241 ff, 473 ff; Bd. 2, 12–52, Bd. 3, S. 69 ff.

16 *Nāṣir-i Khusraw*: (1881). Für seine Biographie s. den entsprechenden Artikel in *EI*, 1. Auflage.

17 *Neyshābūr*: Bulliet (1972), passim.

20 *Ibn Djubayr*: Ibn Djubayrs Bericht ist ins Englische und ins Französische übersetzt worden (s. Bibliographie). Im folgenden wird durchweg aus der frz. Ausgabe zitiert. Für die Kontrolle der Zitate am Original bin ich Dr. Doris Behrens-Abouseif zu Dank verpflichtet. – Die englische Ausgabe enthält eine Biographie Ibn Djubayrs (S. 15 ff).

Algier, Tunis und Tripolis: Masson (1911), S. 401.
21 *ʿAydhāb*: Hanna (1983), S. 16.
Bewohnern dieser Gegend: Ibn Djubayr (1949), S. 79. Auf den folgenden Seiten wird Ibn Djubayr in der Übersetzung von Maurice Gaudefroy-Demombynes sehr häufig benutzt. Um den Anmerkungsteil zu entlasten, sind nur die wichtigeren Fälle aufgeführt.
arabischen Halbinsel: Ebda., S. 81.
23 *Pilgergewandung*: Vgl. *EI*^{2}, Artikel ḥadjdj.
Richard Burton: Burton (1964), Bd. 1, S. 141.
24 *Ewliyā Čelebi*: Evliya (1896–1938), Bd. 9, S. 676.
26 *fromme Rührung*: Ibn Djubayr (1949), S. 92.
ʿAlī b. Abī Bakr al-Harawī: al-Harawī (1957).
27 *Ibn Djubayr die Kaʿaba*: Ibn Djubayr (1949), S. 109.
regierenden Abbasidenkalifen: Hartmann (1975), S. 121.
29 *Dem on-dit* nach: Ibn Djubayr (1949), S. 194.
31 *spätere Reisebeschreiber*: Evliya (1896–1938), Bd. 9, S. 685 ff.
Ibn Djubayr berichtet: Ibn Djubayr (1949), S. 199–200.
32 *Sie [die Pilger von Basra]*: Evliya (1896–1938), Bd. 9, S. 702.
33 *Ibn Djubayr sagt nicht*: Ibn Djubayr (1949), S. 206.
ṭawāf al-ifāda: Ebda., S. 208.
34 *Innere der Kaʿaba*: Ebda., S. 156.
35 *Wenn er betont*: Ebda., S. 177f.
unangenehme Lage: Ebda., S. 137.
36 *Medina*: Hodgson (1974), Bd. 1, S. 200.
37 *Nāsir-i Khusraw*: (1881), S. 163–165.
Ibn ʿAbd Rabbihi: Shafīʿ (1973), S. 416–438.
38 *Predigtstuhl*: Ebda., S. 433.
»und Gott ...«: Ebda.
Die ausführlichste Beschreibung: Für eine Zusammenfassung von al-Samhūdīs Werk vgl. Wüstenfeld (1860). Zur kritischen Diskussion der Quellen zur Prophetenmoschee s. Sauvaget (1947).
39 *Abu Omâma*: Wüstenfeld (1860), S. 67.
40 *Diese Rivalitäten*: Für die Geschichte und Institutionen der Mamlukenzeit vgl. den Artikel Mamlūk in *EI*^{2}.
Wüstenfeld (1964) enthält als Bd. 4 eine Zusammenfassung des Inhalts dieser Chroniken. Bd. 4, S. 287 behauptet Wüstenfeld, Shāhrukhs Bekleidung für die Kaaba sei akzeptiert worden, während Holt im Artikel Mamlūk der *EI*^{2} (S. 324) der gegenteiligen Ansicht Ausdruck gibt.
Ähnliche Probleme: Wüstenfeld (1964), Bd. 4, S. 248.
41 *Sultan von Jemen*: Ebda., Bd. 4, S. 253 f.
42 *Ein Feuer*: Ebda., Bd. 4, S. 264f.
Im dritten Viertel: Ebda., Bd. 4, S. 290f.

43 *Auch Sultan Kā'it Bāy*: Ebda., Bd. 4, S. 291 f.
portugiesischen Einfälle: Mughul (1965), S. 37–47.

2. KAPITEL

45 *Besonders die Maghrebinier*: Jomier (1953), S. 85. Diese Information bezieht sich allerdings auf das frühe 19. Jh.
Die Geschichte: Vgl. den Artikel Makka in *EI*[2] von A. J. Wensinck und C. E. Bosworth.
'Abd al-Ḳādir al-Djazīrī: al-Djazīrī (1384–1964/65) S. 91 ff.
47 *Al-Djazīrī erwähnt*: Ebda., S. 91–95.
48 *Amtsträgern*: Ebda., S. 124.
49 *Abrechnungen*: MM 1645, S. 20. Zum *sürre emīni* vgl. d'Ohsson (1787–1824), Bd. 3, S. 262 ff.
Betrachten wir einmal: MM 927, S. 93, vgl. auch MD 28, S. 150, no. 351 (981/1573–74) zu den Pflichten von *ketkhüdā* und *mīrākhōr*.
51 *diese Festlichkeiten*: Zu Hof- und Volksfesten in Istanbul vgl. And (1982). Aus diesem Werk geht der öffentliche Charakter vieler osmanischer Feste klar hervor.
52 *Höhepunkte*: Evliya (1896–1938), Bd. 10, S. 424 ff. Bei dem Ḳara Maydān handelt es sich um einen großen Aufmarsch- und Paradeplatz.
53 *Rest seines Lebens*: Ebda., Bd. 10, S. 442 f.
54 *Ewliyās Zeitgenossen*: Ebda., Bd. 10, S. 432. Für die Geschichte des *maḥmal* vgl. Jomier (1953), *passim*.
Beispiel eines Heiligen: Evliya (1896–1938), Bd. 10, S. 427.
55 *normale Status*: Inalcık (1973), S. 77 ff.
Rastplatz von Muzayrib: Evliya (1896–1938), Bd. 9, S. 570 f.
Birkat al-Ḥadjdj: Ebda., Bd. 10, S. 441 ff.
56 *Reisebeschreibungen von Pilgern*: Ḥibrī (1975), S. 111–128; (1976), S. 55–72; (1977), S. 147–162. Ḥibrīs Itinerar in: *Tarish Enstitüsü Dergisi*, 6, S. 124–128. S. auch Meḥemmed Edīb (1825), S. 81–169. Auch Burckhardt (1822), S. 656–661 enthält eine ausführliche Liste der Halteplätze zwischen Damaskus und Mekka, die von Pilgerkarawanen am Anfang des 19. Jh.s benutzt wurden.
Archivdokument: MM 4108.
»Diagonalstraße«: Taeschner (1924–26). Vgl. die Karte am Ende von Bd. 1.
Ewliyā Čelebi: (1896–1938), Bd. 9, S. 582.
57 *Hauptrouten*: Vgl. die Karte in Inalcık (1973), S. 122 f.
58 *Aus den Abrechnungen*: MM 927, S. 93.
milde Gaben: al-Djazīrī (1384–1964/65), S. 103.

So berichtet Ewliyā: Evliya (1896–1938), Bd. 9, S. 575, 599. Vgl. auch Burckhardt (1822), S. 660.

59 *karitativen Dienst*: MD 27, S. 158, no. 364 (988/1575–76). Vgl. auch Kātib Čelebi (1145/1732) Bl. 512b.
Ein Sultansbefehl: MD 23, S. 32, no. 65 (981/1574–74).
Stiftung: MD 42, S. 334, no. 1021 (988/1580–81). Allerdings gab es zu dieser Zeit Klagen, daß die Einkünfte der Stiftung nicht ihrem Zweck entsprechend verwendet wurden.

60 *In den Jahren 1579–80*: MD 40, S. 164, no. 358 (987/1579–80). Vgl. auch: MD 35, S. 225, no. 560 (980/1578–79). Evliya (1896–1938), Bd. 9, S. 565 verzeichnet die *wāḏjib al-reʿāyet* so, als wären sie reguläre Mitglieder des Gefolges gewesen, mit dem sich der Pascha von Damaskus umgab. Aber aus Dokumenten, wie etwa MD 53, S. 27, no. 68, gewinnt man den Eindruck, daß zumindest im 16. Jh. von einer festen Beziehung zum Haushalt des Gouverneurs keine Rede sein konnte.
Pilgerkarawane von 1567–68: MD 7, S. 525f, no. 1506 (975/1567–68). In Dokumenten des 16. Jh.s. wurde die Karawane, die der Pilgerkarawane von Damaskus entgegenreiste, als *istiḳbāl* bezeichnet, die Mitglieder derselben als ḳarsẖuḏju. Vgl. MD 12, S. 168, no. 335 (978/1570–71); MD 7, S. 525f, no. 1506 (975/1567–68). Im Jahre 1571–72 kommandierte ein Sohn des Karawanenkommandanten die *istiḳbāl*-Karawane, eine Regelung, die auch sonst dokumentiert ist: MD 12, S. 168, no. 355 (978/1570–71); MD 12, S. 445, no. 862 (979/1571–72); MD 24, S. 288, no. 781, (981/1573–74).

61 *In besonders dringenden*: MD 12, S. 164, no. 348 (978/1570–71).
Ewliyā Čelebi: (1896–1938), Bd. 10, S. 438.
Tag und Nacht: Bei Saʿīd ʿArab, dem Schwarzen Schreiber, und dem Sohn des Ḏjānbolāt handelt es sich um berühmte Rebellen des frühen 17. Jh.s. Vgl. Griswold (1983). Ibn Rasẖīd war ein bekannter Beduinenfürst der arabischen Halbinsel.

62 *So wurde etwa*: MD 28, S. 142, no. 336 (984/1576–77).
In der syrischen Karawane: MD 31, S. 256, no. 565 (985/1577–78).
Von manchen Amtsträgern: MD 62, S. 256, no. 580 (996/1587–88).

63 *Der ägyptische Autor*: Jomier (1953), S. 86.
Ein christlicher Pilger: Ebda., S. 87. Der Anonymus ist veröffentlicht in Hakluyt (1901), Bd. 5, S. 329–365. Zur Genese des Textes vgl. Beckingham (1977), S. 75–80.
Eine große syrische: Jomier (1953), S. 87. Zum Text Ludovico di Varthemas vgl. Jones/Badger (1863), S. 24, 37, 42. Für die Schätzung der Menge am ʿArafāt s. Anonymus (1901), S. 356.

64 *ʿAlī Beg*: Ali Bey (1814), Bd. 2, S. 337.
John Lewis Burckhardt: (1829), Bd. 2, S. 46.

Gewisse Rechnungsbücher: MM 1003.
65 *Dieser kontrollierte*: MM 1003, S. 55, 57.
Binnenzölle: MD 28, S. 96, no. 225 (984/1576–77).
So erfahren wir: MD 40, S. 48, no. 103 (987/1579–80).
In den Jahren 1656–57: MM 4345, S. 65.
66 *Saydā*: Vgl. Bakhit (1982), S. 53–68.
die Fahne des Sultans: MD 26, S. 17, no. 48 (982/1574–75).
67 *Wechselfällen*: MD 14, S. 188, no. 269 (979/1571–72). MD 9, S. 24, no. 66 (977/1569–70). Zu den Techniken der Kamelzucht vgl. Bulliet (1975), S. 165–178 und Faroqhi (1982), S. 523–539.
Auch experimentierte: MD 62, S. 52, no. 120 (995/1586–87).
68 *In den Jahren 1578–79*: MD 36, S. 23, no. 69 (986/1578–79).
Im 17. Jahrhundert: MM 4345, S. 16, 43 (1067/1656–57).
Einkünfte aus der Präbende: MD 5, S. 461, no. 1239 (973/1565–66); MD 36, S. 23, no. 69 (986/1578–79).
69 *Unterwegs*: MD 36, S. 23, no. 69 (986/1578–79).
Andere Unternehmer: MD 7, S. 969, no. 2681 (976/1568–69).
Es kam durchaus vor: MD 5, S. 206, no. 519 (973/1565–66).
Der Fall: MD 69, S. 15, no. 26 (1000/1591–92); MD 5, S. 208, no. 520 (973/1565–66).
70 *So lautete jedenfalls*: Tresse (1937), S. 149 ff.
Die Kamelunternehmer: MD 29, S. 6, no. 12 (984/1576–77).
In den Jahren 1591–92: MD 69, S. 39, no. 76 (1000/1591–92).
immerhin wissen wir: MD 36, S. 23, no. 69 (986/1578–79).
Damaszener Notabeln: MD 69, S. 69, no. 138 (1000/1591–92). Zum offiziellen Wechselkurs dieser Zeit vgl. MD 73, S. 199, no. 462 (1003/1594–95).
71 *Wenn man die Angelegenheit*: Vgl. das bisher unveröffentlichte Referat von Anthony Greenwood, gehalten auf der Jahrestagung der Middle East Studies Association, Chicago 1983. Außerdem: Faroqhi (1984), S. 221 ff; Mantran (1962) S. 194–200; Cvetkova (1976), S. 325–335.
Nach Ewliyā Čelebis: Mantran (1962), S. 195 aufgrund von Evliya (1896–1938), Bd. 1, S. 561 f.
72 *Preise zu regulieren*: Aus der reichhaltigen Literatur zu diesem Thema vgl. bes. Kütükoğlu (1983) sowie die noch unveröffentlichte Diss. von Kafadar, 1986.
Richtpreise verkünden: Tresse (1937), S. 149 ff.
73 *Da geht es etwa*: MD 30, S. 28, no. 68 (985/1577–78); MD 9, S. 22, no. 58 (977/1569–70).
74 *So wurde es im 18. Jahrhundert*: Rafeq (1970), S. 53–59.

76 *Sekundärliteratur*: Barkan (1953–54), S. 238–250. Majer (1982), S. 40–63.
Wechselkurse: Für Istanbul s. Sahillioğlu (1964), S. 227–234. Für Kairo s. Raymond (1973–74), Bd. 1, S. 17ff. Nach MD 73, S. 176, no. 413 (1003/1584–95) hätte 1 Goldstück (*altın*) 120 und 1 *g̲h̲urus̲h̲* 70 *aḳče* wert sein müssen. Danach ergibt sich 1 *para* = 3 *aḳče*, aber mit Kursschwankungen muß stets gerechnet werden.
Das ägyptische Budget: Shaw (1968), S. 158 ff.

77 *Tabelle 1*: [1] Ebda., S. 158ff.
[2] Die Banū Ḥusayn, Prophetennachkommen, waren wohl zum großen Teil Städter und nicht Wüstenbewohner. Da die Abrechnungen es jedoch nicht immer ermöglichen, die Gaben an die Banū Ḥusayn auszusondern, sind sie überall in die Gesamtsumme einbezogen worden.

78 *Tabelle 2*: [1] Zu den Banū Ṣak̲h̲r vgl. Hütteroth (1977), S. 169f. Evliya (1896–1938), Bd. 9, S. 571 enthält eine Liste der Beduinengruppen, die am Ende des 17. Jh.s. Subsidien erhielten. Zu den ʿAnaza vgl. Rafeq (1970), passim.
[2] Hier handelt es sich nicht mehr um die *sikke-i-ḥasene*, sondern um eine spätere und geringerwertige Goldmünze, *s̲h̲erīfī* genannt. Mangels entsprechender Daten ist die Umrechnung nicht sehr genau.
zwischen 1596–97 und 1614–15: Vgl. Başbakanlık Arşivi Istanbul, Serie Maliyeden müdevver (MM): MM 5672, S. 17ff, MM 5672, S. 38ff; Shaw, *Budget*, S. 165. MM 5672, S. 60ff; MM 5162, S. 14ff; MM 5658, S. 13ff. Nach MM 5162 entsprachen 4392331 *para* 44851 *ḥasene* (Goldstücke, *altın*) und 34 *para*.
Viel dramatischer: MM 5568, S. 138f, 146, 148f, 151; MM 2520, S. 50; MM 86; MM 4901, S. 2–6; MM 875.

79 *kurdische Pascha*: Griswold (1983), S. 60ff. Abu-Husayn (1985), S. 67–128.
Aḥmad b. Ṭurabāy: Sharon (1975), S. 26ff.
Für die Jahre 1681–83: MM 875.

80 *kurzfristig gesehen*: Rafeq (1970), S. 55ff enthält eine ausführliche Diskussion der mit der Pilgerfahrt zusammenhängenden Probleme, allerdings auf das 18. Jh. bezogen.
Ewliyā Čelebi oder ʿAbd al-Raḥmān Ḥibrī: Evliya (1896–1938), Bd. 9, S. 565ff. Die Hg. behaupten auf S. 565, daß Ewliyā im Jahre 1081/1670–71 in Mekka war. Dies ist jedoch unwahrscheinlich; denn der Angriff Ibn Ras̲h̲īds auf die Karawane geschah in diesem Jahr, und Ewliyā reiste ein Jahr später (vgl. Rafeq [1970], S. 55f). Cavit Baysuns Biographie Ewliyās in *IA* spricht ebenfalls von 1082/1671–72. – Eine Textausgabe des

Pilgerberichtes von Ḥibrī in: Ḥibrī (1975), S. 111–128; (1976), S. 55–72; (1978), S. 147–162.
ägyptischen Quellenmaterial: Shaw (1962), S. 240–250.

81 *1591–92*: MD 69, S. 34, no. 65 (1000/1591–92).
Ähnliche Anforderungen: al-Djazīrī (1384/1964–65). Ich danke Dr. Humaydan für die Besorgung einer Kopie.
Ewliyā Čelebi: Evliya (1896–1938), Bd. 9, S. 572 ff.
dieses Hoheitszeichen: Vgl. Jomier (1953), passim.

82 *Die örtliche Verwaltung*: Shaw (1962), S. 240. Für eine abweichende Ansicht s. Holt (1961), S. 221. Nach Holts Meinung hat es auch in den ersten zehn Jahren osmanischer Herrschaft durchaus Kommandanten der Pilgerkarawane gegeben, die Mamluken waren. Nach MD 30, S. 275, no. 639 (985/1577–78) sollte der Kommandant der Pilgerkarawane den *ümerā*, also einem militärischen Korps angehören (vgl. Shaw, *Administration*, S. 199). Jedoch aus MD 52, S. 297, no. 793 (992/1584) wird deutlich, daß am Ende des 16. Jh.s. auch ein wohlhabender Kairoer Kaufmann zum Kommandanten ernannt werden konnte.
Kandidaten: MD 3, S. 525, no. 1553 (968/1560–61).
»Börsen«: Nach Shaw (1962), S. XXII bestand eine »ägyptische Börse« aus 25 000 *para* bzw. 60 000 *akce*. Später gab die osmanische Zentralregierung zu, daß 16 »Börsen« nicht ausreichten, und die Bezüge des ägypt. Karawanenkommandanten wurden auf 18 »Börsen« erhöht: MD 12, S. 449, 868 (979/1571–72).

83 *Bliebe man*: zu Özdemiroghlu vgl. Yavuz (1984), S. 61, 99. MD 3, S. 525, no. 1553 (968/1560–61).
Bei den Streitigkeiten: MD 14, S. 812 f, no. 1180 (978/1570–71); MD 30, S. 25, no. 90 (985/1577–78).
1580–81: MD 43, S. 79, no. 161 (988/1580–81).

84 *Sultansbefehl*: MD 14, S. 1149, no. 1692 (978/1570–71).
komplizierterer Fall: MD 61, S. 73, no. 190 (994/1585–86).
Gouverneurs von Jemen: Yavuz (1984), S. 61.

85 *Allerdings befand sich*: Abu-Husayn (1985), S. 168 f.
Die Biographie des Ḳānṣūh Beg: Ebda., S. 164–171. Für das soziale Umfeld s. auch Bakhit (1982), passim.
Die Festung: S. den Artikel ʿAdjlun in *EI*² (D. Sourdel).

86 *In einem Dokument*: MD 46, S. 1, no. 1 (989/1581).
100 000 Goldstücke: Abu-Husayn (1985), S. 170.
»normaleren« Umständen: MD 18, S. 28, no. 52 (979/1571–72); MD 24, S. 196, no. 522 (981/1573–74); MD 26, S. 156, no. 420 (982/1574–75).

87 *wüstennahen Provinzen*: Abu-Husayn (1985), passim.
Ḳizillu: In MD 47, S. 107, no. 272 (990/1582) wird Ḳānṣūh als Beduinen-Emir bezeichnet. Für den Faktionsstreit der »Roten« und »Weißen« s.

Bakhit (1982), S. 214 und MD 14, S. 675, no. 973 (978/1570–71). Ḳānṣūh Begs Zugehörigkeit zu den »Roten« wird nicht direkt behauptet, ergibt sich aber aus dem Zusammenhang.

88 *Dokument ... 1570–71*: MD 14, S. 1023, no. 1515 (978/1570–71).
Nuʿaymoghulları: Für diese Vokalisierung vgl. Bakhit (1982), S. 223. Es gab aber nach Hütteroth und Abdulfattah (1977), S. 169 auch einen Stamm namens ʿUrbān Naʿīm in der hier zur Debatte stehenden Gegend. Die Vokalisierung bleibt deshalb unbestimmt. Für den Disput zwischen Ḳānṣūh und Nuʿaym – Naʿīm vgl. MD 14, S. 830, no. 1206 (978/1570–71).
Ḳānṣūhs Karriere: Abu-Husayn (1985), S. 170f. MD 64, S. 86f, no. 252 (996/1587–88).

89 *Im Extremfall*: Rafeq (1970), S. 71.

90 *Ewliyā Čelebi*: Dieser Überfall geschah, nachdem die Pilger in Mekka eingetroffen waren und sich, waffenlos und in Pilgerkleidung, bereits in der Großen Moschee befanden. Zwar war der Überfall von 1671 auf den damaligen Scherifen zurückzuführen, aber da sein bewaffnetes Gefolge zum großen Teil aus Beduinen bestand, läßt sich auch dieser Zwischenfall als ein Beduinenangriff auf die Pilgerkarawane interpretieren.
Noch schwerwiegender: Barbir (1980), S. 10. Auf S. 200f findet sich eine Liste der wichtigsten Angriffe auf die syrische Pilgerkarawane; zwischen 1531 und 1671 sind überhaupt keine Angriffe vermerkt. Zusätzlich ist in Ibn Ṭūlūn und Ibn Ǧumʿa (1952), S. 198 ein Angriff im Jahre 1012/1603–04 verzeichnet.
Ein Fall betrifft: MD 3, S. 75, no. 189 (966/1558–59).
das Umgekehrte: MD 29, S. 6, no. 11 (984/1576–77).
Im osmanischen Bereich: Für einen guten Überblick vgl. den Artikel Hilʾat in *IA* von Fuat Köprülü.

91 *Die Weiterverwendung*: Barbir (1980), S. 99, 105. Bakhit (1982), S. 200–204. MD 28, S. 17, no. 26 (984/1576–77).
ʿAbd al-Raḥmān Ḥibrī: Zu der Rolle Riḍwān Begs vgl. Holt (1959), S. 225–229. Vgl. auch Raymond (1973–74), Bd. 1, S. 5–7, 264 und Holt (1961) S. 243ff.
osmanischen Zentralgewalt: Zu den letzten Jahren der osmanischen Herrschaft vgl. Wüstenfeld (1884), S. 52–56 und Uzunçarşılı (1972), S. 80–84.
Kampagne Riḍwān Begs: Dieser Feldzug wurde von Riḍwān Beg unter dem Oberbefehl von Ḳāsim Beg kommandiert.
Ḥibrī führt: Ḥibrī (1976), S. 58. Für Ḥibrīs Darstellung der politischen Verwicklungen s. S. 60f.

92 *Ḥibrī rechnete später*: Ebda., S. 58.
Krisenjahr: Vgl. den Artikel Murad IV in *IA* (Cavit Baysun).
Das zweite Beispiel: al-Nābulsī (1986), S. 316–326.

Scherif Sa'd: Uzunçarşılı (1972), S. 86f.

93 *Ewliyā*: Vgl. Evliya (1896–1938), Bd. 9, S. 602.
Architekt der Blauen Moschee: Caʿfer Efendi (1987).
seine Laufbahn: Ebda., S. 9f.
Khusrew Pascha: Für eine Liste der osmanischen Gouverneure von Damaskus siehe Laoust (1952). Die Liste enthält zwei Paschas namens Khusrew. Der erste amtierte in den Jahren 946/1593–40 und 970/1562–63, der zweite in den Jahren 1004/1595–96 und 1007/1598–99 (S. 183, 186, 194, 196). Vermutlich handelt es sich hier um den zweiten Khusrew Pascha, aber auch die zweite Amtszeit des ersten ist nicht auszuschließen.
Knabenlese: Caʿfer Efendi (1987), S. 7.

94 *Dort erschien ihm*: Ebda., S. 38f.
im Nachhinein: Ebda., S. 41.
mittelalterlicher Pilger: Ibn Djubayr (1949), S. 156.

95 *Oberschicht*: Barbir (1979–80), S. 68–81 berichtet über einen Vorgang in umgekehrter Richtung und skizziert die Umrisse des Problems.
Jede Kanone: Vgl. z. B. MM 2520, S. 20. MM 932, S. 51 (1056/1646–47).
Anonymus: Hakluyt (1909), Bd. V, S. 342.
Geschichte eines Steuerpächters: Heyd (1960), S. 82f.
In den letzten Jahren: MD 3, S. 122, no. 317 (966/1558–59); MD 12, S. 478, no. 918 (979/1571–72).

96 *unter den Mamlukensultanen*: Jomier (1972), S. 80ff.
Selīm II.: MD 7, S. 278, no. 786 (975/1567–68).
Sultansbefehl: MD 14, S. 997, no. 1483 (979/1571–72).
1587–88: MD 62, S. 255, no. 579 (996/1587–1588).

97 *So hören wir*: MD 3, S. 370, no. 1094 (967/1559–1560).
Gewisse Möglichkeiten: MD 52, S. 105, no. 258 (991/1583). Ein anderer Mißbrauch war, daß die Soldaten die Wasserreservoire besetzten und das Wasser, das den Pilgern hätte zur Verfügung stehen sollen, nur nach Zahlung einer Gebühr herausgaben: MD 14, S. 540, no. 828 (978/1570–71).

98 *Muṣṭafā ʿĀlī*: Muṣṭafā ʿĀlī (1975), S. 55f.
beiden Karawanen: Evliya (1896–1938), Bd. 9, S. 801. Vgl. auch MD 78, S. 297, no. 778 (1018/1609–10). In diesem Text wird der ägyptischen Karawane verboten, sich länger als drei Tage in Medina aufzuhalten.
Viele Rastplätze: Eine anschauliche Beschreibung des Lebens in einem Wüstenfort im Jahre 1876 findet sich in Doughty (1979), Bd. 1, S. 160ff; Bd. 1, S. 1–255 enthält außerdem eine ausführliche Beschreibung des Weges der Pilgerkarawane bis zum Rastplatz Madāʾ in Ṣāliḥ. Dort beginnt das Nichtmuslimen versperrte Umland von Medina, so daß Doughtys Weg sich an dieser Stelle von der Pilgerkarawane trennte.

ihr Ungläubigen: Evliya (1896–1938), Bd. 9, S. 602.
99 *ägyptische Gouverneur*: MD 3, S. 203, no. 563 (967/1559–60). Zur Neubesiedlung von Dörfern in der Nähe des Pilgerweges: MD 23, S. 210, no. 443 (981/1573–74).
Auch die Pilger: MD 46, S. 183, no. 380 (989/1581).
100 *Ewliyā weiß*: Evliya (1896–1938), Bd. 9, S. 590. Was den »Seelenhalwa« anbelangt, so handelt es sich wohl um eine Sonderform des Almosens, das im Namen eines/einer Verstorbenen verteilt wird, um seine/ihre Sünden wiedergutmachen zu helfen. Das würde auch erklären, warum die Garnisonssoldaten glaubten, mit der Annahme des Geschenks eine gute Tat zu tun. Vgl. Kafadar (1989).
Meḥmed Edīb: Meḥemmed Edib (1825), S. 128–132.
101 *So berichten zeitgenössische*: Vgl. Evliya (1896–1938), Bd. 9, S. 776, MM 4345, S. 65.
gewisse Historiker: Vgl. Sharon (1975), S. 18.
Für die Hilfskarawane, die den Pilgern bei der Rückkehr entgegengeschickt wurde, vgl. Kap. 3.

4. KAPITEL

102 *nicht ganz leicht zu legitimieren*: Vgl. Fleischer (1986), S. 253 ff.
103 *In den ersten Jahren*: Inalcık (1954), S. 104–129.
Omaijadenzeit: Vgl. Hodgson (1974), Bd. 1, S. 198–221, 320–326.
104 *Daß die Scherifen*: Wüstenfeld (1964), Bd. 4, passim.
Aus der Beschreibung: Ibn Djubayr (1949), S. 146. Hier werden die Gaben eines Wesirs des Herrschers von Mossul erwähnt. Dieser ließ Subsidien an die Beduinen verteilen, aber von Getreide- oder Geldzuteilungen an die Bewohner der heiligen Städte ist nirgendwo die Rede.
So gab es Stiftungen: Uzluk (1958), S. 54 f. Konyalı (1970), S. 401 ff.
105 *älteste rumelische Stiftung*: Gökbilgin (1952), S. 317, 234 f.
Eine Aufstellung: Veröffentlicht von Barkan (1979), S. 1–380 als »Defter-i müsevvedat-ı in'âm ve tasaddukaat ve teşrifât ve irsaliyât ve âdet ve nukeriye ve gayruhu vacib-i sene … (909) (26. VI. 1503–13. VI. 1504).« Fundort und Archivnummer dieses Textes sind nicht angegeben; die Edition beginnt auf S. 296.
der Dragoman: d'Ohsson (1787–1824), Bd. 3, S. 258.
hanefitischen Kadis: Im sunnitischen Islam gibt es vier Rechtsschulen, deren Meinungen zum Recht und Ritual sich in Details voneinander unterscheiden. Alle gelten aber als rechtgläubig, und die Wahl der Rechtsschule steht dem Gläubigen im Prinzip frei. Jedoch überwiegt in den verschiedenen Regionen der islamischen Welt jeweils die eine oder

andere Schule; im Osmanischen Reich war das die hanefitische, und dasselbe trift auf die moderne Türkei zu.

106 *Tabelle 3*: [1] Wegen der Existenz verschiedener osmanischer Goldmünzen läßt sich der Wechselkurs nur abschätzen. Ein Goldstück dürfte etwa 50 *akče* wert gewesen sein. Vgl. Artuk (1971, 1974), Bd. 2, S. 494. Nicht aufgeführt in dieser Tabelle sind die Gaben an einige Personen, die als »der Mekkaner N.« oder »der Medinenser N.« verzeichnet sind; denn es ist gut möglich, daß diese Leute beschenkt wurden, weil sie mit dem Hof in Verbindung standen, so daß ihre Heimatstadt nur genannt wurde, um die Identifizierung zu erleichtern. Die nicht namentlich genannten Araber oder Beduinen aus Mekka waren wohl als Boten an den Hof gekommen; ihre Geschenke sind deshalb in der Tabelle aufgeführt.

107 *Die Abrechnungen*: Osmanische Budgets der Zentralregierung sind veröffentlicht worden: Barkan (1953–54), S. 251–329; (1957–58), S. 219–276; (1957–58), S. 277, 332; (1955–56), S. 304–347; (1955–56), S. 225–303. Zu den quellenkundlichen Fragen vgl. Barkan (1954–55), S. 239–250 und Majer (1982), S. 40–63.

Münzabwertungen: Zu diesem Thema vgl. die hochinteressante, aber bislang nicht veröffentlichte Dissertation von Kafadar, 1986.

Zum Wechselkurs der *eshrefiye*-Münze vgl. Artuk und Artuk (1971, 1974), Bd. 2, S. 494–504. – Bei der Zusammenstellung der Tabelle ist vorausgesetzt worden, daß bereits zu Beginn des 16. Jh.s. die *eshrefiye*-Goldmünze 50 *akče* entsprach. In Bāyezīds II. früheren Jahren war allerdings diese Münze nur 45 *akče* wert gewesen.

108 *gestärkte politische Position*: Shaw (1962), S. 5.

110 *denn dieser Vorwurf*: Muṣṭafā ʿĀlī (1975), S. 82f.

Gewisse Tendenzen: MM 5672, S. 17ff; MM 5672, S. 38ff; MM 5162, S. 14ff; MM 5658, S. 13ff.

aufwendigen Reparaturen: Caʿfer Efendi (1987), S. 47ff.

111 *Als Sultan Selīm I.*: Shaw (1962), S. 269.

Deshīshe: Das Wort bezeichnete ursprünglich einen Getreidebrei.

Tabelle 6: Ausgaben: Ebda., S. 268, 282. Es ist nicht klar, ob die Leistungen der Stiftungen in diese Gesamtsumme bereits einbezogen sind.

[1] Zum großen Teil Baukosten in Mekka, außerdem handelt es sich wohl um die amalgamierten Ausgaben zweier aufeinanderfolgender Pilgerfahrten.

112 *Bevölkerung und Agrarland Ägyptens*: Shaw (1962), S. 21.

Ḳuṭb al-Dīn: Wüstenfeld (1964), Bd. 4, S. 302.

Jahresabrechnung: MM 12784.

Steuereinnehmer benachbarter Siedlungen: MD 70, S. 159, no. 312 (1001/1592–93).

113 *Über die Verteilung*: Vgl. MD 1806, bes. S. 2.

114 *ein Haus kaufen*: Zu Hauspreisen vgl. Faroqhi (1987), S. 116–146. Für Brot s. Kütükoğlu (1978), S. 22f.

115 *Mutter von Sultan Selīm I.*: MM 1806, S. 5.
neue Probleme: MM 1806, S. 9. Für die Münzwerte vgl. Artuk und Artuk (1971, 1974), Bd. 2, S. 494, 556.
Evrenos-Söhne: MM 1806, S. 11.

116 *Insel Zypern*: MM 1806, S. 18.
neu eroberten Grenzbezirken: In den syrischen Provinzialbudgets finden sich nur wenige Angaben, die mit der Versorgung der Bewohner Mekkas und Medinas zusammenhängen; hier stand die Pilgerkarawane eindeutig im Vordergrund. Auch die Stiftungen zugunsten der heiligen Städte waren in dieser Provinz offenbar klein und wenig ertragreich. In den Jahren 1657–58 erhielten 169 Bewohner Mekkas und Medinas Pensionen oder Gehälter aus dem syrischen Budget. Insgesamt machten diese Zahlungen weniger als 600000 *para* aus, während Beduinensubsidien und andere mit der Pilgerfahrt verbundene Unkosten sich auf fast neun Millionen *para* beliefen. Es ist schwierig, auch nur ganz grob die Höhe der Gesamtausgaben zu bestimmen, die aus den Kassen der syrischen Provinzverwaltung in Richtung Mekka und Medina flossen. Zumindest lassen sich Maximal- und Minimalwerte angeben für sämtliche mit der Pilgerfahrt verbundenen Ausgaben, die aus den syrischen Provinzialbudgets bestritten wurden. Diese beliefen sich auf etwa 55000 bis 150000 Goldstücke; in den Jahren 1657–58 wurden jedoch aus bisher nicht geklärten Gründen fast 220000 Goldstücke ausgegeben. All diese Zahlen sind jedoch auch deswegen problematisch, weil der Kommandant der Karawane bisweilen gezwungen war, größere Geldsummen zu borgen, die erst in späteren Jahren ganz oder teilweise zurückgezahlt wurden. Durch diesen Kunstgriff war es möglich, die Ausgaben für die Pilgerkarawane über die Jahre umzuverteilen, so daß die vorhandenen Ziffern nicht unbedingt ein realistisches Bild ergeben.

117 *Über die Verteilung*: Vgl. Flügel (1865–67), Bd. 2, No. 895, S. 123f. Es handelt sich hier um eine etwas gekürzte und andererseits auf den neuesten Stand gebrachte Übersetzung der arab. Chronik des Ḳuṭb al-Dīn ins Osmanische, wahrscheinlich von dem berühmten osmanischen Poeten Bāḳī im Auftrag des langjährigen Großwesirs Soḳollu Meḥmed Pascha (gest. 1579) unternommen. Die hier angeführten Stellen finden sich auf Bl. 223 und 224–5.
In den Jahren 1579–80: MD 39, S. 115, no. 278 (987/1579–80).

118 *1594–95*: MD 73, S. 460, no. 1015 (1003/1594–95).
Ein Text: MD 89, S. 26, no. 68 (1052/1642–43).
Aber dieser Eindruck: Der Scherif erhielt Subventionen nicht nur für

sich selbst, sondern für eine große Zahl von Anhängern unter den Beduinen.
in den Jahren 1569–70 und 1578–81: Dieser Eindruck ergibt sich aus den Mühimme-Registern dieser Zeitspanne. Es könnte sich aber auch wenigstens z. T. um eine optische Täuschung handeln, da für viele Jahre unsere Dokumentation sehr lückenhaft ist.
sichtbares Zeichen: MD 43, S. 266, no. 490 (988/1580–81). Zur Beteiligung der Mekkaner an der Pilgerfahrt um die Mitte des 19. Jh.s. s. Burton (1964), Bd. 2, S. 188.

119 *Getreidesendungen*: MD 48, S. 318, no. 938 (991/1583).
Listen dieser Art: Anonymus und Gölpınarlı (1958), S. 56 gibt ein schönes Beispiel für Anatolien.
Diese Prägung: Sahillioğlu (1978), S. 10.

120 *Interessenkonflikt*: MD 49, S. 71, no. 249 (991/1583).
in Syrien: Vgl. Masters (1987), S. 147–151 für die Auswirkungen von Geldknappheit in Aleppo.
osmanische Zentralregierung: MD 49, S. 71, no. 249 (991/1583).
Andere Konflikte: Vgl. MD 58, S. 277, no. 707 (993/1585); MD 60, S. 128, no. 308 (994/1585–86).
Kadis und Finanzverwalter: MD 75, S. 8–9, no. 20 (1012/1603–04).
In Medina: Über die Ḥusaynīs von Medina um die Mitte des 19. Jh.s vgl. Burton (1964), Bd. 2, S. 3. Die Nachfahren Ḥasans, des zweiten Prophetenenkels, waren durchwegs Sunniten und oft genug mit den Ḥusaynī verfeindet. Vgl. MD 47, S. 241, no. 578 (990/1582). Zu den Ḥusaynīs im allgemeinen: MD 47, S. 241, no. 578 (990/1582); MD 39, S. 115, no. 278 (987/1579–80); MD 31, S. 267, no. 589 (985/1577–78); MD 6, S. 190, no. 409 (972/1564–65); MD 46, S. 100, no. 189 (989/1581).

121 *Jedoch gaben sich*: MM 5672, S. 38 (1010–11/1601–03).
Medina zurückgezogen: MD 73, S. 460, no. 1015 (1003/1594–95). Es ist nicht leicht zu bestimmen, was mit dem *irdeb* oder *ardeb* gemeint war, weil dieses Getreidemaß starken lokalen Schwankungen unterworfen war. Im frühen 18. Jh. entsprach ein Kairoer *irdeb* Weizen 6 *kile* von Istanbul, also 153,9 kg. Vgl. Shaw (1962), S. 79.
Ausgeschiedenen: Hier ist der Ausdruck *münḳāti*ʿ verwendet worden. Es ist nicht ganz klar, wer mit dieser Bezeichnung gemeint ist.

123 *23 000 Goldstücke*: Für diese Angabe vgl. die bei Shaw (1968), S. 154 ff, aufgeführten Einzelposten. Diese wurden addiert, die in *paras* ausgedrückte Gesamtsumme dann in Goldstücke umgerechnet; wie sich aus dem von Shaw publizierten Dokument ergibt, war damals 1 Goldstück = 40 *para*. Für die höhere Schätzung siehe Shaw (1962), S. 268. Bei der Umrechnung von *para* in Goldstücke wurde wieder derselbe Wechselkurs zugrunde gelegt.

Februar 1606 und Mai 1607: Finkel (1988), Appendix 10. Für den Wechselkurs s. Sahillioğlu (1964), S. 233: 1 Goldstück entsprach im Jahre 1605 120 *akče*.

124 *Überlegungen solcher Art*: Vgl. das syrische Provinzialbudget von 1075/1664–65 (MM 2394, S. 5–9). In vielen späteren Budgets erkennt man die gleiche Tendenz.

125 *Zuschüsse ihre Adressaten*: MD 75, S. 178, no. 350 (1013/1604–05). Dieser Text fällt in die Periode Sultan Aḥmeds I. (reg. 1603–1617). Mit dem verstorbenen Herrscher ist also Meḥmed III. (reg. 1595–1603) gemeint.

5. KAPITEL

126 *Als die Osmanen*: Zur Baugeschichte der Großen Moschee in der vorosmanischen Epoche vgl. Gaudefroy-Demombynes (1923), S. 26 bis 154.

127 *Ibn Djubayr*: Ibn Djubayr (1949), S. 107.
Richard Burton: Burton (1964), Bd. 2, S. 295.

128 *Hauptsächlich wurden Moscheen gebaut*: Barkan (1962–63), S. 239 bis 296.
Die Bautätigkeit: Kuran (1987), S. 268–286.

129 *Muṣṭafā ʿĀlī*: Necipoğlu-Kafadar (1985), S. 99.
Holz: Barkan (1972/1979), Bd. 1, S. 386–393. MD 10, S. 253, no. 391 (979/1571–72).
indisches Teakholz: MD 26, S. 297, no. 864 (982/1574–75); MD 27, S. 166, no. 381 (983/1575–76).
Auch Eisen: Barkan (1972/1979), S. 361–380.

130 *eiserne Stangen*: MD 23, S. 5, no. 7 (981/1573–74).
fertige Nägel: MD 23, S. 297, no. 644 (981/1573–74).
Im Jahre 1611: Caʿfer Efendi (1987), S. 57. Mit dem Gurt wurden auch goldene Schlösser für das Grab des Propheten nach dem Hidschas geschickt.

131 *Eine andere Quelle*: Es handelt sich um das »Zübdet al-Tewā-rikh« des Muṣṭafā b. Ibrāhīm. Für die Übersetzung der entsprechenden Textstelle vgl. Caʿfer Efendi (1987), S. 57.
gewisse Menge Goldes: MD 28, S. 96, no. 226 (984/1576–77).
Ewliyā Čelebi: Evliya (1896–1938), Bd. 9, S. 779.
Dieselbe Beobachtung: Snouck Hurgronje (1931), S. 11 ff.

132 *anschauliches Beispiel*: MD 31, S. 369, no. 820 (985/1577–78).
Auch für Bauarbeiten: MD 6, S. 604, S. 1332 (972/1564–65); MD 21, S. 205, no. 488 (980/1572–73).

Aus einer Abrechnung: MM 7222. Für eine Interpretation dieses Textes s. Faroqhi (1986), S. 111–126.
Auf osmanischen öffentlichen: Barkan (1972/79), Bd. 1, S. 132–137 weist auf die geringe Beteiligung von Sklaven am Bau dieses Moscheenkomplexes hin.
133 *namentlich aufgerufen*: MD 7, S. 343, no. 200 (975/1567–68).
Istanbul: Barkan (1972/79), Bd. 2, S. 292.
Auch wissen wir: MD 5, S. 545, no. 1493 (973/1565–66).
Im Jahre 1571: MD 10, S. 253, no. 391 (979/1571–72).
134 *In einem Befehlsschreiben*: MD 7, S. 314, no. 899 (975/1567–68).
Im Jahre 1585: MD 58, S. 277, no. 706 (993/1585).
Die sachgemäße Erneuerung: MD 6, S. 45, no. 91 (972/1564–65).
60 000 Goldstücke: MD 14, S. 954 ff, no. 1416 (978/1570–71).
Wie kostspielig: Für die Baukosten der Süleymaniye s. Barkan (1972/79), Bd. 1, S. 41; für die der Sultan-Aḥmed-Moschee Bd. 2, S. 276.
135 *Diese Darstellung*: Caʿfer Efendi (1987), S. 33 ff.
136 *Im Falle der Süleymaniye*: Necipoğlu-Kafadar (1986), S. 107.
Der Biograph Mehmed Aghas: Caʿfer Efendi (1987), S. 55.
Triumphmonument: Necipoğlu-Kafadar (1986), S. 111 ff.
Standort des Vorbeters: Ḳuṭb al-Dīn b. Aḥmad al-Makkī, »Al-iʿlām be-ʿalām balad Allāh al-ḥarām«, übs. v. Bāķī (?); Übers. vom Jahre 1006/1597–98. Vgl. Flügel (1865–67), Bd. 2, S. 123 f. Bl. 225 B.
Süleyman: MD 53, S. 172, no. 502 (992/1584).
Allerdings hatte man: MD 7, S. 169, no. 442 (975/1567–68).
137 *Im letzten Viertel des 16. Jahrhunderts*: MD 26, S. 217, no. 616 (982/1574–75).
Dār al-ḥadīth: Barkan (1972/79), Bd. 1, Plan gegenüber S. 1.
Wie Ewliyā Čelebi: Evliya (1896–1938), Bd. 9, S. 782.
Überdies bestand: MD 14, S. 412, no. 579 (978/1570–71).
Ende des 16. Jahrhunderts: Ḳuṭb al-Dīn, üb. von Bāķī, Bl. 254 A ff.
140 *Allerdings scheint es*: Ebda., Bl. 255 A. Esin (1985) gibt eine Darstellung der Ereignisse aufgrund von Ḳuṭb al-Dīns Chronik.
Aber es bot sich: MD 23, S. 2, no. 6 (981/1573–74).
Eine mit Kuppeln: Für eine Diskussion des Bauplanes vgl. Necipoğlu-Kafadar (1986).
141 *Die Entscheidung*: MD 10, S. 253, no. 391 (979/1571–72).
Sultansbefehl: MD 12, S. 438, no. 849 (979/1571–72).
März 1573: MD 21, S. 231, no. 553 (980/1572–73).
nächsten Jahr: MD 22, S. 313, no. 624 (981/1573–74).
Vorgänger: MD 22, S. 296, no. 587 (981/1573–74).
Befehlsschreiben vom April 1573: MD 21, S. 231, no. 553 (980/1572–73).
um das Jahr 1577: MD 33, S. 1, no. 1 (985/1577–78).

142 *In den nächsten Jahren*: MD 28, S. 188, no. 438 (984/1576–77).
Wert gelegt: MD 31, S. 386, no. 858 (985/1577–78).

143 *osmanischen Kernlanden*: Diese Raumgliederung ist heute noch gut an den Süleymaniye- und Sultan-Aḥmed-Moscheen zu erkennen.
Sultan Murād III.: MD 26, S. 241, no. 693 (980/1572–73).

144 *Geldsumme als Entschädigung*: MD 30, S. 5, no. 14 (985/1577–78).
Wegen der Schwierigkeit: MD 39, S. 229, no. 458 (988/1580–81).

145 *Hauptleitung*: MD 6, S. 213, no. 456 (972/1564–65).
Dies ergibt sich: MD 7, S. 248, no. 691 (975/1567–68).
technischen Probleme: MD 43, S. 184, no. 336 (988/1580–81).
Sultansedikt: MD 7, S. 343, no. 990 (975/1567–68).
1576–77: MD 28, S. 14, no. 30 (984/1576–77); MD 96, S. 60, no. 312 (1089/1678–79).
Süleymān der Prächtige: MD 58, S. 275, no. 699 (993/1585).
Allerdings: MD 40, S. 88, no. 200.
Wasservorräte: MD 43, S. 264, no. 503 (989/1581).
Sauberkeit und Ordnung: MD 3, S. 368, no. 1088 (936/1555–56). Der in diesem Text benutzte Ausdruck Ḥaram-ı sherīf (»edles Heiligtum«) könnte sich auch auf das Stadtgebiet Mekkas als ganzes beziehen. Aus dem Zusammenhang aber ist es doch wahrscheinlich, daß hier nur der Hof der Großen Moschee gemeint ist. Es ist nicht klar, von welcher verstorbenen Prinzessin hier die Rede ist. Süleymans Gemahlin Roxolane und seine Tochter Mikhr ü māh kommen nicht in Frage, obwohl beide in Mekka Stiftungen errichteten; denn Roxolane ist erst 1558 gestorben, Mikhr ü māh aber lebte bis 1578.

146 *Pilger erkrankte*: MD 28, S. 1, no. 2 (984/1576–77).
Im Jahre 1577: MD 31, S. 334, no. 744 (985/1577–78).

148 *Hohe Häuser*: MD 26, S. 241, no. 693 (980/1572–73).
Konflikt nur verschlimmern: MD 26, S. 241, no. 693 (980/1572–73).
Wenigstens in dieser Hinsicht: Vgl. Delumeau (1977), S. 175 ff.
Weg zwischen den Hügeln: MD 64, S. 16, no. 44 (996/1587–88).

150 *Schwierigkeiten*: MD 35, S. 80, no. 194 (986/1578–79).
anderen Stellen: MD 33, S. 169, no. 339 (985/1577–78).

151 *ersten Warnungen*: Caʿfer Efendi (1987), S. 54.
Statt dessen: Ebda., S. 57.
Überschwemmung: Süheylī (Suheilî) Efendi, »Tarīkh-i Mekke-i mükerrime«, im Text auch »Risāle« genannt. Es handelt sich um das Manuskript der Wiener Nationalbibliothek. Vgl. Flügel (1865–67), Bd. 2, S. 125. Eine Übersicht über die Überschwemmungen findet sich auf Bl. 66 A ff. Eine vorzügliche Darstellung dieser Erneuerung der Kaaba, die weitgehend auf der Darstellung Süheylīs beruht, aber auch offizielle Dokumente miteinbezieht, findet sich bei Ṣabrī (1301–06/1883–1889),

Bd. 1, S. 514–560. Auf S. 560ff finden sich zahlreiche Dokumente im Wortlaut. Ich danke Herrn Christoph Neumann für diesen Hinweis. – Zu den Reparaturen an den Wasserleitungen Mekkas bringt Ṣabrī ebda., S. 738ff eine sehr ausführliche Darstellung.

152 *der Chronist Süheylī*: Süheylī »Risāle«, Bl. 30A.
Der Scherif: Ebda., Bl. 30B–31A.
ʿAlī b. Shams al-Dīn: Ebda., Bl. 31A.
Allerdings versäumte: Ebda., Bl. 31B. Wahrscheinlich handelt es sich hier um Rıḍwān Beg, von 1631 bis zu seinem Tode im Jahre 1656 Kommandant der Kairoer Pilgerfahrt, der durch seine große Stiftung in Kairo, Ḳaṣaba Rıḍwān genannt, berühmt wurde. Zu seiner Biographie s. Holt (1959), S. 221–230 sowie Raymond (1973–74), Bd. 1, S. 5–7, 264. Merkwürdigerweise bezeichnet Süheylī ihn nicht als Kommandanten der Pilgerkarawane, doch ist kaum anzunehmen, daß zu dieser Zeit gleich zwei Rıḍwān Begs in Mekka aktiv gewesen sind. Bei der Übersetzung des hier zitierten Textes ergibt sich die Schwierigkeit, daß hidjdjān zugleich »Dromedare« und »Edler« bedeutet. Dem Sinn gemäß wären beide Übersetzungen möglich. In jedem Fall sind also Boten nach Ägypten geschickt worden. Der von Istanbul geschickte Befehl zur Renovierung der Kaaba ist abgedruckt bei: Ferīdūn beg (1275/1858–59), Bd. 2, S. 101.

153 *Rıḍwān Agha*: Süheylī, »Risāle«, Bl. 32Bff.
Administrativ gesehen: In diesem Zusammenhang kam es zu einer Meinungsverschiedenheit zwischen Istanbuler und Kairoer Amtsträgern. Das läßt sich aus der Chronik des Muṣṭafā Naʿīmā ablesen, die allerdings fast siebzig Jahre nach den hier diskutierten Ereignissen geschrieben ist. In Naʿīmās ausführlichem Bericht wird Rıḍwān Beg nicht erwähnt, obwohl ein anonym bleibender Amtsträger in Naʿīmās Erzählung wahrscheinlich mit dem ägyptischen Mamlukenkommandanten identisch ist. Andererseits wird ein gewisser Seyyid Meḥmed, Vorsteher der Prophetennachkommen, als Organisator der Kaaba-Restauration genannt, von ihm aber berichtet wiederum Süheylī mit keinem Wort. Es ist kaum anzunehmen, daß diese Auslassungen, besonders im Falle Naʿīmās, auf Unkenntnis oder Nachlässigkeit zurückzuführen sind, standen doch diesem bedeutenden Historiker als offiziellem Reichschronisten vielfache Informationsmöglichkeiten zur Verfügung. Es ist sehr viel wahrscheinlicher, daß hier Spannungen zwischen der Zentralregierung in Istanbul und den ägyptischen Mamluken zum Tragen kamen, die auch zu Naʿīmās Zeiten noch nichts von ihrer Schärfe eingebüßt hatten, ganz im Gegenteil. – Für die entsprechende Textstelle s. Muṣṭafā Naʿīmā (o.J.), Bd. 3, S. 44f. Zu seiner Biographie vgl. Thomas (1972).

Amt bestätigt: Ebda., Bl. 37 A.
shāfiʿitische Mufti: Ebda., Bl. 35 B.
154 *spätere Vorwürfe*: Ebda., Bl. 42 A.
ihren Biographien: Zu Sinān vgl. Saî Çelebi (1988). Zu Meḥmed Agha siehe Caʿfer Efendi (1987), S. 33–76.
Stadien der Arbeit: Süheylī, »Risāle«, Bl. 60–64 A.
155 *100 batmān*: Ebda., Bl. 41 A.
geschmolzenes Blei: Ebda., Bl. 45 B. Für die Umrechnung vgl. Hinz (1955), Erg. Bd. 1, 1, S. 16.
50 Steine: Süheylī, »Risāle«, Bl. 53 A.
Die Befestigung: Ebda., Bl. 49 A, 50 A.
156 *ursprüngliche Kaaba*: Ebda., Bl. 6 A ff. Zu den historischen Nachrichten vgl. *EI*², Artikel Kaʿba (A. J. Wensick, J. Jomier).
157 *Zeremonien*: Zur Verteilung von Ehrenkleidern vgl. Uzunçarşılı (1948), S. 120–126 und andere Beispiele.
Stadtvogt: Übersetzung des Begriffs *muḥtesib*, der im osman. Bereich mit der Marktaufsicht befaßt war und oftmals die Steuern pachtete, die er kraft seines Amtes einzuziehen berechtigt war.
Maurermeister: Süheylī, »Risāle«, Bl. 54 A.
öffentlichen Gebeten: Ebda., Bl. 45 A, 51 A, 55 A, 59 A und viele andere Beispiele.
158 *Der Biograph*: Caʿfer Efendi (1987), S. 67.
er legte nämlich: Süheylī, »Risāle«, Bl. 46 B, 48 A, 54 B.
Gerade dieses Element: Ebda., Bl. 38 A.
159 *Bekleidung der Kaaba*: Ebda., Bl. 58 B–59 A.
Gold und Lapislazuli: Ebda., Bl. 62 B.
160 *Werkzeuge*: Ebda., Bl. 59 A, 60 A.
Salomon: Necipoğlu-Kafadar (1986), S. 100.
offiziellen Dokumenten: Für ein Zeugnis über eine vollbrachte Pilgerfahrt, mit Illustrationen versehen, vgl. Esin (1984), S. 179 ff.
Meḥmed Yemīnī: Meḥmed Yemīnī, »Kitāb-ı Faḍā'il-i Mekke-i muʿaẓẓama«, Manuskript der Wiener Nationalbibliothek, vgl. Flügel (1865–67), Bd. 2, S. 125 f, der das Werk als anonym bezeichnet.
mit Ausnahme von Ewliyā: Vgl. als Beispiel Evliya (1896–1938), Bd. 9, S. 750.

Kurz bevor dieses Werk in Druck ging, erhielt ich eine Kopie der wichtigen, aber noch unveröffentlichten Dissertation von Naimur Rahman Farooqi, »Mughal-Ottoman Relations: A Study of Political and Diplomatic Relations between Mughal India and the Ottoman Empire, 1556–1748«, diss. phil. Madison Wisc. 1986 (zu beziehen durch University Microfilms). Zu diesem späten Zeitpunkt konnten leider nur einige Hinweise, zumeist in die Anmerkungen, eingearbeitet werden.

163 *Sultan als Schirmherr*: Evliya (1896–1938), Bd. 9, S. 682, lobt das Verhalten eines ägyptischen Sultans, der die Abschaffung der von Pilgern erhobenen überhöhten Steuern veranlaßte, obwohl der Sultan im Zuge dieser Angelegenheit die Scherifen ziemlich brutal behandelte. Offensichtlich war nach Ewliyās Ansicht die Verteidigung der Pilgerinteressen wichtiger als der Respekt gegenüber den Scherifen als Prophetenabkömmlingen.

»Alle Muslime ...«: MD 6, S. 17, no. 39.

Sheykh al-Islām ...: Düzdag (1972), S. 109–111.

166 *»Es ist nicht erlaubt ...«*: MD 6, S. 17, no. 39.

Diese Genehmigungen: Vgl. z. B. MD 7, S. 271, no. 748 (975/1567–68); MD 7, S. 241, no. 671 (975/1567–68).

167 *Wahrscheinlich zielte*: So war etwa in der 2. Hälfte des 16. Jh.s. in vielen Balkanstädten die Schlachtung von Schafen verboten, um die Fleischversorgung Istanbuls nicht zu gefährden.

offizielle Schreiben: MD 30, S. 182, no. 428 (985/1577–78). Dieses Schreiben betrifft die Pilger von Fez und Marrakesch.

Schah Ṭahmāsp: MD 6, S. 313, no. 665 (972/1564–65).

Akbar: Zu dieser Pilgerfahrt vgl. die Einleitung von Beveridge zu Gulbadan und Beveridge (1972), S. 69f. S. auch Abū'l-Faḍl (1898 bis 1939), Bd. 3, S. 570f.

168 *Besuche von Prinzessinnen*: Alderson (1956), S. 125f nennt für das 15. und 18. Jh. die Namen mehrerer Pilgerinnen aus dem Sultanshaus, enthält aber keine Daten für das 16. und 17. Jh. Zur Mekkareise Shāh Sultans vgl. MD 19, S. 203f, no. 419–421 (980/1572–73).

Gesandte des usbekischen Khans: MD 16, S. 375, no. 657 (979/1571–72); MD 75, S. 165, no. 304 (1013/1604–05) berichtet, daß der Gesandte des Herrschers von Bukhara auf der Heimreise Ägypten, Mekka und den Jemen zu besuchen gedachte.

Desselben Vorrechtes: Vgl. MD 19, S. 203f, no. 419–421 (980/1572–73).

169 *Badāōnī*: Badāōnī (1973), Bd. 1, 443.

In diesem Text spricht Humāyūn: Riazul-Islam (1971/82), Bd. 2, S. 295ff. Farooqi (1986), S. 27, vertritt die gleiche Meinung.

1570er Jahren: Badāōnī (1973), Bd. 2, S. 217, 246. Allerdings muß ebenfalls in Betracht gezogen werden, daß die Beziehungen Akbars zum Osmanischen Reich meist alles andere als freundlich waren. Der Mogulherrscher Indiens plante sogar ein Bündnis mit dem Papst und dem König von Spanien, das jedoch nicht zustande kam. Vgl. Srivastava (1962, 1967), Bd. 2, S. 350. Diese Situation war in Istanbul durchaus bekannt, vgl. MD 62, S. 205, no. 457 (996/1587–88). In dem letztgenannten Dokument ist von einem möglichen Bündnis zwischen Akbar und den Portugiesen die Rede, das mit Hinblick auf einen Angriff auf die Hafenstädte des Jemen abgeschlossen worden sei.

Hospiz für indische Pilger: Evliya (1896–1938), Bd. 9, S. 772–773.

Der Hofchronist: Badāōnī (1973), Bd. 2, S. 246.

170 *Bahādur Shāh*: MD 19, S. 217, no. 450 (980/1572–73).

Pension von 200 akče: Peçevî (1980), Bd. 1, S. 221.

Humāyūn aber: Prasad (1956), S. 225.

Bruder Kāmrān: Artikel Kāmrān in *EI*^{2}.

171 *Badāōnīs Bericht*: Badāōnī (1973), Bd. 2, S. 321 f.

Akbars Berater: Rizvi (1965), S. 122. Scheich Salīm Čishtī soll zweiundzwanzigmal die Pilgerfahrt nach Mekka vollbracht und im Laufe seiner Reisen auch Anatolien besucht haben.

Im Gefolge Salīmas: Zu ihrer Biographie vgl. Beveridge (1972), Einleitung.

Hinzu tritt noch: MD 39, S. 238, no. 471 (988/1580–81).

172 *Ewliyā Čelebi*: (1896–1938), Bd. 9, S. 773. Vgl. auch d'Ohsson (1787–1824), Bd. 3, S. 291.

173 *Ewliyā Čelebi kommentiert*: Evliya (1896–1938), Bd. 9, S. 779.

Das Schreiben: Zur Chronologie dieser Reise vgl. eine Notiz des Übersetzers zu Abū'l-Faḍl (1898–1939), Bd. 3, S. 570. Zu dem Brief vgl. Riazul-Islam (1971, 1982), Bd. 2, S. 302 ff.

174 *Hof Akbars*: Srivastava (1962/67), Bd. 2, S. 348 f.

In dem nach Mekka: MD 39, S. 238, no. 471 (988/1580–81). Farooqi (1986), S. 35, vertritt die Ansicht, der Osmanensultan habe die Almosen Akbars zurückgewiesen, weil ihm die häretischen Ansichten dieses Herrschers bekannt gewesen seien.

175 *Naḳshbendī-Derwisch*: Zu Khvadje ʿAbd al-ʿAẓīm vgl. Rizvi (1965), S. 181 f. Zum religiösen Tanz indischer Derwische s. Rizvi, Flynn (1975), S. 76. Ein gewisser Scheich Ḳāsim Naḳshbendī hatte sich über häretische Praktiken in Mekka beklagt: MD 22, S. 46, no. 96 (981/1573–74); wir wissen jedoch nicht, auf wen sich seine Klage bezieht.

Gegner des Scheichs: Riazul-Islam (1971/82), Bd. 2, S. 303.

176 *bettelarme Besucher*: MD 35, S. 292, no. 740 (986/1578–79); MD 43, S. 54, no. 107 (988/1580–81); MD 43, S. 184, no. 336 (988/1580–81);

MD 58, S. 260, no. 659 (993/1585). Nach Farooqi (1986), S. 36, soll Akbar nach diesem Disput die Beziehungen zum Scherifen und zum Osmanenreich abgebrochen haben.

177 *gefahrvollen Reisen*: Dieser ganze Abschnitt beruht auf dem Aufsatz Farooqi (1988), S. 198–220, der die Vorarbeiten zu diesem Thema in übersichtlicher Weise zusammenfaßt. Nach Farooqi (1986), S. 251 mußte Prinzessin Gul-badan ein Dorf an die Portugiesen abtreten, um einen Geleitbrief zu erhalten.

179 *Maʿṣūm Beg*: Siehe MD 7, S. 410, no. 1180 (975/1567–68); S. 910, no. 2491 (976/1568–69); S. 913, no. 1502 (976/1568–69), außerdem Kütükoğlu (1962), S. 11, 200, sowie ders. (1975), S. 128–145. Vgl. auch MD 7, S. 725, no. 1988 (978/1570–71).

180 *Laut einer Korrespondenz*: MD 6, S. 355, no. 761 (972/1564–65).

181 *Infiltration*: Zum osman. Einfluß im Bereich des Persischen Golfes s. Orhonlu (1968), Mandaville (1970), Orhonlu (1970), Özbaran (1971), Ders. (1972), Ders. (1977).
Eindruck des Zögerns: MD 14, S. 385, no. 542 (978/1570–71).

182 *Befehlsschreiben von 1573–74*: MD 23, S. 163, no. 341 (981/1573 bis 74).
Schah Ṭahmāsp: Hammer-Purgstall (1963), Bd. 4, S. 52 ff.
In einem der Befehlsschreiben: MD 27, S. 115, no. 271 (983/1575–76); MD 31, S. 45, no. 115 (985/1577–78).

183 *In den Jahren 1580–81*: MD 42, S. 175, no. 553 (988/1580–81).
Demarche osmanischer Amtsträger: MD 43, S. 114, no. 211 (988/1580–81); MD 42, S. 176, no. 554 (988/1580–81); S. 282, no. 868 (989/1581).
Ewliyā Čelebi: (1896–1938), Bd. IX, S. 702.

184 *Aus einem Befehlsschreiben*: MD 7, S. 980, no. 2717 (976/1568–69).

185 *Auch die Mutter*: MD 6, S. 313, no. 665 (972/1564–65).
die gleichen Verfügungen: MD 6, S. 17, no. 39 (972/1564–65).
Friedensvertrag von Amasya: Hammer Purgstall (1963), Bd. 3, S. 326.
In Bagdad: Niewohner-Eberhard (1975), S. 103–127. In diesem Zusammenhang sind die Regelungen von Interesse, die die osman. Zentralverwaltung in den Jahren 1564–65 und 1570–71 erließ und die die Beerdigung iranischer Schiiten in der Nähe der den Prophetenverwandten ʿAlī und Ḥusayn geweihten Mausoleen betrafen. Vor der osman. Eroberung des Irak war es anscheinend Brauch gewesen, gewisse iranische Schiiten im Hofe der Heiligtümer zu begraben; diese Form der Beerdigung wurde bei der osman. Eroberung abgeschafft. Die Begründung dafür war religiös und nicht politisch; denn auf osman. Seite argumentierte man, gewöhnliche Menschen könnten sich niemals genügend Verdienste erworben haben, um ein Grab in der Nähe der großen

Heiligen des Islam gerechtfertigt erscheinen zu lassen. Außerhalb des Hofes aber waren solche Begräbnisse durchaus erlaubt. Allerdings bestand man auf seiten des Sultans darauf, daß nur prominenten Persönlichkeiten, wie etwa den Familienmitgliedern des Schahs, ein solches Privileg zugestanden werde; in solchen Fällen durften die Verwandten des/der Verstorbenen ein Stück Land zur Errichtung eines Mausoleums erwerben (MD 6, S. 17, no. 39). Solche Gräber und Mausoleen mußten allerdings eine gehörige Wegstrecke von den Heiligtümern entfernt sein (MD 12, S. 217, no. 450).

186 *Ihre Häuser*: MD 30, S. 191, no. 449 (985/1577–78).
Auch in Mekka: MD 26, S. 241, no. 693 (980/1572–73).
Prinzessin Perīkhān: MD 24, S. 44, no. 124 (981/1573–74).
Weihgaben: MD 24, S. 88, no. 234 (981/1573–74).
silbernes Räuchergefäß: MD 24, S. 44, no. 124 (981/1573–74).

187 *Djihāngīr*: Riazul-Islam (1971/82), Bd. 2, S. 310f. Zu Transoxanien vgl. Ott (1974). Gelegentlich benutzten auch iranische Mekkapilger die Steppenroute bis zum Schwarzen Meer, vgl. Inalcık (1979–80), S. 464.
in Astrachan: MD 7, S. 240, no. 667 (975/1567–68); S. 295, no. 838 (975/1567–68).
in Sinop oder Samsun: MD 7, S. 241, no. 671 (975/1567–68).

188 *Wenn solche Pilger*: MD 27, S. 56, no. 142 (983/1575–76).
des Tatarenkhans: MD 24, S. 142, no. 389 (987/1579–80). Zu den Nogay vgl. Inalcık (1948), S. 349–402, bes. S. 360. S. auch Kurat (1966), passim. Für eine weitere Diskussion der Rolle, die die Nogay in der osman. Politik gespielt haben, vgl. Benningsen, Lemercier-Quelquejay (1976), S. 203–236. Inalcık nimmt an, daß man im Istanbul des 16. Jh.s eine wohlüberlegte »Nordpolitik« betrieben habe. Benningsen und Lemercier-Quelquejay zweifeln dies an und meinen, daß die Angelegenheiten Kazans und der Nogay-Tataren dem Istanbuler Hof recht fern gelegen hätten. Für eine Neuformulierung der Ansichten Inalcıks s. Inalcık (1979/80), S. 458f.

189 *1554–56*: Inalcık (1948), S. 368f.
Belagerung von Astrachan: Inalcık (ebda., S. 391–395) bespricht die Vorbereitungen für eine zweite Astrachankampagne, die wegen mangelnden Einverständnisses der Tataren abgebrochen wurden. In MD 7, S. 984, no. 2722 (etwa 976/1568–69) besitzen wir ein offizielles Schreiben des Sultans an den Khan der Tataren, in dem von der Notwendigkeit des Astrachanfeldzuges die Rede ist. Wieder wird die Notwendigkeit betont, die Pilgerrouten offen zu halten. Vgl. auch MD 7, S. 295, no. 838 (975/1568–1569). Zur Interpretation dieses wichtigen Textes s. Inalcık (1948), S. 373.

190 *Scheich aus Bukhara*: MD 7, S. 271, no. 748 (975/1567–1568).

Scheich aus Transoxanien: MD 49, S. 72, no. 250 (991/1583).
Vielleicht empfing er: MD 31, S. 192, no. 431 (985/1577–78).
191 *marokkanische Sultan*: Vgl. Hess (1978), S. 96f.
Gesandten: MD 30, S. 182, no. 428 (985/1577–78).
marokkanische Besucher: MD 30, S. 219, no. 505 (985/1577–78). Ein Schutzbrief für alle marokkanischen Pilger findet sich auf S. 182 desselben Registers, no. 428.
193 *Präsenz im Irak*: Niewohner-Eberhard (1975), S. 116.
Ausschmückung: Vgl. z.B. MD 6, S. 17, no. 39 (972/1564–65). Niewohner-Eberhard (1975), S. 116 berichtet von einem Besuch Süleymāns I. nach der Eroberung von Bagdad.

7. KAPITEL

196 *Im Jahre 1517*: Vgl. den Artikel Mamlūk in *EI*² von P. M. Holt.
Ein Text: Mughul (1965), S. 46.
Flottenpräsenz: Wüstenfeld (1964), Bd. 4, S. 300. Mughul (1965), S. 39.
197 *Vielleicht wünschte*: Uzunçarşılı (1972), S. 17.
In der zweiten Hälfte: Ebda., S. 26. Orhonlu (1974), S. 129ff.
Der Schriftsteller: Fleischer (1986), S. 180.
Scherifen von Mekka: Uzunçarşılı (1972), S. 19ff.
198 *Im Jahre 1585*: MD 58, S. 201, no. 527 (993/1585).
Ewliyā Čelebi: (1896–1938), Bd. 9, S. 679.
199 *zeitweiligen Absetzung*: Uzunçarşılı (1972), S. 87.
die Klagen: MD 27, S. 403, no. 965 (983/1575–76).
Der Scherif: MD 75, S. 308, no. 645 (1013/1604–05).
Eroberung des Jemen: MD 14, S. 440, no. 623 (987/1570–71); MD 7, S. 215, no. 595 (975/1567–68).
Pferde: MD 39, S. 51, no. 119 (987/1579–80).
200 *Gegenleistung*: MD 17, S. 8, no. 13 (979/1571–72).
Nach Ansicht der modernen: Uzunçarşılı (1972), S. 23.
farbigere Version: Peçevī (1980), Bd. 1, S. 484f.
202 *Dieser antwortet*: MD 27, S. 20, no. 60 (983/1575–76).
den Portugiesen: Braudel (1966), Bd. 1, S. 495ff.
203 *Import indischer Baumwollgewebe*: Inalcık (1979–80), S. 1–66.
Spinner und Weber: Arasaratnam (1986), S. 268f.
ʿAbd al Ghafūr: Das Gupta (1988), S. 110f.
204 *armenische Großkaufleute*: Aghassian, Kévonian (1988), S. 166.
1662: Serjeant (1988a), S. 72.
Die wichtigsten: Farooqi (1986), S. 205–209.
Sogar die Herrscher: Subrahmanyam (1988), S. 503–530.

206 *Schiffe des Mogulherrschers*: Das Gupta (1988), S. 109f.
Auf der Rückreise: Serjeant (1988b), S. 149f.
Calicut: Bouchon (1988), S. 53.
iranischen Muslimen: Subrahmanyam (1988), S. 510ff.
südasiatischen Länder: Thomaz (1988), S. 42.
207 *Vom Standpunkt der indischen*: Arasaratnam (1986), S. 294ff.
wiederholten Verbote: Sahillioğlu (1978), S. 13f.
Ganz im Gegenteil: Masters (1988), S. 192.
Wirtschaftsdenken: Der Ausdruck »Provisionsdenken« stammt von Mehmet Genç, mündlicher Vortrag vor dem Kongreß für Türkische Sozial- und Wirtschaftsgeschichte, München 1986. Zum »Provisionsdenken« im Frankreich des späten 18. Jh.s vgl. Vovelle (1980), S. 228ff.
208 *Historiker Naʿīmā*: Zur Interpretation dieser Textstelle s. Inalcık (1970), S. 207–218 und Masters (1988), S. 192f.
Gouverneur des Jemen: MD 47, S. 122, no. 308 (990/1582); MD 27, S. 20, no. 60 (983/1575).
Vielleicht waren es: MD 47, S. 123, no. 309 (990/1582)
Als deshalb der Scherif: MD 67, S. 111, no. 298 (999/1590–91).
209 *Allerdings besaß*: MD 67, S. 113, no. 305 (999/1590–91).
Mittelmeerhandel: Braudel (1966), Bd. 1, S. 383–421. Für die Steuern, die in den jemenitischen Häfen erhoben wurden, siehe Sahillioğlu (1985), S. 287–319.
1590–91: MD 67, S. 131, no. 352 (999/1590–91).
grobe Schätzung: Masters (1988), S. 194.
Nun erklärte: Anonymus und Hakluyt (1901), Bd. 5, S. 360 gibt an, daß alljährlich 40–50 Schiffe in den Hafen einliefen. Für die Ladungen wurde ein Zoll von 150000 Dukaten gezahlt, den sich der Sultan und der Scherif teilten. Leider ist die Datierung des Textes problematisch. In Hakluyts Text findet sich, vom Herausgeber hinzugesetzt, die Jahreszahl A. D. c. 1580. Dagegen hat Beckingham (1977), S. 78 nachgewiesen, daß der Text schon um 1575 abgefaßt sein muß; die Daten über den Hafenverkehr dürften sich also auf die frühen 70er Jahre beziehen, so daß der Rückgang im Handel Jiddahs ziemlich dramatisch gewesen sein muß.
210 *dringliche Ausgaben*: MD 70, S. 68, no. 141 (1001/1592–93).
Pečewīs: Peçevī (1980), Bd. 1, S. 484f.
neueren Arbeit: Subrahmanyam (1988), S. 505.
aus Indien kommende Handelsschiffe: MD 6, S. 122, no. 256 (972/1564–65).
osmanischen Verwaltungspraxis: Shaw (1962), S. 253.
211 *Häufiger kam es*: MD Zeyli 3, S. 179 (984/1576–77).
212 *Die Schiffahrt*: Shaw (1962), S. 261ff.

Ibn Djubayrs: (1949), S. 79f. Burton (1964), S. 209.
Konstrukteure: MD 6, S. 128, no. 269 (972/1564–65).
knappen Schiffsraumes: Vgl. Maliyeden müdevver 5310 (1015–1016/1606–08).

213 *Lebensmittelknappheit*: MD 58, S. 158, no. 418 (993/1585).
Versorgung in den heiligen Städten: Arasaratnam (1988), S. 534.

214 *Ewliyā Čelebi*: Evliya (1896–1938), Bd. 9, S. 716.

215 *Die Ausstattung*: Ebda., Bd. 9, S. 966.
Viele Pilger: Für Muzayrib im 16. Jh. vgl. Bakhit (1982), S. 113. MD 88, S. 52, no. 123 (1047/1637–38).
Gebühren: Der Text stellt fest, daß von Käufer und Verkäufer für einen Umsatz von 1 *ghurush* jeweils 15 *akče* erhoben wurden, also insgesamt 30 *akče* pro *ghurush*. Nach Sahillioğlu (1964), S. 229 entsprach in Galata im Jahre 1047/1637–38 1 *riyāl ghurush* 120 *akče*; der entsprechende Wert für Damaskus ist nicht bekannt, so daß hier der Istanbuler Wechselkurs zugrundegelegt ist. 30:120 entspricht 25%.
ʿAbd al-Raḥmān: Ḥibrī (1975), S. 111–128; (1976), S. 55–72; (1978), S. 147–162. Vgl. (1975), S. 125.

216 *Damaszener Textilien*: Für eine Aufzählung dieser Textilien vgl. Evliya (1896–1938), Bd. 9, S. 554.
Ewliyā Čelebi: Ebda., Bd. 9, S. 570.
Meḥmed Edīb: Meḥemmed Edib (1825), S. 122.
Ewliyā fiel es: Evliya (1896–1938), Bd. 9, S. 779, 782. Auch bemerkt er, daß die mekkanischen Frauen nicht kochen, saubermachen oder spinnen (S. 782).

217 *In Mekka*: Ebda., Bd. 9, S. 776.
Jahrmarkt von Minā: Ebda., Bd. 9, S. 712.

218 *Manche Händler*: Ebda., Bd. 9, S. 713.
Soldaten: Ebda., Bd. 9, S. 714f.
Verbindung von Jahrmarkt: Vryonis (1981), S. 196–226.
großen Balkanmessen: Evliya (1896–1938), Bd. 9, S. 186. Mehlan (1938), S. 10–49.
Parallelfall: Evliya (1896–1938), Bd. 10, S. 612.
Darreichung von Wohlgerüchen: Ebda., Bd. 9, S. 713.
Kaffee: Ebda., Bd. 9, S. 713. Zum Kaffeegenuß im Osman. Reich vgl. Kissling (1975), S. 342–355 und Hattox (1985).

219 *im letzten Viertel*: Ebda., S. 102 und Evliya (1896–1938), Bd. 9, S. 796.
andere Importware: Rogers, Ward (1988), S. 140ff.
»Teller und Tassen«: Evliya (1896–1938), Bd. 10, S. 445.

220 *Die Kaufleute Mekkas*: Ebda., Bd. 9, S. 776.
Ludovico di Varthema: Pearson (1988), S. 462.

221 *etablierten Kaufleute*: Zum Verständnis des Fernhandels im größeren Zusammenhang s. Curtin (1984).
222 *Handwerkszünfte*: Hier als Equivalent zu *muḥtesib*. Zum Funktionieren dieser Institution vgl. Mantran (1962), S. 299–322.

8. KAPITEL

224 *Erst im 18. Jahrhundert*: Rafeq (1970), S. 59ff.
Aleppo und Damaskus: Sauvaget (1937), S. 98–121; Barbir (1980), S. 133–150.
Beduinen-Überfall: Rafeq (1970), S. 213ff.
225 *ägyptischen Bereich*: Vgl. Shaw (1962), S. 268, auch Peters (1986), S. 204.
226 *Handelspotential Ägyptens*: al-Sayyid Marsot (1984), S. 18f.
Umgestaltung des Militärwesens: Vgl. Shaw (1971).
227 *Wahabiten*: Vgl. den Artikel Wahhābīyya in *EI*[1].
Machtvakuum: al-Sayyid Marsot (1984) ist die neueste Darstellung dieses Zeitraums; vgl. bes. S. 70ff.
229 *John Lewis Burckhardt*: Burckhardt (1829).
Unterredung mit Meḥmed: Vgl. dazu Dinet und Baâmer (1962), S. 188ff.
Beschreibung Medinas: Burckhardt (1829), Bd. 2, S. 197.
230 *Sir Richard Burton*: Burton (1964).
231 *Manche christlichen*: Ebda., Bd. 1, S. XVff.
Snouck Hurgronje: Snouck Hurgronje (1931). Es handelt sich dabei um eine Übersetzung des zweiten Bandes von Snouck Hurgronjes 1888–1889 auf Deutsch erschienenem Werk. Diese Übersetzung ist hier benutzt, weil sie leichter zugänglich ist als das Original.
233 *Auch beschreibt er*: Ebda., S. 26, 95, 99.
fünfzehn Europäer: Vgl. Ralli (1909).
Giovanni Finati: Auszüge finden sich im Anhang zu der 1893er und der 1964er Ausgabe von Burton, Bd. 2, S. 390–401.
234 *Vagheiten und Verschleierungen*: Dieser Konflikt ist gut ausgedrückt worden in dem Bericht von Wild (1964), S. 115.
Reisegeschwindigkeiten: Tresse (1937), S. 268ff. Für eine grundlegende neuere Darstellung s. Panzac (1985).
Emmanuel Le Roy Ladurie: (1984), S. 28–83.
235 *politischen Pressionen*: Izzedine (1918) sowie Duguet (1932). S. auch Roff (1982), S. 143–160.
236 *Conseil Supérieur de Santé*: Der von Maḥmūd II. geschaffene Rat hieß ursprünglich *Conseil sanitaire de l'Empire Ottoman*, vgl. Panzac (1985), S. 480.

Haltung zu Epidemien: Dols (1977), S. 84–142, außerdem Panzac (1985), S. 279ff und S. 446ff.

237 *Boccaccio, Daniel Defoe ...*: Giovanni Boccaccio, *Das Dekameron*, üb. von K. Witte, 19. Aufl. (München, 1979).

Daniel Defoe, *Die Pest zu London*, üb. von Werner Barzel (München, 1981).

Alessandro Manzoni, *Die Verlobten*, üb. von E. Junker, 3. Aufl. (München, 1988).

238 *Snouck Hurgronje*: (1931), S. 4ff.

Bewohnern von Ḥaḍramawt: Serjeant (1988), S. 149f.

arme Afrikaner: Snouck Hurgronje (1931), S. 11f. Für den heutigen Zustand vgl. Brownson (o. J.), S. 126f.

Aber die größte Aufmerksamkeit: Snouck Hurgronje (1931), S. 215–292.

239 *wenige Zahlenangaben*: Ebda., S. 215.

In den siebziger Jahren: Shaw, Shaw, (1977), S. 259f und passim.

islamische Legitimationsideologien: Ich danke meinem Kollegen Doçent Dr. Selim Deringil, Istanbul, der mir sein unveröffentlichtes Manuskript zu diesem Thema gezeigt und mich auch in Gesprächen auf diesen wichtigen Punkt aufmerksam gemacht hat.

Auswärtige Pilger: Sultan Jahan Begam (1909). Zur Herrscherfamilie insgesamt vgl. den Artikel Bhopal in *EI*² von Bazmee Ansari.

240 *Photographien der mekkanischen*: Gaudefroy-Demombynes (1923), S. 116.

Eyyüb Ṣabrī: Ṣabrī (1301–06/1883–1888), Bd. 1, S. 772ff. Dieses Werk ist wegen der Vielzahl der vom Verfasser benutzten Quellen nicht nur für den Zeitraum, für den Eyyüb Ṣabrī als Augenzeuge berichtet, von großer Bedeutung.

Kohlenbergwerken: Quataert (1983), S. 58.

241 *Hidschasbahn*: Die neueste Arbeit zu diesem Thema ist: Ochsenwald (1980).

größere militärische Präsenz: Ebda., S. 118ff.

Abgabe für die Straßenreinigung: Ebda., S. 128.

Auch die Scherifen: Ebda., S. 130ff.

242 *Der Widerstand*: Für einen Augenzeugenbericht s. Wavell (1912), S. 85ff.

Subsidien an die Beduinen: Ochsenwald (1980), S. 126.

243 *Zeit Abdulhamids*: Vgl. Sultan Jahan Begam (1909), passim sowie den Artikel in *EI*² von Bazmee Ansari.

Sultan Jahans Korrespondenz: Vgl. Sultan Jahan Begam (1909), S. 147ff., 157ff. und passim.

244 *Nur ein Aspekt*: Ebda., S. 255ff.

Im Jahre 1908: Shaw (1972), Bd. 2, S. 263 ff.
Kazem Zadeh: Kazem Zadeh (1912), S. 144–227.

245 *So widmet er*: Ebda., S. 145–157.
Handel von Mekka und Jiddah: Ebda., S. 178.
Kursschwankungen: Ebda., S. 166 f.
»Staatsräson«: Ebda., S. 170 f.
Aber in der Beschreibung: Ebda., S. 218.

246 *In die letzten Friedensjahre*: Ben Chérif (1919).
Ben Chérif: Ebda., S. 103. Ben Chérif beschreibt die Versammlung auf dem ʿArafāt in diesem Stile. Viele andere Beispiele finden sich im Laufe des Textes.
intellektuelles Bindeglied: Ebda., S. II.

247 *»Lawrence of Arabia«*: Lawrence, *Seven Pillars of Wisdom* (Garden City N Y, 1935). Zur Kritik von L. s. Sulaiman Mousa (1985), S. 7–22.
Verbindung von Istanbul: Shaw (1972), Bd. 2, S. 322.
osmanische Armee: Ochsenwald (1980), S. 130.
1925 verloren: Für einen Augenzeugenbericht aus diesen Jahren vgl. Rutter (1928).

248 *Da die Rolle*: Duguet (1932), S. 204–207, 263 ff.
Gesundheitszustand: Long (1979), S. 78.
Noch im Jahre 1925: Rutter (1928), Bd. 1, S. 57 ff. Die Audienz bei Ibn Saud wird auf S. 232 ff. beschrieben.
Das Automobil: Dinet und Baâmer (1962), S. 73.

249 *Beleuchtung des Moscheehofes*: Rutter (1928), Bd. 1, S. 263.
Wavell: Wavell (1912), S. 149 und viele andere Beispiele.
Eldon Rutter: Rutter (1928), Bd. 2, S. 31; Bd. 1, S. 149.

250 *wenige Beschreibungen*: Dinet und Baâmer (1962), S. 10.
Fortsetzung der Hidschasbahn: Long (1979), S. 47.

251 *Noch im Jahre 1949*: Ebda., S. 47.
Die Konzentration: Bushnak (o. J.), Bd. 1, S. 98 und 108.

252 *Tabelle 7:* [1] Diese Zahlen stellen eine Auswahl aus dem Material dar, das Long (1979) auf S. 127–129 veröffentlicht hat.
Ab 1972–73 beruhen die Zahlen auf: Kingdom of Saudi Arabia, Central Department of Statistics, *The Statistical Indicator*, 7 (1982), S. 228; und 19 (1983), Tabelle 4.44. Diesen Daten liegt das Mondjahr zugrunde. Long hat mit demselben Material gearbeitet, doch weicht seine Umrechnung von Hidschra-Jahren auf A. D. von der sonst üblichen ab. Die Zahlen von 1972–73 bis einschließlich 1982–83 sind auf den nächsten Tausender auf- bzw. abgerundet. Die Statistiken für 1983–84 und 1984–85 nach: *The Middle East and North Africa 1987, 33rd Edition* (London), S. 700, für 1985–86 s. *The Middle East and North Afrika 1988, 34th Edition* (London), S. 687.

[2] Diese Zahl findet sich bei Duguet (1932), S. 25.
»normalen« Großstadt: Bushnak (o. J.), S. 106 spricht von »leichtem Zugang« und »Beweglichkeit«, die in einer normalen Großstadt wünschenswert sind, aber während der Pilgerfahrt nur in besonderen Situationen gesichert werden sollen.

253 *zu Fuß gehen*: Ebda., S. 10.
sehr detaillierten Stadtpläne: Farsi (1408/1987–88). Für Medina siehe ders. (o. J.).
Architekten und Planer: Brownson (o. J.) S. 124, 130ff.
Im Jahre 1957: Long (1979), S. 78.

254 *Als etwa im Jahre 1959*: Ebda., S. 79.
Achillesferse: Ebda., S. 82.
Die Kontrollen: Longs Buch wurde im Jahre 1979 gedruckt, und die hier gegebenen Informationen reichen bis zu diesem Stichjahr.
Krankenhäuser: Ebda., S. 83ff.

255 *hygienische Probleme*: Ebda., S. 85ff.
Kazem Zadehs Pilgerfahrt: Kazem Zadeh (1912), S. 221.
die muṭawwifs: Snouck Hurgronje (1931), S. 25; Ben Chérif (1919), S. 8ff.; Rutter (1928), Bd. 1. S. 12ff. Für spätere Jahre vgl. Long (1979) S. 28ff.

256 *Lizenzgebühren*: Ebda., S. 36.
Kazem Zadeh: (1912), S. 155.
Ibn Saʿūd: Long (1979), S. 37ff.
Studie des mekkanischen Beherbergungswesens: Makky (o. J.), Bd. 1, S. 59–72.

257 *In den siebziger Jahren*: Long (1979), S. 97.
Umfang der Bauarbeiten: Ebda., S. 67. Die Beschreibung der Um- und Anbauten an beiden Großen Moscheen beruht auf den Photographien, die von Azmat Sheikh (1980) veröffentlicht worden sind. Für das Zahlenmaterial siehe den (unpaginierten) englischsprachigen Teil der Einleitung. Auch die sehr instruktiven Farbphotos sind nicht numeriert.

260 *Gedenkstätten*: Rutter (1928), Bd. 1, S. 273f.
Große Moschee von Medina: Long (1979), S. 67.
Ein Vergleich: Für einen Plan der Moschee vor dem Umbau siehe Rutter (1928), Bd. 2, gegenüber S. 232. Die Photographien sind wieder in Azmat Sheikhs Buch enthalten.

261 *Kritik von muslimischen*: Malik (o. J.), Bd. 1, S. 137–161. Ich danke Dr. Tülay Artan und meinen ehemaligen Kolleginnen und Kollegen an der Fakultät für Architektur, Orta Doğu Teknik Üniversitesi, Ankara, die mir das – immer noch Allzuwenige – beigebracht haben, was mir von der zeitgenössischen Architekturdiskussion bekannt ist.

262 *Samhūdī*: Für eine Zusammenfassung von al-Samhūdīs Werk vgl. Wüstenfeld (1860). Für die hier relevante Stelle s. S. 67.

ZUM ABSCHLUSS

263 *Zu den Hauptthemen*: Als einen anregenden Beitrag zu den hier angeschnittenen Problemen vgl. İslamoğlu-İnan (1987), S. 1–26.
»orientalische Frage«: Mündlicher Abschlußvortrag von Prof. Bernhard Lewis, gehalten während des V. Kongresses für Türkische Sozial- und Wirtschaftsgeschichte, Istanbul, 1989.
Beschäftigung mit außereuropäischer Geschichte: Dieser Abschnitt hat dem Buch von Said (1978) sehr viel zu verdanken. Allerdings erhält man nach der Lektüre leicht den Eindruck, daß Rassismus und Ethnozentrismus so durchgehende Denkmuster der europäischen und amerikanischen Wissenschaftler in ihrer Beschäftigung mit »dem Orient« waren und noch heute sind, daß man diesen Paradigmen gar nicht entrinnen kann. Dieses Buch geht von einer weniger pessimistischen Grundthese aus. Vielleicht ist das Zweckoptimismus; doch wenn Said recht haben sollte, müßten sich Historiker und Philologen, die sich mit dem Nahen Osten befassen und sich nicht als Rassisten und Ethnozentristen aufführen wollen, wohl am besten anderen Disziplinen zuwenden. Jedenfalls dient sein Buch als ein notwendiges Korrektiv gegen eine allzu naiv-optimistische Vorstellung von »wertfreier« und permanent fortschreitender Wissenschaft.
264 *Die Gesellschaft dagegen*: Als eines der vielen Werke, die von diesen Grundannahmen ausgehen, vgl. Rustow (Hg.) (1964).
265 *Auswirkungen langfristiger Strukturen*: Als ein zugegebenermaßen extremes Beispiel dieser Tendenz vgl. Romano (1980), S. 22–75. S. auch Weber (1976).
Hypothese von der »unveränderlichen«: Ohne daß diese Grundannahme direkt ausgesprochen würde, finden sich viele Beispiele für diese Arbeitsweise in den Werken Ismail Hakkı Uzunçarşılıs. S. etwa Uzunçarşılı (1948), noch immer ein grundlegendes Nachschlagewerk.
266 *ein Bauwerk oder eine Chronik*: Diese Tendenz wird noch dadurch verstärkt, daß die Architekturgeschichte des Osmanischen Reiches weitgehend eine Domäne der Architekten ist. Für diese aber stehen technisch-strukturelle Fragen im Vordergrund, und die religiösen bzw. politischen Gründe für die Errichtung eines Bauwerkes werden oftmals vernachlässigt.
Dynamik seiner Frühzeit: Für eine Darstellung dieser Hypothese vgl. Lewis (1968), S. 28. Lewis gibt hier die Ansichten M. Fuat Köprülüs und Halil Inalcıks wieder.

267 *Mutatis mutandis*: Für eine anregende Diskussion dieses Themas danke ich Engin Arkarlı. Vgl. Labrousse (1970), Bd. II, bes. S. 119–160 und S. 567–600. Für das osmanische »Ancien Régime« s. Cezar (1986).

268 *Ewliyā Čelebi*: Kortepeter (1979), S. 229–246.
einige Mitglieder: Uzunçarşılı (1972), S. 118.

269 *neuaufkommende Fragen*: Hodgson (1974), Bd. 1, S. 365–392.

270 *Religion die Politik*: Als einen Vertreter der Ansicht, daß im Hidschas »die Religion« die Politik bestimmt hätte, vgl. Ochsenwald (1984). Allerdings beziehen sich die Annahmen Ochsenwalds strikt auf die etwas weniger als sieben Jahrzehnte, die er in seinem Buch behandelt.
eigene Integration: Zu diesem Problem in einem frz. Kontext vgl. Braudel (1986).

271 *Integration im Sinne des 19. Jahrhunderts*: Shaw (1977), Bd. 2, S. 226–230.

273 *Zwischen 1700 und 1770*: Genç (1984), S. 52–61, 50/5 (1984), S. 86–93.
Fernand Braudel: Braudel (1979), Bd. 2, S. 402–416. Zur wirtschaftlichen Bedeutung der Pilgerstraßen vgl. auch Raymond (1985), S. 48.
wohleingeführte Transithandelswege: Erim (1984). Ich danke der Autorin, die mir die Lektüre dieser sehr anregenden, aber leider noch unveröffentlichten Dissertation ermöglicht hat.
verbreitete sich der Kaffee: Faroqhi (1986), S. 87–93.
Kaufherren Kairos: Raymond (1973–74), Bd. 1, S. 143–146.

274 *sunnitischen Khanaten*: Farooqi (1988), S. 198–220.
Expansion des Zaren: Inalcık (1948), S. 349–402.

275 *Frauen der osmanischen*: Dengler (1978), S. 229–244. Bates (1978), S. 245–260. Peirce (1988), S. 43–82.

276 *D̲jem Sultan*: Vgl. den Artikel Cem in *IA* von Cavid Baysun.

277 *militärische Element*: Vgl. Lapidus (1984), S. 77f und 131. Der Autor analysiert die Mamlukenherrschaft in Ägypten und Syrien; er meidet allerdings die naheliegende Schlußfolgerung, das Mamlukenrégime hätte keiner Legitimation bedurft.
einige Beispiele: Abou-El-Haj (1974), S. 131–137.
Absetzung Aḥmeds III.: Aktepe (1958), S. 41 ff.

278 *Ewliyās Kapitel*: Evliya (1957).
Paris und Stockholm: Göçek (1987).

BIBLIOGRAPHIE

ZUR QUELLENLAGE

Die Dokumentation dieses Buches stammt zum gewichtigsten Teil aus dem Istanbuler Başbakanlık Arşivi – Osmanlı Arşivi, und zwar aus den Sektionen Mühimme Defterleri (Register der wichtigen Angelegenheiten) und Maliyeden müdevver (Übertragen aus der Finanzabteilung). In die »Register der wichtigen Angelegenheiten« wurden alle Sultansedikte eingetragen, die vom Rate des Sultans (*diwān-ı humāyūn*) erlassen wurden. Mitglieder in diesem Rat waren die Wesire, der oberste Finanzverwalter (*defterdār*) und der Kanzler (*nis̲h̲āndjı*). Die Serie der erhaltenen Register setzt um 1550 ein, obwohl auch aus der ersten Hälfte des 16. Jahrhunderts einzelne Register erhalten sind. Am reichhaltigsten sind diese Register für das spätere 16. sowie das frühe 17. Jahrhundert, obwohl auch innerhalb dieser Zeitspanne sehr gut dokumentierte Jahre anderen gegenüberstehen, deren Register offenbar verlorengegangen sind.

Eine Durchsicht der Register ergab etwa 800 Dokumente, die inhaltsreich genug waren für eine nähere Analyse. Dieses Material bezieht sich fast ausschließlich auf die Zeitspanne von 1565–1605. Merkwürdigerweise sind die großen Restaurationsprojekte Aḥmeds I. (reg. 1603–17) und Murāds IV. (reg. 1623–40), die sicherlich den Anlaß zu ausgiebigen Korrespondenzen ergeben haben, in diesen Registern überhaupt nicht dokumentiert. Dies hängt wahrscheinlich damit zusammen, daß vom 17. Jahrhundert an immer mehr spezialisierte Register für besondere Anlässe geschaffen worden sind, und wahrscheinlich gab es gesonderte Register für Bauarbeiten, die vielleicht in Zukunft noch zutage kommen werden. Aber auch ohne dieses Material ist die Dokumentation so reichhaltig, daß nur ein kleiner Teil der aufgefundenen und benutzten Texte in den Anmerkungen zitiert werden konnte.

Unter den Finanzdokumenten der Sektion Maliyeden müdevver sind etwa 50 Register für unsere Arbeit exzerpiert worden. Die meisten Informationen finden sich in den ägyptischen und syrischen Provinzialabrechnungen (»Budgets«). Das ägyptische Material konzentriert sich auf die Jahre um 1600; das syrische verteilt sich in breiter Streuung über das gesamte 17. Jahrhundert. In beiden Fällen handelt es sich um Abrechnungen über das Geld, das die Provinzialverwaltung in Kairo bzw. Damaskus für den »offiziellen« Teil der Karawane ausgab, also für die Offiziere und Begleitmannschaften sowie für

Pferde, Kamele, Geschütze und Munition. Auch die an Beduinen gezahlten Subsidien sind mit einbezogen. Daneben finden sich auch mehrere Abrechnungen über Stiftungen in verschiedenen Teilen des Osmanischen Reiches, deren Einnahmen ganz oder z. T. für die heiligen Städte bestimmt waren. Die Angaben, die in diesen Abrechnungen enthalten sind, können überdies ergänzt werden durch die Dokumentation, die in den großen Steuerregistern des 16. Jahrhunderts enthalten ist (Sektion Tapu Tahrir des Başbakanlık Arşivi in Istanbul). War es doch Vorschrift, daß in diesen Registern alle frommen Stiftungen aufgelistet wurden, die sich in der beschriebenen Provinz befanden, und zu der Beschreibung einer Stiftung gehörte auch eine Angabe über die Begünstigten. So läßt sich etwa aus dem von Barkan und Ayverdi veröffentlichten Register der Istanbuler Stiftungen aus dem Jahre 1546 (vgl. Quellenverzeichnis) entnehmen, wie viele Stifter die Bewohner Mekkas und besonders Medinas mit frommen Gaben bedacht hatten.

Die Kadiamtsregister der größeren Städte Anatoliens sowie des Balkans enthalten relativ wenige Gerichtsfälle, die sich direkt auf die Pilgerfahrt beziehen. Längst noch nicht ausgeschöpft ist das Material der Kairoer und Damaszener Register; leider ist über den Verbleib der Kadiamtsregister von Mekka und Medina selbst bis heute nichts bekannt.

BENUTZTE ARCHIVQUELLEN

Başbakanlık Arşivi, Mühimme Defterleri (MD): 3, 5, 6, 7, 9, 10, 12, 14, 16, 17, 18, 19, 21, 22, 23, 24, 26, 27, 28, 29, 30, 31, 33, 34, 35, 36, 39, 40, 42, 43, 46, 47, 48, 49, 51, 52, 53, 55, 58, 60, 61, 62, 64, 67, 68, 69, 70, 71, 73, 74, 75, 76, 78, 80, 81, 82, 85, 86, 88, 89, 90, 91, 92, 93, 94, 95, 96

Başbakanlık Arşivi, Mühimme Zeyli (MZ): 1, 2, 3, 4, 5, 6, 9

Başbakanlık Arşivi, Maliyeden müdevver (MM): 7056, 5671, 5672, 5162, 5658, 5672, 3651, 6005, 5592, 1806, 7603, 4108, 2521, 1653, 1003, 2520, 5568, 880, 2916, 1308, 1286, 1290, 4895, 926, 927, 872, 86, 876, 2525, 932, 1647, 2530, 1644, 2459, 2535, 4345, 1645, 4345, 956, 2394, 2396, 952, 943, 1011, 4901, 941, 1007, 4475, 875, 4901, 241

Kadiamtsregister, Çorum Belediye Kütüphanesi, Çorum: Register No 1741–2 von Çorum

[ʿAbd al-Karīm], *The Memoirs of Khojeh Abdulkurreem, A Cashmerian of Distinction*, üb. von Francis Gladwin (London, 1793)
[Abū al-Faḍl], *The Akbar Nama of Abu-l-Fazl*, üb. von Henry Beveridge, Bibliotheca Indica, 3 Bde. (Calcutta, 1891–1921)
Muṣṭafā ʿĀlī's *Description of Cairo of 1599, Text, Transliteration, Translation, Notes*, üb. und hg. von Andreas Tietze, Österr. Akademie der Wissenschaften, Philosophisch-hist. Klasse, Denkschriften, Bd. 120, Forschungen zur islamischen Philologie und Kulturgeschichte Bd. V (Wien, 1975)
Ali Bey [Domingo Badia y Leblich], *Voyages d'Ali Bey El-Abbasi en Afrique et en Asie pendant les années 1803–1807*, 2 Bde. (Paris, 1814)
Anonymus, *Manakıb-ı Hacı Bektâş-ı Veli »Vilâyet-nâme«*, hg. von Abdülbaki Gölpınarlı (Istanbul, 1958)
»A description of the yeerely voyage or pilgrimage of the Mahumitans, Turkes and Moores unto Mecca in Arabia«, in *The Principal Navigations, Voyages, Traffiques and Discoveries of the English Nation*, hg. von Richard Hakluyt, 12 Bde. (Neudruck Glasgow, 1901), Bd. 5, S. 329–365
Das Vilâyet-nâme des Hâdschim Sultan, Eine türkische Heiligenlegende, hg. u. üb. von Rudolf Tschudi (Berlin, 1914)
Mohamed Arkoun, Ezzedine Guellouz, Abdelaziz Frikha, *Pèlerinage à la Mecque* (Lausanne, Paris, Tunis, 1977)
ʿAbdu-l-qādir Ibni Mulūk Shāh, gen. al-Bādāōnī, *Muntakhabut-tawārīkh*, üb. von George S. A. Ranking *et al.*, A. D. Oriental Series, 3 Bde. (Neudruck, Delhi, 1973)
Ömer Lütfi Barkan, »933–934 (M 1527–1528) Malî Yılına Ait bir Bütçe Örneği«, *IFM*, 15, 1–4 (1953–54), S. 251–329
– »1079–1080 (1669–1670) Malî Yılına Ait bir Osmanlı Bütçesi ve Ekleri«, *IFM*, 17, 1–4 (1955–56), S. 225–303
– »974–975 (M 1567–1568) Malî Yılına Ait bir Osmanlı Bütçesi«, *IFM*, 19, 1–4 (1957–58), S. 277–332
– »1070–1071 (1660–1661) Tarihli Osmanlı Bütçesi ve bir Mukayese«, *IFM*, 17 (1955–56), S. 304–347
– »954–955 (1547–1548) Malî Yılına Ait bir Osmanlı Bütçesi«, *IFM*, 19 (1957–58), S. 219–276
– »Istanbul Saraylarına ait Muhasebe Defterleri«, *Belgeler, Türk Tarih Belgeleri Dergisi*, IX, 13 (1979), S. 1–380
Der hier relevante Text findet sich unter der Überschrift: »Defter-i müsevvedât-ı inʿâm ve tasaddukaat ve teşrifât ve irsâliyât ve adet ve nukeriye ve gayruhu vâcib-i sene tisʿa ve tisʿa mie (909), (26. VI. 1503–13. VI. 1504)«. Fundort und Archivnummer dieses Textes sind nicht angegeben; die Edition beginnt auf S. 296.

Ömer Lütfi Barkan, Ekrem Hakkı Ayverdi, *Istanbul Vakıfları Tahrîr Defteri, 953 (1546) Târîhli*, Istanbul Fetih Cemiyeti Istanbul Enstitüsü 61 (Istanbul, 1970)

[Ogier Ghiselin von Busbeck], *Vier Briefe aus der Türkei von Oghier Ghiselin von Busbeck*, üb. und komm. von Wolfram von den Steinen (Erlangen, 1926)

John Lewis Burckhardt, *Travels to Syria and the Holy Land* (London, 1822)

– *Travels in Arabia, Comprehending an Account of those Territories in Hedjaz which the Mohammedans regard as Sacred*, 2 Bde. (London, 1829)

Richard Burton, *Personal Narrative of a Pilgrimage to al-Madinah & Mecca*, 2 Bde. (Neudruck, New York, 1964)

[Caʿfer Efendi], *Risāle-i Miʿmāriyye, An Early Seventeenth-Century Treatise on Architecture*, üb. von Howard Crane (Leiden ..., 1987)

Caïd ben Chérif, *Aux villes saintes de l'Islam* (Paris, 1919)

el-Hadj Nacir ed dine E. Dinet und el-Hadj Sliman ben Ibrahim Baâmer, *Le pèlerinage de la Maison sacrée d'Allah*, 2. Aufl. (Paris, 1962)

ʿAbd al-Kādir al-D̲jazīrī, *Durar al-fawāʾid al-munaẓẓama fī ak̲h̲bār alḥād̲jd̲j ve ṭarīḳ Makka al-muʿaẓẓama*, (Mekka, 1384 / 1964–65)

Charles Doughty, *Travels in Arabia Deserta*, eingel. von T. E. Lawrence, 2 Bde. (Neudruck, New York, 1979)

M. Ertuğrul Düzdağ, *Şeyhülislâm Ebusuûd Efendi Fetvaları Isığında 16. Asır Türk Hayatı* (Istanbul, 1972)

Esat Efendi, bearb. von Yavuz Ercan, »(Her yıl gelenek haline gelmiş olan) Sürre-i Hümayun Gönderme Töreni«, *Tarih ve Toplum*, 3 (1985), S. 377–380

Evliya Çelebi, *Seyahatnamesi*, 10 Bde. (Istanbul, 1314 / 1896–97 bis 1938)

– *Im Reiche des Goldenen Apfels, Des türkischen Weltenbummlers Evliya Çelebi denkwürdige Reise in das Giaurenland und in die Stadt und Festung Wien, anno 1665*, hg. und üb. von Richard Kreutel (Graz, Wien, Köln, 1957)

Ferīdūn beg, *Med̲jmūʿa-ı münş̲h̲eʾat-ı selāṭīn*, 2 Bde. (Istanbul, 1275 / 1858–59)

Giovanni Finati, *Narrative of the Life and Adventures of Giovanni Finati, Native of Ferrara*, üb. und hg. von William John Banks Esq., 2 Bde. (London, 1830)

[Gul-badan Begam], *The History of Humāyūn (Humāyūn-nāma) by Gulbadan begam (Princess Rose-body)*, üb. und eingel. von Annette S. Beveridge (Neudruck, Delhi, 1972)

Abūʾl-Ḥasanʿ Alī b. Abī Bakr al-Harawī, *Guide des lieux du pèlerinage*, üb. von Janine Sourdel-Thomime (Damaskus, 1957)

Hassan Mohammed El-Hawary und Gaston Wiet, *Matériaux pour un Corpus Inscriptionum Arabicarum, Quatrième partie: Arabie, Inscriptions et Mo-*

numents de la Mecque, Haram et Kaʿba, Tome 1, fasc. 1, bearb. von Nikita Elisséef (Cairo, 1985)
[ʿAbd al-Raḥmān Ḥibrī], »Menasik-i mesalik«, hg. von Sevim Ilgürel, *Tarih Enstitüsü Dergisi*, 6 (1975), S. 111–128, *Tarih Dergisi*, 30 (1976), S. 55–72, *Tarih Dergisi*, 31 (1978), S. 147–162
Colin Heywood, »The Red Sea Trade and Ottoman Wakf Support for the Population of Mecca and Medina in the Later Seventeenth Century«, in *La vie sociale dans les provinces arabes à l'époque ottomane*, hg. von Abdeljelil Temimi, 3 Bde. (Zaghouan, 1980), Bd. 3, S. 165–184
[Ibn ʿAbd Rabbihi], »A Description of the Two Sanctuaries of Islam by Ibn ʿAbd Rabbihi († 940)«, üb. und bearb. von Muḥammad Shafíʿ, in *ʿAdjabnāme, A Volume of Oriental Studies presented to Edward G. Browne*, hg. von T. W. Arnold und Reynold A. Nicholson (Neudruck, Amsterdam, 1973), S. 416–438
[Ibn Djubayr], *The Travels of Ibn Jubayr*, üb. von R. C. Broadhurst (London, 1952)
[Ibn Djubayr], *Les voyages d'Ibn Jobair*, üb. von Maurice Gaudefroy-Demombynes, (Paris, 1949)
[Ibn Malīḥ], *Labsal dessen, der bei Tag und bei Nacht reist, Ibn Mālīḥs (sic) Uns as-sārī was-sārib, Ein marokkanisches Pilgerbuch des frühen 17. Jahrhunderts*, bearb. von Sabine Schupp, Islamkundliche Untersuchungen, Bd. 106 (Berlin, 1985)
Ibn Ṭūlūn und Ibn Ǧumʿa, *Les gouverneurs de Damas sous les Mamlouks et les premiers Ottomans (658–1156 / 1260–1744)*, üb. von Henri Laoust (Damaskus, 1952)
Cassim Izzeddine, *Organisation et réformes sanitaires au Hedjaz et le Pèlerinage de 1329, (1911–12)* (Constantinople, 1913)
– *Les epidémies de choléra au Hedjaz* (Constantinople, 1918)
Kātib Čelebi, *Djihānnumā* (Istanbul, 1145/1732)
– *Fedhleke*, 2 Bde. (Istanbul, 1286–87 / 1869–71)
H. Kazem Zadeh, »Relation d'un pèlerinage à la Mecque en 1910–11«, *Revue du monde musulman*, 6, 19 (1912), S. 144–227
T. C. Keane, (Hajj Mohammed Amin), *Six Months in Mecca: An Account of the Mohammedan Pilgrimage to Meccah, Recently Accomplished by an Englishman Professing Mohammedanism* (London, 1881)
Ḳuṭb al-Dīn Muḥammad b. Aḥmad al-Makkī, »Al-iʿlām be-ʿalām balad Allāh al-ḥarām«, üb. von Bāḳī (?); Übersetzung vom Jahre 1006 / 1597–98. Vgl. Gustav Flügel, *Die arabischen, persischen und türkischen Handschriften der kaiserlich-königlichen Hofbibliothek zu Wien*, 3 Bde. (Wien, 1865–67), Bd. 2, S. 123 f, No. 895
T. E. Lawrence, *Seven Pillars of Wisdom, a Triumph* (London, Toronto, 1935)

Vincent le Blanc, *Les voyages fameux du Sieur Vincent le Blanc, marseillois* (Paris, 1658)
Heinrich von Maltzan, *Meine Wallfahrt nach Mekka*, hg. von Gernot Giertz (Neudruck, Tübingen, 1982)
Henry Maundrell, *A Journey from Aleppo to Jerusalem in 1697*, eingel. von David Howell (Neudruck, Beirut, 1963)
El-Hadj Meḥemmed Edib ben Meḥemmed, derviche, »Itineraire de Constantinople à la Mecque (Extrait de l'ouvrage turc intitulé Kitab Menassik el-Hadj), üb. von M. Bianchi, in *Recueil de Mémoires de la Société de Géographie* (Paris, 1825), S. 81–169
ʿAbd al-G̲h̲ānī al-Nābulsī, *Al-ḥaḳīḳa wa'l-mad̲j̲āz fi'l-riḥla ilā bilād al-S̲h̲ām wa Miṣr* (Kairo, 1986)
Naʿīmā, *Tarīk̲h̲-i Naʿīmā*, 6 Bde. (o. O. [Istanbul], o. J.)
Gérard de Nerval, *Reise in den Orient*, hg. von Norbert Miller und Friedhelm Kemp, üb. von Anjuta Aigner-Dünnwald, Nachwort von Christoph Kunze (München, 1986)
[Nāṣir-i K̲h̲usraw], *Sefernameh, Le voyage de Nassiri Khosrau, en Syrie, en Palestine, en Egypte, en Arabie et en Perse*, üb. von Charles Schefer (Paris, 1881)
Carsten Niebuhr, *Reisebeschreibung nach Arabien und andern umliegenden Ländern* (Kopenhagen, 1772)
– *Description de l'Arabie, faite sur des observations propres et des airs recueillis dans les lieux mêmes* (Amsterdam, 1774–1780)
Mouradgea d'Ohsson, *Tableau général de l'Empire Ottoman, divisée en deux parties, Dont l'une comprend la Législation Mahometane; l'autre l'Histoire de l'Empire Ottoman*, 7 Bde. (Paris, 1787–1824)
Halit Ongan, *Ankara'nın İki Numaralı şer'iye Sicili*, Türk Tarih Kurumu Yayınları, 14, 4 (Ankara, 1974)
Peçevî Ibrahim Efendi, *Tarîh-i Peçevî*, hg. von Fahri Ç. Derin und Vahit Çabuk, 2 Bde. (Neudruck, Istanbul, 1980)
[Joseph Pitts], »An Account by Joseph Pitts of his Journey from Algiers to Mecca and Medina and back«, in *The Red Sea and Adjacent Countries at the Close of the Seventeenth Century, as described by Joseph Pitts, William Daniel and Charles Jacques Poncet*, hg. von Sir William Foster C. I. E. (London, 1949), S. 3–49
H. St. John [Abdullah] Philby, *Forty Years in the Wilderness* (London, 1957)
Richard Pococke, *A Description of the East and Some Other Countries*, 2 Bde. (London, 1743), Bd. 1 *Observations on Egypt*
Meḥmed Rās̲h̲id, *Tārīk̲h̲-i Rās̲h̲id*, 5 Bde. (Istanbul, 1282 / 1865–66)
Riazul-Islam, *A Calendar of Documents on Indo-Persian Relations (1500–1750)*, 2 Bde. (Teheran, Karachi, 1971, 1982)
Ibrāhīm Rifaʿat Pascha, *Mir'at al-Ḥaramayn*, 2 Bde. (Kairo, 1344/1925)

Léon Roches, *Trente-deux ans à travers l'Islam (1832–1864)*, 2 Bde. (Paris, 1887), Bd. 2 *Mission à La Mecque, Le maréchal Bugeaud en Afrique*
Eldon Rutter, *The Holy Cities of Arabia*, 2 Bde. (London, 1928)
Sa'd al-Dīn, *Tādj al-tewārīkh* (Istanbul, 1279 / 1862–63)
Saî Çelebi, *Tezkiretü'l Bünyan, Mimar Sinan'ın Kendi Ağzından Hayat ve Eserleri*, hg. von Sadık Erdem (Istanbul, 1988)
Eyyüb Ṣabrī, *Mir'at al-Harmeyn*, 3 Bde. (Istanbul, 1301–06 / 1883–1889)
Ulrich Jasper Seetzen, *Reisen durch Syrien, Palästina, Phönicien, die Transjordan-Länder, Arabia Petraea und Unter-Aegypten*, hg. und komm. von Fr. Kruse (Berlin, 1854)
Stanford Shaw, *The Budget of Ottoman Egypt 1005–1006 / 1596–97)* (Den Haag, Paris, 1968)
Azmat Sheikh, *The Holy Mecca and Medina – Saudi Arabia* (Lahore, 1980)
Silaḥdār Fındıḳlılı Meḥmed Agha, *Silaḥdār Tārīkhi* eingel. von Ahmed Refik, 2 Bde. (Istanbul, 1928)
C. Snouck Hurgronje, *Mekka in the Latter Part of the 19th Century, Daily Life, Customs and Learning, The Moslims of the Eastern Archipelago*, üb. von J. H. Monahan (London, Leiden, 1931)
Süheylī (Suheilî) Efendi, »Tarīkh-i Mekke-i mükerrime«, vgl. Flügel, *Handschriften Wien*, Bd. 2, S. 125, No. 896
Sultan Jahan Begam, The Nawab, *The Story of a Pilgrimage to Hijaz* (Calcutta, 1909)
Taşköprüzâde, *Eš-Šaqâ'iq en-no'mânijje von Ṭašköprüzâde, enthaltend die Biographien der türkischen und im osmanischen Reiche wirkenden Gelehrten, Derwisch-Scheihs und Ärzte von der Regierung Sultan'Otmān's bis zu der Sülaimân's des Grossen*, üb. und komm. von Osman Rescher (Istanbul, 1927)
Jean Thévenot, *Voyage du Levant*, ausgewählt und eingeleitet von Stéphane Yerasimos (Paris, 1980)
Abdel Magid Turki, Hadj Rabah Souami, *Récits de pèlerinage à la Mecque, Étude analytique, Journal d'un pélerin*, eingeleitet von Lakhdar Souami (Paris, 1979)
Feridun Nafız Uzluk, *Fatih Devrinde Karaman Eyâleti Vakıfları Fihristi, Tapu ve Kadostro Umum Müdürlüğü Arşivindeki Deftere Göre*, Vakıflar Umum Müdürlüğü Neşriyatı (Ankara, 1958)
Ludovico di Varthema, *The Travels of Ludovico di Varthema*, üb. von John Winter Jones, Georges Percy Badger..., Hakluyt Society, 1. Series No. XXXII (New York, 1863)
A[rchibald] J. B. Wavell, *A Modern Pilgrim in Mecca and a Siege in Sanaa* (London, 1912)
Johann Wild, *Reysbeschreibung eines gefangenen Christen Anno 1604*, hg. und bearb. von Georg A. Narciß u. Karl Teply (Stuttgart, 1964)

Meḥmed Yemīnī, »Kitāb-ı Faḍā'il-i Mekke-i muʿaẓẓama«, vgl. Flügel, *Handschriften Wien*, Bd. 2, S. 125 f, No. 897, der das Werk als anonym bezeichnet.

SEKUNDÄRLITERATUR (MEKKA, MEDINA, DIE PILGERFAHRT)

A. ʿAnkawi, »The Pilgrimage to Mecca in Mamluk Times«, *Arabian Studies*, I (1974), 146–170

C. F. Beckingham, »The Date of Pitts's Pilgrimage to Mecca«, *Journal of the Royal Asiatic Society*, (1950), S. 112 f

– »Hakluyt's Description of the Ḥajj«, *Arabian Studies*, IV (1977), S. 75–80

A. Beveridge, vgl. Gul-badan Begam

H. Beveridge, vgl. Abū al-Faḍl

Mustafa Bilge, »Arabia in the Work of Awliya Chalaby (The XVIIth Century Turkish Muslim Traveller)«, in *Sources for the History of Arabia*, vol. I, part 2, hg. von Abdelgadir Mahmoud Abdalla, Sami Al-Sakkar, Richard T. Mortel, Abd Al-Rahman, T. Al-Ansari (Riyad, 1979), S. 213–227

Mohammed Jamil Brownson, »Mecca: The Socio-Economic Dynamics of the Sacred City«, in *Hajj Studies*, Bd. 1, hg. von Ziauddin Sarkar und M. Zaki Badawi (London, o. J.), S. 117–136

Adil A. Bushnak, »The Hajj Transportation System«, in *Hajj Studies*, Bd. 1, hg. von Ziauddin Sarkar und M. Zaki Badawi (London, o. J.), S. 87–116

Crane, vgl. Caʿfer Efendi

Dr. Firmin Duguet, *Le pélerinage de la Mecque* (Paris, 1932)

Kurt Erdmann, »Kaʿbah-Fliesen«, *Ars Orientalis*, 3 (1959), S. 192–197

Emel Esin, *Mekka und Medina*, üb. von Eva Bornemann, Photos von Haluk Doğanbey (Frankfurt, 1963)

– »Un manuscrit illustré representant les sanctuaires de la Mecque et Médine et le dome du Mi-Radj, à l'époque des Sultans turcs Selim et Süleyman 1 er (H. 922–74 / 1516–66)«, in *Les provinces arabes et leurs sources documentaires à l'époque ottomane, partie française et anglaise*, hg. von Abdeljelil Temimi (Tunis, 1984), S. 175–190

– »The Renovations Effected, in the Kaʿbah Mosque, by the Ottoman Sultan II (H. 974–82 / 1566–74)«, *Revue d'histoire maghrébine*, 12, 39–40 (1985), S. 225–233

Richard Ettinghausen, »Die bildliche Darstellung der Kaʿaba im Islamischen Kulturkreis«, *Zeitschrift der Deutschen Morgenländischen Gesellschaft«*, 86–87 (NF 11–12) (1932–34) S. 111–137

Naim R. Farooqi, »Moguls, Ottomans and Pilgrims: Protecting the Routes to Mecca in the Sixteenth and Seventeenth Centuries«, *The International History Review*, X, 2 (1988), S. 198–220

– »Mughal-Ottoman Relations: A Study of Political and Diplomatic Relations between Mughal India and the Ottoman Empire 1556–1748«, Ph D Dissertation Madison Wisc., 1986

Suraiya Faroqhi, »Ottoman Documents concerning the Hajj during the sixteenth and seventeenth centuries«, in *La vie sociale dans les provinces arabes à l'époque ottomane*, hg. von Abdeljelil Temimi, 3 Bde. (Zaghouan, 1988), Bd. 3, S. 151–164

Zaki M. A. Farsi, *Makkah al mukarramah, City and Hajj Guide* (Jiddah, 1408 / 1987–88)

– *Map and guide of Almadinah almunawwarah* (Jiddah, o. J.)

Carol G. Fisher und Alan Fisher, »Illustrations of Mecca and Medina in Islamic Manuscripts«, in *Islamic Art from Michigan Collections*, hg. von Carol G. Fisher und Alan Fisher (East Lansing, Mich., 1982),. S. 40 bis 47

Maurice Gaudefroy-Demombynes, *Contribution à l'étude du Pèlerinage de la Mecque (Note d'histoire religieuse) Thèse principale présentée pour le doctorat ès lettres à la Faculté de Lettres de l'Université de Paris* (Paris, 1923)

Gerald de Gaury, *Rulers of Mecca* (London, 1951)

Nejat Göyünç, »Some documents concerning the Kaʿaba in the 16th century«, in *Studies in the History of Arabia*, vol. 1, 2, *Sources for the History of Arabia*, hg. von Abdelgadir Mahmoud Abdalla *et al.* (Riyad, 1979), S. 177–181

Hakluyt, vgl. Anonymus, hg. von Hakluyt

Ilgürel, vgl. ʿAbd al-Raḥmān Ḥibrī

Jacques Jomier OP, *Le maḥmal et la caravane égyptienne des pèlerins de la Mecque (XIIIe–XXe siècles)*, Publications de l'Institut Français d'Archéologie Orientale, XX (Cairo, 1953)

– »Le Maḥmal du sultan Qānṣūh al-Ghūrī (Début XVIe siècle)«, *Annales Islamologiques*, XI (1972), S. 183–188

C. M. Kortepeter, »A Source for the History of Ottoman-Hijaz Relations: The *Seyahatnâme* of Awliya Chalaby and the Rebellion of *Sharif* Saʿd b. Zayd in the Years 1671–72 / 1081–82«, in: *Sources for the History of Arabia*, vol. 1, parts 1, 2, hg. von Abdelgadir Mahmoud Abdalla *et al.* (Riyad, 1979) S. 229–246

David Edwin Long, *The Hajj Today, A Survey of the Contemporary Makkah Pilgrimage* (Albany, NY, 1979)

Ghazy Abdul Wahed Makky, »Pilgrim Accommodation in Mecca: Spatial Structures, Costs and National Origins«, in *Hajj Studies*, Bd. 1, hg. von Ziauddin Sarkar und M A Zaki Badawi (London, o. J.), S. 59–72

– *Mecca, The Pilgrimage City, A Study of Pilgrim Accomodation* (London, 1978)

Ayyub Malik, »Developments in Historic and Modern Islamic Cities«, in *Hajj Studies*, Bd. 1, hg. von Ziauddin Sarkar und M A Zaki Badawi (London, o. J.), S. 137–161
Sulaiman Mousa, »T. E. Lawrence and his Arab Contemporaries«, *Arabian Studies*, VII (1985), S. 7–22
William Ochsenwald, *The Hijaz Railroad* (Charlottesville, VA, 1980)
– *Religion, Society and the State in Arabia, The Hijaz under Ottoman Control 1840–1908* (Columbus, Ohio, 1984)
Francis E. Peters, *Jerusalem and Mecca. The Typology of the Holy City in the Near East*, New York University Studies in Near Eastern Civilization No. 11 (New York, 1986)
A. Popovic, »Le pèlerinage à la Mecque de musulmans des régions yougoslaves«, in *»Mélanges d'islamologie dédiés à la mémoire de A. Abel*, 2 Bde. (Brüssel, o. J., wohl 1974), Bd. 2, Correspondance d'Orient, No. 13, Publications du Centre pour l'Etude des Problèmes du Monde musulman contemporain, S. 335–363
Abdul Karim Rafeq, *The Province of Damascus 1723–1783* (Beirut, 1970)
– »New Light on the Transportation of the Damascene Pilgrimage During the Ottoman Period«, in *Islamic and Middle Eastern Societies*, hg. von Robert Olson (Brattleboro VT, 1987), S. 127–136
Augustus Ralli, *Christians at Mecca* (London, 1909)
William R. Roff, »Sanitation and Security. The Imperial Powers and the Nineteenth Century Hajj«, *Arabian Studies*, VI, (1982), S. 143–160
Jean Sauvaget, »Les caravansérails syriens du ḥadjdj de Constantinople«, *Ars Islamica*, IV (1937), S. 98–121
– *La mosquée omeyyade de Médine. Etude sur les origines architecturales de la mosquée et de la basilique* (Paris, 1947)
Muḥammad Shafīʿ, vgl. Ibn ʿAbd Rabbihi
Stanford J. Shaw, *The Financial and Administrative Organization and Development of Ottoman Egypt, 1517–1798* (Princeton, 1962)
Christian Snouck Hurgronje, »Een mekkaansch gezantschap naar Atjeh in 1683«, in *Verspreide Geschriften*, 7 Bde. (Bonn, Leipzig, 1923), Bd. 3, S. 139–147
Sanjay Subrahmanyam, »Persians, Pilgrims and Portuguese: The Travails of Masulipatnam Shipping in the Western Indian Ocean, 1590–1665«, *Modern Asian Studies*, 22,3 (1988), S. 503–530
René Tresse, *Le pèlerinage syrien au villes saintes de l'Islam, Thèse pour le doctorat d'université, présentée à la Faculté des Lettres de l 'Université de Paris* (Paris, 1937)
Ismail Hakkı Uzunçarşılı, *Mekke-i mükerreme emirleri*, Türk Tarih Kurumu Yayınlarından VIII, 59 (Ankara, 1972)
Gilles Veinstein, »Les pèlerins de la Mecque à travers quelques inventaires

après décès ottomans (XVIIe–XVIIIe siècles)«, *Revue de l'Occident musulman et de la Méditerranée*, 31, 1 (1981), S. 63–71
– »Les pèlerins de la Mecque à travers quelques actes du Qâdî de Sarajevo (1557–1558)«, *Turcica*, XXI (1989), *Mélanges Irène Mélikoff* (im Druck)
Ferdinand Wüstenfeld, *Geschichte der Stadt Medina, Im Auszug aus dem Arabischen des Samhūdī, Abhandlungen der historisch-philologischen Klasse der königlichen Gesellschaft der Wissenschaften zu Göttingen*, Bd. 9 (Göttingen, 1860)
– *Geschichte der Stadt Mekka nach den arabischen Chroniken*, 4 Bde. (Neudruck, Beirut, 1964)

SEKUNDÄRLITERATUR (SONSTIGES)

Rifaʿat Abou-El-Haj, »Ottoman Attitudes toward Peace Making: The Karlowitz Case«, *Der Islam*, 51, 1 (1974), S. 131–137
– »The Social Uses of the Past: Recent Arab Historiography of Ottoman Rule«, *International Journal of Middle East Studies*, 14 (1982), S. 185–201
– *The 1703 Rebellion and the Structure of Ottoman Politics* (Leiden, 1984)
Abdul-Rahim Abu-Husayn, *Provincial Leaderships in Syria 1575–1650* (Beirut, 1985)
Doris Abu-Seif, *Fêtes populaires dans le Caire du moyen-age*, Quaderni dell'Instituto Italiano di Cultura per la RAE (Kairo, 1982)
Michel Aghassian, Kéram Kévonian, »Le commerce arménien dans l'Océan Indien aux 17e et 18e siècles«, in *Marchands et hommes d'affaires asiatiques dans l'Océan Indien et la Mer de Chine 13e–20 e siècles*, hg. von Denys Lombard und Jean Aubin (Paris, 1988), S. 155–182
Münir Aktepe, *Patrona Isyanı (1730)*, Istanbul Üniversitesi Edebiyat Fakültesi Yayınları No. 808 (Istanbul, 1958)
Anthony D. Alderson, *The Structure of the Ottoman Dynasty* (Oxford, 1956)
Metin And, *Osmanlı Şenliklerinde Türk Sanatları*, Kültür ve Turizm Bakanlığı Yayınları: 529, Sanat Eserleri Dizisi 2 (Ankara, 1982)
Sinnappah Arasaratnam, *Merchants, Companies and Commerce on the Coromandel Coast 1650–1740* (Delhi, 1986)
– »The Rice Trade in Eastern India 1650–1740«, *Modern Asian Studies*, 22,3 (1988), S. 531–549
Ibrahim und Cevriye Artuk, *Istanbul Arkeoloji Müzeleri Teşhirdeki Islâmî Sikkeler Kataloğu*, 2 Bde. TC Başbakanlık Kültür Yayınları III, 7 (Istanbul 1971, 1974)
Franz Babinger, *Die Geschichtsschreiber der Osmanen und ihre Werke* (Leipzig, 1927)

– *Mehmed der Eroberer und seine Zeit, Weltenstürmer einer Zeitwende* (München, 1953)
– *Osmanlı Tarih Yazarları ve Eserleri*, üb. und annotiert von Coşkun Üçok, Doğumunun 100. Yılında Atatürk Yayınları 44 (Ankara, 1982)
M. Adnan Bakhit, »Sidon in Mamluk and Early Ottoman Times«, *Osmanlı Araştırmaları, The Journal of Ottoman Studies*, III (1982), S. 53–68
– *The Ottoman Province of Damascus in the Sixteenth Century* (Beirut, 1982)
Karl Barbir, »From Pasha to Efendi: The Assimilitation of Ottomans into Damascene Society, 1516–1783«, *International Journal of Turkish Studies*, 1,1 (1979–80), S. 68–83
– *Ottoman Rule in Damascus*, 1708–1758 (Princeton, NJ, 1980)
Ömer Lütfi Barkan, »Osmanlı Imparatorluğu 'Bütçe'lerine Dair Notlar«, *IFM*, 17, 1–4 (1955–56), S. 193–224
Ülkü Ü. Bates, »Women as Patrons of Architecture in Turkey«, in *Women in the Muslim World*, hg. von Lois Beck und Nikki Keddie (Cambridge, Mass., 1978), S. 245–260
Martin van Bruinessen und Hendrik Boeschoten, *Evliya Çelebi in Diyarbekir, The relevant section of the Seyahatname edited with translation, commentary and introduction* (Leiden, New York ..., 1988)
Cavid Baysun, »Evliya Çelebi«, in *IA*, Bd. 4, S. 400–412
– »Evliya Çelebi'ye dair Notlar«, *Türkiyat Mecmuası*, XII (1955), S. 257–264
Robin Bidwell, *Travellers in Arabia* (London, 1976)
Alexandre Benningsen, Chantal Lemercier-Quelquejay, »La Moscovie, la Horde Nogay et le problème des communications entre l'Empire Ottoman et l'Asie centrale en 1552–1556«, *Turcica, VIII*, 2 (1976), S. 203–236
J. Richard Blackburn, »The Collapse of Ottoman Authority in Yemen, 968 / 1560–976 / 1568«, *Die Welt des Islams*, XIX, 1–4 (1979), S. 119–176
Geneviève Bouchon, »Un microcosme: Calicut au 16e siècle«, in *Marchands et hommes d'affaires asiatiques dans l'Océan Indien et la Mer de Chine, 13e–20 e siècles*, hg. von Denys Lombard und Jean Aubin (Paris, 1988), S. 49–58
Fernand Braudel, *La Méditerranée et le monde méditerranéen à l'époque de Philippe II*, 2 Bde. (Paris, 1966)
– *Civilization matérielle, économie et capitalisme, XVe–XVIIIe siècle*, 3 Bde. (Paris, 1979)
– *L'identité de la France*, 3 Bde. (Paris, 1986)
Fernand Braudel, Ernest Labrousse *et al*, *Histoire économique et sociale de la France*, 4 Bde. (Paris, 1970), Bd. II, *Des derniers temps de l'age seigneurial aux préludes de l'âge industriel (1660–1789)*
Richard W. Bulliet, *The Patricians of Nishapur, A Study in Medieval Islamic Social History* (Cambridge, Mass., 1972)

– *The Camel and the Wheel* (Cambridge, Mass., 1975)
Yavuz Cezar, *Osmanlı Maliyesinde Bunalım ve Değişim Dönemi (XVIIIyy dan Tanzimat'a Mali Tarih)* (Istanbul, 1986)
Philip D. Curtin, *Cross-Cultural Trade in World History* (Cambridge, Engl., 1984)
Bistra Cvetkova, »Les registres des *celepkeşan* en tant que sources pour l'histoire de la Bulgarie et des pays balkaniques«, in *Hungaro-Turcica, Studies in Honour of Julius Nemeth* (Budapest, 1976), S. 325–335
Ashin Das Gupta, »A Note on the Shipowning Merchants of Surat c. 1700«, in *Marchands et hommes d'affaires asiatiques dans l'Océan Indien et la Mer de Chine, 13e–20 e siècles*, hg. von Denis Lombard und Jean Aubin (Paris, 1988), S. 109–116
Jean Delumeau, *Catholicism Between Luther and Voltaire: A New View of the Counter-Reformation*, üb. von Jeremy Moiser, eingel. von John Bossy (London, Philadelphia, 1977)
Ian C. Dengler, »Turkish Women in the Ottoman Empire: The Classical Age«, in *Women in the Muslim World*, hg. von Lois Beck und Nikki Keddie (Cambridge, Mass., 1978), S. 229–244
Ross Dunn, *The Adventures of Ibn Battuta, A Muslim Traveler of the 14th Century* (Berkeley, Los Angeles, 1986)
Michael W. Dols, *The Black Death in the Middle East* (Princeton NY, 1977)
Meşkure Eren, *Evliya Çelebi Seyahatnamesi Birinci Cildinin Kaynakları Üzerinde Bir Araştırma* (Istanbul, 1960)
Neşe Erim, »Onsekizinci Yüzyılda Erzurum Gümrüğü«, diss. phil. Istanbul, 1984
Suraiya Faroqhi, »Camels, Wagons, and the Ottoman State«, *International Journal of Middle East Studies*, 14 (1982), S. 523–539
– *Towns and Townsmen of Ottoman Anatolia, Trade, Crafts and Food Production in an Urban Setting* (Cambridge, Engl., 1984)
– »Coffee and Spices: Official Ottoman Reactions to Egyptian Trade in the Later Sixteenth Century«, *Wiener Zeitschrift für die Kunde des Morgenlandes*, 76 (1986), *Festschrift Andreas Tietze* ..., S. 87–93
– »Long-Term Change and the Ottoman Construction Site: A Study of Builders, Wages and Iron Prices«, in *Raiyyet Rüsûmu, Essays Presented to Halil Inalcık* ..., hg. von Bernard Lewis *et al.* (Cambridge, Mass., 1986), S. 111–126
– *Men of Modest Substance, House Owners and House Property in Seventeenth Century Ankara and Kayseri* (Cambridge, Engl., 1987)
Caroline Finkel, *The Administration of Warfare: The Ottoman Military Campaigns in Hungary, 1593–1606*, 2 Bde., Beihefte zur Zeitschrift für die Kunde des Morgenlandes, Bd. 14 (Wien, 1988)

Cornell Fleischer, *Bureaucrat and Intellectual in the Ottoman Empire, The Historian Mustafa Âli (1541–1600)* (Princeton, N. J., 1986)
Gustav Flügel, *Die arabischen, persischen und türkischen Handschriften der kaiserlich-königlichen Hofbibliothek zu Wien*, 3 Bde. (Wien, 1865–67)
Mehmet Genç, »XVIII Yüzyılda Osmanlı Ekonomisi ve Savaş«, *Yapıt* 49/4 (1984), S. 52–61, 50/5 (1984), S. 86–93
Fatma Müge Göçek, *East Encounters West, France and the Ottoman Empire in the Eighteenth Century* (New York, Oxford, 1987)
Tayyib Gökbilgin, *XV–XVI Asırlarda Edirne ve Paşa Livası, Mülkler, Mukataaler*, Istanbul Üniversitesi Edebiyat Fakültesi Yayınlarından 508 (Istanbul, 1952)
Christina Phelps Grant, *The Syrian Desert, Caravans, Travel, Exploration* (London, 1937)
William Griswold, *The Great Anatolian Rebellion 1000–1020 / 1591–1611* (Berlin, 1983)
Ulrich Haarmann, »Murtaḍā b. ʿAli b. ʿAlawān's Journey through Arabia in 1121/1709«, in *Sources for the History of Arabia*, vol. I, part 2, hg. von Abdelgadir Mahmoud Abdallah *et al.* (Riyad, 1979), S. 247–251
Joseph von Hammer-Purgstall, *Geschichte des Osmanischen Reiches grossentheils aus bisher unbenützten Handschriften und Archiven*, 10 Bde. (Neudruck, Wien, 1963)
Nelly Hanna, *An Urban History of Būlāq in the Mamluk and Ottoman Periods*, Supplément aux Annales Islamologiques (Cairo, 1983)
Angelika Hartmann, *an Nāṣir li-Dīn Allāh (1180–1225) – Politik, Religion und Kultur der späten Abbasidenzeit*, Studien zur Sprache, Geschichte und Kultur des Islamischen Orients (Berlin, New York, 1975)
Ralph Hattox, *Coffee and Coffeehouses, The Origins of a Social Beverage in the Medieval Near East*, University of Washington, Near Eastern Studies No. 3 (Seattle, London, 1985)
Andrew Hess, *The Forgotten Frontier, A History of the Sixteenth-Century Ibero-African Frontier* (Chicago, London, 1978)
Uriel Heyd, *Ottoman Documents on Palestine 1552–1615. A Study of the Firman according to the Mühimme Defteri* (Oxford, 1960)
Walther Hinz, *Islamische Maße und Gewichte, umgerechnet ins metrische System*, in *Handbuch der Orientalistik*, hg. von Berthold Spuler, Erg. Bd. 1,1 (Leiden, 1955)
Marshall Hodgson, *The Venture of Islam, Conscience and History in a World Civilization*, 3 Bde. (Chicago, 1974)
Sabine Höllmann, »Ägyptisches Alltagsleben im 17. Jahrhundert: J. M. Wanslebens Reisenotizen als ethnologische Quelle«, unveröffentlichte Magister-Arbeit, München, 1987
David George Hogarth, *The Penetration of Arabia, A Record of the Develop-*

ment of Western Knowledge Concerning the Arabian Peninsula (New York, 1904)
Paul M. Holt, »The Exalted Lineage of Rıḍwān Beğ«, *Bulletin of the School of Oriental and African Studies*, XII, 2 (1959), S. 221–230
– »The Beylicate in Ottoman Egypt during the Seventeenth Century«, *Bulletin of the School of Oriental and African Studies*, XXIV, 2 (1961), S. 214–248
Wolf-Dieter Hütteroth, Kamal Abdulfattah, *Historical Geography of Palestine, Transjordan and Southern Syria in the Late 16th Century*, Erlanger Geographische Arbeiten (Erlangen, 1977)
Halil Inalcık, »Osmanlı-Rus Rekabetinin Menşei ve Don-Volga Kanalı Teşebbüsü (1569)«, *Belleten*, XII, 46 (1948), S. 349–402
– »Ottoman Methods of Conquest«, *Sutdia Islamica*, II (1954), S. 104–129
– »The Ottoman Economic Mind and Aspects of the Ottoman Economy«, in *Studies in the Ecconomic History of the Middle East*, hg. von M. A. Cook (London, 1970), S. 207–218
– *The Ottoman Empire, The Classical Age 1300–1600*, üb. von Norman Itzkowitz und Colin Imber (London, 1973)
– »The Khan and the Tribal Aristocracy: The Crimean Khanate under Sahib Giray I.«, *Harvard Ukranian Studies*, III, IV (1979–80), S. 445–466
– »Osmanlı Pamuklu Pazarı, Hindistan ve İngiltere: Pazar Rekabetinde Emek Maliyetinin Rolü«, *Türkiye İktisat Tarihi Üzerine Araştırmalar* II, *ODTÜ Gelişme Dergisi*, Sondernummer (1979–80), S. 1–65
Huri İslamoğlu-Inan, »Introduction: Oriental despotism in world system perspective«, in *The Ottoman Empire and the World Economy*, hg. von Huri Islamoğlu-Inan (Cambridge, Paris, 1987), S. 1–26
Fahir Iz, »Evliya Çelebi ve Seyahatnamesi«, *Boğazici Üniversitesi Dergisi*, VII (1979), S. 61–79
Cemal Kafadar, »When Coins Turned into Drops of Dew and Bankers Became Robbers of Shadows; The Boundaries of Ottoman Economic Imagination at the End of the Sixteenth Century«, diss. phil. McGill University, Montréal, 1986
– »Self and Others: The Diary of a Dervish in Seventeenth-Century Istanbul and First-Person Narratives in Ottoman Literature«, *Studia Islamica* 69 (1989), S. 121–150
Albert Kammerer, *La mer Rouge, l'Abyssinie et l'Arabie aux XVIe et XVIIe siècles et la cartographie des portulans du monde oriental, Étude d'histoire et de géographie historique, Mémoires de la Société royale de géographie d'Egypte*, Bd. XVII (Kairo, 1947), Teil 1, *Abyssins et portugais devant l'Islam*
R. H. Kiermann, *L'exploration de l'Arabie, Depuis les temps anciens jusqu'à nos jours*, üb. von Charles Mourey (London, 1938)

Hans-Joachim Kißling, *Beiträge zur Kenntnis Thrakiens im 17. Jahrhundert*, Abhandlungen für die Kunde des Morgenlandes XXXII, 3 (Wiesbaden, 1956)

– »Zur Geschichte der Rausch- und Genußgifte im Osmanischen Reiche«, *Südost-Forschungen*, XVI (1975), S. 342–356

Ibrahim Hakkı Konyalı, *Abide ve Kitâbeleri ile Ereğli Tarihi* (Istanbul, 1970)

Fuad Köprülü, »Türk Halk Hikayeciliğine ait Maddeler, Meddahlar«, in *Edebiyat Araştırmaları*, Türk Tarih Kurumu Yayınlarından VII, 47 (Ankara, 1966), S. 361–412

Klaus Kreiser, *Edirne im 17. Jahrhundert nach Evliya Çelebi. Ein Beitrag zur Kenntnis der osmanischen Stadt*, Islamkundliche Untersuchungen Bd. 33 (Freiburg, 1975)

– »Zur inneren Gliederung der osmanischen Stadt«, in: *XVIII. deutschen Orientalistentag... 1972, Vorträge*, hg. von W. Voigt, *Zeitschrift der Deutschen Morgenländischen Gesellschaft*, Supplement II (1974), S. 198–212

Richard Kreutel, »Evliya Çelebis Bericht über die türkische Großbotschaft des Jahres 1665 in Wien. Ein Vergleich mit zeitgenössischen türkischen und österreichischen Quellen«, *Wiener Zeitschrift für die Kunde des Morgenlandes*, 51 (1948/52), S. 188–242

– »Neues zur Evliya Çelebi-Forschung«, *Der Islam*, 48 (1972), S. 269–279

Bekir Kütükoğlu, *Osmanlı-Iran Siyasî Münasebetleri* I (1578–1590), Istanbul Üniversitesi Edebiyat Fakültesi Yayınları No. 888 (Istanbul, 1962)

– »Les relations entre l'Empire Ottoman et l'Iran dans la seconde moitié du XVIe siècle«, *Turcica*, VI (1975), S. 128–145

Mübahat Kütükoğlu, »1009 (1600) tarihli Narh Defterine göre Istanbul'da çeşidli eşya ve hizmet fiatları«, *Tarih Enstitüsü Dergisi*, 9 (1978), S. 1–86

– *Osmanlılarda Narh Müessesesi ve 1640 Tarihli Narh Defteri* (Istanbul, 1983)

Akdes Nimet Kurat, *Türkiye ve İdil Boyu (1369 Astarhan Seferi, Ten-İdil Kanalı ve XVI–XVII. Yüzyıl Osmanlı-Rus Münasebetleri)*, Ankara Üniversitesi Dil ve Tarih Coğrafya Fakültesi Sa 151 (Ankara, 1966)

Laoust, vgl. Ibn Ṭūlūn und Ibn Ğumʿa

Ira Lapidus, *Muslim Cities in the Later Middle Ages* (Cambridge, 1984)

Emmanuel Le Roy Ladurie, »A Concept: The Unification of the Globe by Disease (Fourteenth to Seventeenth Centuries)«, in *The Mind and Method of the Historian*, üb. von Siân Reynolds and Ben Reynolds (Chicago, 1984), S. 28–83

Bernhard Lewis, *The Emergence of Modern Turkey*, 2. Aufl. (London, 1968)

Pierre MacKay, »The Manuscripts of the Seyahatname of Evliya Çelebi«, *Der Islam*, 52 (1975), S. 278–298

Hans Georg Majer, »Ein Osmanisches Budget aus der Zeit Meḥmed des Eroberers«, *Der Islam*, 59,1 (1982), S. 40–63

Jon S. Mandaville, »The Ottoman Province of al-Hasā in the Sixteenth and Seventeenth Centuries«, *Journal of the American Oriental Society*, 90,3 (1970), S. 486–513

Robert Mantran, *Istanbul dans la seconde moitié du XVIIe siècle, Essai d'histoire institutionelle, économique et sociale*, Bibliothèque archéologique et historique de l'Institut Français d'Archéologie d'Istanbul, XII (Paris, 1962)

Paul Masson, *Histoire du commerce français dans le Levant au XVIIIe siècle* (Paris, 1911)

Bruce Masters, *The Origins of Western Economic Dominance in the Middle East, Mercantilism and the Islamic Economy in Aleppo, 1600–1750*, New York University Studies in Near Eastern Civilization No. 12 (New York, 1988)

Arno Mehlan, »Die großen Balkanmessen zur Türkenzeit«, *Vierteljahresschrift für Sozial- und Wirtschaftsgeschichte*, XXI, 1 (1938), S. 10–49

M. Yakub Mughul, »Portekizli'lerle Kızıldeniz'de Mücadele ve Hicaz'da Osmanlı Hâkimiyetinin Yerleşmesi Hakkında bir Vesika«, *Belgeler*, II, 3–4 (1965), S. 37–47

Alois Musil, *The Northern Heǧâz, A topographical Itinerary*, American Oriental Society, Oriental Studies and Explorations No. 1 (New York, 1926)

Gülru Necipoğlu Kafadar, »The Süleymaniye Complex in Istanbul: An Interpretation«, *Mukarnas*, 3 (1986), S. 92–117

Elke Niewohner-Eberhard, »Machtpolitische Aspekte des osmanisch-safavidischen Kampfes um Bagdad im 16.–17. Jahrhundert«, *Turcica*, VI (1975), S. 103–127

Cengiz Orhonlu, »1559 Bahreyn Seferine Âid bir Rapor«, *Tarih Dergisi*, XVII, 22 (1967), S. 1–16

– »Hint Kaptanlığı ve Pirî Reis«, *Belleten*, XXXIV, 134 (1970), S. 235–254

– *Osmanlı İmparatorluğunum Güney Siyaseti, Habeş Eyaleti*, Istanbul Üniversitesi Edebiyat Fakültesi Yayınları No. 1856 (Istanbul, 1974)

Faḍlallāh b. Rūzbihān, *Transoxanien und Turkestan zu Beginn des 16. Jahrhunderts, Das Mihmān-nāma-yi Buḫara des Faḍlallāh b. Rūzbihān Hunǧi.* üb. und komm. von Ursula Ott, Islâmkundliche Untersuchungen, Bd. 25 (Freiburg, 1974)

Salih Özbaran, »XVI. Yüzyılda Basra Körfezi Sahillerinde Osmanlılar: Basra Beylerbeyliğinin Kuruluşu«, *Tarih Dergisi*, 25 (1971), S. 51–72

– »The Ottoman Turks and the Portuguese in the Persian Gulf, 1534–1581«, *Journal of Asian History*, 6,1 (1972), S. 45–87

– »Osmanlı İmparatorluğu ve Hindistan Yolu, Onaltıncı Yüzyılda Ticâret Yolları Üzerinde Türk-Portekiz Rekâbet ve Ilişkileri«, *Tarih Dergisi*, 31 (1977), S. 65–146
– »A Turkish Report on the Red Sea and the Portuguese in the Indian Ocean (1525)«, *Arabian Studies*, IV (1978), S. 81–88
Daniel Panzac, *La peste dans l'Empire Ottoman 1700–1850* (Louvain, 1985)
M. N. Pearson, »Brokers in Western Indian Port Cities, Their Role in Servicing Foreign Merchants«, *Modern Asian Studies*, 22, 3 (1988), S. 455–472
Leslie Peirce, »Shifting Boundaries: Images of Ottoman Royal Women in the 16th and 17th Centuries«, *Critical Matrix, Princeton Working Papers in Womens' Studies*, 4 (1988), S. 43–82
Ishwari Prasad, *The Life and Times of Humayun* (Bombay, Calcutta, Madras, 1956)
Donald Quataert, *Social Disintegration and Popular Resistance in the Ottoman Empire, 1881–1908, Reactions to European Economic Penetration*, New York University Studies in Near Eastern Civilization, No. 9 (New York, London, 1983)
Abdul-Karim Rafeq, »The Law-Court Registers of Damascus, with Special Reference to Craft Corporations During the First Half of the Eighteenth Century«, in *Les Arabes par leurs archives (XVIe–XXe siècles)*, hg. von Jacques Berque und Dominique Chevalier (Paris, 1976), S. 141–159
André Ramond, *Artisans et commerçants au Caire au XVIIIe siècle*, 2 Bde. (Damaskus, 1973–74)
– »La conquête ottomane et le développement des grandes villes arabes. La cas du Caire, de Damas et de Alep«, *Revue de l'Occident musulman et de la Méditerrannée*, 1 (1979), S. 115–134
– *The Great Arab Cities in the 16th–18th Centuries. An Introduction* (New York, London, 1984)
– *Grandes villes arabes à l'époque ottomane* (Paris, 1985)
Saiyid Athar Abbas Rizvi, *Muslim Revivalist Movements in Northern India in the Sixteenth and Seventeenth Centuries* (Agra, 1965)
Saiyid Abbas Rizvi, Vincent J. Adams Flynn, *Fatḥpur-Sīkrī* (Bombay, 1975)
J. M. Rogers, R. M. Ward, *Süleyman the Magnificent* (London, 1988)
Ruggiero Romano, »Versuch einer ökonomischen Typologie«, in Ruggiero Romano u. a., *Die Gleichzeitigkeit des Ungleichzeitigen, Studien zur Geschichte Italiens*, hg. und üb. von Eva Maek-Gérard (Frankfurt a. M., 1980), S. 22–75
Halil Sahillioğlu, »XVII Asrın Ilk Yarısında Istanbul'da Tedavüldeki Sikkelerin Raici«, *Belgeler*, 1, 1–2 (1964), S. 228–233

– »Osmanlı Para Tarihinde Dünya Para ve Maden Hareketinin Yeri«, *Türkiye Iktisat Tarihi Üzerine Araştırmalar, ODTÜ Gelişme Dergisi*, Sondernummer (1978), S. 1–38
– »Yemen'in 1599–1600 Yılı Bütçesi«, in *Yusuf Hikmet Bayur Armağanı* (Ankara, 1985), S. 287–319
Edward W. Said, *Orientalism* (New York, 1979)
Jean Sauvaget, *Alep, Essai sur le développement d'une grande ville syrienne, des origines au milieu du XIXe siècle*, Haut Commissariat de l'État Français en Syrie et au Liban, Service des Antiquités, Bibliothèque archéologique et historique, Bd. XXXVI, 2 Bde. (Paris, 1941)
Afaf Lutfi al-Sayyid Marsot, *Egypt in the Reign of Muhammad Ali* (Cambridge, 1984)
James C. Scott, *Weapons of the Weak, Everyday Forms of Peasant Resistance* (New Haven, London, 1985)
Robert B. Serjeant, (a) »Yemeni Merchants and Trade in Yemen, 13th–16th Centuries«, in *Marchands et hommes d'affaires asiatiques dans l'Océan Indien et dans la Mer de Chine, 13e–20e siècles*, hg. von Denys Lombard und Jean Aubin (Paris, 1988), S. 61–82
(b) »The Ḥaḍramī Network«, in *Marchands et hommes d'affaires asiatiques dans l'Océan Indien et la Mer de Chine, 13e–20e siècles*, hg. von Denys Lombard und Jean Aubin (Paris, 1988), S. 147–154
Moshe Sharon, »The Political Role of the Bedouins in Palestine during the Sixteenth and Seventeenth Centuries«, in *Studies on Palestine during the Ottoman Period*, hg. von Moshe Ma'oz (Jerusalem, 1975), S. 11–30
Stanford J. Shaw, *Between Old and New, The Ottoman Empire under Sultan Selim III 1789–1807* (Cambridge Mass., 1971)
– *History of the Ottoman Empire and Modern Turkey*, 2 Bde. (Cambridge, 1972), Bd. 2 zus. mit Ezel Kural Shaw, *Reform, Revolution and Republic, The Rise of Modern Turkey 1808–1975*
Ashirbadi Lal Srivastava, *Akbar the Great*, 2 Bde. (Agra ..., 1962, 1967)
Franz Taeschner, *Das anatolische Wegenetz nach osmanischen Quellen*, Türkische Bibliothek, Bd. 23, 2 Bde. (Leipzig, 1924–26)
Karl Teply, »Evliya Çelebi in Wien«, *Der Islam*, 52 (1975), S. 125–131
Lewis V. Thomas, *A Study of Naima*, hg. von Norman Itzkowitz, New York University Studies in Near Eastern Civilization No. 4 (New York, 1972)
Luis Filipe F. R. Thomaz, »Malaka et ses communautés marchandes au tournant du 16e siècle«, in *Marchands et hommes d'affaires asiatiques dans l'Océan Indien et la Mer de Chine, 13e–20e siècles*, hg. von Denys Lombard und Jean Aubin (Paris, 1988), S. 31–48
Ismail Hakkı Uzunçarşılı, *Osmanlı Devletinin Saray Teşkilâtı*, Türk Tarih Kurumu Yayınlarından VIII, 15 (Ankara, 1945)

– *Osmanlı Devletinin Merkez ve Bahriye Teşkilâtı*, Türk Tarih Kurumu Yayınlarından VIII, 6 (Ankara, 1948)
Michel Vovelle, *Ville et campagne au 18e siècle (Chartres et la Beauce)* (Paris, 1980)
Spyros Vryonis, »The *Panēgyris* of the Byzantine Saint. A Study in the Nature of a Medieval Institution, its Origins and Fate«, in *The Byzantine Saint*, hg. von Sergei Hacke (London, 1981), S. 196–226
Robert E. Ward und Dankwart A. Rustow (Hg.), *Political Modernization in Japan and Turkey*, Studies in Political Development, 3 (Princeton, NY, 1964)
Eugen Weber, *Peasants into Frenchmen, the Modernization of Rural France 1870–1914* (Stanford, Cal., 1976)
Ferdinand Wüstenfeld, *Jemen im XI. (XVII.) Jahrhundert. Die Kriege der Türken, die arabischen Imame und die Gelehrten* (Göttingen, 1884)
Hulûsi Yavuz, *Kâbe ve Haremeyn için Yemen'de Osmanlı Hâkimiyeti (1517–1571)* (Istanbul, 1984)

BILDNACHWEIS

Archiv f. Kunst und Geschichte, Berlin, S. 25, 138/39; Azmat Sheikh, Lahore, S. 259, 261; Bildarchiv Preuss. Kulturbesitz, Berlin, S. 30, 37, 67, 99, 147, 149, 232; P. W. Schienerl, München, S. 46/47; Karten S. 18, 164 Verlagsarchiv

NAMEN- UND SACHREGISTER

Wörter wie Mekka, Medina, Pilgerfahrt (Hadsch), Moschee, Hidschas, Osmanen sind wegen ihres häufigen Vorkommens nicht in das Register aufgenommen worden.

INHALT

3. KAPITEL

4. KAPITEL

5. KAPITEL

6. KAPITEL

7. KAPITEL

8. KAPITEL

ANHANG